储能与动力电池技术及应用

动力电池梯次利用与回收技术

李　丽　来小康　慈　松　等著

科学出版社

北　京

内 容 简 介

　　动力电池梯次利用与回收技术在当前科技发展中具有十分重要的地位，在支撑社会可持续发展和环境技术领域备受关注。本书结合国内外电池技术及电动汽车的发展现状与趋势，系统介绍了退役动力电池梯次利用与安全评估技术、梯次利用颠覆性技术、电池组与单体预处理技术、动力电池回收处理技术、资源化综合利用实例及全生命周期评价，并对本领域所面临的机遇、挑战与发展趋势进行总结展望。

　　本书结构清晰，内容由浅入深，适用于动力电池上下游企业和科研单位的研发与工程技术人员参考，也可作为高等院校新能源材料与器件、环境工程等专业研究生、本科高年级的教学参考书。

图书在版编目（CIP）数据

动力电池梯次利用与回收技术/李丽等著. —北京：科学出版社，2020.8
（储能与动力电池技术及应用）
ISBN 978-7-03-059118-0

Ⅰ. ①动…　Ⅱ. ①李…　Ⅲ. ①电动汽车—蓄电池—回收技术—研究
Ⅳ. ①U469.720.3

中国版本图书馆 CIP 数据核字(2020)第 129325 号

责任编辑：李明楠 / 责任校对：杜子昂
责任印制：肖　兴 / 封面设计：蓝正设计

科学出版社 出版
北京东黄城根北街 16 号
邮政编码：100717
http://www.sciencep.com

北京九天鸿程印刷有限责任公司 印刷
科学出版社发行　各地新华书店经销
＊

2020 年 8 月第　一　版　　开本：720×1000　1/16
2020 年 8 月第一次印刷　　印张：24 1/2
字数：491 000
定价：188.00 元
(如有印装质量问题，我社负责调换)

"储能与动力电池技术及应用"
丛书编委会

学术顾问： 陈立泉　衣宝廉

主　　编： 吴　锋

副 主 编： 吴志新　肖成伟　王　芳

编　　委（按姓氏拼音排序）：

　　　　　艾新平　陈　剑　陈人杰　陈彦彬　侯　明

　　　　　侯中军　胡勇胜　华　黎　来小康　李　泓

　　　　　李　丽　卢世刚　苗艳丽　王驰伟　吴　川

　　　　　吴大勇　夏　军　夏定国　徐　斌　许晓雄

　　　　　杨世春　张联齐　张维戈　周　华

主要作者简介

李　丽　北京理工大学教授、博士生导师。2004 年 4 月获北京理工大学工学博士学位后留校任教，2011～2012 年在美国阿贡国家实验室做访问学者。长期从事新型绿色二次电池及先进能源材料研究，重点研究锂离子电池绿色高效回收与资源化再生、绿色二次电池衰减机理与失效分析、新型钾离子电池、能源材料结构理论与量化计算等。现任电动汽车动力蓄电池循环利用战略联盟技术专家委员会副主任、科技部"固废资源化"重点专项评审专家、《储能科学与技术》期刊编委会委员、全国碱性蓄电池标准化技术委员会委员、中国再生资源产业技术创新战略联盟专家委员会委员、天目湖先进储能技术研究院外聘专家、中国动力电池回收与梯次利用联盟行业技术专家、废旧电池回收利用国家标准工作组专家、中国电机工程学会电力储能专业委员会委员、北京资源强制回收环保产业技术创新战略联盟标准化管理委员会委员。

作为项目负责人，先后主持了国家高技术研究发展计划（863 计划）、国家重点基础研究发展计划（973 计划）、国家自然科学基金、北京市教育委员会科技成果转化与产业化项目、国家重点研发计划等项目。在 *Chemical Reviews*、*Chemical Society Reviews* 等国际期刊发表 SCI 收录论文 100 余篇，获国家发明专利授权 10 余项；在国内外学术会议上做特邀报告 90 余次，多次担任中美双边会议锂离子电池回收技术分会主席。作为编委，参编学术著作《绿色二次电池及其新体系研究进展》（科学出版社）、《中国退役动力电池循环利用技术与产业发展报告》白皮书（人民出版社，科学技术文献出版社）；参编《电动汽车用锂离子蓄电池》等 3 项中国汽车行业标准。2010 年入选北京理工大学"优秀青年教师资助计划"，2012 年分别入选教育部"新世纪优秀人才支持计划"、北京市优秀人才支持计划和北京市科技新星计划；获得部级科学技术奖一等奖 2 项。

来小康　1959 年生于北京，1982、1984 年分别获高电压技术专业学士、硕士学位。教授级高工，中国电机工程学会会士，美国电气和电子工程师协会（IEEE）高级会员；曾任中国电力科学研究院电工与新材料研究所所长，中国电力科学研究院资深专家、新能源与储能运行控制国家重点实验室副主任；中国电机工程学会学术工作委员会委员，"十三五"能源领域科技发展战略专题研究专家，国家重点研发计划重点专项"智能电网技术与装备实施方案及指南"编写专家，国家重点研发计划"智能电网技术与装备重点专项项目"责任专家，中国科学院战略性科技先导专项（A 类）监理；中国电机工程学会电力储能专业委员会、中国化工学会储能工程专业委员会、中国能源研究会储能专业委员会副主任委员。

长期从事电能存储与转换技术、超导电力技术和电动汽车技术等前沿学科及技术的研究与开发工作，先后主持并参与了国家重点基础研究发展计划（973 计划）、国家高技术研究发展计划（863 计划）、国家科技支撑计划等多项国家项目，国家电网公司项目和北京奥运相关科研课题，以及张北储能试验基地和国家电网公司电池储能技术实验室的建设工作。在储能和智能电网领域，参加"十三五能源领域专题研究框架"、"国家重点研发计划重点专项实施方案"的编写；参加"国家电网公司十三五规划"编写及历年国家电网公司储能与电动汽车领域的指南编制工作及项目督导工作。获电力部科技进步奖三等奖 1 项、国家能源科技进步奖二等奖 1 项、中国电力科学技术奖三等奖 2 项、上海市科学技术进步奖三等奖 1 项、国家电网公司科技进步奖一等奖 2 项等。

慈　松　1970 年生于山东烟台。清华大学电机工程与应用电子技术系研究员，国家能源局中国能源互联网发展战略研究课题组首席科学家，国家能源局"关于推进'互联网+'智慧能源（能源互联网）发展的指导意见"和"关于促进储能技术与产业发展的指导意见"编写组专家。2002 年于美国内布拉斯加大学林肯分校（University of Nebraska-Lincoln）电气工程专业获得博士学位，曾任职于该校副教授（终身教职）。学术兼职包括多个国际顶级期刊的编委或特邀编委，多个会议的技术程序委员会主席或委员，美国电气和电子工程师协会（IEEE）高级会员和美国计算机协会（ACM）会员。

多年致力于大规模复杂系统建模与优化理论及其在信息互联网和能源互联网中的应用研究，迄今已在该领域发表论文 300 余篇，100 余项专利申请。2006 年在国际上首先提出基于能量信息化的数字电池储能系统理论和方法，领导研制成功了国际上第一套数字电池能量交换系统和软件定义复合储能系统，并与工业界紧密合作开展了一系列行业应用示范项目。

丛　书　序

　　新能源汽车是指采用非常规的车用燃料作为动力来源（或使用常规的车用燃料、采用新型车载动力装置），综合车辆的动力控制和驱动方面的先进技术，形成的集新技术、新结构于一身的汽车。中国新能源汽车产业始于21世纪初。"十五"以来成功实施了"863电动汽车重大专项"，"十一五"又提出"节能和新能源汽车"战略，体现了政府对新能源汽车研发和产业化的高度关注。

　　2008年我国新能源汽车产业发展呈全面出击之势。2009年，在密集的扶持政策出台背景下，我国新能源产业驶入全面发展的快车道。

　　根据公开的报道，我国新能源汽车的产销量已经连续多年位居世界第一，保有量占全球市场总保有量的50%以上。经过近20年的发展，我国新能源汽车产业已进入大规模应用的关键时期。然而，我们要清醒地认识到，过去的快速发展在一定程度上是依赖财政补贴和政策的推动，在当下补贴退坡、注重行业高质量发展的关键时期，企业需要思考如何通过加大研发投入，设计出符合市场需求的、更安全的、更高性价比的新能源汽车产品，这关系到整个新能源汽车行业能否健康可持续发展的关键。

　　事实上，在储能与动力电池领域持续取得的技术突破，是影响新能源汽车产业发展的核心问题之一。为此，国务院于2012年发布《节能与新能源汽车产业发展规划（2012－2020年）》及2014年发布《关于加快新能源汽车推广应用的指导意见》等一系列政策文件，明确提出以电动汽车储能与动力电池技术研究与应用作为重点任务。通过一系列国家科技计划的立项与实施，加大我国科技攻关的支持力度、加大研发和检测能力的投入、通过联合开发的模式加快重大关键技术的突破、不断提高电动汽车储能与动力电池产品的性能和质量，加快推动市场化的进程。

　　在过去相当长的一段时间里，科研工作者不懈努力，在储能与动力电池理论及应用技术研究方面取得了长足的进步，积累了大量的学术成果和应用案例。储能与动力电池是由电化学、应用化学、材料学、计算科学、信息工程学、机械工程学、制造工程学等多学科交叉形成的一个极具活力的研究领域，是新能源汽车技术的一个制高点。目前储能与动力电池在能量密度、循环寿命、一致性、可靠性、安全性等方面仍然与市场需求有较大的距离，亟待整体技术水平的提升与创新；这是关系到我国新能源汽车及相关新能源领域能否突破瓶颈，实现大规模产业化的关键一步。所以，储能与动力电池产业的发展急需大量掌握前沿技术的专业人才作为支撑。我很欣喜地看到这次有这么多精通专业并有所心得、遍布领域各个研究方向和层面的作者加入到"储能与动力电池技术及应用"丛书的编写工作中。我们还荣幸地邀请到中国工程院陈立泉院士、衣宝廉院士担任学术顾问，为丛书的出版提供指导。我相信，这套丛书的出版，对储能与动力电池行业的人才培养、技术进步，乃至新能源汽车行业的可持续发展都将有重要的推动作用和很高的出版价值。

本丛书结合我国新能源汽车产业发展现状和储能与动力电池的最新技术成果，以中国汽车技术研究中心有限公司作为牵头单位，科学出版社与中国汽车技术研究中心共同组织而成，整体规划 20 余个选题方向，覆盖电池材料、锂离子电池、燃料电池、其他体系电池、测试评价 5 大领域，总字数预计超过 800 万字，计划用 3～4 年的时间完成丛书整体出版工作。

综上所述，本系列丛书顺应我国储能与动力电池科技发展的总体布局，汇集行业前沿的基础理论、技术创新、产品案例和工程实践，以实用性为指导原则，旨在促进储能与动力电池研究成果的转化。希望能在加快知识普及和人才培养的速度、提升新能源汽车产业的成熟度、加快推动我国科技进步和经济发展上起到更加积极的作用。

祝储能与动力电池科技事业的发展在大家的共同努力下日新月异，不断取得丰硕的成果！

吴锋

2019 年 5 月

前言 Preface

能源和环境是影响现代人类社会生存和发展的两大重要问题。发展清洁和可再生能源是我国社会经济发展的重大战略，已被列为国家中长期科技发展规划纲要中重点和优先发展的方向。在新能源技术的各个层次，作为化学能和电能的转化储存装置，以二次电池为核心的化学电源已在人类生产和生活的各个领域得到广泛的应用，在有关未来社会发展的一系列重大战略科学技术研究计划中，二次电池作为能量转换与储存的关键环节发挥着重要的作用。锂离子电池由于其高能量密度、长循环寿命和高能量转换效率等优点成为当前占据最多市场份额的能量储存与转化器件。随着新能源汽车的需求和产量不断攀升，退役动力电池的数量也随之急速增加，尤其在蓬勃发展的电动汽车行业推动下，退役动力电池数量将在 2030 年左右呈爆发式增长，随之而来的对动力电池原材料的需求也将大幅度上升。

动力电池含有丰富的锂、镍、钴等有价金属资源，实现短程且高效的动力电池回收再利用技术，不仅能最大限度地减少对关键材料资源的需求，而且还能解决环境污染和生态影响等重大问题。因此，开展动力电池梯次利用与回收技术对我国资源综合利用、环境保护和降低动力电池成本均具有重要意义，并已经成为全行业关注的焦点。坚持遵循"需求牵引、突破瓶颈"原则，基于我国的资源和环境现状，进行退役动力电池的回收与再利用研究在我国的社会与经济发展中具有紧迫性和必要性，是符合我国可持续发展战略的重要研究课题，具有鲜明的需求导向、问题导向和目标导向。通过解决技术瓶颈背后的核心科学问题，将促使退役动力电池梯次利用与回收再利用基础研究成果走向应用。

基于此，本书结合国内外电池技术及电动汽车的发展现状及趋势，系统介绍了退役动力电池梯次利用、拆解回收、资源化综合利用、全生命周期评价等研究技术的现状，并对本领域所面临的机遇、挑战与发展趋势进行总结展望。全书共8 章。第 1 章主要介绍了新能源汽车及动力电池产业现状与前景，并阐述了退役动力电池梯次与回收利用的必要性和紧迫性；第 2 章和第 3 章是动力电池梯次利用与安全评估、梯次利用颠覆性技术及其系统集成和工程应用实例分析；第 4～7章主要是动力电池拆解、回收资源化利用及其实例深度分析；第 8 章介绍了动力电池全生命周期评价与案例分享。第 1 章由陈人杰教授、林娇博士执笔；第 2 章由来小康所长、范茂松高工、杨凯主任执笔；第 3 章由慈松教授执笔；前言和第 4～7 章由李丽教授、林娇博士、张晓东博士、范二莎博士、吴嘉伟硕士等执笔，其中 5.3 节生物淋滤回收技术由辛宝平教授执笔；第 8 章由姚莹副教授执笔；全书由李丽教授、来小康所长、林娇博士统筹。

本书是作者及科研团队在深入开展退役动力电池梯次利用、回收处理、资源化综合利用等研究的基础上，并结合所承担的国家高技术研究发展计划（863 计划）、国家重点基础研究发展计划（973 计划）、国家自然科学基金、北京市教育委员会科技成果转化与产业化项目、教育部"新世纪优秀人才支持计划"等项目，经二十多年研究积淀撰写而成。这些项目的科研成果大都以论文的形式发表在国际、国内多种学术刊物上，作者将其代表性成果系统化总结于本书，力争反映国内外动力电池梯次利用与回收技术领域的最新进展。

本书作者皆为长期从事动力电池梯次利用与回收领域一线专家和科研工作者，感谢课题组师生们前赴后继的辛勤工作和成果积淀。特别感谢北京理工大学新能源材料与器件科研团队带头人吴锋院士对本书总体框架的统筹规划建议与悉心指导。同时，书中引用了国内外与动力电池梯次利用和回收技术有关的最新著作及文献资料，在此向被引用著作及文献资料的作者致以衷心的感谢。最后，感谢科学出版社朱丽、李明楠等编辑团队对本书出版工作的努力。

本书是许多科研工作者大量心血的凝聚，但由于时间仓促，加之作者理论水平和实践经验有限，书中难免存在纰漏和不足之处，敬请读者不吝批评指正。

李丽

2020 年 6 月 30 日于北京

目录 Contents

01

新能源汽车及动力电池产业现状与前景

在过去几十年里，随着全球人口不断增加及资源利用和环境影响负担增加，气候变化问题所引起的关注加强了研究未来可持续发展技术与全生命周期的必要性。事实上，全球大气中温室气体（GHG）的主要来源之一是交通部门。一个多世纪以来，由于化石能源燃料的有限性和燃烧污染性，导致持续依赖化石燃料的内燃机车辆（ICEVs）工业在经济、社会和环境的结构中是不可持续的。同时，人们对可持续交通的日益关注，刺激了汽车行业向新能源汽车（NEVs）发展的转变。当前，全球汽车行业正处于创新改革、国家主导及现有企业转型自主能力开创性检验阶段。

目前，随着中国新能源汽车产业受市场主导的转变及上游动力电池产业激烈竞争的影响，产业整合、全面新能源化和智能网联化方向的行业变革将影响整个新能源汽车产业链，也势必给相关企业带来新的机遇和挑战。2019 年，我国新能源汽车产量达 124.2 万辆，同比下降 2.3%；锂离子动力电池总配套量为 622 亿瓦时，同比增长 9.3%。这表明行业变革已经逐渐展开，我们应积极展开应对措施以面对潜在的系统风险。此外，作为新能源汽车核心部件的动力电池，其关键材料和先进制造技术的知识产权国产化，也是亟需解决的问题。

动力电池作为新能源汽车的核心零部件之一，其产业发展极大程度上影响着新能源汽车的发展。车用动力电池主要分为化学电池、物理电池、生物电池三类。其中，化学电池是目前电动汽车领域应用最为广泛的电池种类，如镍氢电池、锂离子电池、锂聚合物电池、燃料电池等。随着商用锂离子电池及其电子电器产品的快速发展，市场对高功率密度和高能量密度电池的需求日益增加，锂离子电池已成为当前动力电池的主流。

1.1 新能源汽车产业市场规模与发展概况

随着汽车工业的快速发展，汽车保有量与稀缺的石油资源之间的矛盾日益突出，成为制约汽车工业可持续发展的重要瓶颈。此外，随着汽车保有量的迅速增加，环境污染问题日益突出，而传统内燃机车无法解决这一日益凸显的矛盾。面对汽车工业发展带来的诸多问题，开发新能源汽车已成为国际共识。

新能源汽车是指采用非常规车用燃料或常规车用燃料和新型动力装置，将先进技术集成到车用动力控制和驱动系统中，形成先进技术原理支撑的，具有新技术、新结构的汽车。新能源汽车大致可分为四类：纯电动汽车、混合动力汽车、燃料电池汽车和太阳能电动汽车。当今，出于对改善能源短缺及环境问题的迫切需求，世界各国都在不断加大对新能源汽车的研究力度，新能源汽车在全球范围内得到了大力推广，推动了其产业的快速发展。因此，加快新能源汽车替代传统能源汽车是当前汽车市场的趋势[1]。

中国高度重视新能源汽车的发展，将推广节能与新能源汽车研制作为国家战略重点。2001 年，新能源汽车研究项目被列入国家"十五"期间的 863 计划重大科技课题，并规划了以汽油车为起点，向氢动力车目标挺进的战略。"十一五"以来，我国提出"节能和新能源汽车"战略，政府高度关注新能源汽车的研发和产业化。我国政府也陆续出台了许多法规政策以促进多能源、高效、环保的新型能源汽车行业的发展。

1.1.1 中国电动汽车产业发展现状分析

中国计划到 2050 年实现碳平衡，成为碳中和国家。这需要寻找新的燃料和替代燃料，以大幅度降低对石油的依赖，并减少运输业的碳足迹。天然气在一定程度上可以减少石油消耗，并适度减少温室气体排放，但仅为一种暂时的过渡燃料。氢和电最终有可能成为主要的零碳交通燃料。在替代燃油汽车方面，混合动力汽车（HEV）已经在轻型汽车领域产生了一定影响，而从电网充电获得部分能量的插电式混合动力汽车（PHEV）正逐步进入市场。生物燃料和 PHEV 的结合也将很大程度地减少石油消耗。最终，以燃料电池汽车或电池为动力的纯电动汽车将为实现长期社会目标做出重大贡献[2]。

近年来，中国政府高度重视新能源汽车的开发。2009 年，中国首次提出了新能源汽车的发展目标。2010 年，国务院发布《关于加快培育和发展战略性新兴产业的决定》，新能源汽车被明确认定为战略性新兴产业。此后，国家陆续发布一系列产业规划与政策，引导、推动新能源汽车产业的发展，希望借此得以实现中国汽车产业由"大"向"强"的转变。2012 年国务院发布的《节能与新能源汽车产业发展规划（2012—2020 年）》指出，"我国新能源汽车产业发展将以纯电动驱动为新能源汽车发展和汽车工业转型的主要战略方向"，进一步强化和明确了新能源汽车的发展规划目标。自 2013 年以来，国家财政部、科技部、工信部和国家发改委四部委对新能源汽车补贴持续实施阶段性退坡，先后 6 次出台政策调整补贴标准，总体补贴力度持续退坡，但对高续航车型、高能量密度电池给予更高倾斜，具体见表 1-1。2014~2015 年，多项激励政策出台，力度较大。《中国制造 2025》对新能源汽车 2025 年的目标提出了更高的要求，即要加大自主品牌建设力度。

在政策激励方面，除中央财政补贴外，各级地方政府也有相应的补贴政策，使新能源汽车的市场价格可为民众接受。在汽车企业方面，我国有关政府部门发布了《乘用车企业平均燃料消耗量与新能源汽车积分并行管理办法》。该政策利用奖惩机

表 1-1　新能源汽车补贴政策梳理

时间	政策名称	主要内容	生效时间
2013/9/13	《关于继续开展新能源汽车推广应用工作的通知》	继续依托城市尤其是特大城市推广应用新能源汽车；增加试点区域，并对入围城市或区域申报标准提高；规定公共服务领域新增或更新车辆中新能源汽车比例不低于 30%；中央财政将补贴资金拨付给新能源汽车生产企业，并强调推广应用的车辆中外地品牌数量不得低于 30%。	2014 年
2014/1/28	《关于进一步做好新能源汽车推广应用工作的通知》	按 2013 年规定，纯电动乘用车、插电式混合动力（含增程式）乘用车、纯电动专用车、燃料电池汽车 2014 年度和 2015 年度的补助标准将在 2013 年基础上分别下降 10% 和 20%。现将上述车型的补贴标准调整为：2014 年在 2013 年标准基础上下降 5%，2015 年在 2013 年标准基础上下降 10%。	2014～2015 年
2015/4/22	《关于 2016—2020 年新能源汽车推广应用财政支持政策的通知》	中央财政对购买新能源汽车给予补助，实行普惠制。2017～2018 年补助标准在 2016 年基础上下降 20%，2019～2020 年补助标准在 2016 年基础上下降 40%。	2016～2020 年
2016/12/29	《关于调整新能源汽车推广应用财政补贴政策的通知》	从整车能耗、续驶（续航）里程、电池性能、安全要求等方面提高财政补贴准入门槛；建立以提高动力电池技术水平为核心、以电池容量大小为主要测算依据的新能源客车补贴体系；细化新能源货车和专用车补贴方案，补贴标准按电池电量分档累退；设置中央和地方补贴上限，引导企业不断提高产业化水平、降低生产成本。	2017 年
2018/2/12	《关于调整完善新能源汽车推广应用财政补贴政策的通知》	除燃料电池汽车外，各类车型 2019～2020 年中央及地方补贴标准和上限，在现行标准基础上退坡 20%；提高推荐车型目录门槛并动态调整。	2018 年
2019/3/26	《关于进一步完善新能源汽车推广应用财政补贴政策的通知》	2019 年补贴标准在 2018 年基础上平均退坡 50%，至 2020 年年底前退坡到位。	2019 年

制以制约燃料汽车产业的发展，同时促进新能源汽车产业的发展。因此，汽车企业一定会优先发展纯电动汽车，这对未来新能源的产业发展方向具有明确的指导意义。在汽车消费政策方面，2017 年 12 月 26 日，财政部、国家税务总局、工信部与科技部联合发布了《关于免征新能源汽车车辆购置税的公告》，对消费者购置的新能源汽车免征车辆购置税，有效期为 2018 年 1 月 1 日至 2020 年 12 月 31 日。在中国各级政府的政策激励下，新能源汽车产业获得了长期、持续、快速发展的推动力，促进了相关技术的不断完善，并逐步系统化。当前中国新能源汽车产业正在从政策驱动向市场主导转变，动力电池产业的市场化竞争日趋激烈，产业整合正在向深层次推进，相关企业都将面临一次更为严峻的考验和挑战。

在技术研发方面，国内拥有自主研发产权的汽车企业在混合动力汽车的开发上日趋成熟。与纯电动汽车和燃料电池汽车相比，混合动力汽车不需要建设配套基础设施，技术复杂度相对较低。此外，由于国家政策的大力支持和新能源汽车市场的快速发展，国内对新能源汽车的需求大幅度增长，企业科研投入随之大幅度增加。例如，2015年长城汽车公司批复50.8亿元的专项资金用于新能源汽车的研究和开发，并通过多个渠道，在美国、日本、德国、印度等国家投资建立新能源产品研发中心，旨在收集国外先进技术成果和研发经验；比亚迪主要专注于公共交通电动汽车，并于2012年12月11日与保加利亚能源公司Bulmineral正式签署合同，组装生产电动公交车。中国的汽车工业需要向以纯电动技术为主要战略方向的技术攻关，重点突破电池、电机和电控技术，促进工业化的纯电动汽车、燃料电池汽车、插电式混合动力汽车、油电混合动力汽车及其相关技术进步，以实现我国汽车产业的跨越式发展。

2015年，中国电动汽车以33.11万辆的销量超越了美国和欧盟，在新能源汽车行业的发展方面实现了里程碑式的跨越。2016年，中国新能源汽车销量达到50.7万辆，同比增长53%，成为世界第一大新能源汽车市场。德国罗兰·贝格（Roland Berger）国际管理咨询公司汽车行业中心与德国汽车研究机构亚琛汽车工程技术有限公司共同发布的《全球电动汽车发展指数2017年第二季度》显示，中国首次在电动汽车发展指数排名中超过日本，跃居第一。近年来，我国新能源汽车增长势头强劲，从2013年以来销量持续高速增长，2018年销量125.6万辆，六年复合增速为114%（如图1-1所示）。从保有量来看，我国新能源汽车从2015年的42万辆跃升至2018年的261万辆（如图1-2所示），年复合增长率高达82.7%。2019年新能源汽车销量为120.6万辆；2020年新能源汽车销量将超过210万辆，增速在30%左右；到2020年全国新能源汽车保有量将超过610万辆。锂离子动力电池作为主要核心部件，2018年总配套量达571.1亿瓦时，同比增长53%，但在2019年出现了下滑。这使我们对伴随产业快速发展的潜在系统性风险加深了认识。另外，动力电池关键材料的自主知识产权与国产化也是需要我们进一步加深认识的问题。

为避免2020年后财政补贴完全退出对市场需求造成大幅度冲击，中国新能源汽车产业政策体系需要不断优化、完善，以实现中国新能源汽车产业的健康与快速发展[3,4]。

中国新能源汽车产业的快速发展是中央政府与地方政府多重激励政策叠加作用的结果，但在纯电动汽车的关键技术、成本控制及整车设计上与国际一流企业仍有一定差距，特别在新能源汽车设计、开发流程、底盘开发、发动机及传动匹配技术等汽车共性技术方面急需集中优势力量进行重点攻关。目前，我国新能源汽车产业市场发展有几个亟待解决的问题。

（1）工业发展缓慢。目前，新能源汽车中的混合动力汽车已经在国际上实现了商业化。中国的混合动力汽车销售市场仍处于起步阶段。主要原因是价格较高，

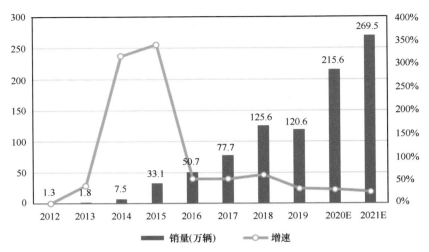

图 1-1 2012～2021E①年我国新能源汽车销量评估

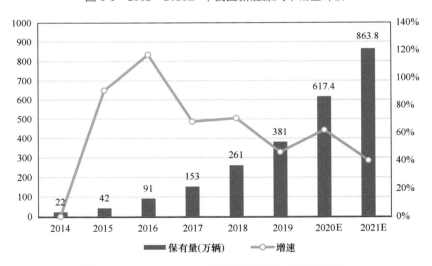

图 1-2 2014～2021E 年我国新能源汽车保有量评估

且群众节能环保消费观念尚未形成,这是新能源汽车推广的主要障碍。此外,中国新能源汽车的高市场份额在很大程度上得益于政策支持。一旦政府补贴机制逐步退出,新能源汽车及其配套产业就很难依靠市场独立发展。这是中国新能源汽车发展缓慢的主要原因。

(2)缺乏行业统一标准,行业无序。由于各生产企业采用的技术路线不同,不能采用传统的行业标准进行评价。尽管中国近年来颁布了一些新能源汽车标准

---

① E 表示预测值,余同

法规，如燃料电池电动汽车术语、性能要求和测试方法、电动汽车的电磁辐射强度测量方法等主要的基本规定及测试方法，但由于新能源汽车电池尺寸、电池更换、充电桩、车载充电机等标准尚未出台，没有统一的标准和具体的鼓励政策，导致企业对新能源汽车研发缺乏具体的指导，降低了标准应用的有效性和针对性。

（3）缺乏核心关键部件和技术。虽然国内汽车企业新能源汽车近几年在技术水平上有了很大提高，但总体而言，其核心关键技术水平仍落后于国际先进水平。特别是在电池系统集成、大批量生产工艺设计、生产工艺质量和成本控制等方面，我国电池技术还远远落后于国外先进水平。电池、电机、电控等核心技术的缺乏，导致国产关键部件与进口部件性能差距较大，存在电力驱动系统效率低、电池充电时间长、使用寿命短等问题。此外，汽车控制技术、电机驱动系统技术、电池系统技术、动力耦合技术、发动机和传动控制技术等先进技术在我国工业化方面仍没有取得实质性突破，成为制约国内新能源汽车行业发展的重要因素。

（4）产业链配套设施尚未形成体系。随着新能源汽车的快速增长，新能源汽车产业对各种配套设施的研发、生产及应用产生了极大的需求。完善基础设施建设是新能源汽车大规模应用的必要前提。新能源汽车的大规模运营需要大量的公共基础充电设施，以保证其产业化和市场化。充电设施的建设不仅需要巨大的资金投入，还需要在现有的城市结构内征地，对于土地资源日益稀缺的城市来说，这将是一个巨大的挑战。基础设施成本高、效益低成为制约电动汽车基础设施建设的重要因素。

1.1.2 国际电动汽车产业发展市场分析

面对日益严重的能源和环境问题，西方一些发达国家和地区开始寻求产业转型，逐步减少燃油汽车的产量，并将推广新能源汽车和逐步淘汰传统能源汽车提上日程。在技术研发方面，通用汽车、福特、克莱斯勒于1991年成立了美国先进电池联盟（USABC），共同研发用于电动汽车的高能电池。当前，美国电力研究所（ERPI）也参与了高能电池和电动汽车的研发。日本丰田混合新能源汽车采用动力系统使发动机与电机协调驱动，实现世界级的低油耗、低排放。当汽车仅靠电动机驱动时，不会产生任何废气污染环境，并且在减速、刹车和下坡条件下都能回收能源。

2008年国际金融危机后，发达国家先后启动"再工业化"计划，不仅用于应对日益严峻的世界各国面临的能源短缺和气候变化问题，也为了抢占未来科技和产业竞争的制高点。在这样的世界大背景下，世界各主要国家纷纷将新能源汽车产业作为重点培育对象，并出台了相关产业规划和政策。2015年全球实现新能源汽车产量 69.2 万辆，同比增长 97.9%。2009 年中美共同提出电动汽车倡议（Electric Vehicles Initiative，EVI），在中国科技部和美国能源部的支持下，两国间电动汽车与电池领域的合作得以促进。根据 EVI 生产规划统计，到 2020 年，全球新能源汽车保有量将达 1290 万辆（表 1-2 为全球主要汽车生产国新能源汽车生产规划）。2015 年年底全球新能源汽车保有量为 81.4 万辆，据此测算，2015～2020 年新能源汽车保有量复合增速 71%。

表 1-2　全球主要汽车生产国新能源汽车生产规划

国家	规划期	新能源汽车规划目标	新能源汽车类型
美国	2015 年	100 万保有量	插电混动、纯电动
日本	2020 年	200 万保有量	电动车 80 万辆，混动 120 万辆
	2030 年	汽车年销量的 70%	电动车
德国	2020 年	100 万保有量	电动车
	2030 年	500 万保有量	电动车
法国	2020 年	200 万累计产量	电动车
韩国	2015 年	120 万产量	电动车
	2020 年	小型电动车普及率 10%	电动车
中国	2015 年	50 万累计产量	插电混动、纯电动
	2020 年	年产能力 200 万辆；累计产销 500 万辆	插电混动、纯电动

目前，从全球范围来看，新能源汽车产业整体仍处于初级发展阶段，但其发展得到各国政府的大力支持。当前，新能源汽车产业市场中的新能源汽车主要分为纯电动汽车、混合动力汽车及燃料电池汽车。其中，全球新能源汽车主要以纯电动汽车为主，受到各国的高度重视。国外研究学者主要从技术研发和产业化战略两个方面展开对新能源汽车的研究，新能源汽车产业竞争力和实证分析方面涉及较少。

在 2011 年全球电动汽车发展的黄金时段，日本、美国、欧盟的新能源汽车产业发展迅速，形成了以这些国家和地区的动力汽车产业为核心的世界格局。其中，美国以全年 2 万辆的销量占据全球市场份额 29.41%，位居第一。现阶段，日本、美国、欧盟等国家和地区的新能源汽车产业处于世界领先地位，不仅研发起步早，研发技术水平先进，且研究体系已较为成熟。

各国的新能源汽车发展路线不尽相同。美国以能源安全为首要任务，在政策实施方面，通过建立充电站等配套设施，实施电费减免，提供驾驶和停车设施，鼓励消费者购买新能源汽车，是全球最大的混合动力汽车市场。此外，美国结合技术创新和商业模式重点发展纯电动汽车，在纯电动汽车技术、产业化方面长期处于国际前列。现阶段，美国在纯电动汽车产业方面的技术首屈一指，日本在纯电动汽车和油电混合汽车产业方面的研发技术较为成熟，欧盟在清洁柴油汽车和生物燃料汽车方面技术较为先进。美国特斯拉公司生产的纯电动汽车在国际市场取得了很高的口碑，其生产的 2015 款 Model S70 车型续航里程达到 420 km，与传统汽车性能相当。欧洲的纯电动汽车以德系车为主，其中宝马 i3 车型采用一体化设计，将锂电池组与底盘设计为一体，这些设计使得整车质量降低，增加了续航里程。

1. 日本新能源汽车发展进程

日本自 20 世纪初开始制造本国第一辆汽车以来，在全球汽车工业中发挥着重要作用。作为世界领先的汽车工业强国，日本汽车工业一直在努力创新和实现大规模生产，尤其是插电式混合动力汽车和纯电动汽车。日本第一辆新能源汽车是 1904 年制造的 Yamaba 混合动力汽车，这基于其一直以来非常重视节能环保型汽车的研发理念。因此，电动汽车在日本曾一度成为主流。在新能源汽车的推广上，日本采取了一系列的补贴措施，日本下一代汽车振兴中心每年都会根据市场情况调整补贴政策、车型和预算，其中最重要的是 1998 年推出的 CEV 补贴（清洁能源汽车补贴）。从 20 世纪 60 年代中期开始，日本制定了一系列的产业规划引导其国内电动汽车的研发与推广，在经历 20 世纪 70 年代和 90 年代两个电动汽车研发热潮，以及以丰田普锐斯（PRIUS）为代表的混合动力车型实现商品化和技术迭代后，进入 21 世纪的日本开始重新审视新能源汽车战略，并陆续出台了多项产业战略规划，构建了完善的新能源汽车推广应用政策体系。

在供给侧，日本制定了一系列新能源汽车产业战略规划，引导企业研发创新与市场推广。2007 年 5 月，日本经济产业省发布《下一代汽车及燃料计划》。2009 年 5 月，日本环境省发布《下一代汽车普及战略》。在前期新能源汽车战略规划基础上，2010 年 4 月日本经济产业省正式发布《下一代汽车战略 2010》，在总体规划、电池、稀有金属、基础设施、系统及国际标准等 6 个方面分别制定了战略目标与具有可操作性的行动方案，内容涵盖新能源汽车产业生态系统各个方面，为日本新能源汽车产业发展提供了宏观指引。该战略将新能源汽车核心技术的动力电池作为发展重点，并通过预算安排予以支持。根据该战略，到 2020 年，下一代汽车的新车销量占比将提升至 20%～50%。2014 年 11 月，日本经济产业省发布《汽车产业战略 2014》，未对下一代汽车的发展目标进行调整，但对有关燃料电池汽车及其基础设施加氢站方面的推广措施进行了细化，并将新能源汽车国际化作为日本汽车产业国际化重点。2016 年 3 月，日本经济产业省发布《纯电动汽车与插电式混合动力汽车路线图》，确定了 2020 年纯电动汽车和插电式混合动力汽车发展战略目标与实施方案，设立了 2020 年实现累计销售 100 万辆的目标，同时也明确了充电基础设施发展目标。该路线图在技术研发策略上以先进电池及材料为核心，为电动汽车核心技术的锂离子动力电池和新型电池研发提供资金支持。2016 年 3 月，日本经济产业省发布了《氢与燃料电池战略路线图（修订版）》，对燃料电池汽车发展与相关基础设施建设目标进行量化，提出 2030 年燃料电池汽车推广数量要达到 80 万辆，2025 年加氢站数量要达到 320 座。这两个路线图清晰地描绘了日本下一代汽车发展目标与实现路径，以及新能源汽车产业未来的发展方向[5]。

2. 美国新能源汽车发展进程

美国是世界范围内较早研发并使用新能源汽车的国家之一。1834 年世界第一辆电动汽车就诞生在美国。在此之后，美国没有停止对新能源汽车的探索，愈发注重保护环境和节能减排，迫切地研发并使用环保型的绿色汽车。美国相继出台了相关政策、法案和行业标准，以极大的力度来支持新能源汽车产业的发展。在这样的支撑政策体系、良好的市场环境下，美国新能源汽车的发展一直处于世界领先地位。

20 世纪 60 年代，美国汽车保有量骤增至 1 亿辆，尾气排放相继引发了雾霾和光化学烟雾等严重空气污染问题，引起了政府和学术界的高度关注与讨论。20 世纪 70 年代的全球石油危机，又一次警醒美国需要立即着手开发低碳、节能的汽车以应对能源危机和环境危机。1976 年美国政府发布了《电动汽车和混合动力汽车的研究开发与样车试用令》，制定了以财政补贴为主的鼓励消费者购买政策，通过立法和财政资助的政策措施来促进新能源汽车的发展，标志着美国新能源汽车产业研发的正式开端。随后，美国各州或城市纷纷出台与大气相关的法案，推动了新能源汽车产业发展的进程。20 世纪 90 年代，日本汽车在美国市场占有率大幅度提升，引发美国汽车企业的恐慌。因此，美国政府也将混合动力汽车作为重点发展项目，不断攻克技术难关、扩大新能源汽车产业发展的规模。这一阶段中，美国虽然重视新能源汽车的研发与生产，但各项数据指标分析显示，美国新能源汽车仍处于缓慢发展阶段，主要原因在于新能源汽车产业具备投资大、周期长的特征，美国民众对汽车新产品的认识和接受度不足，使新能源汽车在短期内不能取得巨大的成效。

受化石能源短缺和环保节能需求的驱动，美国以政府采购作为主要的支持手段，在技术研发、产业化和推广方面积极实施了有效政策和资金扶持，把新能源汽车技术创新和产品研发看作产业成功的核心。2008 年 6 月，美国政府投入 3000 万美元促进通用汽车公司、通用电气公司和福特公司的插电式混合动力汽车的研发。2009 年 8 月，奥巴马政府斥资 24 亿美元支持新能源汽车技术研发及生产。此外，美国也高度重视基础设施配套问题，加利福尼亚州对这一项目的重视程度最高，其计划到 2020 年，可建成容纳 100 万辆电动汽车的充电配备系统，到 2030 年，在南加利福尼亚州的商业地段将安装 30 万个充电桩。

这一系列的政策激励推动了美国新能源汽车产业的迅速发展，使其发展速度和规模均处于世界前列。2017 年美国新能源汽车总销量为 47.7 万辆，增长率 5.6%，其中纯电动汽车销量为 16.8 万，增长率为 23%。2012～2017 年，美国电动汽车销量的年平均增长率为 32%。原本国内老牌竞争的汽车企业是通用、福特和克莱斯勒，但近几年以纯电动汽车为代表的特斯拉企业异军突起，是当今美国新能源汽车产业的领军企业，可见美国的纯电动汽车发展势头之猛，这主要归功于特斯拉价格的降低、市场推广和基础设施的提升。例如，特斯拉在美国建成 4800 多座"超级充电站"，减少消费者对新能源汽车充电及续航问题的担忧。

然而，特朗普上台后美国政府的一系列举措为美国新能源汽车的发展走向蒙上一层疑云。特朗普于 2017 年 6 月 1 日宣布美国退出《巴黎协定》，这一举动立刻在世界引起轩然大波，不仅欧洲各国和全球发展中国家集体哀叹惋惜，美国国内的反对声音也层出不穷。美国纽约、洛杉矶等 60 多个城市表示继续执行《巴黎协定》；科技与新能源汽车领域的一些企业联合发声，阐明该协定为美国带来的诸多好处与便利。但特朗普政府依然按意愿开展退出《巴黎协定》的行动。除此之外，特朗普政府偏爱传统的化石能源，十分轻视新能源的发展，未来美国的新能源战略有可能发生重大改变。在如此强悍的政策背景下，新能源汽车产业的发展路径尚未明晰，即将面临更加严峻的市场检验[6,7]。

3. 德国新能源汽车发展进程

美国、日本和欧盟在新能源汽车的研发和产业化方面已处在世界前列。德国作为欧洲工业大国和世界汽车制造老牌强国，在发展新能源汽车，尤其是电动汽车方面，有着独特的宏观政策引导和行动措施，在电动汽车技术研发和产业发展方面积累了丰富的经验，建立了良好的基础。

汽车工业产值占德国 GDP 总量的 20% 以上，奔驰、宝马、大众等更是享誉全球的汽车品牌。目前，德国汽车保有量达 5000 万辆以上，位居世界第四位（前三位分别是美国、中国、日本）。现在，德国每年生产的各类汽车约 600 万辆，占世界汽车年生产总量的 6.6%，其中，乘用车产量占世界总产量的 8.3%[8]。

20 世纪 60 年代，汽车工业领域的国际竞争日益激烈，特别是"国际减排"要求各国推动新能源汽车快速发展，使 100 多年来形成的世界汽车工业格局面临较大的变动，这迫使德国政府和企业界加紧调整汽车工业的发展战略。为了保持德国在全球汽车工业领域的优势，减缓国际能源危机和国际社会要求减排的压力，减少石油进口，缓解日益严重的环境污染，特别是城市空气质量下降的问题，德国政府、企业界和研究机构从 20 世纪 90 年代开始进行新能源汽车（主要是电动汽车）的研发实验。

近年来，面对传统汽车工业发展出现的困境，德国不断加大电动汽车的研发力度。2009 年，德国政府首次制定公布了《联邦政府国家电动汽车发展计划》，把发展电动汽车正式作为德国工业和国民经济发展的战略任务。该计划不但确定了其后 10 年的发展步骤和具体任务，而且提出了今后几十年的发展目标。该计划要求，2012 年德国全国应有 10 万辆电动汽车投入使用，2016 年争取实现 50 万辆电动汽车投入运行，到 2020 年力争有多于 100 万辆电动汽车行驶在德国大地上。德国还宣布将从 2030 年左右开始禁止销售传统的内燃机车，其长期发展目标是 2030 年时电动汽车保有量在 600 万辆以上，2050 年达到城市中基本普及电动汽车。届时，在德国的各个城市，燃油汽车将不再出现，彻底解决由于汽车尾气排放造成城市空气污染的难题，彻底实现在城市行驶的汽车"零排放、零污染"的目标。

在德国"国家电动汽车发展平台"的方略实施后，2011 年 5 月，为确保实现 2020 年的各项目标，德国政府又提出了旨在加快推进国家电动汽车发展计划的行动措施。主要有以下几个方面：

（1）加快公共充电设施的布局和建设及立法工作，加大充电设备的技术研发和推广力度，早日实现充电站遍布全国主要城市交通网络的目标。2015 年、2017 年、2020 年，充电站的充电桩陆续达到 10 万、50 万、90 万个的需求总量。此外，最新修订的德国《联邦干道交通法》等相关法律法规也为充电设施建设提供了可靠的法律保障。

（2）加大经济激励政策的倾斜力度，实现到 2020 年 100 万辆电动汽车投入运营。德国政府出台了多项经济激励政策，一是对购买电动汽车的用户给予 10 年免税期待遇；二是对购买电动汽车的用户提供每辆 2000～3000 欧元的一次性补贴；三是在公共领域逐步实现 10%以上的车辆是电动汽车；四是给予电动汽车免费停车及道路优先使用的权利，给予保险费优惠和特殊牌照的政策。

（3）加强国际合作，加快标准制定。加强与美国、日本、英国、法国、中国等国家的合作，力争使更多的德国标准上升为国际标准。积极参与电动汽车国际标准的制定，重点是确立锂电池、充电插头、电网设备等产品及整车质量的权威标准与认证体系[9]。

（4）加强和完善电动汽车专业技术人才的培养和教育，建立全国电动汽车专业人才教育网络，加大对各级学校、科研机构培养电动汽车专业技术人才的支持力度。

目前，德国虽然在电动汽车的技术、基础设施和市场开发等方面落后于美国和日本，在欧洲也落后于法国，但德国是传统汽车制造强国，尤其在信息和通信技术（ICT）方面处于世界领先水平，其未来发展潜力巨大。

1.2　动力电池产业发展现状与市场概况

　　动力电池作为新能源汽车的能量储存装置，其性能的优劣直接影响新能源汽车的市场应用和普通消费者的接受度，如安全性、能量密度、功率密度、循环寿命及成本等。在新能源汽车产业链中，动力电池有着至关重要的地位，它的发展现状和前景备受国民关注，其推广应用更成了企业的必争之地，甚至动力电池的研发已上升至国家战略层面。

　　铅酸电池、镍氢电池和锂离子电池在电动汽车领域均有应用，其中锂离子电池是目前实现产业化的动力电池产品中能量密度最高的电化学体系，具有较长的循环寿命及使用寿命，安全性不断提升。同时，锂离子电池已处于自动化大规模生产制造阶段，成本不断下降。锂离子电池作为铅酸电池和镍氢电池技术及产业的升级换代产品，具有比能量高、比功率高、自放电率低、无记忆效应及环境友好等突出优点，成为目前技术研究及产业化的重点。在经历了"十五"计划锰酸锂电池的研发、"十一五"计划磷酸铁锂电池的推进和"十二五"计划三元电池的提升之后，我国锂离子电池产业规模开始迅猛增长，2015年已经超过日本和韩国达到全球首位，并于2016年扩大了领先优势。在国内新能源汽车产业的带动下，我国锂离子电池产业规模急剧扩大，已形成了包括关键原材料、动力电池、系统集成、示范应用、回收利用、生产装备、基础研发等在内的完善的锂离子电池产业链体系，整体产业规模处于世界领先地位。2016年我国锂离子电池出货量达到30.5 GW·h，在全球锂离子电池销售排行榜中，前十名的榜单中我国动力电池企业占据其中7个位次，比亚迪和宁德时代分别以7.1 GW·h和6.8 GW·h的销量排名第2位和第3位，与第1位松下公司的差距很小[10]。

　　与成熟的锂离子电池发展产业相比，氢燃料电池产业的发展才刚刚开始。氢能被视为是连接可再生能源与传统化石能源的桥梁，承载着可以实现未来洁净能源利用变革的愿景。而氢燃料电池具有能量转化率高、噪声低及零排放等优点。在2019年全国"两会"《政府工作报告》中，氢能及燃料电池成为提案中的热词。"推动充电、加氢等设施建设"，这是氢能首次被写入《政府工作报告》。各地方的氢能扶持政策、氢能产业园区如雨后春笋般涌现，氢燃料电池的研发速度在政策的支持下也显著加快。虽然，目前的氢燃料电池产业在基础关键材料、关键零部件、系统集成、氢能基础设施建设方面都相对滞后，但是不可否认氢燃料电池汽车在将来会承担起汽车产业转型升级和清洁低碳的重要使命。

1.2.1 中国动力电池产业技术与市场分析

1. 锂离子动力电池市场现状

如今，新能源乘用车已成为拉动锂离子动力电池需求的主要引擎。随着新能源汽车市场化程度的提升，根据中国化学与物理电源行业协会动力电池应用分会统计数据显示，2018 年我国锂离子动力电池总装机量达到 56.89 GW·h，出货量为 65 GW·h。

动力电池的能量密度主要是由正极材料决定，现阶段主导动力电池市场的是磷酸铁锂材料和三元材料，随着材料技术的进步和电动汽车对续航里程的追求，高容量镍钴锰酸锂（NCM）和镍钴铝（NCA）三元材料将迎来发展机遇期。总体来看，采用高容量、高电压的正极材料是提高电池比能量的最佳方式，对提高电动车的续航性能具有重要意义。动力电池负极材料主要有石墨、硬碳、软碳、中间相碳微球、硅碳及钛酸锂等，目前锂离子动力电池的主流选择仍然是石墨类材料。低成本、高安全性和高比能量是负极材料继续发展的方向。为了提高负极材料的能量密度，当前及今后一段时间内锂离子动力电池负极材料的产业化及应用的重点方向将会是复合类材料，尤其是硅碳复合材料。隔膜作为离子运输的通道，在材料选择方面，聚烯烃材料是主流的选择，主要有单层膜和复合膜，包括聚乙烯及聚丙烯两大类产品。对隔膜材料表面进行表面改性处理可以提高动力电池的安全性。薄型化隔膜材料是当前的发展趋势，为了进一步提升动力电池能量密度，使用薄型化隔膜不仅可以提高正负极材料的含量，而且可以降低隔膜的比重。随着电极材料的不断完善和改进，对于电解液的要求也愈发严格。虽然在接下来的很长一段时间里，六氟磷酸锂仍将会是动力电池的主流产品选择，但是针对不同特性的电极材料和不同用途的动力电池，功能电解液添加剂的开发和溶剂配比的优化将是研究的重点。中远期发展目标主要集中在新型溶剂与新型锂盐、离子液体、添加剂等方面，固态电解质和凝胶电解质也是未来发展的方向。全固态电池是未来储能电池和动力电池领域发展的重要方向，因为其在能量密度、寿命和安全性等都具有潜在的优良特性。

随着国内新能源汽车补贴政策对续航里程要求的提高和《节能与新能源汽车技术路线图》（2016 年中国汽车工程学会在工信部指导下发布）中对动力电池比能量规划的提高，企业迅速完善布局，加大对高比能量锂离子动力电池的研发和生产投入。目前，我国锂离子电池行业内 95%企业为中小企业，规模小、技术水平低，主要生产中低端锂离子电池产品。2018 年 6 月开始实行的《关于调整完善新能源汽车推广应用财政支持政策的通知》通过补贴措施表明了对新能源汽车电池能量密度的更高要求，低端锂电产能过剩，将逐步被淘汰。进一步对比 2017～2018 年我国锂离子动力电池 CR5 和 CR10 的装机量情况来看，我国锂离子动力电池市场的集中度已非常高，2018 年 CR5 为 74%，CR10 达到 83%，而 CR20 更是高达 92%。随着我国政策对锂离子动力电池产品提出更高的要求，市场份额将进一步向领军企业集中。2018 年我国锂离子动力电池行业装机量领先企业中，宁德时代占行业总量的 41.19%，装机量达到 23.43 GW·h，同比增长 123%，排名行业第一；第二是比亚迪，占 20.09%，装机量达到 11.43 GW·h，同比增长 102.43%；第三是国轩高科，占 5.4%，装机量为 3.07 GW·h。以上这些数据表明，排名在 20 名后的锂离子动力电池企业实际上已被边缘化。我国锂离子动力电池行业高端产品之间的竞争主要集中在国内仅有的几家企业与国外企业之间，属于垄断竞争格局。2019 年上半年与新能源汽车配套的动力电池企业数量降到不足 70 家，下半年动力电池企业数量将进一步减少。宁德时代、比亚迪、沃特玛等电池企业占据了市场主要份额，而这三家企业，在新能源客车、新能源专用车市场占据绝对主导地位。

中国电池产业发展迅猛，之所以能够领跑全球，离不开政策的大力扶持。从 2015 年开始，工信部共发布了四批满足《汽车动力蓄电池行业规范条件》的企业目录（动力电池"白名单"），只有进入该目录的企业才能享受政策补贴。入选该目录的 57 家电池厂商均为本土企业，彻底将松下、LG 化学、三星 SDI（三星的显像管生产部门）排除在外。所以中国电池企业在很大程度上受益于政策导向，而非市场决定。近两年由于宁德时代的垄断地位，削弱了整车企业在电池上的议价话语权，同时对中国电池厂商来说，缺乏市场竞争将导致创新能力的缺失，对其长远发展并非好事。取消对"白名单"企业的额外照顾将使得第二梯队的电池厂商获得更大的发挥空间，同时引入更多国外先进技术，让市场竞争更加充分。目前，我国各大锂离子动力电池上市公司都呈现稳步增长的趋势，由于比亚迪的业务还包含新能源汽车销售，其营收和研发支出都远远高出其他企业。在净利润方面，宁德时代的净利润保持每年高速增长，而比亚迪和国轩高科在 2017 年都呈现小幅下滑；值得关注的是，各个企业的销售毛利率在 2017 年都呈现下滑，主要原因在于我国政府对新能源汽车的补贴正以每年 30% 的速度退坡，锂离子电池企业的利润空间正在逐渐被压缩。

2. 车载动力电池市场现状

在我国总的锂离子动力电池出货量中，当前应用最多的包括两种动力电池：磷酸铁锂电池和三元材料（三元锂）电池。磷酸铁锂电池在客车领域中占据主导地位，三元材料电池在乘用车领域中占据主导地位。磷酸铁锂电池的内部结构相对简单，正极为磷酸铁锂、负极为石墨材料，中间为聚合物隔膜，其反应过程为两相反应。磷酸铁锂电池最大的特点是安全性好，其内部分子在 750～800℃ 的高温下才会发生分解，因而它在面临撞击、短路等恶劣情况时发生着火乃至爆炸的概率大幅度降低；但其最大的缺点是有明显的热衰减现象，低温环境使其充放电能力和电池自身容量均大幅度降低。三元锂电池一般是指采用镍钴锰酸锂（NCM）或镍钴铝（NCA）三元正极材料的锂电池，具有高能量密度的优点，其能量密度达到了 280 W·h/kg；但缺点在于热稳定性较差，在温度达到 200℃ 时电池内部材料便开始分解。因此，搭载三元锂电池的车辆在发生碰撞时极易引发火灾和爆炸等，对乘客和驾驶者易造成二次伤害。

动力电池故障引起的新能源车自燃、起火等现象的频繁出现，引起大众消费者对其安全性的广泛关注。锂离子动力电池易发生起火、爆炸等故障的原因，一方面是由于其容量大、工作环境恶劣、化学反应较为剧烈；另一方面，部分不良企业为了在激烈的市场竞争中取得胜利，盲目追求低成本和高能量密度，却在散热系统和安全设计等方面降低了配置。

电池的质量安全是消费者购买电动汽车时最关心的问题之一[11]，也是新能源汽车发展应保持的底线。因此，国家急需对动力电池实施必要的认证，提高优质电池产品的消费者认可度，确保企业生产的动力电池产品能够持续符合国家技术标准，降低因动力电池原因造成的车辆安全事故。实际上，三元材料电池安全隐患高于磷酸铁锂电池，国内外关于电动汽车燃烧、爆炸的事故报道中，三元材料电池所引发的安全事故量显著高于磷酸铁锂电池。

2016 年，国家出台相关规定，明令客车禁用三元材料电池。受到相关政策的影响，磷酸铁锂电池在新能源客车中成为主流。得益于新能源客车的高速发展，在 2016 年全年的出货量中，磷酸铁锂电池占据七成以上的份额。进入 2017 年，随着安全标准得到统一，客车用三元材料电池开始解禁，不过当时采用的企业为数很少。随着 2018 年补贴政策的推出，三元材料电池重新进入申报列表。在 2017 年的动力电池市场中，与 2016 年相比，三元材料电池增长趋势已较为明显，2017 年上半年，其占比提高至 60.5%，磷酸铁锂电池占比约为 38.08%。2018 年，磷酸铁锂电池安装量为 21.6 GW·h，三元锂电池安装量为 30.7 GW·h。预计到 2025 年，磷酸铁锂电池安装量为 24.2 GW·h，三元锂电池安装量为 448.4 GW·h（图 1-3）。其中一部分原因在于，磷酸铁锂电池的能量密度提升空间有限，伴随着行业对电池系统能量密度要求的提高，国内主流企业如比亚迪等，技术路线向三元材料转换趋势明显。综合考虑国内原材料来源、价格等因素，未来较长一段时间，三元材料电池和磷酸铁锂电池两种技术路线将共存发展，但向三元材料电池转化的趋势明显。

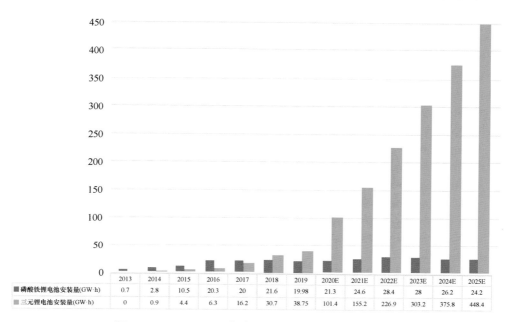

	2013	2014	2015	2016	2017	2018	2019	2020E	2021E	2022E	2023E	2024E	2025E
■磷酸铁锂电池安装量(GW·h)	0.7	2.8	10.5	20.3	20	21.6	19.98	21.3	24.6	28.4	28	26.2	24.2
■三元锂电池安装量(GW·h)	0	0.9	4.4	6.3	16.2	30.7	38.75	101.4	155.2	226.9	303.2	375.8	448.4

图 1-3　2013～2025E 年中国主要动力电池安装量评估

3．动力电池性能对比

目前，国内软包装磷酸铁锂电池单体比能量已提升至 160 W·h/kg，系统比能量达到 125 W·h/kg，在常温条件下，1C 充放电循环 3000 次后，仍具有 80%的容量保持率。18650 圆柱形三元材料电池单体比能量提升至 260 W·h/kg，系统比能量达到 180 W·h/kg，单体循环寿命达到 1000 次，系统循环寿命达到 800 次，容量保持率均在 80%以上。方形三元材料电池单体比能量超过 230 W·h/kg，能量密度超过 560 W·h/L，在室温条件下，1C 充放电循环寿命超过 2000 次，容量保持率仍在 80%以上。HEV 用锂离子电池主要为三元材料电池，单体比能量达到 160 W·h/kg，比功率达到 1800 W/kg，在常温条件下，1C 充放电循环寿命从 3000 次/5 年大幅度提升到 5000 次/8 年，实现了 4C 快充功能。2016 年，中国汽车工程学会在工信部指导下，发布了《节能与新能源汽车技术路线图》。其中，锂离子电池 2020 年的技术目标：NEVs 用锂离子电池，单体比能量达到 350 W·h/kg，系统比能量达到 250 W·h/kg，单体成本为 0.6 元/（kW·h），系统成本为 1.0 元/（kW·h），单体寿命 4000 次/10 年，系统寿命 3000 次/10 年；PHEV 用锂离子电池，单体比能量达到 200 W·h/kg，系统比能量达到 120 W·h/kg，单体充电比功率达到 1500 W/kg，系统充电比功率达到 900 W/kg，单体成本为 1.0 元/（kW·h），系统成本为 1.5 元/（kW·h），系统寿命 3000 次/10 年。

以上数据表明，商业化动力磷酸铁锂电池的循环稳定性优于三元材料电池，其耐久性更为优异。商业化三元材料电池放电电压平台高，比容量高，单体和模块的能量密度超过 200 W·h/kg，高于磷酸铁锂电池（约 136 W·h/kg），因而可以为电动汽车提供较长的续航里程。磷酸铁锂电池和三元材料电池在高倍率下都有较为优异的放电能力。电动汽车生产商基本是根据汽车的指标参数进行电池体系选型；而对于电动汽车买家而言，首先应了解电动汽车所用电池的体系是磷酸铁锂电池还是三元材料电池，从而依据自己的实际需求进行车型选择。

4. 动力电池生产流程

动力电池系统生产过程中，有几项需要注意的技术要点。第一，原材料采购：正/负极活性材料、隔膜、电解液是电池单体制造的关键原材料，检查员应核对以上原材料的型号/规格、技术参数及检验的记录等。第二，极片制备和电芯封装：单体制造的关键工艺关系电池核心性能，生产自动化程度较高，检查员应记录搅拌机、涂布机、注液机等核心生产设备的运行状况，并检查操作规定、检修保养计划及记录是否符合标准。第三，化成和分容：将注液封装后的电芯充放电进行活化，测试电池容量及其他电性能参数并进行分级。需要化成机、分容机、X 射线检测机等设备。第四，电池包组装：将众多单体电芯通过串、并联的方式连接起来，综合了热管理、机械电气等硬件系统，涉及电池包的强度、耐振动、涉水性等安全性能。检查员应关注装配工艺控制要求与记录、生产人员操作能力等。

随着动力电池技术的进步和产业的发展，相应的产品认证体系也要创新和完善，以辅助保障质量安全，消除消费者对动力电池产品安全、性能等方面的顾虑，促进新能源汽车的稳步推广。

锂离子动力电池的关键生产工艺流程如图 1-4 所示。

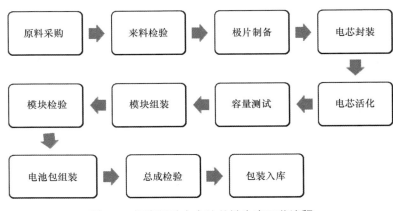

图 1-4 锂离子动力电池关键生产工艺流程

5. 动力电池产业的不足和发展趋势

虽然我国锂离子动力电池产业规模已经全球领先，技术水平提升显著，单体锂离子动力电池与国外基本处于同一技术水平，但放眼全球，我国锂离子动力电池产业在产业结构、系统集成、精密制造、回收利用等方面仍然存在不足，主要表现在以下几个方面：

（1）高端产能不足，低端产能过剩。2016 年国内生产的新能源汽车产品共有 213 家动力电池配套企业，其中，国外企业 4 家，国内企业 209 家，国内企业的配套量占比超过 99.9%，单体动力电池的总产能超过 120 GW·h，但产能的综合利用率不足 50%。同时，高端电池材料仍需要进口，高端优质产品处于供不应求的局面，带来了行业结构性风险上升的问题。

（2）单体技术水平提高，集成技术较低。动力电池系统设计水平不高，系统集成多未实现半自动化和自动化的连续生产，成组电池的兼容性较差，落后于国际先进水平。

（3）关键装备依赖进口，制造水平仍待提高。制造工艺和生产设备是决定电池性能的重要因素。日、韩等国采用了较高的自动化装备，自动化水平在 80% 以上。国内除部分一流企业以外，多数动力电池企业的制造工艺水平较低，自动化水平低于 50%，且关键装备依赖进口设备，自主研发装备精度低，影响产品一致性。

（4）电池回收利用体系不完善。因电池系统内部结构设计、模组连接方式、工艺技术存在差异，回收利用未完全实现自动化，虽国家已出台相关支持政策及标准规范，但仍未形成规模化的回收产业链和成熟的回收体系，同时，回收经济性欠佳，也会从一定程度上影响企业研发投入力度[12,13]。

通过系统分析国内外锂离子动力电池发展现状，我们总结出其未来将呈现出以下发展趋势：

（1）产业集中度进一步提高。随着锂离子动力电池技术的不断提升，产业规模的不断扩大，动力电池行业的市场竞争将进一步加剧，低端重复产能将被淘汰，具备技术优势和成本优势的优质企业将在未来的市场竞争中处于越来越有利的地位，产业集中度会进一步提高。

（2）高比能量和低成本趋势明显。2020 年是锂离子动力电池技术大幅度提升的阶段，从当前国内外锂离子动力电池技术发展速度来看，2020 年左右，锂离子动力电池将实现比能量 300～350 W·h/kg、成本 0.6 元/（W·h）的目标，技术的提高和成本的降低将进一步加剧锂离子动力电池市场的竞争。

（3）新体系固态电池快速发展。固态电池在安全性、高比能等方面具有较大的发展优势，目前国内已开发出了单体比能量为 250～300 W·h/kg 的固态锂离子电池、300~400 W·h/kg 的固态金属锂电池和 570 W·h/kg 的锂硫电池,在新能源汽车行业高安全和高性能要求的推动下,新体系固态电池技术将逐渐趋于成熟,成为动力电池的重要技术方向。

锂离子动力电池是当前动力电池行业研究的热点,在未来相当长的一段时间内仍是新能源汽车最适用的动力电池。随着产业结构的调整、材料技术和制造技术的进步、回收利用体系的完善,锂离子动力电池产业的竞争将进一步加剧,锂离子动力电池产品在比能量、安全性及循环寿命方面的性能将不断提高,更强有力地支撑新能源汽车产业的发展。同时,新体系固态电池技术将趋于成熟,逐渐进入示范应用阶段,为电动汽车产业提供更多元化的动力电源。

1.2.2 国际动力电池产业发展历程与格局

从全球动力电池产业发展格局来看,目前的动力电池材料研发与科技创新、生产制造与产业化形成 3 个主要集聚区域,分别是美国、日本在研发上领先,中国、韩国、日本产业化规模最大。中国、韩国、日本三国企业生产电池配套了全球近 95% 的汽车,其中国品牌电池配套占比超过 60%。

1. 日本

自 M. Armand 于 1980 年提出了摇椅电池(RCB)概念后,日本索尼公司和三洋公司分别于 1985 年和 1988 年开始了锂离子动力电池的实用化研究。索尼于1990 年率先开发成功,并于 1991 年量产。日本凭借强大工业化实力,锂离子动力电池产量迅速提高,至 1996 年日本锂离子动力电池产量达 1.254 亿只,主要由索尼、三洋、松下等几家公司生产。2000 年以前,锂离子动力电池产业基本由日本独霸,其产量占到全球的 95% 以上。在 2016 年全球动力电池产品出货量方面,日本的松下电池排名第 1 位,约为 7.2 GW·h,韩国的 LG 化学和三星 SDI 分别排名第 5 位和第 9 位,出货量分别约为 2.5 GW·h 和 1.1 GW·h。前 10 名中的其他位次则均由中国企业占据。随着中国新能源汽车及动力电池产业的快速发展,日、韩锂离子动力电池在全球的市场份额正在逐年下降,但日本却一直占据着锂离子动力电池高端市场的主导地位,其相关技术也是整个动力电池行业的风向标[14]。

日本早于 2009 年就研究制定了动力电池技术路线图,并随着产业的调整和技术的发展,进行多次修订,最终形成了《NEDO 二次电池技术研发路线图 2013》(NEDO:日本新能源与产业技术综合开发机构)。该路线图以能量密度、比功率、成本、寿命为指标,明确了动力电池技术的发展方向。路线图指明,到 2020 年,高能量密度型动力电池比能量达到 250 W·h/kg,比功率达到 1500 W/kg,成本约为 2 万日元/(kW·h)

[约人民币 1.2 元/（W·h）]，日历寿命 10～15 年，循环寿命 1000～1500 次；高比功率型动力电池比能量达到 200 W·h/kg，比功率达到 2500 W/kg，成本约为 2 万日元/（kW·h）[约人民币 1.2 元/（W·h）]，日历寿命 10～15 年，循环寿命 4000～6000 次。

2009 年，日本政府推出了 RISING 计划（创新型蓄电池尖端科学基础研究事业计划）和 U-EAD 项目（汽车用下一代高性能电池系统项目），并于 2013 年更新了动力电池技术发展路线图（RM2013），具体指标有 2020 年电池的续航里程实现 250～350 km，电池系统总电量达到 25～35 kW·h，电池能量密度实现 250 W·h/kg，功率密度达到 1500 W/kg，循环寿命达到 1000～1500 次，价格成本降低到 2 万日元/（kW·h）。RM2013 指明了电极材料的发展方向，正极材料要发展 xLi_2MnO_3（1–x）$LiMO_2$（M=Ni，Co，Mn，0≤x≤1）、Li_2MSiO_4、$LiNi_{0.5}Mn_{1.5}O_4$、$LiCoPO_4$、Li_2MSO_4F、$LiMO_2$（M=Ni，Co，Mn）；负极材料要发展 Sn-Co-C 合金，Si 基负极包括 Si/C 和 SiO，以及 Si 基合金。

目前，除丰田保留镍氢电池以外，日本主要车企及动力电池企业均选择锂离子动力电池为主要研发生产对象，且多选择高镍三元正极材料技术路线以实现高能量密度的目标。日本具有代表性的锂离子动力电池企业为松下电器公司。松下是动力电池行业的领导者，作为美国特斯拉（Tesla）公司最主要的动力电池供应商，凭借特斯拉的发展稳居市场领导者地位，全球市场份额在 20% 左右。目前松下电器主要给 ModelS 和 ModelX 车型提供 18650 圆柱电池，正极采用镍钴铝（NCA）三元材料，负极采用硅碳复合材料，单体能量密度可达 252 W·h/kg。其与特斯拉联合开发的新型 21700 动力电池已实现量产，并用于 Tesla Model 3 电动汽车。据特斯拉公布的数据显示，21700 动力电池单体比能量达到了 300 W·h/kg，是目前行业内能量密度最高的电池。与原 18650 圆柱电池相比，21700 单体比能量提升了 20% 以上，单体容量提升了 35%，系统成本降低 10% 左右[10]。

2. 韩国

韩国动力电池产业较日本起步晚，但其在基础研发、原材料、生产装备及电池产业化技术等方面的投入巨大，进展迅速，建立了相对完整的锂离子动力电池产业链，且产业集中度较高。LG 化学和三星 SDI 为韩国最主要的动力电池企业，主要推行国际化发展战略和低成本战略，在中、美、日、韩等国家建有生产基地，并与多个跨国整车企业建立了稳定的供货关系。目前，LG 化学主要生产软包装三元材料电池，正极材料以镍钴锰 NCM 为主，负极材料以石墨和混合硬碳为主，单体比能量达到了 240～250 W·h/kg。三星 SDI 主要生产方形和圆柱形三元材料电池，采用 NMC622 正极材料和石墨负极材料，方形动力电池单体比能量达到了 220 W·h/kg，圆柱形 18650 动力电池单体比能量达到了 250 W·h/kg[10]。

2011 年后,韩国启动了包含锂离子动力电池关键材料、应用技术研究、评价和测试基础设施,以及下一代电池研究的二次电池技术研发项目。LG 化学和三星 SDI 是具有代表性的韩国锂离子动力电池企业,也是动力电池领域的后起之秀,两者凭借先进技术和低价策略迅速打开市场,增速较快。在电池包装方面,LG 化学采用叠片式软包设计,是全球公认的软包龙头企业。LG 化学希望到 2020 年开发出能量密度为 200 W·h/kg 的三元材料单体电池和 250 W·h/kg 的富锂锰基电池。LG 化学主要与通用、雷诺、福特、大众等国际厂商合作,其中雷诺 Zoe 和雪佛兰 Volt 的畅销更是使其动力电池市场份额提升到全球顶尖水平。三星 SDI 动力电池正极材料采用三元 NCM 和 NCA 材料,负极材料为石墨,封装形式以方形电池为主。三星 SDI 是除松下外最主要的 NCA 动力电池生产厂家,其最大客户是宝马公司[12]。

3. 美国

美国一直在大力支持锂离子动力电池。2013 年,美国能源部(DOE)公布电池研发路线,要求到 2022 年单体电池能量密度达到 350 W·h/kg。为此,美国先进电池联盟(USABC)提出的发展方向是:正极采用高压三元材料、$LiNi_{0.5}Mn_{1.5}O_4$ 材料、$xLi_2MnO_3(1-x)LiMO_2$ 材料等高电压/高容量材料;采用 Si 基或 Sn 基材料作为负极;电解液使用阻燃电解液、5V 高压电解液及高低温性能更好的电解液;隔膜采用陶瓷隔膜。EnviaSysterns 公司利用富锂锰基正极材料 $xLi_2MnO_3(1-x)LiMO_2$、石墨负极和高电压电解液制备的单体电池能量密度达到 250 W·h/kg。

美国特斯拉新能源汽车走纯电动路线,松下为其主要动力电池供应商,正极材料采用 NCA。其他国家汽车企业如德国宝马新能源汽车路线为先发 BEV 后出 PHEV,双线并行,主要电池厂商为三星 SDI。雷诺–日产–三菱日本三家联盟实行 BEV 与 PHEV 双线并行,主要电池厂商从 AESC 转向 LG 化学[15]。

1.3 动力电池梯次利用与回收技术及发展趋势

将新能源汽车退役动力电池应用到储能领域,是业内公认的动力电池梯次利用的重要手段。目前,世界各国都在积极对动力电池梯次利用进行研究。一些汽车企业强国,如美国、德国、日本等在该领域起步较早,已经完成了很多成熟的项目并将其应用于实际工业生产与生活。中国在政府政策的大力扶持及各研究单位的努力下,在新能源汽车梯次利用与回收领域取得了较好的研究成果与示范工程。

1.3.1 动力电池退役与报废规模

我国新能源汽车自 2014 年进入爆发增长阶段，按照动力电池 4～6 年使用寿命测算，2014 年产动力电池在 2018 年开始批量进入报废期，预计到 2020 年，我国将产生约 12.9 GW·h 的退役锂离子动力电池，2025 年将产生 111.7 GW·h 退役锂离子动力电池（图 1-5）。随着新能源汽车行业的不断扩大，动力电池回收市场空间巨大。动力电池报废高峰期将至，由于磷酸铁锂电池应用时间较早，或将更早面临报废。2018 年，动力电池回收市场规模为 4.32 亿元，预计到 2025 年，动力电池回收市场规模将达到 203.71 亿元，其中磷酸铁锂梯次利用价值将达到 25.75 亿元，三元锂电池回收拆解价值将达到 177.96 亿元（图 1-6）。截至 2019 年 8 月 31 日，新能源汽车国家监督与动力蓄电池回收利用溯源综合管理平台数据显示，广东光华、衢州华友、湖南邦普、荆门格林美、赣州豪鹏等 6 家企业上传了动力电池回收资源信息，总入库 6072.1 吨废旧动力电池。根据当前数据样本及退役电池结构来看，三元材料电池回收量已经赶超磷酸铁锂电池，但不排除部分退役磷酸铁锂电池未进入溯源管理数据平台。根据动力电池 4～6 年的使用寿命进行推测并结合现状看[16]，到 2020 年前磷酸铁锂电池都是退役电池的主力；2021 年开始，三元材料电池将超过磷酸铁锂电池，成为再生利用的主要对象。

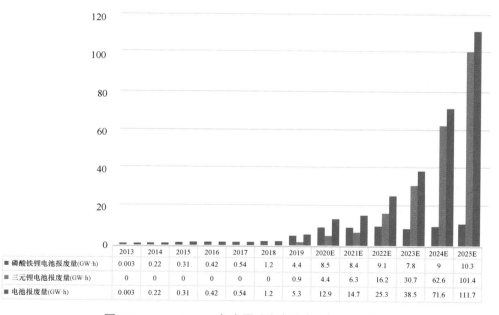

	2013	2014	2015	2016	2017	2018	2019	2020E	2021E	2022E	2023E	2024E	2025E
■ 磷酸铁锂电池报废量(GW·h)	0.003	0.22	0.31	0.42	0.54	1.2	4.4	8.5	8.4	9.1	7.8	9	10.3
■ 三元锂电池报废量(GW·h)	0	0	0	0	0	0	0.9	4.4	6.3	16.2	30.7	62.6	101.4
■ 电池报废量(GW·h)	0.003	0.22	0.31	0.42	0.54	1.2	5.3	12.9	14.7	25.3	38.5	71.6	111.7

图 1-5　2013～2025E 年中国动力电池产品报废量测估

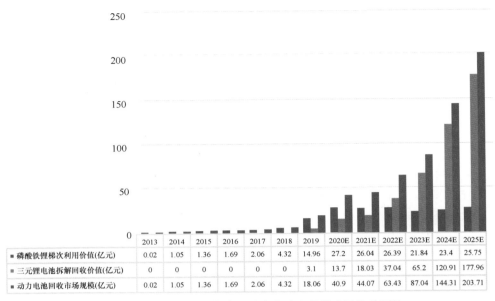

	2013	2014	2015	2016	2017	2018	2019	2020E	2021E	2022E	2023E	2024E	2025E
■ 磷酸铁锂梯次利用价值(亿元)	0.02	1.05	1.36	1.69	2.06	4.32	14.96	27.2	26.04	26.39	21.84	23.4	25.75
■ 三元锂电池拆解回收价值(亿元)	0	0	0	0	0	3.1	13.7	18.03	37.04	65.2	120.91	177.96
■ 动力电池回收市场规模(亿元)	0.02	1.05	1.36	1.69	2.06	4.32	18.06	40.9	44.07	63.43	87.04	144.31	203.71

图 1-6 2013～2025E 年中国动力电池产品报废量价值测估

1.3.2 动力电池梯次与回收利用技术概述

1. 国外发展现状与发展趋势

退役动力电池梯次利用研究在美国、日本和欧洲等国家和地区开展较早。1996年美国先进汽车联合会最早资助美国阿贡国家实验室从事电动汽车与动力电池生命周期评价研究。2002 年，美国圣地亚国家实验室研究将二次电池考虑应用于储能应用。2010 年 9 月，日产汽车与住友商事成立了 4R 能源公司，共同研究电动汽车配备的退役动力电池再利用技术，将其应用于储能系统。2011 年 1 月，日本的CS 汤浅、三菱商事、三菱汽车及 Lithium Energy Japan（LEJ）四家公司启动三菱汽车用锂电池回收再利用的实证实验。2015 年，德国博世集团利用宝马的 ActiveE 和i3 纯电动汽车退役的电池建造了 2 MW/2 MW·h 的大型光伏电站储能系统。2019 年，美国能源部（DOE）推出了美国首个锂离子动力电池回收中心，称为 ReCell 中心，旨在通过电池材料的回收再利用，将电池成本降低至每千瓦时 80 美元，并从收集的电池中回收 90%的关键材料。总之，由于国外发达国家早就开始对动力电池梯次利用进行研究，起步早且在相关领域技术比较成熟，不仅将回收的动力电池用于电网储能领域，在部分家庭储能方面也已经完成商业化。

由于欧、美、日等发达国家和地区此前在铅酸电池、消费锂电池等的回收起步较早，建立的回收体系取得了良好效果，形成了由动力电池生产企业承担电池回收主要责任的生产者责任延伸机制,配套政策体系相对完善。在电池企业承担主要责任的机制下,回收渠道的构建方式主要有三种:一是电池制造商借助销售渠道搭建"逆向物流"回收渠道;二是通过共建行业协会、联盟来建立回收渠道;三是特定的第三方回收公司自建回收渠道。其中,欧盟和美国均主要通过行业协会或联盟来搭建电池回收渠道。日本则主要由电池企业通过"逆向物流"构建回收渠道。其回收模式如 1-7 图所示。

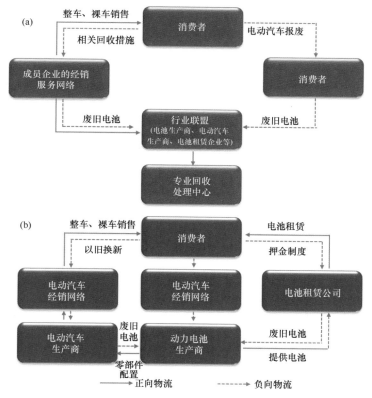

图 1-7　发达国家和地区锂离子动力电池回收模式。(a) 欧美;(b) 日本

　　目前,国外针对废旧锂离子动力电池回收利用的研究主要集中在正极活性材料的金属回收和利用,以及其他部件的分离[17]。在澳大利亚,对废旧的电池进行收集、分类和拆除电池废料,但不包括从这些废料中回收资源。在收集、分选、拆解后,锂离子动力电池废料中有价值的正极粉末被出口到国外进行深加工,剩下的 98% 的废电池都被丢弃到垃圾填埋场[18]。从目前欧美国家的情况来看,相关厂商正在大力推进动力电池回收利用研究,为大规模商业回收进行技术储备,主要采用的是湿法冶金和火法冶金回收工艺。表 1-3 列出了各国典型的废旧锂离子动力电池回收企业。

比利时 Umicore、美国 Retriev Technologies（前 Toxco）、日本住友金属矿山等都是全球较为知名的锂离子动力电池再生企业，他们的回收主要是针对动力电池的有价金属元素，如锂、镍、铜等，其他价值较低的组分则被关注很少。例如，Toxco 公司美国工厂在液氮环境下低温冷冻电池使材料粉碎，然后对电池材料进行拆解分离。美国 Immetco 公司采用高温火法冶金处理废旧锂离子动力电池，可将三元材料电池回收为镍合金，磷酸铁锂电池中的铁变为铁合金，铝铜形成氧化物渣。该工艺的特点是处理能力强，任何电池都可以处理，效率很高。但是它的问题在于，不能直接得到能够销售的有价值的产品，还需进一步处理；而且，电解液、隔膜和碳材料负极都会以二氧化碳的形式释放到环境中，即碳排放量巨大。目前湿法冶金工艺发展较为成熟，但其工艺复杂、流程长，回收磷酸亚铁等价值较低的电池难以盈利。火法冶金工艺能迅速处理各类电池，但存在能耗高、有害气体排放等问题。

表 1-3　国外领先的废旧锂离子动力电池回收企业

国家	公司	主要工艺过程
英国	AEA	在低温下破碎后，分离出钢材后加入乙腈作为有机溶剂提取电解液，再以 N-甲基吡咯烷酮（NMP）为溶剂提取黏合剂（PVDF），然后对固体进行分选，得到 Cu、Al 和塑料，在 LiOH 溶液中电沉积回收溶液中的 Co，产物为 CoO
法国	Recupyl	使用机械工艺来缩小和分离材料成不同的部分。铜，铝和塑料通过物理过程被移除。锂和钴用湿法冶金方法回收
日本	Mitsubishi	采用液氮将废旧电池冷冻后拆解，分选出塑料，破碎、磁选、水洗得到钢铁，振动分离，经分选筛水洗后得到铜箔，剩余的颗粒进行燃烧得到 $LiCoO_2$，排出的气体用 $Ca(OH)_2$ 吸收得到 CaF_2 和 $Ca_3(PO_4)_2$
德国	Accurec Gmbh	预备步骤涉及机械处理和真空热解以除去塑料，电解质和溶剂。进一步的机械处理用来去除铝，铜和钢。采用火法冶炼工艺生产钴锰合金。锂于渣中，用湿法冶金来回收碳酸锂
芬兰	Akkuser OY	先进行破碎研磨处理，然后采用机械分选出金属材料、塑料盒纸等
瑞士	Batrec	将锂离子电池进行压碎，分选出 Ni、Co、氧化锰、其他有色金属和塑料
美国	Retriev Technologies	利用机械和湿法冶金工艺回收锂离子电池中有价值的金属，如铜、铝、铁、钴、镍等

2. 国内发展现状与发展趋势

近年来，在国家政策的鼓励与扶持下，我国新能源汽车产业强势崛起，为我国汽车产业的调整带来了革命性的机遇。然而，动力电池退役后，如何高效地评估、使用和维护这些电池，将会是一个很复杂的综合系统工程。在电动汽车日益增多的今天，动力电池回收项目也被全世界所关注，如何有效地回收和再利用成为当务之急。当前，我国动力电池回收利用网络尚不完善，动力电池回收利用率较低。尽管国内具备动力电池回收、拆解及再利用资质能力的企业数量在增多，动力电池材料回收技术也不断迭代，但是电池梯次利用与拆解回收收益并不乐观。

通常来说，动力电池梯次利用与回收资源化的对象包括电池包、电池模组和电池单体。目前，对于废旧电池的回收主要有两种方式，一种是对动力电池的梯次利用，是指将电池组拆包，对模块进行测试筛选，再组装利用到储能等领域；另一种是拆解电池的各个组分并进行资源化处理，例如拆解提炼正极材料中的重金属。然而，当动力电池的容量耗损严重无法进行梯次利用时，应直接进行资源化处理[19]。多年来，由于面临复杂性高、拆解不便、一致性差、品质不高、回收拆解成本高、经济性欠佳等问题，动力电池梯次利用与资源化回收是"面子工程"，是"伪命题"的质疑一直不断[20]。但从长远来看，随着动力电池生产技术及标准化的逐步提高，这些问题有望解决。而且伴随电动车产业不断发展壮大，退役动力电池规模攀升，动力电池梯次利用将是未来几年发展的主流方向。

1）梯次利用现状

我国目前梯次利用的电池以磷酸铁锂电池为主，三元材料电池由于富含丰富的有价金属，通常直接拆解回收。退役动力电池在储能和低速电动车等领域有着巨大的应用潜力，由于技术目前还相对不成熟，在梯次利用过程中仍存在安全问题。同时，由于缺乏行业与国家标准，不同类型电池回收之后进行统一再利用存在困难期。

虽然梯次利用总体还处于示范性应用阶段，但目前国内已有了成功的案例。例如：由北京海博斯创科技有限公司与国家电网北京市电力公司共同承担的项目，2008年北京奥运会退役的电动汽车锂电池被用于360 kW·h梯次利用智能电网储能系统的建设；国家电网河南电力公司利用回收的动力电池在郑州市建立了混合微电网系统并联调成功，累计发电量超过45 MW·h/a。经过前期示范性应用，目前国内动力电池梯次利用已开始实现商业化应用突破。中国铁塔公司牵头组织10家梯次利用企业将退役动力电池梯次利用于基站，2017年梯次电池采购量达到0.3 GW·h。煦达新能源在电网用户侧削峰填谷方面也已经取得市场突破，并率先建立了 MW·h 级的工商业储能系统项目，储能系统成本低于 1 元/（W·h），打开了用户侧储能的市场空间。

退役动力电池梯次利用与拆解回收过程中面临的另一个重要问题是电池的不一致性。一般而言，国内外不同汽车厂家的动力电池技术路线和电池结构差异较大，材料体系不同，产品电压、电阻、容量等性能也存在一定的差异。而且动力电池的使用过程要求单体性质尽量保持一致，并且一个单体的损坏可能使得整个电源要一并更换。此外，由于同类型电池在循环充放电过程中，电压的不一致性将无法保证电池组的使用安全，电阻的不一致性将造成单个电池的工作环境不一致，而容量的不一致性会导致同类型同批次的电池因不同充放电深度而具有不同的使用寿命[21]。因此，即使是同一批次的动力电池，退役后仍无法保证各个单体电池性能一致。

然而，退役动力电池再利用前必须经过品质检测，将电芯分选分级，进行安全性评估、循环寿命测试等操作，再重组后才可以被回收再利用。但由于我国的动力电池回收产业发展还处于探索阶段，前期废旧动力电池在服役期间没有完整的数据记录，使得再利用过程进行电池寿命预测时，准确度可能会下降，这样电池的一致性更加难以保障，测试设备、测试费用、测试时间、分析建模等成本也会相应地增加。此外，如果一些存在问题的动力电池在筛选过程中没有被检验出来，再次被使用后会增加整个电池系统的安全风险[22]。

尽管很多回收企业设法通过各种途径从废旧汽车电池的回收中获利，但由于现阶段梯次利用技术尚不成熟，在退役动力电池的拆解、可用模块的检测、挑选、重组等方面的回收成本较高。同时，由于梯次利用电池的一致性较差，需要增加一部分成本用于采购加强系统稳定性的设备。而这些成本都是制约梯次动力电池在储能产业取代新电池推广发展的重要因素[23]。数据显示，抽水蓄能和火电站的铅炭电池储能的成本在 0.4 元/（kW·h）左右，采用锂电池储能的成本在 0.7 元/（kW·h）。对于动力电池的梯次利用，以一个 3MW·3h 的储能系统为例，在考虑投资成本、运营费用、充电成本、财务费用等因素之后，采用梯次利用的动力电池作为储能系统电池则系统的全生命周期成本在 1.29 元/（kW·h），而采用新生产的锂电池作为储能系统的电池，则系统的全生命周期成本在 0.71 元/（kW·h）。

2）拆解回收现状

梯次利用结束后是拆解回收环节，完全报废的电池同样具有很高的回收价值。动力电池的拆解回收包括两种不同的途径：一种是对金属的回收，另一种是对化合物的回收。其中，在对废弃动力电池中的金属进行回收时，可以采用火法技术、湿法技术及生物技术。提取的金属合金既可以被直接用作电池材料，也可以被进一步提炼合成新的电池材料。然而，金属的回收需要从回收金属合金产生的矿渣中分离出来，并进一步处理才能提取。在回收废弃动力电池中的化合物时，首先采用物理方法分离组分（塑料、钢、箔、电解质），然后选择适当的技术从组分中提取相应的化合物。该回收过程旨在广泛回收有价值的化合物，如电解质、隔膜和活性材料等。为了实现更低的回收成本，整个回收链必须变得更有效率，并且必须开发更有成本效益的回收技术。

目前国内的拆解再生回收技术正日渐成熟，工业上主要以湿法为主。近年来，由于钴、镍等金属的价格不断上涨，让不少企业和资本看到了商机。目前电池回收领域主流参与企业包括以宁德时代为代表的自建回收体系电池生产厂商、以格林美为代表的第三方专业回收拆解利用企业，以及以赣锋锂业为代表的正极布局中的锂电池上游原料提供商。随着新能源汽车产业链的持续扩张，相关公司在切入动力电池回收利用领域的同时，也在积极布局电池材料生产领域。在拆解方面，湖北格林美、湖南邦普等开发了自动化拆解成套工艺，北京赛德美开发了电解液和隔膜拆解回收工艺，再生利用技术以湿法冶金及物理修复法为主。湿法冶金方面，湖南邦普开发了"定向循环和逆向产品定位"工艺，湖北格林美开发了"液相合成和高温合成"工艺。物理修复方面，北京赛德美对电池单体进行自动化拆解、粉碎及分选，再通过材料修复工艺得到正负极材料。同时，在行业协会过分强调动力电池回收产值的引导下，越来越多的非相关社会资本在对产业没有充分了解的情况下纷纷入市。然而，废旧动力电池在运输、仓储、处理及后期正规再利用的门槛很高，需要大量资金持续投入。因此，在目前国内动力电池尚未形成完善的回收体系、商业化模式还在不断探索的阶段中，出现了没有生产资质，但处于法律监管以外的回收企业，以非正规回收渠道混迹其中，极大地扰乱了动力电池回收市场健康发展的秩序。

由于我国的动力电池回收产业发展处于初期阶段，当前废旧动力电池回收利用市场相关数据统计制度还没有建立，每年退役的废旧动力电池数据和实际回收数据统计都不完整，因此更难掌握流向，这使得行业监管非常困难。如此一来，废旧动力电池在经销商、消费者和二手车市场之间多次转手，飘忽不定的"行踪"加大了追溯的难度，造成正规途径回收的动力电池数量极低。以 2016 年为例，我国铅酸电池的生产量达到 400 万吨，其中，铅的价值含量达到 400 亿。在技术层面上，我国铅酸电池中铅的回收率可以达到 98%。然而，实际的铅回收率只有生产量的 30%。由于我国没有建立一个规模化的回收网络，这种回收乱象也带来了诸多安全隐患。

从成本方面看，拆解回收的成本高于被回收材料的市场价值。尽管磷酸铁锂、锰酸锂电池等动力电池安全性好，可以进行规模化拆解，但目前此类动力电池的回收成本高于所提取材料的价值。以普通回收企业提炼贵金属为例，一吨磷酸铁锂废电池中提取出来的材料价值（平均回收率 90%）约 8000 元，其回收成本却能够达到 8500～9000 元的水平。因此，现阶段高昂的回收成本使得磷酸铁锂电池的回收处理很难实现盈利。目前，市场上的中小企业在回收磷酸铁锂电池时，为了实现盈利，普遍采用破碎方法进行回收资源化利用。其中，破碎方法以粗暴的统一粉碎为主，即将废旧动力电池投入粉碎机器中破碎为粉状和片状，随后通过扬尘粗分等操作回收铜粉和铝粉等。经过这一系列的操作，一方面获得的铜粉、铝粉杂质高，另一方面处理过程的环保严重不达标。此外，直接拆解回收的效益可能高于梯次利用。三元锂电池的电极材料中含有大量的镍、钴、锰、锂等贵金属元素成分，从一吨三元锂废电池中提取出来的材料价值（平均回收率 90%）约 37000 元，扣除回收成本（包括各种人工、设备等费用）约 20000 元，这在理论上能够实现盈利。如果动力电池上游原材料钴、镍价格持续上涨，直接拆解回收的资源规模化效益将远大于梯次利用。但是，三元材料废旧电池中仍残余 300～1000 V 不等的高压，如果在回收、拆解、处理过程中操作不当，可能导致起火爆炸、重金属污染、有机物废气排放等多种问题。当前阶段，不同种动力电池的回收收益不尽相同，磷酸铁锂和锰酸锂的回收可能还需靠国家通过财政补贴方式促进，否则，动力电池拆解回收的规模化和有序发展将大打折扣。如何切实地提高梯次利用及回收过程的经济效益成为目前保证回收企业长期坚持的动力和根本。

动力电池回收的基本要求是安全、绿色无污染、资源利用最大化。然而，由于规模的限制、体制的不完善及回收难度成本高，目前中国车用动力电池回收利用尚未形成规范的车用电池回收市场及健全的回收体系。与大多数再生资源回收类似，许多动力电池回收者都是个体户或小企业，不能做到规模回收，回收行为受利益驱使而缺乏约束；加上末端的再生利用数量多、规模小、环保设施缺乏、技术落后，使得综合资源利用率低，环境污染严重。同时，如何安全有效地自动化拆解不同规格的动力电池成为拆解回收过程中的主要难题，尤其对今后将要出现的大量退役动力电池，在拆解过程中要避免起火爆炸等安全事故，同时也要兼顾自动化效率问题。在湿法回收过程中由于要使用强酸、强碱和有机相等物质，以及火法回收过程中的高温烧结过程，都会产生有毒有害气体和废液等，对环境和人体存在很大的危害。因此，如何避免这些潜在的二次污染也是回收中需要重点考虑的问题。此外，为了得到纯度较高的再生产品，回收过程的除杂问题同样是关键。如何通过简单的方法得到最好的除杂效果是研究的重点，因为二次材料需要有足够高的质量来适应新的使用市场，尤其对于想用作电池材料的原料，对材料的纯度要求更高。

在动力电池回收再利用相关法律法规方面，国家还没有制定出系统的、完整的制度。国家虽然相继颁布了许多政策来鼓励电池回收再利用，但实施标准不够具体、细致，难以落实到实际操作上，且有关政策缺乏强制性，相关责任主体不能贯彻执行。加强新能源汽车企业与电池生产企业的合作，利用动力电池生产企业在动力电池拆解、回收利用等方面的先天优势，从而形成动力电池再生产和再利用的产业链条，进而一起克服在探索建立动力电池回收模式的过程中面临的困难。尽管电动汽车在国内市场发展迅速，废旧动力电池的回收利用尚处于起步阶段，相关信息的推广工作不够完善，导致用户、动力电池回收企业、动力电池生产企业与整车车企之间出现信息不对等的情况。例如，电池生产商及新能源车企多未设立自身回收机构，推广力度明显不足。普通民众关于动力电池流向的概念普遍不清晰，没有关于废旧动力电池的回收意识，很少有主动回收废旧动力电池的行为。

因此，目前我国动力电池回收利用的支撑体系还不够健全，回收利用市场也未发展起来，政策规划体系尚未真正运作，致使回收利用的利益无法共享。

虽然，国家与地方政府出台了一系列政策以推进退役电池的资源综合利用，但由于缺乏法律法规的约束及细化的操作标准，相关责任主体以"擦边球"形式规避政策的执行。在此背景下，进行梯次利用和拆解回收，如果没有健全的追溯体系和监督机制约束，将难以保证政策能得到有效落实，则动力电池的回收利用带来的将是灾难性的环境污染。此外，动力电池再利用企业的回收规模小，回收电池多样化，且无先进技术装备，很难实现经济效益。各环节出现的小问题累加起来造成了现如今动力电池回收利用市场模式的混乱。总体而言，我国新能源汽车及动力电池在回收、运输、拆解、梯次利用等方面尚不成熟，需要实践推进和修正完善。

中国动力电池回收业还处在起步的乱局中，一定的准入门槛、合理的电池回收价格、完善的追溯体系、明确的责任主体等都是动力电池回收行业可持续发展道路上亟待解决的问题。高回收成本、不稳定的回收渠道都极大地压缩了企业的利润空间；回收企业参差不齐，暂未形成有效的监管措施等问题也在不断形成新的挑战。在动力电池业迅猛发展的今天，如何有效地解决这些关键难题，将有力促进车用退役动力电池回收再利用的工业化进程。

1.3.3 共性关键技术问题与商业化推广模式

1. 共性关键技术问题

针对复杂的退役动力电池，如何准确、高效、安全地对退役动力电池进行筛选分级是目前动力电池梯次利用过程中的世界性难题。动力电池梯次利用在储能领域的应用属于起步阶段，相关的参数和技术非常复杂，需要长期地反复论证和实验，现阶段难以实现梯次利用的规模化应用。针对回收利用技术，目前国际上对于通用的湿法和火法两种回收利用技术的优缺点尚无全面的评估。这两种回收方式在回收效率和成本控制方面各有优点和不足。科学研究者希望实现全面回收废旧动力电池；而企业希望能够提高回收效率和产品纯度，并降低回收成本；政府和环境工作者则希望动力电池在生命全周期过程中绿色无污染。总的来说，动力电池梯次与回收利用技术存在几方面的问题。

1）回收率问题

目前没有专门的消费类动力电池的回收渠道，致使废旧动力电池的回收率很低，需要政府和企业通过教育和经济激励等政策，提供便捷的回收渠道，引导群众自觉回收废旧动力电池，从而提高废旧动力电池的回收率。

2）动力电池的梯次利用问题

未来几年动力电池将会大量结束服役，对于还具有 80%电量的动力电池，如何对这些剩余电量进行有效再利用是目前及将来研究的重点，即动力电池的梯次利用问题。然而退役电池的处理复杂度高、拆解不便、品质不佳、电池组一致性不高、系统设计不均衡等原因造成电池梯次利用过程中经济损失较大，所以对动力电池进行梯次开发利用及其经济性研究是一个非常有现实意义的、值得研究的重要课题。

3）退役电池拆解问题

回收拆解成本较高，经济性欠佳，在预处理阶段，如何进行安全高效地自动化拆解是主要难题，尤其对将要出现的大量动力电池来说难度更大。因此，既要实现低投入、低损耗、高效率的智能拆解，又要在拆解过程中避免起火爆炸等安全事故。

4）回收过程的经济效益及环境问题

回收过程的经济性是回收企业生存的关键，如何切实地提高回收过程的经济效益是保证回收企业长期坚持运营的动力和根本。再有，回收过程中使用强酸、强碱和有机相等物质，或火法中采用高温烧结过程，都可能产生有毒有害气体或废液等，对环境和人体存在很大的危害，因此，如何避免这些潜在的二次污染也是回收中需要重点考虑的问题。

5）回收过程的关键技术问题

为了得到纯度较高的再生产品，除杂是关键，如何通过简单的方法得到最好的除杂效果是将来研究的重点，尤其对于用作电池材料的原材料纯度要求更高。由于废旧电池材料的复杂性，导致后续的分离提纯过程变得复杂和困难，如何快速高效地分离各种金属也是今后研究的重点。另一方面，关于负极材料的回收应用一直较少，最近也有一些学者提出将负极材料重新再生合成新的活性炭材料，应用于其他领域。此外，对于电解液的处理涉及内容也较少，但是电解液含有的锂盐和溶剂对环境的危害很大，因此如何绿色处理电解液也是将来关注的重点。

综上而述，开展退役动力电池快速分级、异构兼容梯次利用、多维识选与智能转载、智能拆解与物料归集等关键技术攻关，以及动力电池全生命周期价值链生态耦合模式研究是十分必要和迫切的。未来废旧动力电池回收将结合预处理、火法湿法联用、物理修复等技术，以实现全组分回收，同时降低或消除回收过程的二次污染，并满足效率和成本上的协调关系。

2. 商业化推广模式

目前我国动力电池回收企业大多集中在珠三角和长三角地区，采用的工艺技术以湿法回收为主，通过无机酸浸出后，采用萃取沉淀等技术回收金属元素。该工艺相对复杂，流程较多。尽管对动力电池的回收有很多研究，但都仅限于实验室阶段，没有实现规模化应用。目前工厂仅仅回收价值较高的锂、钴、镍和铜等金属，回收过程极易造成二次污染，且回收效率较低，同时石墨等低价值的组分并未得到有效回收。自动化拆解是未来企业回收应解决的首要问题，研究开发整套自动化的拆解工艺，达到废旧电池快速、安全、环保拆解以及物料的高效分选。提高镍、钴、锰、锂等金属元素的回收率，建立废旧锂离子电池-锂镍钴锰原料-再生前驱体及正极材料的内循环，是提高电池回收经济效益的有效措施。电解液的无害化处理及石墨的产业化回收，是提高回收环境效益的必经之路。今后退役动力电池资源化回收技术研究将沿着低成本、低污染、高效率的方向发展，构建动力电池逆向供应链商业化运行模式，形成动力电池"生产-销售-回收-再生产"的闭路循环体系。

针对目前退役动力电池，我国采用的商业化推广模式以先梯次利用后拆解回收为原则，以回收企业为核心构建包括电池材料厂、电池厂、整车厂在内的上下游生态产业链。目前我国废旧电池梯次利用主要为示范工程形式，多围绕储能领域。回收渠道是电池回收行业的核心竞争要素之一，而整车厂掌握与消费者联系密切的 4S 店，在建立回收渠道网络方面具备天然优势。梯次利用企业及回收企业与主流新能源汽车企业签署战略合作协议，旨在发挥各自优势形成协同效应开展动力电池研发、制造、回收、梯次利用等各项业务的战略合作。2016 年 12 月，工信部编制并发布《新能源汽车动力蓄电池回收利用管理暂行办法》（征求意见稿），提出落实生产者责任延伸制度，亦从政策层面明确了整车厂在回收渠道上的主导地位。通过建立与整车厂、电池厂的合作网络，整车厂负责构建回收渠道，正极材料厂商负责拆解、提取金属后再造电池材料，然后供应给电池厂，形成多方合作的循环生态。

2019 年 7 月 8 日，按照工信部关于动力电池回收利用试点工作的相关要求，根据《关于发布及征集试点示范项目的通知》的相关内容，北京市经济和信息化局会同天津市工业和信息化局、河北省工业和信息化厅共同组织开展了京津冀地区新能源汽车动力电池回收利用试点示范项目遴选工作，经企业申报、专家评审、三地官网公示等环节，确定了京津冀地区新能源汽车动力蓄电池回收利用试点示范项目 18 家企业，在保障安全、环保的前提下，按照实施方案积极加快试点示范项目建设进程。随着《新能源汽车动力蓄电池回收利用试点实施方案》的推行，京津冀、长三角、珠三角、中部区域等地区逐步开展构建回收利用体系、探索多样化商业模式、推动技术创新与应用等方面的试点工作，实现退役动力电池的精深利用与精细回收，从而促进我国新能源产业的可持续发展。

参 考 文 献

[1] Yang D X, Qiu L S, Yan J J, et al. The government regulation and market behavior of the new energy automotive industry[J]. Journal of Cleaner Production, 2019, (210): 1281-1288.

[2] Zhang T, Ma C, Yong C. Development status and trends of new energy vehicles in China[A]//AIP publishing. AIP Conference Proceedings. New York: AIP Publishing, 2019.

[3] 张国强, 徐艳梅. 新能源汽车政策工具运用的国际镜鉴与引申[J]. 改革, 2017, (3): 130-138.

[4] Thomas C E. Fuel cell and battery electric vehicles compared[J]. International Journal of Hydrogen Energy, 2009, 34(15): 6005-6020.

[5] 刘兆国, 韩昊辰. 中日新能源汽车产业政策的比较分析——基于政策工具与产业生态系统的视角[J]. 现代日本经济, 2018, (2): 65-76.

[6] 张政, 赵飞. 中美新能源汽车发展战略比较研究——基于目标导向差异的研究视角[J]. 科学研究, 2014, 32(4): 531-535.

[7] 高香玲. 美国新能源汽车产业及其竞争力分析[D]. 吉林大学博士毕业论文, 2018.

[8] Klier T, Linn J. Fuel prices and new vehicle fuel economy——Comparing the United States and western Europe[J]. Journal of Environmental Economics & Management, 2013, 66(2): 280-300.

[9] 赵立金, 侯福深, 冯锦山. 国内外新能源汽车发展情况调研[J]. 中国科技资源导刊, 2014, (5): 29-34.

[10] 刘国芳, 赵立金, 王东升. 国内外锂离子动力电池发展现状及趋势[J]. 汽车工程师, 2018, (3): 11-13.

[11] 陈光, 张妍懿, 郝冬, 等. EV-TEST 评价体系中性能指标的确定分析[J]. 汽车工程师, 2017, (11): 14-17.

[12] 刘焱, 胡清平, 陶芝勇, 等. 锂离子动力电池技术现状及发展趋势[J]. 中国高新科技, 2018, (7): 58-64.

[13] 陈轶嵩, 赵俊玮, 乔洁, 等. 我国电动汽车动力电池回收利用问题剖析及对策建议[J]. 汽车工程学报, 2018, 8(2): 97-103.

[14] 郭红霞, 刘园. 日本新型二次电池工业发展及其与中国的比较[J]. 现代化工, 2015, 35(2): 9-12.

[15] 汪月英, 谢海明. 国内外动力电池产业发展现状与趋势[J]. 内燃机与配件, 2018, (2): 205-206.

[16] Wang W, Wu Y. An overview of recycling and treatment of spent LiFePO$_4$ batteries in China[J]. Resources, Conservation and Recycling, 2017, 127: 233-243.

[17] 朱凌云, 陈铭. 国外废旧锂离子电池的回收现状和发展趋势[J]. 汽车与配件, 2014, (33): 41-45.

[18] King S, Boxall N J. Lithium battery recycling in Australia: Defining the status and identifying opportunities for the development of a new industry[J]. Journal of Cleaner Production, 2019, 215: 1279-1287.

[19] 本刊综合. 汽车动力电池回收之困[J]. 发明与创新(大科技), 2016, (5): 26-29.

[20] 耿慧丽. 动力电池梯次利用争议再起伪命题还是前景可期[J]. 商讯, 2018, 151(18): 107-109.

[21] 王英东, 杨敬增, 张承龙, 等. 退役动力磷酸铁锂电池梯次利用的情况分析与建议[J]. 再生资源与循环经济, 2017, 4: 23-26.

[22] 王攀, 徐树杰, 艾崇. 我国动力蓄电池回收利用面临的主要问题及发展建议[J]. 时代汽车, 2016, (10): 43-44.

[23] 龚明, 郭叶, 王李. 新能源汽车动力电池回收面临困境及解决方案[J]. 时代汽车, 2018, 299(8): 49-50.

02

动力电池梯次利用与安全评估
技术

2.1 动力电池梯次利用研究背景和意义

从产能、石油储采比、消费增长量和进口依存度的现状和预期来看，我国的能源安全（主要指石油安全）将日益脆弱。2013 年 9 月我国已经超过美国成为世界最大的原油进口国，2018 年我国石油对外依存度达到 69.8%，严重超过 50% 的国际警戒线。交通运输成为我国石油最重要的消费行业。如果汽车的数量（增量）无法减少，汽车燃料的石油替代品将是我国减少石油对外依存的一个最重要的解决办法。近年来全球极端气候多发，越来越多证据表明极端高温、洪水和干旱与全球气候变暖有关，碳排放被认为是罪魁祸首，$PM_{2.5}$ 浓度在国内大中城市的攀高，也时刻提醒着人们以汽油及柴油为燃料的汽车产业对中国环境的污染已达到环境承受的临界点，汽车燃料替代是一个刻不容缓的问题。采用新能源汽车如混合动力汽车（HEV）、纯电动汽车（BEV）、燃料电池汽车（FEV），可以降低对石油的消耗，减少 CO_2 温室气体及 $PM_{2.5}$ 的排放。实现汽车能源动力系统的电气化已被国家提升到战略高度。

在此背景下，我国开始大力推进新能源汽车的发展。近年来，在国家政策持续支持和动力电池技术不断进步的情况下，我国电动汽车产业进入快速发展期，如图 2-1 所示，2013～2018 年我国电动汽车销量呈快速增长趋势，2013 年我国电动汽车销量仅为 1.76 万辆，2014 年我国电动汽车销售 7.48 万辆，同比增加 3.25 倍；2015 年我国电动汽车销售 33.11 万辆，同比增长 3.43 倍；2016 年我国电动汽车销售首次超过 50 万辆，2018 年销售首次超过 100 万辆，达 125.6 万辆。目前电动汽车基本都采用锂离子动力电池作为动力来源，因此，与之匹配的动力电池装机量也快速增加，图 2-2 为 2013～2018 年我国动力电池的装机量情况，2013 年动力电池出货量为 0.73 GW·h，2014 年为 3.7 GW·h，同比增长 4.07 倍；2015 年为 15.7 GW·h，同比增长 3.24 倍；2018 年首次超过 50 GW·h，达到 56.89 GW·h。

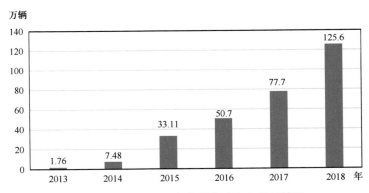

图 2-1　2013～2018 年我国电动汽车销量情况

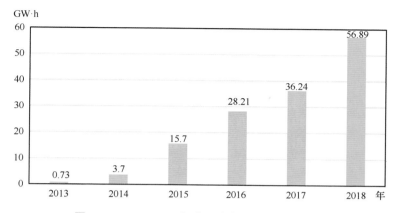

图 2-2　2013～2018 年我国动力电池装机量情况

　　随着电动汽车的使用，动力电池性能逐渐下降，当其不能满足电动汽车使用要求时，就要从电动汽车上退役下来，随着电动汽车销量的快速增长，未来几年动力电池的退役量也将快速增加，图 2-3 为 2020～2025 年动力电池退役量预测，2020 年动力电池退役量将达 20 GW·h，2025 年将超过 90 GW·h。

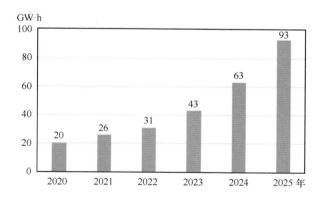

图 2-3　2020～2025 年动力电池退役量预测

　　电动汽车对电池的技术要求几乎最苛刻，寿命、安全性、可靠性等都要求很高，无论在静态或动态使用上也都有很高要求。汽车电池经长期使用后，当动力电池的容量下降到难以满足客户对续航里程的要求的程度后，为了确保电动汽车的续驶里程、动力性能和运行过程中的安全性，就必须对电池进行更换。在退役动力电池中，很多还具有较高的剩余容量（电池额定容量的 70%～80%），这些退役动力电池经过重新评估、分选和重组后，有可能应用于使用工况更加温和的场景（低速电动车、电网储能、通讯基站备用等），实现动力电池的梯次利用。通过对动力电池的梯次利用，可以让动力电池的性能得到充分地发挥，有效降低动力电池在电动汽车使用阶段的成本，延长动力电池的使用寿命，提升动力电池的全寿命周期价值；将退役动力电池应用于电网储能，还可降低储能系统的投资成本，有利于储能技术的推广和应用，为电化学储能技术的普及应用实现正反馈[1-2]。

储能技术有助于解决太阳能、风能发电的间歇性和波动性问题，提高电力供应的连续性、稳定性，改善电能质量[3-5]。以锂离子动力电池为代表的电化学储能技术在储能领域应用上具有很好的技术优势，但其过高的成本成为电力储能技术推广应用的最大障碍。退役动力电池的梯次利用为储能系统的低成本化提供了一种途径。电动汽车动力电池的梯次利用可能产生新的应用价值，有可能降低电动汽车（主要是电池部分）的初次采购成本，促进电动汽车的推广应用。梯次利用电动汽车电池储能系统可降低储能工程造价，促进节能减排。退役汽车电池的梯次利用很好地符合了环境保护的 4R 原则，即 Recycle（循环使用）、Reuse（重复使用）、Reduce（减少使用）、Recover（回收资源或改变环境），具有潜在的经济价值及良好的社会价值。

2.2 动力电池梯次利用研究现状分析

2.2.1 动力电池梯次利用体系及研究现状

1. 动力电池梯次利用技术体系框架

动力电池经过长期车载使用后，其容量或功率都出现一定程度的下降，为了确保电动汽车的动力性能、续驶里程和运行过程中的可靠性，就必须从电动汽车上退役。与新电池相比，退役动力电池的安全隐患增加，性能差异变大，电池使用的边界条件也变得不同。因此，退役动力电池在梯次利用之前，必须开展相关的技术研究，判定退役动力电池能否梯次利用；分析梯次利用各环节的成本，进行量化评价；最后研究梯次利用电池再退役条件，确保退役动力电池合理地停止使用。

动力电池梯次利用技术主要涉及 4 个方面：①能否用。不是所有的退役动力电池都可以进行梯次利用，在进行梯次利用前，要评估退役动力电池的安全性和剩余残值是否满足应用场景对电池性能的要求。②怎么用。不同的退役动力电池具有不同的状态，其使用的边界条件也不相同，研究并确定不同状态退役动力电池在梯次利用过程中怎么使用，既要确保电池使用过程中的安全性，又要充分发挥电池的剩余性能。③值得用。梯次利用本身就是对动力电池剩余残值的利用，因此要评估梯次利用过程中的成本与收益，评估动力电池梯次利用的经济性。④停止用。在梯次利用过程中，动力电池的性能也在不断衰退，需根据退役动力电池的性能衰退规律对其在使用过程中的状态进行预判，确定电池性能何时不能满足应用场景的要求，此时应停止退役动力电池的使用。

2. 国外研究现状

近几年，随着全球电动汽车的快速发展，各国都在积极开展动力电池梯次利用方面的研究工作。在国外，电动汽车动力电池梯次利用技术研究主要是在电池企业、电动汽车企业和一些研究机构之间开展。

2016 年 11 月，德国博世集团利用宝马的 ActiveE 和 i3 纯电动汽车退役电池模块实施 2 MW/2.8 MW·h 储能系统集成，用于电动汽车充电站中，再配合光伏发电，构建了"光–储–充"系统，并由瓦滕福公司负责运行和维护。2017 年，德国奔驰汽车公司、ACCUMOTIVE 公司、The Mobility House 公司和 GETEC 公司利用 1000 辆 smart fortwo 电动汽车（每辆新车搭载 17.6 kW·h 的锂离子动力电池）退役的电池在德国建设 Remondls 电池梯次利用项目，项目规模为 13 MW/13 MW·h，主要应用价值是参与电力市场服务。

尼桑公司、Eaton 公司和 The Mobility House 公司利用 280 套 LEAF 退役电池在荷兰阿姆斯特丹建设了 4 MW/4 MW·h 梯次利用电池储能项目，主要作用是用户侧储能、提高供电稳定性。

2009 年 10 月，日本东芝公司提出了有效利用钛酸锂新型锂离子电池 SCiB 的长寿命特点，再次利用汽车电池的普及模式，东芝开始与租赁公司进行协商，有望实现附带剩余价值的租赁。2010 年 9 月，日产汽车与住友商事成立了 4R 能源公司，两公司共同研究电动汽车（EV）配备的锂电池再利用技术。2011 年 1 月 26 日起，日本的 GS 汤浅、三菱商事、三菱汽车及 Lithium Energy Japan（LEJ）四家公司启动三菱电动汽车用锂电池回收再利用的实证试验。2012 年 11 月 28 日，通用汽车公司与 ABB 公司将五组使用过蓄电池重新整合入一个 25kW/50kW·h 模块化装置，可以支持 3～5 个美国普通家庭 2 小时的电力供应。

美国国家可再生能源实验室（National Renewable Energy Laboratory，NREL）的 Jeremy Neubauer 等[6]进行了纯电动汽车和插电式混合动力汽车退役的动力电池梯次利用项目的研究，提出从电动汽车中退役下来的动力电池仍然具有一定的使用价值，可以在电网储能、光伏和风力发电系统、商业及住宅中应用，以锂离子动力电池容量下降到初始容量的 70%～80% 为标准，淘汰第一梯度的锂电池是不合理的，主要从经济效益的角度分析了其梯次利用问题，制定了"价值评估－性能验证—促进实施"的研究策略。

美国西北太平洋国家实验室的 Viswanathan 和 Kintner-Meyer[7]研究了动力电池在电网系统中梯次利用的经济效益问题。通过对电池健康状态（SOH）的计算、电池在电网系统中工作运行状态的模拟及电动汽车一次利用和电网系统二次利用的经济收益的模拟计算，评估了动力电池梯次利用的经济效益。

Tong 等[8]介绍了梯次利用锂离子动力电池在光伏发电系统中的应用，通过研究不同地区光伏并网系统的工作特性，建立了系统数学模型，包括太阳辐射度模型、光伏阵列模型和电池模型，并验证其可靠性，指出合理地控制充放电倍率和充放电深度可有效延长锂电池的使用寿命、降低使用成本。

Lacey 等[9]介绍了梯次利用动力电池在电网峰值负载抑制中的应用，建立了一套由 52 块 Nissan LEAF 退役动力电池、逆变器、功率调节系统和控制系统组成的电池储能系统。通过调节在允许限度内充放电速率的控制系统，确保充放电期间内部电阻最小化，以延长电池的循环寿命，并指出合理地控制电池 DOD（放电深度）是保证整个系统可靠运行、延长电池使用寿命的关键。该储能系统可持续 4 小时内提供 493 kW·h 的能量，当放电深度在 20% 以上时可以获得最佳循环寿命，循环次数接近 1600 次。

加利福尼亚州立大学混合电动汽车研究中心[10]开展了锂离子动力电池的梯次利用和价值分析等方面的研究，研究内容包括 4～5 个电池梯次利用领域对电池性能的具体要求、用于家庭储能系统的产品研发，以及评价电池整体价值的方法体系。具体包括：首先，调研了电池梯次利用时的各项性能（电压、功率、能量、循环寿命、温度、运行条件、热管理等）、实际使用环境、梯次利用领域的价值和市场规模等信息。研究所用电池包括磷酸铁锂、钛酸锂和三元材料三种动力电池模块，并用新电池作为对比。其次，在电池的梯次利用开发方面研究了回收电动汽车用锂离子动力电池的重新设计、模型和配组更新等，以提高退役电池在梯次利用中的整体寿命，并有效地降低电池成本。再次，梯次利用中要保证电池组的可靠性，家庭储能系统的电池组在实验室中运行足够长时间以检测其可靠性和运行服务过程中的充放电自动控制，检测实际电网运行状况下和家庭环境中的运行性能。最后，关于评价电池整体价值的方法体系要从经济和技术两个方面估算锂离子动力电池在电动汽车应用和延伸的梯次利用领域中的总价值。通过对电池整体价值的评估，可以提出最优化的应用方案及锂离子动力电池最优寿命价值的评价方法，包括电池的分选、测试、评估和验证等过程。

3. 国内研究现状分析

我国从近几年才开始开展动力电池梯次利用相关的理论研究和示范工程，虽然起步较晚，但已经在动力电池梯次利用技术上开展很多研究工作，并完成了多个梯次利用电池储能系统的工程示范。

刘念等[11]采用梯次利用动力电池作为储能装置，建立光伏换电站容量优化配置方法。针对一定数量电动汽车的换电需求，能获得光伏发电系统容量、DC/DC 模块容量、动力电池总容量和储能电池总容量的优化配置结果。储能电池组在系统中起到能量调节的作用。当光伏发电量过剩时，储能电池将多余的电能储存起来。当光伏发电量不足时，则向系统放电，由光伏发电和储能电池组共同提供充电电能。DC/DC 模块分别作为光伏电池阵列、储能电池组和动力电池组接入系统的连接组件，并通过以电站的年最大利润为目标，建立了系统容量优化配置模型，参考电池容量退化模型和电动汽车日行驶里程的统计模型，建立了基于蒙特卡罗模拟法的动力电池容量计算模型，通过实例分析验证了模型的合理性。

张维戈等[12]采用锂离子动力电池二阶 RC 等效电路模型分析了梯次利用锂离子动力电池在储能系统中的应用。分别对不同内阻分布、不同荷电状态分布和不同单体容量分布的电池组进行了多种电流倍率充放电实验，研究了因单体电池参数不一致对串并联锂电池组充放电电流不平衡的影响，并相应得出不平衡电流的仿真精度由欧姆压降 U_Ω 和极化电压 U_P 组成的 ΔU 精度决定。当支路荷电状态（SOC）作为串并联仿真结果的影响因素时，支路过电流、支路过充电、支路电流不平衡度和电流平衡所需时间均可通过仿真进行较高精度的预测。在评价容量存在差异的电池组能否并联使用时，可依据仿真得出的支路电流与设计平均电流的偏离程度进行判断。该方法模型适用于动态分析电动汽车的电池组和储能系统的支路运行状况，并对支路电流超限和不平衡环流的恢复时间等影响整个系统稳定性的指标做出准确预测。

李香龙等[13]通过对 2008 年北京奥运大巴退役下来的电池单体进行一系列充放电实验，分析该种电池的容量内阻特性，开路电压特性和倍率特性，得出以下结论：车载电池经多次循环使用后容量和内阻参数符合正态分布，且两者间没有必然的相关性；电池在不同荷电状态下开路电压的离散程度不同，当 SOC=0 时开路电压离散程度最高，在其梯次利用前，可以将电池放空状态下的开路电压的离散程度作为成组的一个限制条件；旧电池进行大倍率充放电时相比新电池极化严重，可用容量明显降低，因此梯次利用时适合投入到小倍率充放电的储能工况中。

张彩萍等[14]采用电化学阻抗测试方法研究梯次利用锂离子动力电池工作特性，建立电化学阻抗模型，研究了阻抗模型参数随电池老化程度的变化特性，指出锂电池活化极化阻抗和浓差极化阻抗随着电池循环次数的增加明显增大，而欧姆阻抗几乎不变，表明锂电池多次循环后的性能变差主要是由于活化极化阻抗与浓差极化阻抗的增大引起的。该结论进一步验证了电池健康状态与其内部各阻抗的关系。

白恺等[15]指出兆瓦时级电池储能系统需要上千模组串并联集成，因此只有尺寸和电气参数规格统一、剩余容量一致的情况下，才能保证后续工程在批量筛选、设计集成、安装调试等环节实施顺利，有利于后续运行的低维护成本和高可靠性。因此，数量足够且各方面技术参数尽量一致的电池来源是大容量梯次利用储能工程实施的前提条件。根据符合相同外观尺寸和极耳位置、相同化学体系条件退运电池的额定容量和数量、预估剩余容量情况、集成筛选预估淘汰率等要求，估算出退役电池总体预计剩余容量，核算是否满足储能系统能量配置和备品备件数量要求。针对筛选出的电池，以 3% 的比例进行抽样检测，掌握电池的容量、内阻、环境适应性、功率特性等性能，明确不同状态电池的最佳使用工况和安全特性，为储能系统的集成和运行提供基础数据。

2014 年，北京大兴建成电动汽车充换电站 100 kW·h 梯次利用示范工程，可调节变压器的输出功率，稳定节点电压水平，避免高峰负荷时段的变压器过载，并且在电网失电情况下，可由移动式储能电站带动用户负荷离网运行。根据充电桩的负荷需求与移动储能系统的带载能力，选择并离网切换运行。该示范项目整体设计规格为 50 kW/100 kW·h，常规运行为 25 kW/100 kW·h，由储能电池组（含电池架）、BMS（电池管理系统）、PCS（储能变流器）及主控系统 4 部分组成。其中，储能电池组为退运的 160 串锰酸锂电池，该电池组出厂规格为 400 A·h/3.8 V，退运后筛选规格 200A·h/3.8 V，经过筛选电压范围为 440V(2.75×160)～680V(4.25×160)；PCS 设备为 50 kW，其电压范围为 450～700 V，最大电流为 70 A，可根据负荷大小自启动，具有 UPS（不间断电源）功能；BMS 提供的 ≥300 mA 均衡电流设备。

2013 年，国家电网河南省电力公司依托公司科技项目，开发了基于物联网的电池循环利用信息系统，建立了一种动力电池梯次利用分选评估方法，开发了基于退役电池的独立供能单元，在河南省新密市尖山建成了百千瓦级退役电池储能系统的风光储混合微电网示范工程。

2015 年，国家电网冀北电力有限公司承担的公司科技项目"电动汽车电池规模化梯次利用关键技术深化研究"中，提出要对退运电动汽车电池快速诊断分选技术、梯次利用电动汽车电池的重组技术和梯次利用电动汽车电池规模化工程应用技术进行研究，并完成 MW·h 级梯次利用电池储能系统工程示范，对梯次利用动力电池储能应用经济性进行了评估。

许继集团建设了 1 条梯次利用电池分选重组线，2018 年利用青岛薛家岛充换电站退役的磷酸铁锂电池，在国家风光储输示范基地建成了目前国内规模最大的 3 MW/9 MW·h 梯次利用电池储能系统，该系统已于 2018 年 9 月投入运营。

中国铁塔集团 2016 年分别将中航锂电、国轩高科等公司的退役磷酸铁锂电池应用于移动通信基站，主要作用是作为基站的通信备用电源，目前已经在 57 个基站开展了试点。2017 年铁塔集团完成了 1 万个基站的梯次利用电池试点应用。

2017 年 9 月，由上海煦达新能源科技有限公司主导设计的 MW·h 梯次利用电池储能系统在江苏溧阳投入运营。该系统由 9 套 20 kW/122 kW·h 储能基本单元并联组成，共计 180 kW/1.1 MW·h，运行时 SOC 设定为 90%，系统的有效容量为 1 MW·h，使用具有温控系统和消防系统的集装箱。系统主要作用是在工商业用户侧的削峰填谷和需量电费管理，减低用户的用电成本。2018 年 8 月，上海煦达新能源科技有限公司在江苏南通建成了 1 MW/7 MW·h 梯次利用电池储能系统，作用仍是用户侧的削峰填谷和需量电费管理。

4. 目前主要的技术路线和存在的问题

从国内外梯次利用技术的探索和实践工作来看，过去数年的研究内容主要包括退役电池性能评判、电池的分选与聚类、电池重组、储能系统集成、应用示范实证等多个技术环节。所采用的技术路线主要有两种。

（1）基于退役电池单体的剩余残值梯次利用。首先，将收集到的退役电池模块进行拆解，对拆解后的电池单体进行逐一测试；然后，按照电池容量、内阻、自放电等外特性参数重新进行分选，并依据电池单体外特性的相似度进行聚类；再后，对电池进行重组并安装新的电、热及安全管理系统形成电池模块；最后，基于重组后的电池模块开展储能系统集成。技术案例：2013 年 12 月，国家电网公司通过对电动汽车退役电池拆解和各电池单体的细致分选，将外特性基本一致的电池聚类、重组及集成，建造 25 kW/100 kW·h 的储能系统，2014 年在北京大兴电动汽车充换电站投入运营，该储能系统主要用来调节变压器输出功率、稳定电压以及用作 UPS（不间断电源）。

（2）基于退役电池模块的剩余残值梯次利用。不进行退役电池模块拆解，直接将退役电池模块作为基本单元，进行特性检测、分类，进而将性能相似的电池模块进行聚类，而后实施电池储能系统集成。技术案例一：2016 年年底，德国博世集团利用宝马电动汽车退役模块，实现 2 MW·h 梯次利用电池储能系统集成，并正在开展示范应用。技术案例二：2015 年年底，国家电网公司利用比亚迪 K9 电动大巴的退役电池模块，实现 2 MW·h 梯次利用电池储能系统集成，并在张北开展示范应用。技术案例三：2017 年 7 月，国家电网公司利用薛家岛充换电站退役电池模块，实现 9 MW·h 梯次利用电池储能系统集成。

在早期，退役动力电池模块中各电池单体间性能差异变大，电池单体的剩余容量参差不齐，为实现电池单体残值的梯次利用，技术路线（1）曾被普遍使用，但是，从实践结果来看，与新电池集成相比，梯次利用还增加了拆解、检测、分选等额外工作量，且均有耗时、耗人、耗能等特点，这使得梯次利用电池系统的技术经济性常常低于新电池系统。所以，目前该技术路线正逐渐被放弃。而技术路线（2）由于可以充分利用退役电池模块中各个组件，降低了集成成本，该方法越来越被梯次利用实践者所采用。

未来将有大量的动力电池不断退役，为社会提供了巨大的廉价储能电池资源。同时，智能电网建设对技术经济性较高的储能电池需求巨大。然而，时至今日，国内外各种实践并没有有效证明"退役电池可以规模化梯次利用"命题的真伪性，许多人对梯次利用的前景既报有期盼，但同时对其可行性又充满疑虑，毕竟退役动力电池梯次利用必须以经济性为前提。但是在目前条件下，与新电池的储能系统集成与应用相比，梯次利用实践仍面临诸多问题。

（1）梯次利用过程更为复杂。梯次利用的退役电池来源广泛，且电池种类和规格多样。梯次利用的集成商实际上对众多电池特性一手数据及运行历史数据的缺失将使梯次利用过程中困难程度和复杂程度变大。

（2）梯次利用电池安全隐患大。电池安全特性往往需要通过破坏性试验来判据。出自于同一生产线的新电池，可以通过抽检的方法来判据同类电池的安全状态。退役电池之间性能差异大，且衰退原因复杂，抽检的方式不能反映电池的安全状态，而逐一的破坏性安全检测又不可行，因此，为电池后期应用留下安全隐患。

（3）梯次利用电池残值评估成本高。电池容量等特性的细致评估过程比较复杂，且耗时、耗力。出自于同一生产线的新电池，初始性能一致性好，可以通过抽检的方法来评判同类电池的性能，性能评估过程成本低，且评估的信息内容精细。退役电池之间性能差异大，抽检的方式不能反映电池的残值性能，逐一检测成本过高。

（4）梯次利用电池重组成本高。新电池的成组过程容易实现产线化、自动化。而退役电池重组可能还要拆解旧模块，以及分选、聚类的流程，使重组过程环节多，工艺更加复杂。相比于新电池，梯次利用重组不仅成本高，而且实现产线化、自动化难度极大。

（5）新电池技术经济性提高较快。近年来，新电池价格不断下降，且性能在不断提升。而退役的旧电池不仅技术水平远远落后，且电池储能容量、功率能力及安全性能等均已经衰退，所以，留给梯次利用的提高经济性的操作空间很窄。

2.2.2 国内外相关政策和标准研究

世界各国均出台了新能源汽车推广过渡阶段的激励措施。我国近年来新能源汽车销量位居世界第一，很大部分原因归功于补贴政策体系的实施。因此，鉴于新能源汽车产业涉及能源安全和产业安全，世界多个国家均从国家战略层面提出针对新能源汽车的发展思路。

1. 国内相关政策和标准

近几年，国家出台了一系列政策法规，鼓励企事业单位积极开展动力电池梯次利用的实践，同时规范行业和市场秩序。

政策方面，国务院 2012 年 7 月出台的《节能与新能源汽车产业发展规划（2012—2020 年）》中明确规定：加强动力电池梯级（梯次）利用和回收管理。2016年由国家发改委等五部委发布的《电动汽车动力蓄电池回收利用技术政策（2015年版）》对电动汽车动力电池设计生产、回收、梯次利用、再生利用等方面均做出了规定，提出了促进动力蓄电池回收利用的政策措施。2018 年 3 月工信部等七部委发布的《新能源汽车动力蓄电池回收利用管理暂行办法》明确了动力电池维修更换阶段要求、回收阶段要求、报废阶段要求、所有人责任要求、收集要求、贮存要求、运输要求、阶梯利用要求、阶梯利用电池产品要求及再生利用要求。2018 年 7 月，工信部发布《新能源汽车动力蓄电池回收利用溯源管理暂行规定》，建立"新能源汽车国家监测与动力蓄电池回收利用溯源综合管理平台"，对动力蓄电池生产、销售、使用、回收等全过程进行信息采集，对各环节主体履行回收利用责任情况实施监测，并自当年 8 月 1 日实施。

2017 年 5 月，国家标准化管理委员会发布的《车用动力电池回收利用拆解规范》对废旧动力电池回收利用的安全性、作业程序、存储和管理等方面进行了严格要求，对规范我国车用动力电池的回收利用及拆解、提高专业性技术、完善动力电池回收体系等有重大意义。同年 8 月出台的《汽车动力电池编码规则》、《车用动力电池回收利用余能检测》和《电动汽车用动力蓄电池产品规格尺寸》中对退役动力电池梯次利用过程中的各项内容进行规定。其中，《规格尺寸》使动力电芯、模组和电池包的规格尺寸得以统一，降低动力电池的回收难度；《编码规则》使动力电池具备唯一性和可识别性，全生命周期可追溯成为可能；《余能检测》为车用动力电池的余能检测提供评价依据，有助于提供废旧动力电池余能检测的安全性和科学性。

2. 国外相关政策和标准

美国政府通过立法支持新能源汽车技术发展，并将政府采购作为支持新能源汽车产业的重要手段。2012 年美国启动电动汽车国家创新计划 "EV everywhere（电动汽车无处不在）"，明确表示将以纯电动汽车作为新能源汽车产业的主攻方向，把充电式混合动力汽车作为短期发展的主力车型。

2017 年 1～9 月，欧洲地区电动汽车销量为 10 万辆，同比增长 42%。英国、德国、法国等主要市场均表现出积极的增长趋势。欧盟最近推出 "全球轻型车测试规程（WLTP）"，这个测试程序比以前的 "新欧洲驾驶循环（NEDC）" 测试更能代表现实世界的驾驶，也是推动减排一个更重要的因素。英国和法国等欧洲国家提出在 2040 年禁止柴油车的禁令，而在地区范围内，许多城市正在采取行动以减少污染物排放，英国牛津市最近就提出打造世界上第一个 "零排放区" 的计划。

财政保障方面，英国政府宣布，2015～2020 年将投资 5 亿英镑，发展超低排放汽车市场，资金将被用于完善和优化基础设施，以及研发和创建超低排放城市等方面。其中，3500 万英镑将用于建造 "超低排放城市"，如电动汽车可使用本城市的公交专用车道、享受免费停车；5000 万英镑将用于英国地方城市投资清洁能源出租车和公交车。充电站基础设施建设方面，英国交通部和英国低排放车辆办公室总投资 3200 万英镑，计划到 2020 年，在英国的所有 A 类（主干道及部分重要的次干道）和 M 类（高速公路）的公路上设置快速充电桩，以推动英国民众使用电动汽车。英国企业也充分参与充电站网络的建设中。英国绿色能源公司 Ecotricity 建造了世界上第一个高速公路太阳能/风能 EV 充电网，且充电站网络中的每个充电站提供的都是 "清洁电"，由风力和太阳能组成。2015 年，已有 12 个高速公路服务区安装了这种充电站。

2.3 退役动力电池性能评估

2.3.1 退役电动汽车电池的复杂性分析

电动汽车用锂离子动力电池，在外观、体积、材料体系等方面都没形成统一的国际标准，锂离子动力电池制造商根据汽车厂家的要求，设计开发满足汽车厂家需求的动力电池。而且，不同电池制造商对电池的设计方式及材料的理解也不同，各自的研发、生产经验和制造能力也不相同，根据其自身的经验制造出各式各样的锂离子动力电池。这些电池本身存在性能上的差异，经过长期使用后，电池性能衰退也不同，也会进一步加大退役汽车电池的复杂性，退役电动汽车动力电池的复杂性主要体现在如下一些方面。

1. 应用车型多样

电动汽车具有多种不同的类型，不同的电动汽车所用电池能量等级、运行工况、电池串并联成组方式、输出功率特性等都有不同。实际上不同车型应用对动力电池的需求也不同，不同动力电池从输出角度来区分，可以划分为能量型电池和功率型电池两种。能量型电池（high energy density battery）是以高能量密度为特点，主要用于高能量输出的电池。功率型电池（high power density battery）是以高功率密度为特点，主要用于瞬间高功率输出、输入的电池。前者主要应用于插电式混合动力汽车（PHEV）和纯电动汽车（BEV），后者主要应用于混合动力汽车（HEV）。

2. 结构单元多样

图 2-4 显示了不同的退役汽车电池的结构单元。电动汽车的电池，并不只是单纯地指动力电池。从严格意义上来划分，电动汽车的电池可以说是由动力电池、电池的机械结构与电池的管理系统组成。或者说，电动汽车的电池是通过动力

(a) 动力电池单体

(b) 动力电池模块

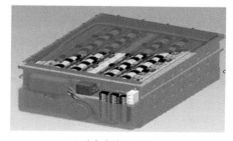

(c) 动力电池包(箱体)

(d) 动力电池系统

图 2-4 不同的退役汽车电池结构单元

电池单体、动力电池模块、动力电池包（箱体）、动力电池系统这样自下而上的一级级地搭建而构成的。梯次利用可以是以不同的结构单元来开展，梯次利用的电池结构单元会影响电池的梯次利用成本。

3. 规格型号多样

如图 2-5 展示了一些具有不同外观特征的、不同规格尺寸的锂离子动力电池照片。不同结构电池往往材料体系、容量、功率等特性都不相同，也决定了电池检测、成组等方式的不同。

(a) 大型方形金属壳体电池　　　　(b) 大型圆柱形电池　　　　(c) 小型圆柱形电池

(d) 方形软包装电池

图 2-5　不同规格型号电池图片

4. 电池制造工艺多样

电池制造方式往往决定电池的外形规格，这种外形规格也会决定电池的成组方式等，如电池的连接方式和电池的热管理设计等。即便在电池外观规格尺寸、材料体系一样的情况下，不同制造方式的电池的外在性能表现也会有一定的差异。

5. 材料体系多样

锂离子动力电池的性能表现，如工作电压、能量密度、使用寿命、安全性等主要由其材料体系决定。不同电池制造商根据自己的研发经验，选用不同的正负极、电解液和隔膜材料，所以市场上的电池种类很多样。主要的正极材料有锰酸锂、磷酸铁锂、三元镍钴锰氧化物材料等，主要的负极材料主要有人造石墨、硬碳、软碳、钛酸锂等材料，典型材料参数如表 2-1。

表 2-1　锂离子动力电池电极材料的性质

电极材料	平均工作电压/V	额定容量/（mA·h/g）	额定能量/（kW·h/kg）
正极			
$LiCoO_2$	3.7	140	0.518
$LiMn_2O_4$	3.8	100	0.400
$LiNiO_2$	3.5	180	0.630
$LiFePO_4$	3.3	150	0.495
$LiCo_{0.33}Ni_{0.33}Mn_{0.33}O_2$	3.6	160	0.576
$Li（Li_aNi_xMn_yCo_z）O_2$	4.2	220	0.920
负极			
人造石墨（LiC_6）	0.1～0.2	372	0.0372～0.0744
硬碳（LiC_6）	—	—	—
钛酸盐（$Li_4Ti_5O_{12}$）	1～2	160	0.16～0.32
Si（$Li_{4.4}Si$）	0.5～1	4，212	2.106～4.212

6. 健康状态多样

退役汽车电池健康状态的多样性的差异来自多个方面。除了前述的电池设计和制造上的原因外，即便同一规格型号的汽车电池，在不同汽车上的使用和维护上的差异也会引起电池退役时性能状态的不同。电动汽车运行历程、汽车上使用期间的运行工况、电池成组方式、充电方式、管理和维护方法等都会影响电池退役时的性能状态。动力电池在汽车上经过长期的使用，其各方面性能必然发生变化，电池的电性能、机械性能、安全性能都发生了变化，相对于新动力电池，旧电池的容量降低、内阻升高、安全隐患增大等，旧电池间的性能状态差异也就更大。

如前所述，退役电动汽车动力电池复杂多样，这些多样性会对电池的检测分析带来不同的影响，见表 2-2。实际上，像电池结构单元、规格型号、材料体系多

表 2-2　汽车电池多样性问题分析

序号	梯次利用电池的多样性问题	问题来源	解决办法
1	服役车型多样	电池系统集成方式不同，运行工况不同，电池管理不同、维护不同	其实质在于电池的性能状态上的差异
2	结构单元多样	拆解复杂性不同，梯次利用的结构单元不同	根据不同结构层次的性能状态采用不同的结构单元直接梯次利用
3	电池规格型号多样	电池成组方式不同，容量、功率等特性不同	对同样规格型号的电池进行成组
4	电池制造工艺多样	电池能量及功率特性可能不同	尽可能将同样制造工艺的电池进行成组（其余状态一样的情况下）
5	材料体系多样	电池工作电压不同、输出特性不同、安全性不同等	同种材料体系的电池进行成组
6	性能状态多样	电池老化状态不同、一致性差异大	需要检测电池的性能现状及性能变化趋势，对电池进行分级筛选后再利用

样等问题比较容易区分对待；对电池进行梯次利用影响最大的在于性能状态多样，其检测分析过程最为复杂，最需要认真对待。

退役电动汽车电池性能评估检测技术

1. 退役锰酸锂电池的性能评估

1）电池箱检测

电池箱检测即电池初检，其方法流程是运用简单方法全检电池，淘汰明显不具有梯次利用价值的电池，以加快检测速度，节省后期检测成本。主要包括目测及电池的开路电压、交流内阻测试。检测方法及判断标准见表 2-3。

表 2-3　电池初检的主要项目方法及标准

序号	检测方法	检测用具	判断标准	备注
1	目检	—	电池无漏液、外观不良、严重变形、部件缺失、壳体破裂、胀气等现象	全检
2	开路电压检测	电压表	电池开路电压在合理范围内，不能过低（参考电池制造商制定的标准）	全检
3	交流内阻测试	交流内阻计	内阻合理，内阻过大（断路）或者内阻则过小（短路）则淘汰	全检

经过该检测，可以直接排除不可进行梯次利用的电池，降低后续不必要的检测工作量和成本。研究中，以某套电池作为研究对象，介绍相关测试流程及方法与测试结果。表 2-4 为该电池系统中部分电池箱体的总电压检测数据，可见电池各箱体退役时，基本处于满电状态，各项电池总电压正常。

表 2-4　各箱体总电压检测

箱号	总电压/V	箱体规格	备注
1	—	小箱（4P8S）	少了半箱
2	32.29	小箱（4P8S）	
3	—	小箱（4P8S）	少了半箱
4	—	小箱（4P8S）	缺失
5	32.49	小箱（4P8S）	
6	64.50	大箱（4P16S）	
7	64.50	大箱（4P16S）	
8	64.50	大箱（4P16S）	
9	32.28	小箱（4P8S）	
10	32.29	小箱（4P8S）	

每个电池箱中各模块的开路电压经测试基本在 4.0 V 左右，说明没有出现电池模块严重自放电现象。为了解各箱体的容量，初步评估电池的利用价值，我们对每箱电池作了几次充放电循环，测试充放电电流均为 120 A，电池先恒流放电到 3.0 V，然后恒流充电到 4.2 V，连续循环三次，充放电都以箱体中任何模块到达截止电压时停止充/放电。各箱电池的三次充放电过程的容量、能量见表 2-5。

表 2-5 各箱电池的充放电数据

电池组	2 号箱	5 号箱	6 号箱	7 号箱	8 号箱	9 号箱	10 号箱
第一周放电容量/（A·h）	175.39	189.18	171.35	173.42	176.19	182.82	186.35
第一周充电容量/（A·h）	177.53	171.7	174.31	164.4	173.57	179.05	183.81
第二周放电容量/（A·h）	180.58	174.26	177.45	167.9	175.73	181.65	186.23
第二周充电容量/（A·h）	182.67	172.77	178.31	172.03	179.13	182.86	187.15
第三周放电容量/（A·h）	183.65	174.03	179.33	173.54	180	183.79	188.12
第三周充电容量/（A·h）	184.3	175.9	179.51	175.43	181.23	184.23	188.26
第一周放电能量/（W·h）	5282.45	5682.82	10326.1	10401.4	10621.5	5482.37	5600.59
第一周充电能量/（W·h）	5715.39	5510.68	11206.56	10575.87	11135.05	5752.17	5895.56
第二周放电能量/（W·h）	5513.73	5291.94	10821	10219.6	10723.8	5523.32	5667.36
第二周充电能量/（W·h）	5869.91	5535.2	11437.39	11041.65	11475.9	5863.16	5992.33
第三周放电能量/（W·h）	5626.63	5298.71	10964.9	10604.3	11021	5604.66	5740.09
第三周充电能量/（W·h）	5918.02	5631.08	11505.22	11249.71	11603.89	5902.84	6023.75
库仑效率（2 放/1 充）	101.72%	101.49%	101.80%	102.13%	101.24%	101.45%	101.32%
库仑效率（3 放/2 充）	100.54%	100.73%	100.57%	100.88%	100.49%	100.51%	100.52%
能量效率（2 放/1 充）	96.47%	96.03%	96.56%	96.63%	96.31%	96.02%	96.13%
能量效率（3 放/2 充）	95.86%	95.73%	95.87%	96.04%	96.04%	95.59%	95.79%

从表 2-5 可知，每箱电池三周的放电容量都稍有增加，各箱电池的每周充放电的库仑效率基本在 100% 以上，电池的能量效率在 95.59%～96.04%。各箱电池第三周放电容量平均值为 180.35 A·h，最高放电容量为 188.12 A·h（10 号箱），最低放电容量为 173.54 A·h（7 号箱），两者相差 14.58 A·h，极差与平均容量的比值为 8.1%。

之后对各电池箱体进行拆解，测量每个模块的电压基本在 4.0 V 左右，进而拆解为单体电池，总计 352 只电池，没有出现漏液、壳体破损、严重变形、部件缺失、严重胀气等现象。拆解过程中造成了 4 只电池受到破坏，剩余完整电池 348 只。由于电池为软包装电池，可以发现电池多少都有些气胀，但不明显，没有以电池胀气与否和胀气程度来淘汰电池。

电池的开路电压检测也为正常，单体电池电压在 4.0 V 左右，但电池的内阻测试发现内阻明显变大,最大值 1.842 mΩ,最小值 0.872 mΩ,极差接近 1 mΩ。为了研究内阻对电池性能的影响,在此没有淘汰内阻偏大的电池,在后续做了进一步测试分析,以了解电池内阻对电池其余性能的影响。

2)单体电池容量和内阻测试

(1)容量测试电流的选择。

退役电池的容量不同于初始容量,从电池箱体测试数据推测电池模块约 180 A·h 来看,单体电池的容量大约为 45 A·h。由于梯次利用电池的容量很离散,该数值仅供参考。由于容量标定所选用的电流对测试结构会有影响,所以,有必要采用几种不同的电流来测试电池。该电池制造商建议的电池最大充电电流为 30 A,选用了 10 A、20 A、30 A 三种充放电电流测试了电池的容量。测试采用恒流恒压充电、恒流放电的方式,电压范围为 3.0~4.2 V,恒压充电截止电流为 3 A。选择 4 只电池样品进行测试,结果见表 2-6。

表 2-6　电池在不同充放电电流下的容量测试数据

电池编号		A	B	C	D
	内阻/mΩ	1.048	1.303	1.222	1.322
	充电容量/(A·h)	67.257	52.573	52.919	51.091
	放电容量/(A·h)	67.866	53.213	53.912	51.775
10A	库仑效率	100.91%	101.22%	101.88%	101.34%
	充电能量/(W·h)	267.244	209.904	211.388	203.940
	放电能量/(W·h)	263.826	205.683	207.715	200.056
	能量效率	98.72%	97.99%	98.26%	98.10%
	充电容量/(A·h)	66.967	52.511	53.017	51.060
	放电容量/(A·h)	66.832	52.190	52.724	50.790
20A	库仑效率	99.80%	99.39%	99.45%	99.47%
	充电能量/(W·h)	267.388	211.273	213.460	205.387
	放电能量/(W·h)	258.230	199.672	200.730	194.207
	能量效率	96.58%	94.51%	94.04%	94.56%
	充电容量/(A·h)	66.255	51.867	52.224	50.389
	放电容量/(A·h)	66.197	51.515	51.826	50.144
30A	库仑效率	99.91%	99.32%	99.24%	99.51%
	充电能量/(W·h)	265.923	210.248	211.897	204.198
	放电能量/(W·h)	254.149	195.217	195.085	189.948
	能量效率	95.57%	92.85%	92.07%	93.02%

电池编号		A	B	C	D
恒流充电 中值电压	10A	4.0184	4.0333	4.0305	4.0318
	20A	4.0342	4.0584	4.0531	4.0575
	30A	4.0500	4.0804	4.0718	4.0792
恒流放电 中值电压	10A	3.9388	3.9140	3.9003	3.9127
	20A	3.9105	3.8758	3.8544	3.8749
	30A	3.8836	3.8399	3.8116	3.8399

表 2-6 列出了电池在不同电流下的充放电容量、能量及效率等数据。可见电池在 10 A、20 A 与 30 A 电流下，3.0～4.2 V 间做充放电时，随着电流升高，电池容量逐渐降低，同时库仑效率与能量效率也随着充放电电流的增加而降低，这种情况与其他锂离子动力电池情况都相似。但同时可以发现，本实验中随电流增大电池容量变化很小，10 A 与 30 A 下，电池放电容量差异最大达到 2 A·h 左右，基本不高于电池 50 A 容量的 5%；10 A 与 30 A 下，电池放电能量差异最大达到 10 W·h 左右，基本不高于电池 200 W·h 能量的 5%。因此，选择 30 A 作为分容用电流，原因是：其一，采用 30 A 电流分容不影响电池容量测试的准确性；其二，用 30 A 这项相对较大的电流分容时，相对于采用 10 A 电流分容时的测试时间短、速度快、效率高，会降低电池二次利用中对设备的使用，降低设备折旧，有益于提高电池二次利用的经济性；其三，电流是该电池供货商推荐的最大工作电流，可以避免对电池性能造成可能的不良影响，我们没有进一步提高分容电流。

（2）容量标定所需循环次数的确定。

退役电池长期使用后，电池发生自放电，导致不可逆的容量损失，电池的界面也会有改变。为此，重新对电池做容量标定时，电池容量逐渐改变，需要确定电池所需充放电循环次数。为此，选了 6 个电池样品做实验，采用 30 A 电流对电池做充放电循环测试，电压范围 3.0～4.2 V，采用恒流充电后 4.2 V 恒压充电，恒压充电截止为 3 A 电流，之后 30 A 恒流放电至 3.0 V，如此循环 5 次。

表 2-7 中显示的是电池五次充放电循环的容量记录，可见电池在经过 3 次循环后，容量随循环次数的变化已经非常小，因此，3 次充放电循环测试的容量就可代表电池的容量，没有必要做更多的循环，增加循环次数时将增长试验时间，同时增加电力损耗及设备的使用费，不利于经济性。本实验后期的与容量相关的实验都是进行了 3 个完整的充放电循环。

表 2-7　电池五次循环的充放电容量测试数据

电池编号	测试过程	不同循环次数的充放电容量/（A·h）					内阻/mΩ
		1	2	3	4	5	
A	恒流充电	49.626	50.179	50.636	50.619	50.585	1.18
	恒压充电	4.494	4.325	4.045	4.069	4.117	
	恒压比例	8.30%	7.94%	7.40%	7.44%	7.53%	
	恒流放电	54.57	54.677	54.755	54.726	54.709	
B	恒流充电	44.511	44.972	45.589	45.596	45.548	1.328
	恒压充电	6.637	6.405	5.912	5.942	5.967	
	恒压比例	12.98%	12.47%	11.48%	11.53%	11.58%	
	恒流放电	51.408	51.534	51.636	51.616	51.592	
C	恒流充电	62.822	63.313	63.289	63.18	62.736	0.973
	恒压充电	3.979	3.819	3.858	3.936	4.227	
	恒压比例	5.96%	5.69%	5.75%	5.86%	6.31%	
	恒流放电	67.482	67.413	67.315	67.246	67.083	
D	恒流充电	48.829	49.177	49.245	49.237	49.151	1.214
	恒压充电	4.692	4.613	4.614	4.63	4.728	
	恒压比例	8.77%	8.58%	8.57%	8.60%	8.78%	
	恒流放电	53.963	53.946	53.938	53.897	53.947	
E	恒流充电	48.643	49.191	49.165	49.131	48.947	1.155
	恒压充电	4.831	4.76	4.726	4.741	4.788	
	恒压比例	9.03%	8.82%	8.77%	8.80%	8.91%	
	恒流放电	54.483	54.332	54.158	54.009	53.876	
F	恒流充电	49.211	49.694	49.803	49.819	49.744	0.975
	恒压充电	3.727	3.613	3.553	3.581	3.623	
	恒压比例	7.04%	6.78%	6.66%	6.71%	6.79%	
	恒流放电	53.413	53.482	53.465	53.432	53.414	

（3）容量标定检测。

根据上面对电池容量标定选用电流和循环次数的优选实验，容量标定电流确定为 30 A，电池充放电电压范围仍然为 3.0～4.2 V，充放电循环次数为 3 次，采用恒流恒压充电、恒流放电的方式。对所检测退役汽车电池系统中各电池的在充放电过程的一些测试参数做了统计分析，观察退役汽车电池性能参数的变化情况及变化规律，分别介绍如下。

其一，放电容量分布。单体电池放电容量分布如图 2-6 所示，每个容量段电池数量和占比如表 2-8 所示。该系统的电池中，放电容量大于 45 A·h 的占 94.61%，大于 50 A·h 的占 51.71%；放电容量在 40～55 A·h 电池的数量占总数量 80% 多，最大放电容量 66.33 A·h，最小放电容量 26.43 A·h，可见电池的放电容量已经非常离散。该电池单体始标的额定容量为 90 A·h，经过 3 年汽车运行后，单体电池的放电容量大部分在 40～55 A·h，为电池初始容量的 50%～60%。如此离散度的电池容量分布也说明，退役汽车电池必须重新筛选、重新配组才能保证电池的安全性能。

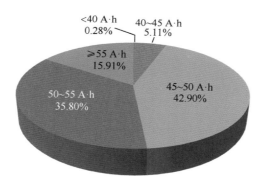

图 2-6　单体电池放电容量分布图

表 2-8　电池系统中单体电池容量分布

	<40 A·h	40～45 A·h	45～50 A·h	50～55 A·h	≥55 A·h
数量	1	18	151	126	56
占比	0.28%	5.11%	42.90%	35.80%	15.91%

其二，电池内阻分布。从图 2-7 和表 2-9 可看出，电池再分容后的交流内阻大部分都大于 1.0 mΩ，最大值 1.842 mΩ，最小值 0.872 mΩ，电池内阻最大值与最小值的差异达到 1 mΩ，多数都在 1.5 mΩ 以内，1.0～1.3 mΩ 的电池占电池总数的 56%。相比于电池的初始内阻（0.5～0.6 mΩ），汽车电池退役后，单体电池内阻变几乎都翻了一番，甚至变为 3 倍；同时，电池内阻也更分散了，电池起初分选时，内阻相差 0.1 mΩ，而退役时，电池内阻从 0.872 mΩ 到 1.842 mΩ 都有，内阻相差 1 mΩ 以上，这也直观地反映了电池健康度的降低。

图 2-8 为某退役电池系统内电池内阻分布的直方图与正态分布概率图。分析

时，剔除了高于 1.6 mΩ 的电池内阻值。从图 2-8（a）可见电池内阻分布具有正态分布的特征，图 2-8（b）为正态分布概率图。电池内阻做正态分布分析时，P 值为 0.088。一般认为 P 值高于 0.05 时，分布可认为符合正态分布，所以，在一个退役汽车电池系统中的电池内阻基本呈正态分布。

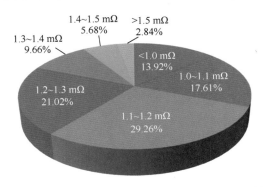

图 2-7　退役汽车电池系统中单体电池内阻分布饼状图

表 2-9　退役汽车电池系统中单体电池内阻分布统计表

	<1.0 mΩ	1.0~1.1 mΩ	1.1~1.2 mΩ	1.2~1.3 mΩ	1.3~1.4 mΩ	1.4~1.5 mΩ	>1.5 mΩ
数量	49	62	103	74	34	20	10
占比	13.92%	17.61%	29.26%	21.02%	9.66%	5.68%	2.84%

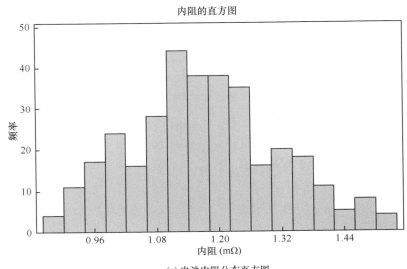

(a) 电池内阻分布直方图

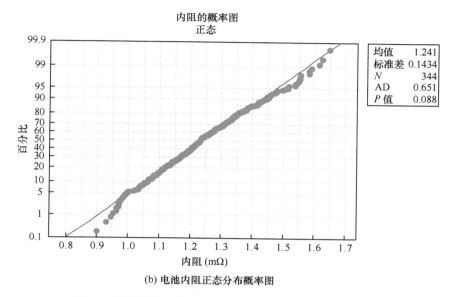

(b) 电池内阻正态分布概率图

图 2-8　某退役汽车电池内阻分布直方图和正态分布概率图

3）电池自放电测试

自放电率又称荷电保持能力，是指电池在开路状态下，电池所储存的电量在一定条件下的保持能力。它主要受电池制造工艺、材料、储存条件等因素影响，是衡量电池性能的重要参数。电池的荷电保持能力以电池的自放电来表征，有两种不同的测试都能反应电池的自放电性能，具体介绍如下。

（1）容量保持与容量恢复率测试。

电池分容测试最后一次测试的容量为电池的容量 C_0。分容后保持满电态的电池，开路状态下搁置 28 天，测试电池的开路电压及交流内阻；再以分容时相同的制式对电池做充放电测试，第一次放电容量为电池的保持容量 C_1，第三次的放电容量为电池的恢复容量 C_2，计算电池的荷电保持能力和容量恢复率。

$$荷电保持能力 = C_1/C_0 \times 100\% \tag{2-1}$$
$$容量恢复率 = C_2/C_0 \times 100\% \tag{2-2}$$

针对电池样品，所有电池的荷电保持能力和容量恢复率都进行了测试。电池荷电保持能力的分布比例如图 2-9 所示，电池的容量恢复率的分布比例如图 2-10 所示。

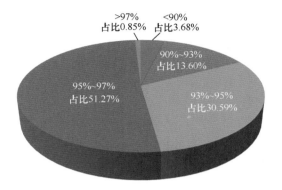

图 2-9 荷电保持能力分布图

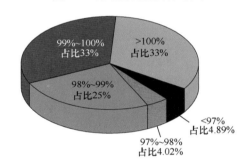

图 2-10 容量恢复率分布图

在所研究的电池系统的 348 只电池中，荷电保持能力＞93%的电池有 288 只，荷电保持能力＞95%的电池有 182 只；容量恢复率＞98%的电池有 317 只；荷电保持能力＞95%、同时容量恢复率＞98%的电池有 180 只。该型号新电池的出厂荷电保持能力为 95%以上，所以退役汽车电池的荷电保持能力比新电池已经降低了。

（2）电池的开路电压（OCV）的变化。

电池分容测试后，静置 8 小时，采用高精度电压内阻测试仪器测试电池的开路电压，电池在开路状态下放置 28 天后，再次测试电池的开路电压（OCV）。比较前后 OCV 的变化情况，如图 2-11 所示。同时测试了电池的交流内阻（1 kHz）数值，对静置前后的数据做了对比分析。

图 2-12 对比了一些电池经过 28 天放置前后电池的开路电压的降低数值与电池的荷电保持能力的关系，可见两者有着强相关关系，在一定程度上接近线性。这说明采用更为简单的测试电池 OCV 变化的方法也能很好地表征电池荷电保持能力。但是，OCV 的测试不能反映出电池容量恢复率的数值。

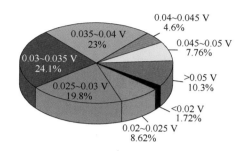

图 2-11　搁置前后电压下降情况分布图

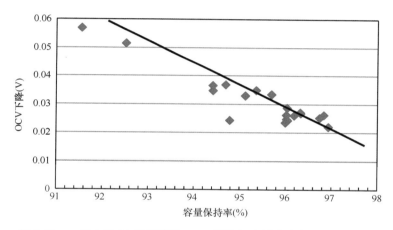

图 2-12　一些电池 28 天搁置后 OCV 下降与电池荷电保持能力的关系

引起电池的自放电原因很多。首先，制作电池的原材料不可能百分之百提纯，总会有杂质混在中间，所以不可避免地存在自放电现象。其次，自放电大小即自放电率与正极材料在电解液中的溶解性和它受热后的不稳定性（易自我分解）有关，锰酸锂电池长期使用会有 Mn 的溶出，引发电池自放电的提高。最后，储存过程中与自放电伴随的是电池内阻上升，这会造成电池负荷力的降低。

4）电池倍率性能测试

倍率性能反应电池对不同工作电流的耐受能力，反映电池反应速度的快慢。电池的倍率与电池内阻有一定的关系，电池的倍率性能包括倍率充电和倍率放电，研究中，分别选取一定样品测试了倍率充电和倍率放电性能，具体如下。

（1）倍率充电。

电池的倍率充电性能反映了电池耐受充电电流的能力，可以比较电池在不同充电电流下的恒流阶段充入的电量，也可以从能量效率反映出来。电池倍率充测试数据见表 2-10，充电电流由 10 A 逐渐递增到近 50 A，放电电流都是 10 A。每次循环测试的能量效率和恒流充入比例均列在表中，图 2-13 显示不同内阻电池在不同恒流充电电流下，充入的容量与 10 A 电流充入容量的比值。图 2-14 显示不同内阻电池在不同恒流充电电流下的能量效率变化。

表 2-10　电池倍率充电性能测试

电池编号	充放电电流	恒流充容量归 1 比值	能量效率	恒流充入比例
A	10A/10A	1.00000	0.989242	0.97984
	20A/10A	0.956599	0.967003	0.926405
	30A/10A	0.898105	0.959221	0.867499
	40A/10A	0.825143	0.953656	0.796641
	48A/10A	0.767521	0.949977	0.738992
B1	10A/10A	1	0.991338	0.98187
	20A/10A	0.960751	0.969192	0.932399
	30A/10A	0.906529	0.961067	0.877594
	40A/10A	0.838719	0.954184	0.81096
	48A/10A	0.783156	0.951707	0.755857
B2	10A/10A	1	0.990172	0.982497
	20A/10A	0.96458	0.96863	0.936098
	30A/10A	0.910246	0.96182	0.882243
	40A/10A	0.841997	0.955911	0.81516
	48A/10A	0.790704	0.952668	0.763393
C1	10A/10A	1	0.988298	0.964955
	20A/10A	0.939806	0.96056	0.89087
	30A/10A	0.848336	0.951349	0.804275
	40A/10A	0.737108	0.944681	0.698606
	48A/10A	0.645331	0.940718	0.610416
C2	10A/10A	1	0.987426	0.978168
	20A/10A	0.953189	0.965434	0.922588
	30A/10A	0.872013	0.957669	0.844476
	40A/10A	0.77701	0.950198	0.750674
	48A/10A	0.671512	0.945491	0.648477
D	10A/10A	1	0.990668	0.977904
	20A/10A	0.954369	0.965334	0.918974
	30A/10A	0.86866	0.956509	0.836674
	40A/10A	0.761246	0.949199	0.732261
	48A/10A	0.670808	0.944502	0.64471

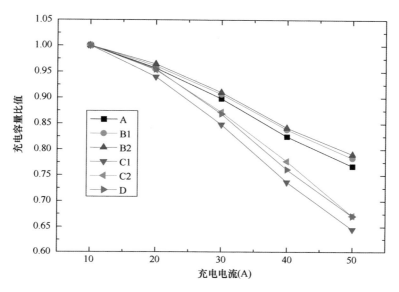

图 2-13　不同内阻电池在不同充电电流下充电容量比值

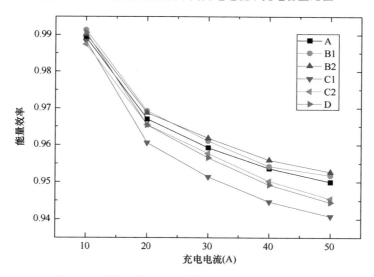

图 2-14　不同内阻电池在不同充电电流下的能量效率

　　从图 2-13 和图 2-14 可以看出电流越大，电池恒流阶段充入的容量越少，能量效率也越低。同时，内阻越高的电池，同样电流下，恒流阶段充入的电量也越少，电池的能量效率也越低。

　　（2）倍率放电。

　　电池的倍率放电显示电池耐受不同工作电流的能力，试验检测了不同内阻档次电池在相同充电电流、不同放电电流下电池的库仑效率和能量效率，电池采用恒流充电、恒流放电的方式，工作电压范围为 3.0～4.2 V，充电电流均为 10 A，放电电流从 10 A 逐渐增大到 48 A。试验结果见表 2-11。图 2-15 显示不同内阻电池在不同恒流放电电流下，放出的电量与 10 A 电流放出电量的比值。图 2-16 显示不同内阻的电池样品不同充/放电电流下的各个循环的能量效率。从图 2-16 可见，内阻越高、容量越低的电池，充放电循环的效率也越低；同时，放电电流越大，电池的效率差异越大，说明大电流放电池，电池的差异更大。

表 2-11 电池倍率放电测试数据

电池编号	充电/放电电流	恒流放电容量归 1 比值	库仑效率	能量效率
A	10A/10A	1	101.96%	99.09%
	10A/20A	0.992391	99.88%	96.33%
	10A/30A	0.991342	99.79%	95.29%
	10A/40A	0.987972	99.61%	94.44%
	10A/48A	0.98471	99.70%	93.81%
B1	10A/10A	1	102.35%	99.46%
	10A/20A	0.992286	100.05%	96.50%
	10A/30A	0.989466	100.03%	95.68%
	10A/40A	0.984428	99.78%	94.62%
	10A/48A	0.981264	99.82%	94.00%
B2	10A/10A	1	1.023514	0.992046
	10A/20A	0.98887	1.000499	0.965093
	10A/30A	0.985128	1.000298	0.956492
	10A/40A	0.980867	0.99778	0.947438
	10A/48A	0.979338	0.998202	0.942023
C1	10A/10A	1	102.38%	98.86%
	10A/20A	0.986925	99.75%	95.39%
	10A/30A	0.984069	99.66%	94.42%
	10A/40A	0.976446	99.57%	93.27%
	10A/48A	0.972821	99.54%	92.38%
C2	10A/10A	1	102.38%	99.02%
	10A/20A	0.98573	99.40%	95.31%
	10A/30A	0.983873	99.36%	94.39%
	10A/40A	0.975916	99.06%	93.03%
	10A/48A	0.968432	105.58%	92.26%
D	10A/10A	1	101.81%	98.62%
	10A/20A	0.982043	98.29%	95.54%
	10A/30A	0.973988	99.54%	94.62%
	10A/40A	0.962046	99.29%	93.24%
	10A/48A	0.949465	99.34%	92.39%

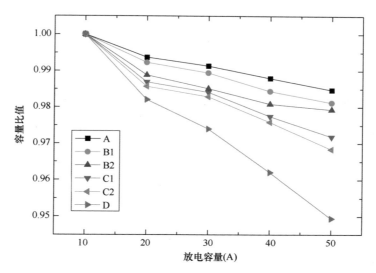

图 2-15 不同内阻电池在不同充电电流下放电容量比值

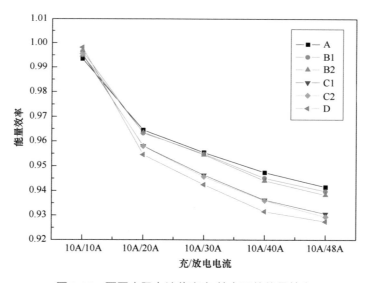

图 2-16 不同内阻电池倍率充/放电下的能量效率

5）电池安全性评估

为了衡量各类电池的安全性能，我们对电池进行了过充电、过放电、短路、高温等多项安全测试，主要按照 QC/T 743—2006 标准，一些样品电池的测试结果见图 2-17～图 2-20。

（1）过充电实验（1C 5 V/90min）。

不同内阻的电池经过 1C 5 V/90min 过充电测试，没有发现起火爆炸现象，电池基本没有出现明显的变化。电池样品均可通过过充电测试。

(a)过充前照片   (b)过充后照片

图 2-17　电池过充电试验前后照片

（2）过放电实验（1/3 C，0 V）。

电池过放电试验时，采用 1/3 C 电流对电池恒流放电至 0 V，电池经过过放电发生明显的鼓胀现象，一些电池出现开封现象，但均没有发现起火与爆炸，电池样品均可通过过放电测试。

(a) 过放前照片   (b)过放后照片

图 2-18　电池过放电试验前后照片

（3）短路实验（R＜5 mΩ，10 min）。

从图 2-19 可见，电池经过短路试验，出现了大量气体生成导致的封口开裂现象，单位出现电池起火爆炸现象，同时，由图 2-20 可见，"电池短路过程，最高温度＞70℃，电池的发热量并不大。电池通过短路试验。

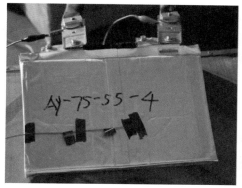

(a) 短路试验前电池照片   (b) 短路试验后电池照片

图 2-19 电池短路试验前后照片

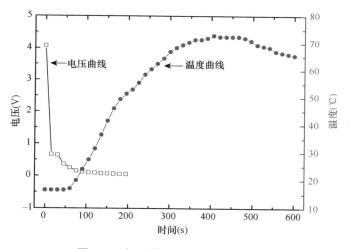

图 2-20 短路试验电池体表温度变化

6）寿命评估

梯次利用电池的寿命主要与其剩余容量有关。研究各类因素对电池寿命的影响过程中，人们主要研究三种电池寿命类型：第一，电池的日历寿命。日历寿命指电池在一定的使用下，其性能衰退到寿命终止标准时的时间长度。《电动汽车用锂离子蓄电池标准》中定义日历寿命为评价电池在长期搁置情况下，其电池性能衰退随时间的变化。通常测试电池在一定 SOC 时，其容量、内阻等随着时间的变化。第二，电池的循环寿命。循环寿命通常是电池在一定的充放电循环过程中电池可用容量或能量的变化，这种测试是目前国内外最常用的电池寿命测试方法。第三，电池的使用寿命。使用寿命是指电池在实际使用过程中，计及电池的日历寿命及复杂应用工况下的循环寿命，最终体现出电池的实际寿命。

电池的寿命严格上最有意义的是电池的使用寿命，但是，由于电池的实际使用寿命过长（数年），工作工况复杂（温度、充放电电流、搁置时间、电压等）多变，很难在实际中测评，人们往往基于较为固定的工作环境及充放电制式下来测评电池的日历寿命及循环寿命。本章对电池寿命的研究也将主要基于对梯次利用电池的日历寿命及循环寿命测试来评价和预估梯次利用动力电池的剩余寿命。

（1）退役电动汽车动力电池日历寿命的研究。

①试验方案。实验样品：取容量接近，内阻分别接近于 1.0 mΩ、1.2 mΩ、1.4 mΩ 退役电池各 4 只。实验设备：日置电池测试仪，型号 BT3562，新威电池测试仪 CT-3008W-5V50A。测试方法：（23±5）℃ 环境温度下，电池以 30 A 电流恒流充电到 4.2V，在 4.2 V 恒压充电到电流小于等于 3 A，认为电池满电。电池每月测试一次开路电压、交流内阻 IR，之后对电池进行容量标定（三次充放电循环）。测试方法同电池的容量测试方法。相关实验开展了半年。

②实验结果及分析。选取三只容量接近的电池，都在（48±2）A·h，容量差异在 5% 以内，初始交流内阻有所差异，分别为 1.059 mΩ、1.313 mΩ 和 1.405 mΩ。三只电池的容量保持率参见图 2-21，由图可见，电池的容量保持率随着搁置时间的增加逐渐降低，不同电池的总体规律虽然相似，但是并不完全一致。

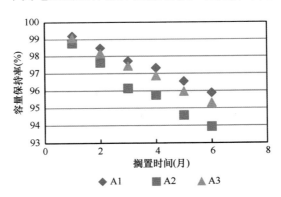

图 2-21　电池容量保持率随搁置时间的变化

表 2-12 统计了电池随着搁置时间的变化其逐月损失的容量百分比。从测试结果来看，不同电池每月损失的不可逆容量比例也不相同。由于测试环境温度的控制并不严谨，再加上测试设备通道的差异，会引起一定的误差，但是，总体上不同内阻电池体现出差异。电池的内阻更能反映电池随着搁置时间其不可逆容量损失的情况，但这种容量损失并不与内阻增加成比例，并且没有显著的正向关系。这一测试结果与电池的自放电测试规律相似，都说明了梯次利用电池的复杂性。

表 2-12　电池放电容量逐月损失百分比

电池序号	电池内阻/mΩ	电池放电容量相对上月损失比例/%					
		第 1 月	第 2 月	第 3 月	第 4 月	第 5 月	第 6 月
A1	1.059	0.80%	0.71%	0.78%	0.41%	0.79%	0.69%
A2	1.313	1.24%	1.14%	1.51%	0.41%	1.22%	0.69%
A3	1.405	0.92%	0.92%	0.75%	0.59%	0.92%	0.33%

表 2-13 和表 2-14 显示了电池在每个月搁置前后电池的开路电压的数值，以及搁置前后开路电压的差值。从测试结果可以看出，电池的开路电压的降低值总体上第一次最大，之后有稳定的趋势。

表 2-13　电池每月搁置前后开路电压数值

电池序号	电池开路电压 /V											
	第 1 月搁置		第 2 月搁置		第 3 月搁置		第 4 月搁置		第 5 月搁置		第 6 月搁置	
	月前	月后	月前	月后	月前	月后	月前	月后	月前	月后	月前	月后
A1	4.1145	4.0904	4.1153	4.0926	4.1106	4.091	4.1134	4.0922	4.1154	4.0959	4.1126	4.0922
A2	4.1115	4.0814	4.1127	4.0835	4.1091	4.084	4.1101	4.0826	4.1109	4.084	4.1105	4.0832
A3	4.1187	4.0948	4.1143	4.0971	4.1155	4.0959	4.1187	4.0976	4.121	4.1011	4.1179	4.0969

表 2-14　电池每月搁置前后开路电压的变化值

电池序号	开路电压变化值 /V					
	第 1 月	第 2 月	第 3 月	第 4 月	第 5 月	第 6 月
A1	0.0241	0.0227	0.0196	0.0212	0.0195	0.0204
A2	0.0301	0.0292	0.0251	0.0275	0.0269	0.0273
A3	0.0239	0.0172	0.0196	0.0211	0.0199	0.0210

电池在搁置过程中，不可逆的容量损失主要与电池的电极表面固体电解质界面（SEI）的增厚有关，也与在 SEI 增厚过程中伴随着正负极导致的不可逆的锂离子损失有关，电池可供可逆的充放电循环锂离子数量的变化必然导致电池容量的降低。

③梯次利用动力电池日历寿命预判。由上述实验结果可以探索出电池不可逆容量的损失随搁置时间的变化。根据表 2-15 的数据，分析了 A1、A2、A3 三只电池的容量保持率随着搁置时间的变化，采用最小二乘法拟合，发现电池容量保持率（k）与搁置时间（x）很好地吻合二次函数的关系，电池的容量保持率

$$k = M_1 x^2 + M_2 x + M_3 \tag{2-3}$$

表 2-15　A1，A2，A3 三只电池的拟合参数值

参数	电池 A1	电池 A2	电池 A3
M_1	0.00368	0.00463	0.00418
M_2	−0.67505	−0.72268	−0.64772
M_3	99.8392	100.1016	100.0183
R^2（标准方差）	0.993	0.982	0.991

A1、A2、A3 三只电池的拟合结果见表 2-15，从表中的参数可见，三只电池的拟合结果都很好，标准方差都在 0.98 以上。上述公式可以用来预估电池的搁置寿命。三只电池的满电态搁置寿命的预估结果见表 2-16，由表中的数据可见，这些梯次利用电池在满电态存储的寿命预计为 3 年左右。由于实际电池使用频次高于实验所用的每月 1 次充放电循环，再者，实际电池经常存储于非满电状态，故电池的实际存储寿命可能会好于表 2-16 中的预估。

表 2-16　电池搁置寿命预估

搁置时间	电池 A1 容量保持率/%	电池 A2 容量保持率/%	电池 A3 容量保持率/%
12 个月	92.27	92.10	92.73
24 个月	85.76	85.42	86.65
36 个月	77.13	80.09	81.78
60 个月	70.62	72.20	75.16

（2）梯次利用动力电池循环寿命的研究。

梯次利用电池的循环寿命是最关注的性能指标之一，它将很大程度上决定电池梯次利用的价值，也是判断电池梯次利用场合的重要依据。

①梯次利用电池循环寿命初测。梯次利用电池性能参数更为离散，为了解各种电池的寿命特性，我们选取了容量、内阻特征各不相同的 6 只电池做了循环寿命测试。电池样品参数见表 2-17。

表 2-17　电池样品参数表

电池编号	内阻/mΩ	恒流恒压充电，恒流放电容量/（A·h）	恒流充电、恒流放电容量/（A·h）
1#	0.976	50.94	45.1499
2#	1.077	48.71	42.5882
3#	1.172	42.36	36.5141
4#	1.291	43.37	37.8524
5#	1.416	41.67	38.1533
6#	1.521	42.95	26.8831

电池充放电测试设备为新威电池测试仪 CT-3008W-5V50 A，电池的充放电循环测试在（23±5）℃的温度下进行，电池完全充放电的电压范围为 3.0～4.2 V。TSOC 循环的电池，其在 3.0～4.2 V 电压区间内采用恒流充电、恒流放电的方式进行循环，测试电流为 20 A。

6 只电池的容量保持率见图 2-22，由于测试环境温度维持并不恒定，同时电池测试过程有段时间停止的现象，数据总体上不是很平整，但我们认为并不影响对电池循环寿命的整体评价。从图 2-22 的测试结果可见，梯次利用电池总体上随着循环次数的增加，电池容量保持能力的规律是相似的，梯次利用电池个体间的容量保持能力的差异要比新电池差异更大。同时，个体电池间存在着一定的差异。如图 2-22 中的 3 号和 6 号电池的循环寿命差于其他电池，500 次循环容量保持率低于 80%，尤其是 3 号电池，其容量与 4 号电池接近，甚至其内阻低于 4 号电池，但是其循环寿命相对更差。测试结果也表明，一些梯次利用电池在使用过程中存在寿命过快终结的现象。

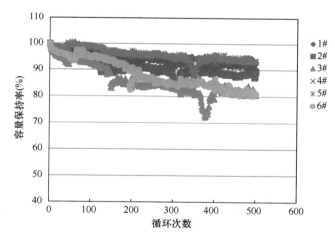

图 2-22　6 只电池的容量保持率随循环次数的变化

由于实验研究所用的退役电动汽车动力电池为 2008 年所生产，当时的电池制造采用半自动甚至手工方式生产，电池的一致性存在先天差异，同时，电池制造过程所采用的正极材料来自两个供货商，电池的隔膜也有两种不同供应商的产品，所以电池具有先天的差异，再加上电池来自不用的模块及电池组，其运行中的管理等方面都有差异，这些内因及外因都会导致电池寿命一致性的差异。

②梯次利用电池循环寿命预估方法。早期的电动汽车动力电池尚未产业化，电动汽车动力电池基本都是非规模化自动化生产，电池存在先天的一致性差异，再加上电池筛选及成组、运行维护等历史数据不完整，都使得梯次利用电池的寿

命一致性差异相对较大。上述退役汽车电池循环性能测试结果也说明，退役汽车电池由于性能状态离散并存在容量加速衰退的现象，建立梯次利用电池的通用的电池寿命预估方法难度较大。测试中发现，性能参数接近的梯次利用电池正常情况下其容量保持率遵循相似的规律，有可能根据电池的容量保持率随着循环次数的变化，建立电池循环寿命的数学模型。

测试选取了内阻在 1～1.5 mΩ、容量 40～55 A·h 间的梯次利用电池样品，样品电池参数见表 2-18。电池测试电流为 1/3 C 倍率，电池做恒流充电与恒流放电循环测试，没有做恒压充电，可以认为电池做 100%DOD 的充放电循环。

表 2-18 样品电池参数

电池编号	内阻/mΩ	初始容量/（A·h）
B1	1.015	47.31
B2	1.126	40.83
B3	1.185	53.81
B4	1.299	42.17
B5	1.401	41.50
B6	1.557	40.62

图 2-23 为 6 只电池的容量保持率随循环次数的变化，整体上来看，电池放电容量的变化规律是相近似的，都有线性变化规律的特征，基于电池的容量保持率与电池循环次数的线性关系假设，我们采用最小二乘法，拟合各线性关系式的参数值，见表 2-19。各电池的拟合直线见图 2-24。电池的容量保持率采用公式（2-4）计算：

$$k = a_1 x + a_2 \tag{2-4}$$

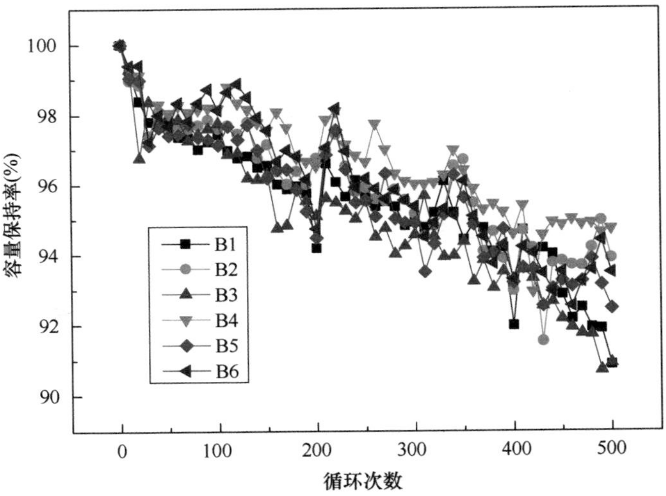

图 2-23 10 A 充放电循环过程中电池容量保持率随循环次数的变化

表 2-19　各测试电池的拟合参数值

参数	电池 B1	电池 B2	电池 B3	电池 B4	电池 B5	电池 B6
a_1	−0.0111	−0.0102	−0.01362	−0.01162	−0.0123	−0.0131
a_2	99.3774	98.7711	98.4959	98.5321	98.6973	99.3285
R^2（拟合方差）	0.9034	0.9175	0.9413	0.9093	0.8950	0.9174

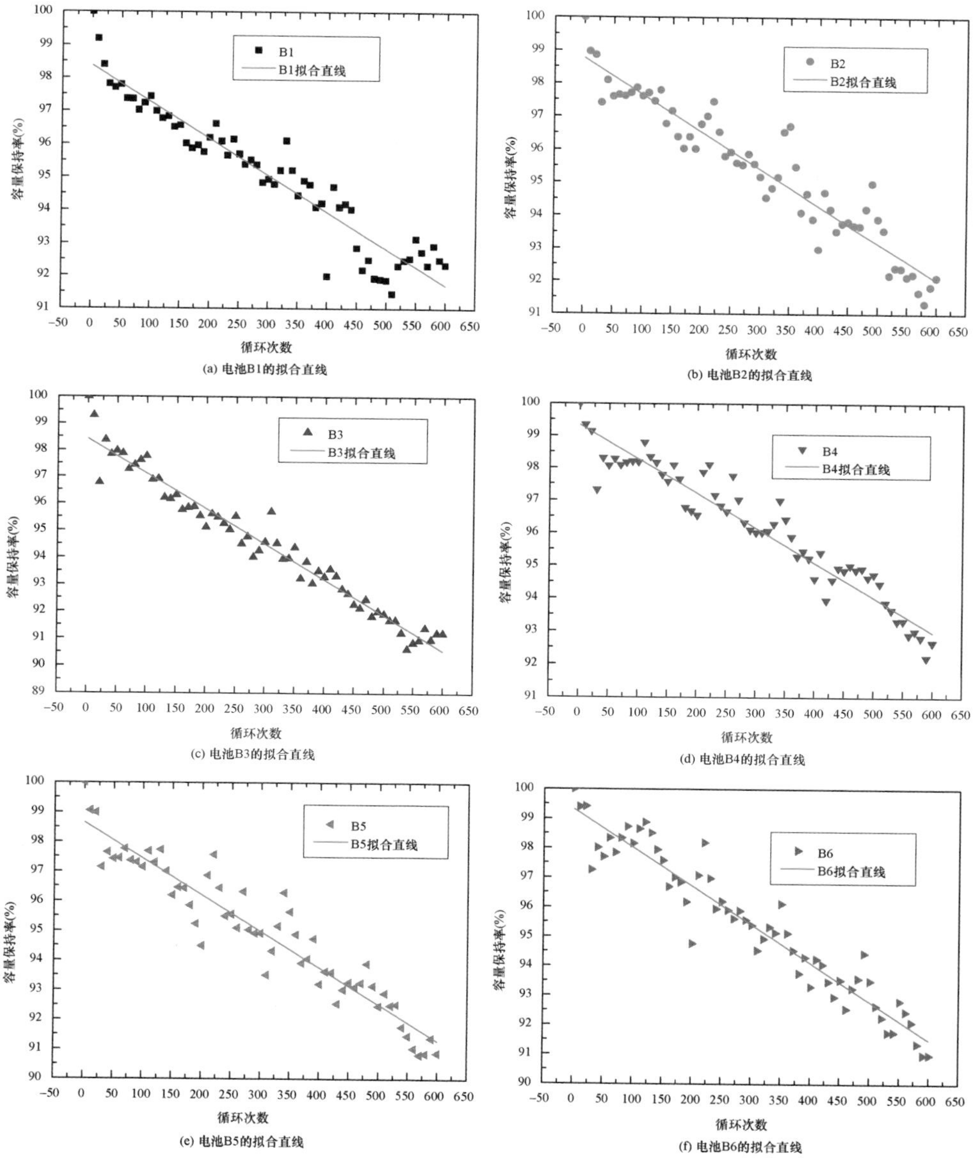

(a) 电池B1的拟合直线　(b) 电池B2的拟合直线　(c) 电池B3的拟合直线　(d) 电池B4的拟合直线　(e) 电池B5的拟合直线　(f) 电池B6的拟合直线

图 2-24　各电池样品的拟合直线关系

从表 2-19 中可见，各电池线性关系的拟合方差基本都在 0.9 以上，说明这些电池样品的容量保持率与循环次数还是比较符合线性关系的。各电池 α_1 与 α_2 差异不是很大。相关数据可以发现，低内阻的 B1，B2 电池的容量保持能力总体上略好，但在内阻高于 1.2 mΩ 的电池中，当它们容量接近时，内阻低的电池循环寿命也不一定好，说明了电池容量保持率影响因素复杂，不能仅仅根据内阻大小来判断。由于试验所有的退役电动汽车动力电池最初的内阻为 0.5～0.6 mΩ 甚至以下，1.2 mΩ 内阻相当于内阻翻了一倍，这意味着，电池的内阻增大一倍之后，电池的容量保持率与内阻的关系将不很明显，也可能意味着电池的内阻增大一倍后，其发生了多方面的性能退化，电池性能老化将由多种重要因素叠加影响，电池失效等因素也会复杂，导致电池的寿命难以预判。

根据拟合的线性关系可以推算电池的循环寿命，表 2-20 推算了一定循环之后电池的容量保持率。

表 2-20　6 只电池的寿命预估

循环次数	容量保持率/%					
	电池 B1	电池 B2	电池 B3	电池 B4	电池 B5	电池 B6
1000	88.28	88.57	84.88	86.91	86.39	86.23
1500	82.73	83.47	78.07	81.10	80.25	79.68
2000	77.18	78.37	71.26	75.29	74.10	73.13

基于 6 只电池样品的容量保持率与循环次数的线性特征明显，且变化率接近，我们把 6 只电池的每一循环的容量保持率求平均值后，重新拟合容量保持率的平均值 (k) 与循环次数 (x) 的线性关系，结果如式 (2-5) 所示。

$$k = -0.01199x + 98.8290 \tag{2-5}$$

电池循环 1000 次容量保持率平均在 86.84%，电池容量保持率进一步降低到 80% 时，循环次数大致在 1480 次，也就是接近 1500 次；也基本和表 2-20 的结果相似。

电池 B2 与 B5 测试中完成了 1000 次的循环测试，电池 B2 的容量保持率为 90.27%，电池 B5 电池的容量保持率为 87.47%。电池的测试结果与表 2-20 中的估算结果误差在 3% 以内。按照式 (2-5) 估算的 1000 次容量保持率为 86.84%，与 B2 和 B5 的实际测试结果误差也在 5% 以内。

2. 退役磷酸铁锂动力电池性能评估

1）电池容量和能量分析

在室温下以 1/3 C 倍率进行 3 次充放电，电压范围为 2.0～3.8 V，记录电池的充放电容量和充放电能量；36 只退役磷酸铁锂动力电池的放电容量分布见图2-25，放电能量分布见图 2-26。该电池出厂时的额定充放电容量为 200 A·h，额定放电能量为 640 W·h，所抽检的 36 只电池的充放电容量和能量均高于出厂值的 70%，仍具有较高的剩余容量和能量。

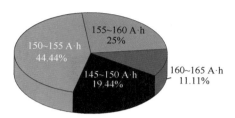

图 2-25   36 只单体电池放电容量分布图

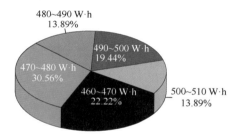

图 2-26   36 只单体电池放电能量分布图

2）自放电性能分析

在室温下对充满电的电池搁置 28 天，然后以 1/3 C 倍率进行 3 次充放电，电压范围为 2.0～3.8 V，记录电池的充放电容量，计算退役磷酸铁锂动力电池的容量保持率和容量恢复率。

图 2-27 为 36 只退役磷酸铁锂动力电池的容量保持率分布图，图 2-28 为 36 只退役磷酸铁锂动力电池的容量恢复率分布图。从图可看出，它们的容量保持率均在 95% 以上，完全满足国家标准对动力电池容量保持率的要求；容量恢复率均在

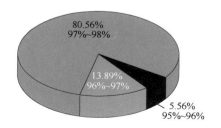

图 2-27   36 只单体电池容量保持率分布图

98%以上，由此可见，这些退役磷酸铁锂动力电池虽然经过了长期车载使用，但仍具有良好的自放电性能。

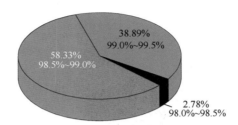

图 2-28　36 支单体电池容量恢复率分布图

3）室温倍率充放电性能测试

测试选取了编号为 1#，2#两个电池进行相关测试，电池 1#，2#的容量分别为 146 A·h 和 147 A·h，直流内阻分别为 0.477 mΩ 和 0.469 mΩ，参数比较接近。电池倍率性能测试设备采用美国 Arbin 公司的充放电测试仪，测试电池在 0.2 C、0.5 C、1.0 C 和 2.0 C 倍率的充放电性能，测试环境温度为（25±2）℃。倍率充电性能测试中，放电倍率均为 0.5 C，充电倍率分别为 0.2 C、0.5 C、1.0 C 和 2.0 C；倍率放电性能测试中，充电倍率均为 0.5 C，放电倍率分别为 0.2 C、0.5 C、1.0 C 和 2.0 C；充放电电压范围均为 2.0～3.8 V。

表 2-21 列出了电池的倍率特性测试数据，图 2-29 和图 2-30 分别显示了两个电池充电和放电过程的电压随容量的变化曲线。从表 2-21 可看出，电池 2 C 倍率的充电容量大于 0.2 C 倍率的 97%，放电容量大于 0.2 C 倍率时的 96%，仍表现出较好的倍率充放电性能。同型号的新电池，倍率充放电性能测试，2C 充电容量为

表 2-21　电池倍率充放电性能

电池编号		测试内容	测试			
			0.2 C	0.5 C	1.0 C	2.0 C
充电过程	1#	容量比率/%	100.00	99.71	99.00	98.15
		电压平台/V	3.28	3.30	3.32	3.38
	2#	容量比率/%	100.00	99.27	98.38	97.60
		电压平台/V	3.27	3.29	3.32	3.37
放电过程	1#	容量比率/%	100.00	98.06	96.91	96.34
		电压平台/V	3.16	3.15	3.12	3.06
	2#	容量比率/%	100.00	98.95	98.01	97.60
		电压平台/V	3.16	3.14	3.11	3.06

0.2 C 充电容量的 98.98%，2 C 放电容量为 0.2 C 充电容量的 99.57%，与新电池相比，电池的倍率充放电性能有所下降，这与电池经过长期使用后直流内阻增大相关。电池在 1 C 倍率下的充放电电压平台比 0.2 C 倍率充放电时降低了 50 mV 左右，2 C 倍率下的充放电电压平台比 0.2 C 倍率充放电时降低了 100 mV 左右。虽然电池经过长期使用内阻有所增加，但由于该电池本身内阻很小（<0.5 mΩ），因此，即使在较大电流下使用，电池仍具有良好的功率输出特性，并且不同倍率的充放电性能均在出厂值的 80% 以上。从图 2-29 和图 2-30 可以看出，容量和内阻接近的这两只电池的充电和放电曲线非常近似。

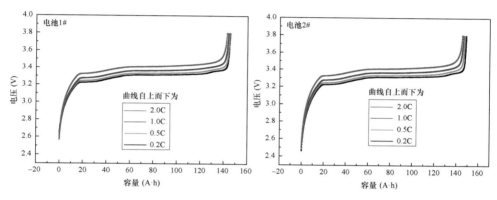

图 2-29　不同电池的倍率充电曲线

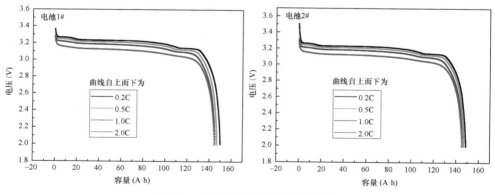

图 2-30　不同电池的倍率放电曲线

4）高低温充放电性能测试

不同温度充电测试方案：常温下搁置 8 h，常温下 0.5 C 恒流放电至 2.0 V；将电池依次置于 25℃、45℃、60℃、0℃、–10℃下搁置 10 h，再以 0.5 C 恒流充电至 3.6 V。

不同温度放电测试方案：常温下搁置 8 h，0.5 C 恒流充电至 3.8 V；将电池依次置于 25℃、45℃、60℃、0℃、-10℃、-20℃、-30℃下搁置 10 h，再以 0.5 C 恒流放电至 2.0 V。

（1）不同温度下的充电性能。

表 2-22 列出了两个退运样品电池分别在在-10℃，0℃，25℃，45℃，60℃的充电数据，图 2-31 展示了电池放电过程中电压随着容量的变化关系。

表 2-22　电池不同温度下的充电性能

电池编号	数据类型	-10℃	0℃	25℃	45℃	60℃
1#	容量比/%	83.57	91.73	100	99.75	97.82
	能量比/%	86.90	93.81	100	99.62	97.85
	电压平台/V	3.441	3.384	3.309	3.305	3.310
2#	容量比/%	84.48	92.74	100	100.03	98.94
	能量比/%	87.94	95.02	100	100.00	99.17
	电压平台/V	3.44	3.39	3.31	3.31	3.320

由表 22 可见，退运电池在 0℃环境下的充电容量为 25℃环境下的 90%以上，在-10℃环境下的充电容量大于 25℃环境下的 80%以上，这说明该退运电池即使是在低温条件下，仍具有良好的充电特性。

从图 2-31 可以看出，容量和内阻接近的这两只电池在不同温度下的充电过程中，电压随容量的变化曲线非常近似。

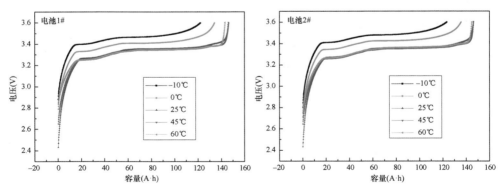

图 2-31　电池在不同温度的充电曲线

（2）不同温度下的放电性能。

表 2-23 列出了两个样品电池分别在在-30℃、-20℃、-10℃、0℃、25℃、45℃、60℃的放电性能数据，图 2-32 展示了电池放电过程中电压随着容量的变化关系。

表 2-23 电池不同温度下的放电性能数据

电池编号	项目	-30℃	-20℃	-10℃	0℃	25℃	45℃	60℃
1#	容量比/%	91.99	92.69	91.20	97.24	100.00	100.15	100.12
	能量比/%	79.12	84.14	86.35	94.92	100.00	100.38	100.16
	电压平台/V	2.71	2.86	2.98	3.07	3.15	3.16	3.15
2#	容量比/%	93.25	94.24	93.88	97.96	100.00	100.07	99.87
	能量比/%	80.57	85.76	88.98	95.66	100.00	100.28	99.75
	电压平台/V	2.70	2.84	2.96	3.05	3.12	3.13	3.12

随着放电温度的减低，电池的放电容量和放电平台也逐渐降低。在-30℃环境下放电时，开始阶段电压迅速下降，然后出现了一个缓慢的电压回升，这是因为在-30℃下，电池内阻明显增大，所以在开始阶段，出现电压的迅速下降。随着放电的进行，电池内部不断产生热量，使电池内部温度升高，内阻下降，出现了电压的回升现象。退运电池在-30℃环境下的放电容量大于 25℃环境下的 90%，放电能力在 25℃环境下的 80%左右，这说明该退运电池即使是在低温条件下，仍具有良好的功率特性。

从图 2-32 可以看出，容量和内阻接近的这两只电池在不同温度下放电时，电池电压随容量的变化曲线非常近似。

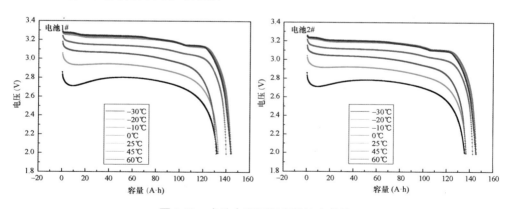

图 2-32 电池在不同温度的放电曲线

通过以上数据分析可知，退运电池的高低温充放电性能均在出厂时的 80%以上。

5）电池循环性能测试

在循环性能测试中，测试内容为电池在(25±2)℃室温下 0.5 C 倍率不同放电深度（DOD）下（100%DOD、80%DOD 和 20%DOD）的循环性能。图 2-33 为不同放电深度下的电池放电容量随循环次数的变化曲线,表 2-24 为不同放电深度下的电池放电容量数据。从图 2-33 可见,100%DOD 循环时,在循环的前期,电池的放电容量呈现上升的趋势,这可能是因为电池在退运后长期放置,内部一部分的锂离子没有了活性,而在开始充放电后,这部分锂离子的活性逐渐恢复,表现出电池放电容量的缓慢上升。100%DOD 循环时,测试的 22#电池的最大放电容量为 150.86 A·h,4000 次循环后容量保持率为 93.01%,27#电池的最大放电容量为 151.12 A·h,4000 次循环后容量保持率为 93.65%;80%DOD 循环时,26#电池 5000 次循环后,容量保持率为 91.24%,34#电池 5000 次循环后,容量保持率为 92.09%;20%DOD 循环时,3#电池 15000 次循环后,容量保持率为 92.43%,10#电池 15000 次循环后,容量保持率为 93.12%。由此可见,退运电池在较温和的使用环境下,不同放电深度下都具有良好的循环特性。

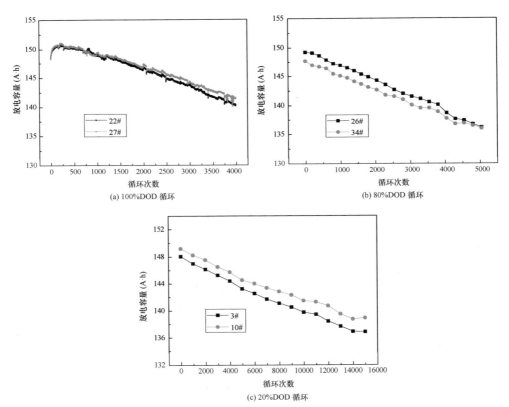

图 2-33　不同放电深度下的电池在室温下的循环曲线

表 2-24　不同放电深度下的电池放电容量数据

电池编号	初始容量/（A·h）	循环次数	放电深度	容量保持率/%
22#	150.86	4000	100%DOD	93.01
27#	151.12			93.65
26#	149.26	5000	80%DOD	91.24
34#	147.70			92.09
3#	148.06	15000	20%DOD	92.43
10#	149.20			93.12

2.4　系统集成和工程应用实例

2.4.1　25 kW/100 kW·h 梯次利用电池储能系统集成和工程应用

1. 10 kW·h 锂离子电池储能单元

1）10 kW·h 电池储能单元组成

10 kW·h 电池储能单元由电池组、电池管理系统和散热风扇组成，其中电池组为以奥运大巴退役软包装电池单体经 4 并 16 串的方式连接而成，共 64 个单体，电压平台为 60 V，设计总能量为 10 kW·h。图 2-34 是电池储能单元内部的电池组，在铜连接片上安装有温度传感器，监测电池组发热情况与温度场分布。每个电池模块有电压采集线，每个电池组均有电流熔断器及电池管理单元（BMU）。

图 2-34　10 kW·h 电池储能单元内部电池组

2）10 kW·h 电池储能单元评估

对 10 kW·h 电池储能单元采取恒流充放电测试容量和能量，充放电电流为 45 A（0.25 C）。

（1）10 kW·h 电池储能单元能量分析。

图 2-35 是电池箱在 0.25 C 下的充放电曲线，如图中所示充电时可以接受约 11.5 kW·h 的能量，0.25 C 放电时电池组实际储能达到了 11.1 kW·h。

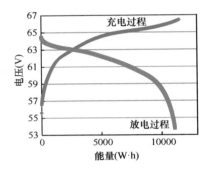

图 2-35　电池组电压与能量关系曲线

（2）10 kW·h 电池储能单元温度场。

图 2-36 是电池箱内温度场温差示意图，图中显示了电池箱在各工况下的温差随时间变化曲线。电池箱在工作中，温度随充放电流程规律性变化，充电时温差较大，放电时温差较小。0.25 C 工况下电池箱内温差最大约 2.8℃。

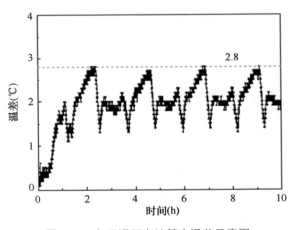

图 2-36　各工况下电池箱内温差示意图

2. 100 kW·h 梯次利用电池储能系统集成与示范应用

1）基本信息

该储能系统基本构架参见图 2-37。基本参数如下：

（1）单体电池规格：45 A·h 锰酸锂电池，电压 3.8 V。

（2）电池成组方式：

　　　a.单体电池 4 并 16 串组成一个电池箱（11.0 KW·h）；

　　　b.10 个电池箱串联组成一个电池系统（110 KW·h）；

　　　c.电池系统（110 kW·h）经 1 个 50 kW 双向变流器接入交流侧。

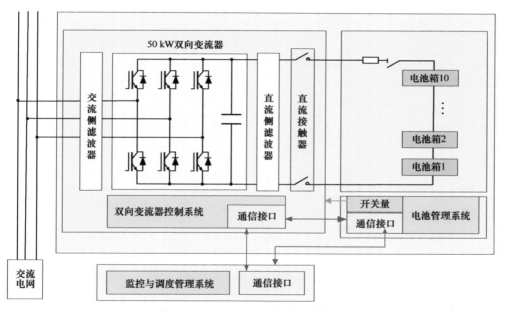

图 2-37　100 kW·h 储能系统拓扑图

2）电池系统主要技术指标

电池系统主要技术指标参见表 2-25。

表 2-25　100 kW·h 退役汽车电池储能系统参数表

序号	名称	数值	备注
1	额定放电功率/kW	25	
2	额定充电功率/kW	25	
3	额定储能能量/（kW·h）	100	
4	能量转换效率	87%	0.25 C 充放，环境温度为 25℃

续表

序号	名称	数值	备注
5	充放电转换时间/ms	≤200	
6	单体电池数量	640	
7	电池组数量	10	
8	电池组串并联方式	4P16S	
9	变流器数量	1	
10	运行环境温度（户内，℃）	5～35	
11	单体电池参数		
	额定容量/（A·h）	50	
	额定电压/V	3.8	
	工作电压范围/V	3.0～4.2	
	外形尺寸（长×深×高，mm）	300×260×30	
	重量/kg	3	
	体积比能量/（kW·h/L）	80	
	重量比能量/（kW·h/kg）	63	
	运行湿度/（%RH）	10～80	
12	电池组参数		
	额定容量/A·h	200	
	额定电压/V	60	
	外形尺寸（长×深×高，mm）	830×880×330	
	总重量/kg	245	
13	单台变流器参数		
	功率/kW	50	
	柜体外形尺寸（长×深×高，mm）	800×600×1000	
	防护等级（户内）	IP3X	
	冷却方式	风冷	
	额定直流电压/V	450～750	
	额定交流电压/V	380（三相）	
	功率因数	≥0.99	
	交流侧频率/Hz	50	
	电流波形畸变率		符合 GB/T14549—1993《电能质量 公用电网谐波》要求
	交流耐压水平/V	≥2500	
	（防雷能力）最大放电电流/kA	30	
	（防雷能力）标称放电电流/kA	15	
	（防雷能力）残压/kV	≤2.8	
	待机损耗	≤3%	
	噪声/dB	<65	距离设备1m处

3）电池管理系统

（1）电池系统管理原理。

各个 BMU 定时将本箱电池电压、温度、总电压等信息周期性发送至主控单元（BCU）进行汇总，BCU 依据获得的电池数据，加之自身检测得到的电池组工作电流和电流积分值，对电池的 SOC、最大允许充放电电流、故障状态等进行判断，实施均衡管理和保护（通过对外通信实现被动保护，通过继电器控制实现主动保护），并通过控制器局域网络（CAN）总线将电池数据按照协议发送至就地监控系统和变流器。

（2）电池系统管理总方案。

电池系统由 10 个单箱电池管理单元（BMU）、1 个主控单元（BCU）和 1 个就地监控系统构成，基本拓扑参见图 2-38。

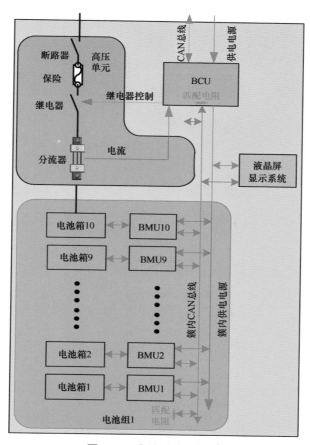

图 2-38　电池系统的拓扑

（3）电池管理系统组成。

电池管理系统组成各部件及型号/规格见表 2-26，主要技术指标见表 2-27。

表 2-26 电池管理系统主要组成

部件		数量（个）	型号/规格
高压器件	主接触器	1	C195
	分流器	1	200 A/75 mV
	断路器	1	
	保险	1	Bussmann，FWJ-300，1000 V
	220 V 开关	1	（250VAC/15 A）
	电源适配器	1×2	NKY1-S-500-24V，正泰
BMS	主控单元 BCU	1	EV04 主板
	从控单元	10	EV04 从板
	主控单元线束	1	EV04 主板线束
	从控单元线束	10	EV04 从板线束

表 2-27 电池管理系统主要技术指标

项目	子项	技术指标	备注
数据采集	单体电池电压检测	范围：0～5 V 精度：±0.25% f.s.r 采样周期：≤500 ms	
	单箱电池电压检测	精度：±0.3% f.s.r 采样周期：≤500 ms	单体电池电压求和
	电池系统电压检测	范围：50～1000 V 精度：±0.3% f.s.r 采样周期：≤50 ms	
	温度检测	采样点数：6 个 范围：−20～100℃ 精度：±0.5℃ 采样周期：≤500 ms	
	电池系统电流检测	范围：−200～200 A 精度：≤±0.3 A（≤30 A），≤±0.5% f.s.r（>30 A） 采样周期：≤50 ms	
SOC 估算		系统 SOC 估算 精度：优于±5%。 系统累计充电 A·h 系统累计放电 A·h	建议:能量由 PCS 计算， 充放电次数由于非全充 全放所以建议采用累计 A·h 衡量
电气控制		充放电均衡功能 充放电管理	

续表

项目	子项	技术指标	备注
热管理		依据温度和温差启停控制	
安全管理和控制		故障诊断、报警和保护 阈值可通过上位机设置	
数据通信		CAN 总线通信	
其他		日志：运行过程数据记录 120 s 可用功率预测 带电部件与壳（箱）体之间绝缘电阻≥1 kΩ/V 自检功能 显示功能 UPS 电源	分历史和故障数据

4）100 kW·h 梯次利用电池储能系统示范应用

（1）示范工程简介。

100 kW·h 梯次利用电池储能系统示范工程位于北京市大兴电动汽车出租车充电站内。大兴电动汽车出租车充电站由北京市政府、国家电网北京市电力公司等 5 家单位合资兴建，于 2013 年 2 月 1 日投运，目前实际在运 100 辆电动出租车，营运类型为北汽新能源 E150 电动汽车。

目前站内配置 52 座华商三优公司的 HEV-J-ER32A/220V 型交流智能充电桩，以及 HEV-Z-ER 系列直流智能一体化充电机。其中直流充电桩每桩有 5 个充电接口，规格为 DC 500V/70A，额定输入为 AC 380 V，当前采用限时运行，分别为早中晚上下班高峰时段运行。

该示范项目的设计主要为直流智能一体化充电机提供储能，因此储能系统位于充电站内直流桩的西侧 15 m 处，占地面积 11.5 m²。移动储能站基础平面规格为 4.0 m×2.6 m，井深 1.6 m，外侧高出地面 0.6 m；储能柜出入门侧采用 4 级台阶，整体为混凝土结构，采用 1∶2.5 水泥砂浆抹面；地板混凝土为 C25，堆体平面预埋 HPB335 铁件，与储能箱体接触处做防水处理，基础距边 1.85 m 处加固 0.37 m×0.37 m 钢筋混凝土横梁；钢筋保护层 30 mm，主要承重移动储能系统电池堆体重量，基础整体承重≥8.5 t。

移动储能柜体规格为 4 m×2.5 m×2.4 m，应用 10#槽钢做基础长梁。为了便于柜体移动，基础内置 45#钢结构吊装杆。箱体顶层选择双面排水方式，空调外机与箱体内腔隔离。箱体内侧出入门与过道相对，在过道内设计了风道，风道两侧选择带排风扇的百叶窗。

该示范项目整体设计规格为 50 kW/100 kW·h，常规运行为 25 kW/100 kW·h，由储能电池组（含电池架）、电池管理系统（BMS）、功率控制系统（PCS）及主控系统4部分组成,其中储能电池模块为退运的4并锰酸锂电池,出厂规格为360A·h/3.8V,退运后筛选规格 200A·h/3.8V,经筛选电压范围为 440 V（2.75×160）～680 V（4.25×160）,PCS 设备为 50 kW,其电压范围为 450～700 V,最大电流 70 A,可根据负荷大小自启动,具有 UPS 功能;BMS 为亿能公司提供的≥300 mA 均衡电流设备。

（2）示范储能系统的功能。

移动储能系统的主要作用:可调节变压器的输出功率,稳定节点电压水平,避免高峰负荷时段的变压器过载,并且在电网失电情况下,可由移动式储能电站带动用户负荷离网运行。根据充电桩的负荷需求与移动储能系统的带载能力,选择并离网自动切换运行为最佳方案。

并离网自动切换的工作模式:在电网突然失电的情况下,自动切换由移动式储能电站带动负荷离网运行,保证直流充电桩的正常供电,而且是基于无缝的自动切换,可保证负荷的平稳运行;在电网正常情况下,实时监测负荷及变压器有功和无功功率、节点电压,根据测量结果,经过一定的运算得出移动式储能电站所需发出的有功和无功功率,据此对移动式电池储能电站进行充电或放电控制,从而将变压器的输出功率限制在某个可以修改的定值以内,并将节点电压稳定在某个可以修改的定值以内。

电动汽车充电站与梯次利用电池储能系统运行拓扑结构示意图如图 2-39 所示。电网正常运行情况下,电网直接对直流充电机供电,直流充电机负载为电动汽车。当 PCS 监测到电网停电时,PCS 启动,由梯次利用的电池储能系统为直流充电机供电,提供 UPS 的功能,同时只为 2 个直流充电机供电,将其余 3 个直流充电机切除。当 PCS 监测到电网电力恢复时,则继续由电网为直流充电机供电,同时,PCS 工作在充电模式,由电网向电池储能系统充电直至充满。

系统的散热系统采用空调与排风扇相结合的方式,空调选用格力 1.5 P 定频空调,排风扇规格为 30 cm×30 cm、220 V 电源驱动,将排风扇与百叶窗相结合。PCS散热窗与空调外机外置,与柜体内腔隔离。空调内置在柜体长测顶端,对吹 PCS机柜、电池堆体和主控系统,排风扇分别安置在宽侧的低端和低端形成风道对流。该散热系统的设置在夏冬两季,采用空调制冷/制热,百叶窗关闭,形成空气的内循环,防水岩棉板的墙体设计使得在冬季保温,夏季隔热;在春秋两季,空调设定为排气模式,百叶窗开启,空调与排风扇共同通风,形成横纵对流,适度散热,使得空调节能经济运行。

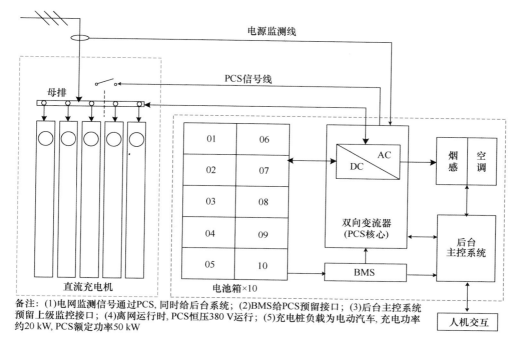

备注: (1)电网监测信号通过PCS, 同时给后台系统; (2)BMS给PCS预留接口; (3)后台主控系统预留上级监控接口; (4)离网运行时, PCS恒压380 V运行; (5)充电桩负载为电动汽车, 充电功率约20 kW, PCS额定功率50 kW

图 2-39 示范储能系统运行拓扑图

柜体内设计 6 支独立型烟雾传感器, 其符合 UL 的 217 号标准, 检测可燃气体和烟雾范围为 100~10000 ppm (1 ppm=10^{-6}), 与主控系统通过 RS485 连接, 分别布置于电池堆体、双向变流器与过道顶部, 根据设计规格, 电池堆体和 PCS 发生着火或释放烟雾时, 在 30 s 内烟感响应, 系统响应并切断系统电源, PCS 停止工作, 同时启动报警。

除电池箱内温度测量点外, 移动柜体内置 2 只环境温度传感器, 与电池温度传感器、烟雾传感器共同构成移动储能的安防系统, 实时监测储能系统运行环境。同时环境温度传感器与主控系统配合, 根据柜体腔内温度控制空调的启停。

(3) 100 kW·h 梯次利用电池储能监控系统。

电池监控系统主界面如图 2-40 所示。

监控系统可显示电池电压、电流、温度、SOC 等参数, 如图 2-41 所示。

监控系统可显示 PCS 功率、状态、工作模式等参数, 如图 2-42 所示。

监控系统可显示电池的故障信息, 如图 2-43 所示。

图 2-40　电池监控主界面

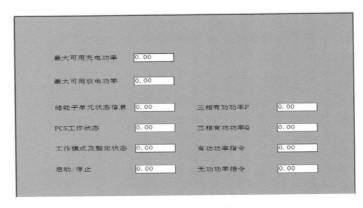

图 2-41　电池监控界面

图 2-42　PCS 监控界面

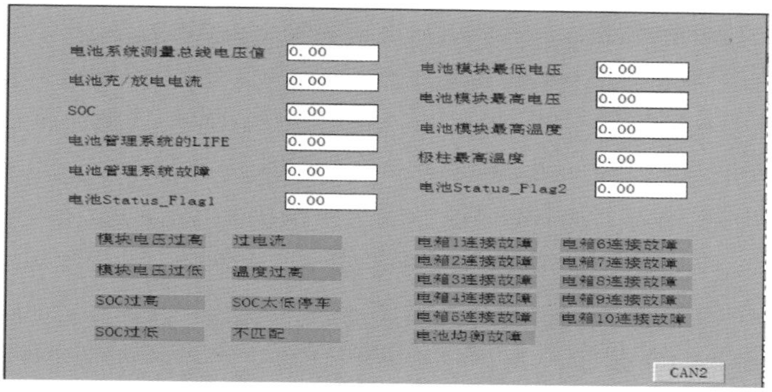

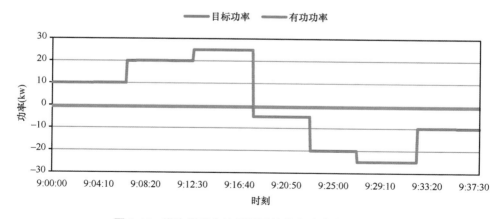

图 2-43　故障报警界面

5）梯次利用电池储能系统的应用

100 kW·h 梯次利用电池储能系统具备跟踪负荷需求出力功能，即在电网停电时为直流充电机供电，直流充电机负载为电动汽车。因此当电动汽车充电时，梯次利用电池储能系统出力应能跟踪电动汽车的充电需求。

（1）梯次利用电池储能系统的有功功率指令跟随实验。

基于储能监控系统，开展梯次利用电池储能系统的有功功率指令跟随实验，实验目的在于测试梯次利用电池储能系统能否及时准确地响应监控系统下发的有功功率指令，以使储能系统可以安全、稳定、可靠地运行。

如图 2-44 所示，蓝色曲线为梯次利用电池储能系统实时有功功率设定值，红色曲线为梯次利用电池储能系统实时有功功率值。可见，梯次利用电池储能系统满足有功功率跟随的需求，且有功功率指令的跟随效果非常好。

图 2-44　梯次利用电池储能系统的有功功率跟随曲线

（2）梯次利用电池储能系统的跟踪负荷需求出力。

在电网正常情况下，由电网为直流充电机供电。在电网停电紧急情况下，梯次利用电池储能系统提供 UPS 功能，为直流充电机供电。此时，梯次利用电池储能系统放电功率应能跟踪负荷（即电动汽车）的需求功率。

跟踪负荷需求出力时，电池储能系统功率 $P_{储能} = P_{load}$。其中 $P_{储能}$ 为电池储能系统放电功率，P_{load} 为电动汽车的需求功率。

梯次利用电池储能系统跟踪负荷需求出力曲线如图 2-45 所示。

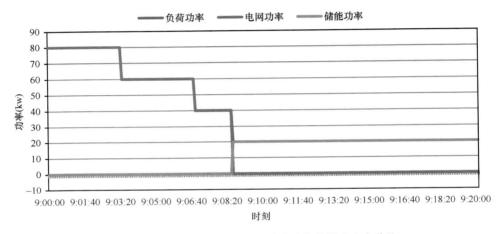

图 2-45　梯次利用电池储能系统跟踪负荷需求出力曲线
注：负荷功率在 9:08:20 之前与电网功率重叠，在此之后与储能功率重叠

由图 2-45 可以看出，从 9:00 至 9:08，此时由电网为直流充电机供电，负荷需求功率分别为 80 kW、60 kW 和 40 kW，电池储能系统出力为 0。在 9:08:20 时，电网停电，电网功率为 0，由梯次利用电池储能系统为直流充电机供电，此时负荷需求功率为 20 kW，梯次利用电池储能系统放电功率很好地跟踪了负荷需求功率。

2.4.2　250 kW/1 MW·h 梯次利用电池储能系统集成和工程应用

1. 3.8 kW·h 电池储能单元

1）3.8 kW·h 电池储能单元组成

3.8 kW·h 电池储能单元由电池组、电池管理系统和散热风扇组成。其中电池组为以某公司磷酸铁锂单体经 8 串的方式联接而成，共 8 个单体；电压平台为 25 V，设计总能量为 3.8 kW·h；在铜联接片上安装有温度传感器，监测电池组发热情况与温度场分布。每个电池模块有电压采集线，每个电池组均有电流熔断器及 BMU。

2）3.8 kW·h 电池储能单元评估

对 3.8 kW·h 电池储能单元分别采取恒流充放电与恒功率充放电两种测试模式。恒流充放电模式中，依次按照 0.3 C（55 A）倍率的电流对储能单元充放电，进行容量、能量测试。

图 2-46 是电池组以 0.3 C 进行充放电时，电压与容量的曲线，电池组的充电容量为 161.69 A·h，放电容量为 161.67 A·h。图 2-47 是电池组以 0.3 C 进行充放电时，电压与能量的曲线，如图中所示充电时可以接受 4.285 kW·h 的能量，0.3 C 放电时电池组实际储能达到了 4.119 kW·h，能量效率为 96.13%。

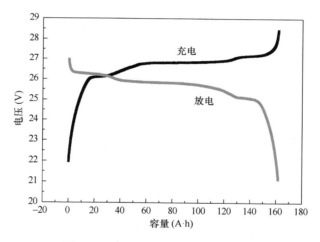

图 2-46　电池组电压与容量关系曲线

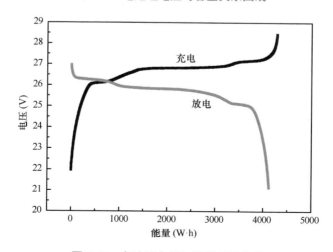

图 2-47　电池组电压与能量关系曲线

2.1 MW·h 梯次利用电池储能系统集成

1）系统构架

该储能系统基本构架参见图 2-48。基本参数如下。

单体电池规格：150 A·h 磷酸铁锂电池，电压 3.2 V。

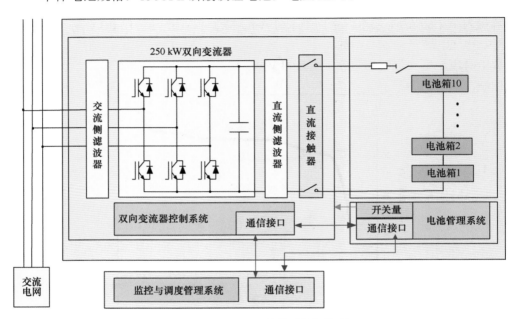

图 2-48　1 MW·h 储能系统拓扑图

电池成组方式：

　　a. 单体电池 8 串组成一个电池组（3.8 KW·h）；

　　b. 30 个电池组串联组成一个电池簇（110 KW·h）；

　　c. 10 个电池簇并联成为一个电池系统（1 MW·h）经 1 个 250 kW 双向变流器接入交流侧。

2）电池系统主要技术指标

电池系统主要技术指标参见表 2-28。外形形貌见图 2-49。

表 2-28　1 MW·h 退役汽车电池储能系统参数表

序号	名称	数值	备注
1	额定放电功率/kW	250	
2	额定充电功率/kW	250	

续表

序号	名称	数值	备注
3	额定储能能量/MW·h	1	
4	能量转换效率	92%	0.25 C 充放，环境温度为 25℃
5	充放电转换时间/ms	≤200	
6	单体电池数量	2400	
7	电池组数量	300	
8	电池组串并联方式	8 S	
9	变流器数量	1	
10	运行环境温度（户内）	5～35℃	
11	单体电池参数		
	额定容量/A·h	150	
	额定电压/V	3.2	
	工作电压范围/V	2.0～3.8	
	外形尺寸（长×深×高，mm）	416×145×58	
	重量/kg	5.95	
	体积比能量/（W·h/L）	180	
	重量比能量/（W·h/kg）	80	
	运行湿度/%RH	10～80	
12	电池组参数		
	额定容量/A·h	150	
	额定电压/V	25	
	外形尺寸（长×深×高，mm）	489×480×170	
	总重量/kg	52.5	
13	单台变流器参数		
	功率/kW	250	
	柜体外形尺寸（宽×深×高，mm）	2000×700×1800	
	防护等级（户内）	IP3X	
	冷却方式	风冷	
	额定直流电压/V	200～1000	
	额定交流电压/V	380（三相）	
	功率因数	≥0.99	
	交流侧频率/Hz	50	
	电流波形畸变率		符合 GB/T14549—1993《电能质量 公用电网谐波》要求
	交流耐压水平/V	≥2500	

续表

序号	名称	数值	备注
	（防雷能力）最大放电流/kA	30	
	（防雷能力）标称放电流/kA	15	
	（防雷能力）残压/kV	≤2.8	
	待机损耗	≤3%	
	噪声/dB	<65	距离设备1 m处
	110%过流能力/min	10	
	120%过流能力/min	1	
	效率（交流—直流）最高效率	>92%	
	效率（直流—交流）最高效率	>92%	

图 2-49　1 MW·h 梯次利用动力电池储能系统照片

3）储能系统充放电测试

在（25±2）℃的环境下，对储能系统进行能量测试，充放电功率为 250 kW，充电截止条件为单体电压上限达到 3.7 V，放电截止条件为单体电压下限达到 2.4 V，图 2-50 为充电过程中电池系统总电压与系统充电能量的关系曲线，图 2-51 为放电过程中电池系统总电压与系统充电能量的关系曲线。电池系统直流侧充电总能量为 1093.6 kW·h，放电总能量为 1042.3 kW·h，能量效率为 95.31%。

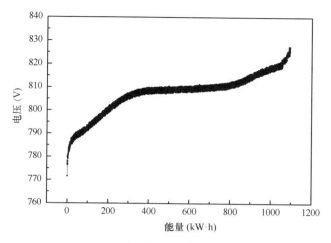

图 2-50　梯次利用磷酸铁锂动力电池储能系统充电曲线图

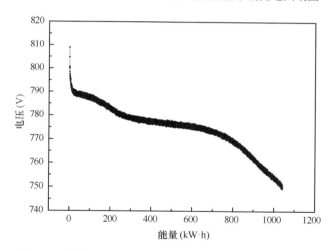

图 2-51　梯次利用磷酸铁锂动力电池储能系统放电曲线图

参 考 文 献

[1] Feng X N, Li J Q, OuYang M G, et al. Using probability density function to evaluate the state of health of lithium-ion batteries[J]. Journal of Power Sources, 2013, 232 (15): 209-218.

[2] NG K S, Moo C S, Chen Y P, et al. Enhanced coulomb counting method for estimating state-of-charge and state-of-health of lithium-ion batteries[J]. Applied Energy, 2009, 86(9): 1506-1511.

[3] Widodo A, Shim M C, Caesarendra W, et al. Intelligent prognostics for battery health monitoring based on sample entropy [J]. Expert Systems with Applications, 2011, 38(9): 11763-11769.

[4] 魏学哲，徐玮，沈丹. 锂离子电池内阻辨识及其在寿命估计中的应用[J].电源技术，2009，33(3): 217-220.

[5] Remmlinger J, Buchholz M, Meiler M. State-of-health monitoring of lithium-ion batteries in electric vehicles by on-board internal resistance estimation[J]. Journal of Power Sources, 2011, 196(12): 5357-5363.

[6] Neubauer J, Pesaran A. The ability of battery second use strategies to impact plug-in electric vehicle prices and serve utility energy storage applications[J]. Journal of Power Sources, 2011, 196: 10351-10358.

[7] Viswanathan V V, Kintner-Meyer M. Second use of transportation batteries: maximizing the value of batteries for transportation and grid services[J]. IEEE Transactions on Vehicular Technology, 2011, 60: 2963-2970.

[8] Tong S J, Same A, Kootstra M A, et al. Off-grid photovoltaic vehicle charge using second life lithium batteries: An experimental and numerical investigation[J]. Applied Energy, 2013 , 104 : 740-750.

[9] Lacey G, Jiang T, Putrus G, et al. The effect of cycling on the state of health of the electric vehicle battery[C]// Power Engineering Conference (UPEC), 2013 48th International Universities'. IEEE, 2013: 1-7.

[10] UC Davis Plug-In Hybrid Electric Vehicle Research Center. Second life applications and value of "traction" lithium batteries [EB/OL]. [2013-01-13].

[11] 刘念，唐宵，段帅，等. 考虑动力电池梯次利用的光伏换电站容量优化配置方法[J]. 中国电机工程学报，2013, 33(4): 34-44.

[12] 张维戈，时玮，姜久春，等. 动力锂离子电池串并联仿真技术研究[J]. 电网技术，2012(10): 70-75.

[13] 李香龙，陈强，关宇，等. 梯次利用锂离子动力电池实验特性分析[J].电源技术，2013, 37(11): 1940-1943.

[14] 张彩萍，姜久春，张维戈，等. 梯次利用锂离子电池电化学阻抗模型及特性参数分析[J].电力系统自动化，2013, 37(1): 54-56.

[15] 白恺，李娜，王开让，等. 电动车退役电池梯次利用之储能性能及预测[J].电源技术，2019, 143(3): 445-449.

03

动力电池梯次利用颠覆性技术

3.1 动力电池梯次利用颠覆性技术背景

随着电动汽车的大规模推广使用，可以预见未来几年内，将有大批量的动力电池面临退役。由于退役动力电池依然具有巨大的经济价值和市场空间，在储能需求迫切的智能电网和能源互联网领域内有着广阔的应用前景。退役的动力电池在有效容量、健康状况、循环寿命等方面差异显著，现有的精细分选、固定重组的梯次利用技术方案技术难度大、能量效率低、应用成本高，降低了退役动力电池梯次利用的价值，也造成梯次利用储能系统安全性、经济性难以保证。本节对基于可重构的电池网络技术动力电池梯次利用做关键技术概述，并对国内外动力电池梯次利用现状及趋势进行了总结分析。

3.1.1 内容概述

退役动力电池梯次利用在性能评估、分选成组、集成管控、安全与经济性、商业模式等方面有着大量理论和技术问题需要研究。为实现梯次利用动力电池在智能电网中安全高效地规模化工程应用，基于可重构电池网络的动力电池梯次利用的颠覆性技术需要涵盖以下五个方面的技术内容：

第一，基于电池电化学动力学参数和可重构电池网络技术的退役电池健康状态、安全阈值及残值的评估。电池本体的电化学参数和外部电性能参数的关联性得到快速精确的电池状态评价；综合考虑多维度耦合及可控约束条件对电池网络在不同场景下的电池状态评估，得到更精确的退役动力电池本体的健康状态、安全阈值及残值数据。

第二，海量差异化退役动力电池低成本快速分选与无损重组。基于可重构电池网络技术和荷电状态 SOC 精准估算，建立梯次利用动力电池灵活管控系统架构，实现电池能量数字化和网络化管控；通过可重构电池网络屏蔽退役电芯物理、化学上的差异性，显著提升分选重组效率和效益；离线粗选与在线精选相结合的退役动力电池分选方法，满足梯次利用对快速分选和重组的要求。

第三，基于可重构电池网络技术的梯次利用动力电池电、热和安全管理。基于电池能量交换系统的梯次利用动力电池能量管控和自动巡检云平台，解决电池系统"短板效应"带来的一系列电池应用问题；依据历史运行数据和实时监测数据，进行基于电池能量交换系统的电、热、安全预警分析及故障预判和定位，实现微秒级故障电池快速精准隔离；协调控制电池能量交换系统和高效柔性变换装置，实现快速精准的能量分级协同管控。

第四，智能电网多场景下梯次利用系统的运行优化与评估技术。量化分析典型场景下的储能应用需求，估算梯次利用系统运行能力；构建多场景下梯次利用系统多目标优化运行策略，实现电网多样性需求与储能系统运行能力的快速精准匹配；依据面向应用场景和健康状态的再利用寿命估算方法，以及基于平准化模型的全寿命运行成本及效益经济性评估，据此指导梯次利用电池储能系统的商业模式。

第五，大规模梯次利用电池系统商业模式和软硬件集成。探索基于电池能量交换系统的数字化大容量梯次利用储能电站"共建共享，收益分成"的后付费商业模式；梯次利用电池储能系统中核心设备之间的互通互联和交互控制技术，促使面向能量运营的电站系统整体设计和软硬件集成优化。

3.1.2 国内外现状及趋势分析

退役动力电池由于来自不同厂家、类型、批次，使用工况差异较大，其退役后在健康状态、有效容量等方面差异显著，而目前的电池拆解、精细分选和固定串并联重组的梯次利用方法采用的是基于电池一致性的思路，这就造成了退役动力电池规模化梯次利用时面临的难度大、效率低、成本高等问题，进而降低了退役动力电池再利用价值，并且难以保证梯次利用电池储能系统的整体性能、安全性和经济性。针对上述问题，国内外学者开展了一系列研究工作。

在基础理论研究方面，国内外研究主要集中在基于电性能参数探测的健康状态（SOH）和荷电状态（SOC）的电池剩余容量及安全阈值评估。在国外，德国戴姆勒·奔驰公司、德国尤利希研究中心研究了电性能参数探测和优化算法；在国内，清华大学、东南大学、清华大学深圳研究生院也开展了基于电化学参数的电池剩余容量衰减机理与安全阈值的研究，通过结合电性能与电化学参数的方法提高电池状态评估精度。

在梯次利用技术方面，传统精选方法难以适应海量差异化退役动力电池的低成本快速分选要求，而固定串并联重组方式难以适应退役动力电池差异性大的事实，因此传统电池分选成组方法难以达到梯次利用电池储能系统在整体性能、安全性和经济性之间的平衡。

在系统集成管理方面，国内外研究主要集中在电池管理系统高级功能扩展和电池组均衡方法以及传统储能系统电、热、安全管理方法在梯次利用动力电池储能系统上的可用性。然而，退役动力电池参数离散度大，效率和可靠性低，发生系统安全事故的概率显著增大，这些都对储能系统电、热管理提出了更为苛刻要求。

在系统应用与工程实践方面，国内外探索了退役动力电池在电网储能应用上的技术路线和经济可行性。奔驰公司建设了世界最大的 13 MW·h 退役动力电池梯次利用储能项目,中国电力科学研究院开展了 250kW/100kW·h 梯次利用电池储能系统,清华大学与中国南方电网广州供电局有限公司开展了 250kW/1MW·h 退役动力电池梯次利用储能示范项目。然而,目前国内外开展的示范工程项目容量较小,与大规模工程应用仍有很大差距,大量关键技术和建设运营模式仍需进一步研究验证。

总体来看,动力电池梯次利用研究在状态评估、分选重组、系统管控、电网应用等方面取得一定成果,但在评估精度、分选成组效率、管控效果、应用规模和商业模式等方面仍处于起步阶段,尚不足以支撑 MW 级梯次利用电池储能系统工程应用和商业模式,特别是在快速、大规模、低成本分选装置和高效低成本重组与能量管控系统,以及系统建设运营模式等方面仍待突破。国内外主要研究机构及其研究内容和成果见表 3-1 和表 3-2。

表 3-1　国外从事相关研究的主要机构

序号	机构名称	相关研究内容	相关研究成果	成果应用情况
1	内布拉斯加大学林肯分校(美国)	基于可重构电池网络的电池管理技术	世界首次提出基于可重构电池网络的电池能量管控方法	研发世界首套数字电池能量交换系统
2	戴姆勒·奔驰公司(德国)	大规模固定式梯次利用电池储能系统	正在建设 13 MW·h 固定式储能系统,应用于电网服务	开发全球最大梯次利用储能系统,建成容量 13 MW·h
3	宝马公司(德国)	大规模梯次电池光-储系统	研发电池管理算法,保证每个电池保持健康状态	建成 2MW/2MW·h 大型光伏电站储能系统
4	可再生能源国家实验室(美国)	梯次利用电池在分布式发电微网系统中的应用	提出梯次利用电池用于风力发电、光伏电池、边远地区独立电源等	探索了具有成本效益的梯次利用储能系统的市场前景
5	西北太平洋国家实验室(美国)	梯次利用动力电池二次利用和价值及经济效益分析	提出梯次利用电池用于电网服务具有经济优越性	探索了最大限度梯次利用电池的效用和价值,提高了电气化交通的盈利能力

表 3-2　国内从事相关研究的主要机构

序号	机构名称	相关研究内容	相关研究成果	成果应用情况
1	南瑞集团	退役动力电池快速分选、健康状态评估的技术难题;"风-光-储"混合的微电网控制	建成基于梯次动力电池的混合微电网系统	应用于郑州市尖山真型输电线路试验基地
2	中国南方电网广州供电局有限公司	退役动力电池临界点与筛选技术及网络化动力电池管理架构和控制技术;基于能源互联网的分布式储能电站系统设计与优化;基于退役动力电池的储能电站在智能微电网的调峰作用及示范应用	在建250kW/1MW·h动力电池梯次利用储能电站	应用于广州南沙自贸区微网示范项目

续表

序号	机构名称	相关研究内容	相关研究成果	成果应用情况
3	国家电网北京市电力公司	具有稳定节点电压功能的功率可调变压器；储能系统跟踪新能源出力	建成 30kW/100kW·h 梯次锰酸锂电池储能系统；建成 250kW/100kW·h 梯次利用磷酸铁锂电池储能系统	应用于薛家岛电动车充换电站
4	中国铁塔股份有限公司	全生命周期的电池残值分析；电池运行监控及维护；电池交易模式	在建 300 MW·h 梯次电池分布式用于通信基站，并构建电池溯源平台和动力电池运行数据实时监测平台	应用于云南、山东、黑龙江、河北等省份通信基站
5	中国电力科学研究院	全寿命周期的电池一致性管控技术；基于运行控制策略和系统集成优化运行方法；电池低成本回收与多形式所有权的商业模式，确保梯次利用经济性	在张北国家风光储示范基地建成 1.2 MW·h 梯次利用示范项目	应用于张北国家风光储示范基地

3.2 动态可重构电池网络

电池系统的本质问题是电池单体差异性与沿用 200 多年的固定串并联的刚性成组方式不匹配带来的系统"短板效应"。近年来，可重构电池组设计作为解决传统电池组及相关电池管理系统存在的低能效、短寿命、安全问题、低可靠性等问题的一种很有前景的解决方案受到越来越多的关注。可重构电池组最突出的特性之一是可以根据电池的当前状态（SOC、SOH 等）实时动态地重新配置电池拓扑[1]。到目前为止，已有文献提出并验证了多种可重构电池方案，均具有电池拓扑重构的优点，既保证了电池充放电过程中电池状态的平衡，又具有较强的容错能力。本节将对现有的可重构电池技术进行综述，总结可重构电池系统动态模型、优化方法及仿真和实际系统测试验证结果[2]。

3.2.1 原理和方法

传统上多个电池单体以某种特殊的方式封装在电池组中，并以固定的串并联电池拓扑结构连接形成电池系统，以满足电压和电流的要求。然而，传统电池系统存在几个主要缺陷：第一，由于这些固定的单体拓扑结构不能适应电池的动态行为和制造差异，单体层面的均衡问题一直存在；第二，由于电池组运行工况不同，电池单体表现出不同的特性，特别是一个或多个薄弱电池单体充电或放电的速度会比其他电池单体快，造成系统级的"短板效应"。薄弱电池单体将限制整个电池系统的运行效率和寿命，甚至会导致严重的安全问题，如热失控、燃烧和爆炸等[3]。然而，固定拓扑对电池系统管理造成限制，使得系统缺乏灵活性，无法实现主动自管理，从而导致电池单体层面的过充和过放现象，进而影响整体系统性能。

为克服传统电池系统在设计中能量转换效率低、系统调控能力差等问题，大规模的可重构电池组和相应的电池能量管控系统（battery control system, BCS）应运而生。图 3-1 显示了一个典型的可重构电池系统，电池的可重构特性是通过在电池周围部署和控制电力电子开关，达到实时调整电池单体之间的连接来实现的电池拓扑结构变换，以有效匹配电池特性与负载，从而从根本上克服了传统电池系统设计中的缺陷。BCS 控制系统的基本功能是能够实现电池单体级别的动态实时接入和断开，并根据当前操作条件（如电池状态和负载情况）动态调整电池系统的拓扑，同时保持整个电池系统单体层面的均衡。然而，实现电池单体层面均衡控制是极具挑战性的任务，随着充放电周期的增加，电池单体往往表现出不同的充放电特征，某些单体变得比其他单体更加薄弱，造成单体间不平衡问题[4]。在固定串并联的单体拓扑结构中，较弱的单体更容易被过度充电或放电，从而加速电池老化过程，并最终出现故障，导致整个电池系统故障。

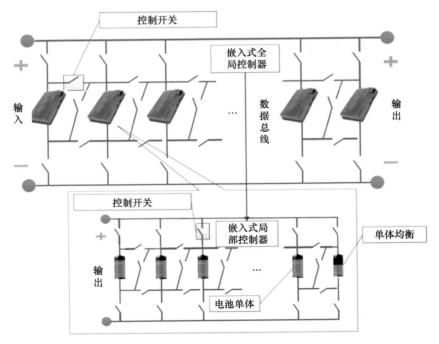

图 3-1　典型大规模可重构电池系统设计示意图[1]

1. 关键技术

近年来可重构电池系统由于其高灵活性和高效率的特性受到工业企业和学术组织的关注。典型的可重构电池系统由多个相互配合的部件集成而成，包括电池、开关电路、嵌入式管理模块等，需要多方面的技术实现其有效管理。在本节中，我们将概述涉及可重构电池系统的关键技术。

1）单体均衡

选择特定类型的电池进行大规模电池系统设计时，设计人员将不得不面对一个严峻的问题——电池单体均衡，通常表现为电池单体开路电压或 SOC 值的差异。研究结果表明，造成电池单体均衡问题的原因可以分为内部来源和外部来源[5]：内部来源包括电池单体的制造差异和不同的 SOC 等；外部来源主要包括电路设计缺陷、电池状态估计和管理机制不完善等造成的电池组内部热状态差异等。

电池单体间差异性问题阻碍了电池系统充分发挥充放电能力，从而显著降低系统的可用容量，特别是在串联成组场景中，电池系统的寿命是由最弱的电池单体决定的，电池不均衡和热失控等现象可能导致严重的安全问题。随着电池单体的容量不断增大，需要更高效的充放电电均衡方法实现大容量电池单体管理和控制。传统的电池均衡技术主要分为两类，即被动均衡和主动均衡[6]。在被动均衡方法中，通过固定电阻消除电池单体的多余电荷，确保电池系统中较高电池电压与较低电池电压相匹配；被动方法的优点是易于实现，具备成本低、易于控制等优点，但过量电荷以热的形式耗散，导致系统能量转换效率低下，也加重了系统热管理的难度。为了避免过热均衡造成系统故障，被动均衡电流中电路元件的数量和电流值被限制在一定的阈值下，当均衡电流较低时需花费较长的均衡时间。主动均衡方法将从较强的电池中提取电荷并将电荷转移到较弱的电池中，以较高的硬件成本和技术难度实现更高的能量转换效率[7,8]。多种电池单体均衡技术的比较如表 3-3 所示[5]。

表 3-3　多种电池单体均衡技术比较

机制	优点	缺点
固定电阻	成本低，便于应用	效率低，相对能量损失大
开关电容	控制简单，低电压	较低均衡率
单/多电感	快速均衡	电流变化
单/多线圈	快速均衡，适用于电动汽车	高成本，高控制复杂度
Buck-Boost 电路	快速均衡，适用于交通运输	高成本，高控制复杂度

由于可重构电池系统中的电池单体之间的连接拓扑不仅可以像传统电池组一样根据负载需求实时调整，在解决电池均衡问题时也可以根据电池特性实时调整

电池网络拓扑结构[9]，制定合适的电池单体均衡。可重构电池系统的电池单体间均衡策略可通过额外均衡电路实现[10]，其中负载电流可以由 SOC 不相等的电池单体共同承担。当不同 SOC 值的电池单体与负载并联时，较强的电池单体往往提供更强的电流，所有电池都表现出降低电池间放电电流差异的趋势，文献[10]给出了并联单体间避免单体间循环电流的 SOC 差异上限，从而使得电池系统寿命能够达到电池单体的循环寿命。

2）容错设计

容错设计对于获得更高系统可靠性来讲是非常重要的，特别是对于大型可重构电池系统。设计良好的容错系统可以提供更好的可用性，允许使用更广泛质量范围的电路元件，并降低维护成本。容错系统设计中最重要的参数包括部件质量、冗余程度、冗余类型和实现、维护难度等，需要对系统中的组件进行仔细的选择，保障故障处理过程中的检测、隔离和校正。

故障检测，又称故障诊断，是实现无故障运行的第一步。软件故障诊断作为一种重要的故障检测工具，随着电子元器件尺寸的减小和物理定位难度的增大，以芯片故障定位为目标的故障检测越来越受到人们的重视。文献提出多种类型故障的故障诊断工具，如单站故障（SSF）、开路故障、桥接故障等[11,12]。SSF 模型是一个抽象的、逻辑的和行为的模型，并不是一个精确的物理缺陷模型，能够适用于可重构电池系统中故障检测。通过在逻辑领域的操作和远离物理细节，SSF 模型在不同的设计和技术下进行决定其强度和寿命的主要因素抽象[13,14]。一旦检测到故障，由于电池系统拓扑结构具有可重构性和灵活性，可以进行主动故障纠正。对于不容易被发现的故障，比如，电流/电压传感器的故障等，将必然影响系统决策制定和执行，极有可能导致系统过充、过放。目前还没有研究可重构电池系统设计中的容错能力的工作，一个典型的解决方案是增加冗余设计。以特斯拉电动汽车电池为例，在超过 6800 个单体电池的电池组中增加冗余，在硬件和软件设计上都带来了很大的成本开销。未来的工作重点可能是如何以最小的成本提高容错能力。

2. 研究现状

多学科的发展使得可重构电池组通过提高电池系统的灵活性和可重构性来解决传统电池系统所带来的问题成为可能。接下来将介绍现有的可重构电池组和相应的设计，即全连接可重构拓扑设计。

图 3-2 展示了文献中提出的全连接可重构拓扑设计，其灵活的重构方式能够允许任意串联、并联或混合配置的电池连接，并实现任何电池单体从充放电过程中移除[13]。这是文献记载的第一个可重构电池设计，结合了电池单体动态阵列级

配置行为，满足电池串联时单体电池的电流和电压限制。

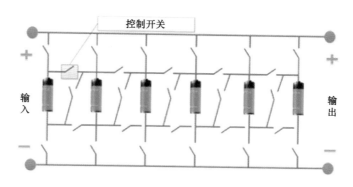

图 3-2　全连接可重构电池系统设计[1]

作为最早的可重构电池系统框架，可重构电池网络拓扑设计的主要贡献在于建立了一种动态自适应可重构电池网络设计理念，通过构建完全可重构性，单体电池通过串、并联或者混合连接的方式组成电池系统，从根本上克服了电池系统"短板效应"，使得电池单体级的动态操作成为可能，带来更高的系统效率和系统可靠性[15]。

1）串联拓扑

Kim 等人简化了最早的可重构拓扑设计框架，提出了一个串行连接的可重构电池系统架构，如图 3-3 所示[16]。在串联拓扑可重构设计架构中，每两个开关连接一个电池单元控制其充电、放电和断开。与文献[15]中的工作相比，每个单元所需的交换机数量显著减少，从而降低了复杂性、成本和控制工作[17]。但是，电池单元重构的灵活性受到了损害，该方法不可能实现任意数量的电池单元的并行连接。

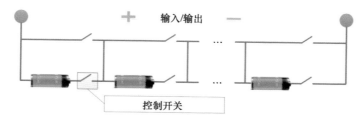

图 3-3　一种串联可重构电池组[1]

同时，Kim 等还将工作继续扩展得到 Self-X 电池系统设计，即自配置、自优化、自平衡、自修复[16]。Self-X 多单体可重构电池组设计如图 3-4 所示，Self-X 拓扑采用 $m \times n$ 拓扑，m 个电池单体并联连接，以提供更高电流和电压需求。每个电池单体需要一个开关才能接通或切断电池的充放电，额外的 m 个开关用于绕过 m

组。共配置 $m(n+1)$ 个开关，形成电池单体开关电路，形成 $m \times n$ 个可控制单元。与其他可重构电池网络设计相比，这种设计的一个突出优点是开关的数量显著减少，在运行过程中可以根据负载需求和电池的情况动态配置电池连接，实现电池故障的自愈、自我优化，以达到最大的产能输送效率和主动均衡。与现有工作中的可重构电池设计相比，Self-X 多单体可重构电池组设计架构中开关数量明显减少，但是系统的可重构性与文献[18][19]中的可重构设计同样受到了损害。具体地，同一列的电池单体不能并行连接，这导致电池储能系统容量并非为所有电池单体容量之和。

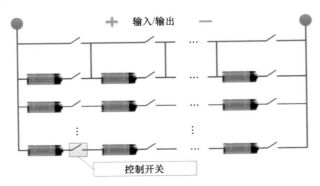

图 3-4　Self-X 多单体可重构电池组[1]

2）高可重构性架构

Kim 等提出了一个动态可重构框架，如图 3-5 所示，每个电池单元周围放置 6 个开关，以实现较高的可重构性。在本设计中，开关分为三类，即旁路、串联和并联开关，从而实现动态重构的拓扑结构。控制单元通过测量和安时积分或库仑计数法监控每个电池的电压和 SOC[21]。

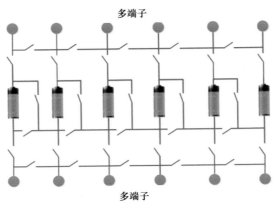

图 3-5　动态可重构拓扑结构[1]

3）可靠、高效、可伸缩的架构

Kim 等提出一种支持电池分层、自主管理的可靠、高效、可伸缩的体系结构（DESA），如图 3-6 所示，DESA 使用了一个典型的模块化结构，该结构由多个局部 BMS 和一个全局 BMS 组成。局部 BMS 由控制器、一组阵列级开关、CAN 模块和传感器组成；而全局 BMS 由全局控制器和基于 CAN 的通信模块组成。全局 BMS 和局部 BMS 具有完全集中的基于主从制的关系。可重构性是通过采用每个单元三个开关的原理图来实现的，命令代码由全局控制器发出，并分发给各个局部控制器。本地控制器执行该命令来配置重构电池网络，控制命令在电池单体级别独立执行。

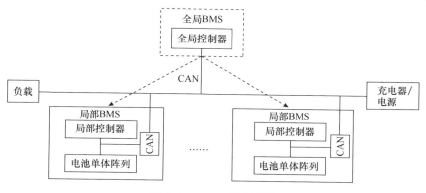

图 3-6　DESA 原理图[1]

4）基于图的拓扑选择算法

在可重构电池组的实际运行中，另一个挑战是如何通过选择电池单体并将其连接到合适的拓扑结构中来满足负载要求，即如何控制实现电池拓扑的可重构。传统上，电压调节器通过将输出电压维持在所需的电平衡来解决这一问题，当所需电压与供应电压之差较大且系统运行于低功率模式时[23]，系统能量效率将会显著降低。针对这一问题，文献[24]提出一种基于可重构电池组的自适应算法，目标是根据多电池状态和实时负载需求来实现最优的系统可重构配置，将可重构电池组的拓扑抽象为有向图，并将确定最优重构系统配置的问题转化为相应的图经典路径选择问题。

可重构电池组设计实例及对应的有向图如图 3-7 所示，其中顶点、边集和每个顶点的权值分别表示电池、配置灵活性和电池状态。优化配置问题转化为在满足负载要求的范围内确定连接正极和负极最大不相交路径数和权值之和，包括两个步骤：第一步确定所有可行路径，第二步找到最大的不相交子集。如文献[25]中所述，该算法对于单负载场景近乎最优，并为多种负载场景提供了一种启发式的解决方案。

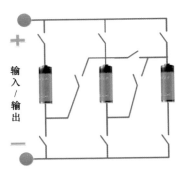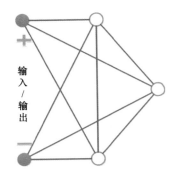

图 3-7　可重构电池组及有向图表示[1]

　　考虑到上述所有可重构电池组的拓扑设计，一个常见的问题是现有的设计都没有为开关电路拓扑的设计提供强有力的理论背景和控制算法基础。开关电路设计优化和简化不仅节省电路元件，而且使得系统便于维护管理，降低了软硬件复杂度和整体系统能耗。扩展文献[25]的工作范围，将每个电池的正极和负极分别作为两个节点处理，研究其连通性和可达性，可以解决优化开关电路的设计问题。

　　对于给定的可重构电池组，其电池单体之间连接的互连性可以表示为有向图，图的方向根据放电过程中的电流流向分配。将电池组抽象为有向无环图，其中电池组的可重构性与抽象图的可达性和连通性密切相关。对于抽象有向图，总存在保持拓扑两端子连通的最小电池单体连通的路径，这被称为最小等价图（MEG）问题[26]。将可重构性高且开关数最少的可重构电池组的设计转化为抽象图的 MEG 识别，图论中也称为传递约简问题[27,28]。对于有限抽象有向图，且与 MEG 相同，传递约简原则具备唯一性。以文献[15]中的设计为例，图 3-8 显示了一个简化的设计，使用更少的开关数量保持相同的可重构性，而研究重点是可重构性与每个单元周围部署的开关数量之间的关系，从而可以确定开关数量的理论上限，以指导工业设计。

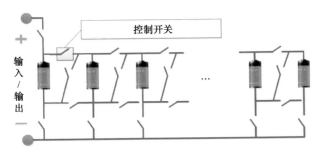

图 3-8　简化的多开关电池组拓扑[1]

3. 动态可重构电池系统

电池能量管控系统（BCS）是动态可重构电池系统中监控电池单体或模组的核心功能模块。BCS 的主要功能包括监控、计算、通信、保护、开关电路控制和优化。通过执行这些关键功能，BCS 在安全性、准确性、可靠性、可拓展性、可访问性和可更新性方面使整个系统受益。从结构上看，BCS 有两种类型，即扁平化 BCS 和模块化 BCS[28,29]。扁平化 BCS 由于布线复杂，在大规模应用中不具有实用性。模块化 BCS，又称模块化电池管控系统，由于其具有很好的系统可扩展性，更适合大规模的电池系统设计。为了正确地监测和控制电池，一个设计良好的 BCS 应该包含监测、保护、SOC 和 SOH（健康状态）估计、电池平衡和充电控制等功能[30]。图 3-9 显示了一个通用的模块化 BCS，它具有上述电池管理的基本功能和可重构电池网络特定的功能。BCS 的底层包括部署在电池系统内用于数据采集的电压、电流和温度传感器。这些数据是实时收集的，并用于热管理、安全保护和状态估计。状态信息进一步应用于系统级控制，如充放电控制、电池平衡、热管理和可重构封装中的开关电路控制。图中还列出了其系统主要包括的设计模块。

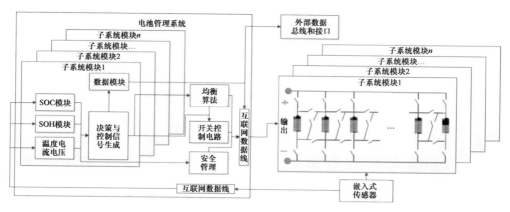

图 3-9　一种典型大规模可重构电池系统[1]

1）测量模块

测量模块由多种类型的嵌入式传感器组成，这些传感器可以捕获电压、电池的电流值及环境温度，有些研究工作采用额外的电路元件监测电池的其他参数，如内部阻抗[31]。由于测量数据是完成 BCS 中任何任务的重要依据，来自传感器的精确测量非常重要。对测量精度的要求根据应用程序、算法和使用的电池类型而异。例如，LiFePO$_4$ 电池的电压测量精度要求极高，因为在 SOC 范围[0.2，0.8]

中，OCV-SOC 曲线是平坦的。如果采用 OCV-SOC 映射策略[32]，可靠的 SOC 估计要求电压测量误差小于或等于 2 mV[33]，这在实际中几乎是不可能的。电流传感器需要自由偏移，以支持库仑计数方法和其他更复杂的算法，其中电流是随着测量电压值输入动态电池模型。可重构电池系统由于可以动态断开电池来测量电池单体的开路电压，从而可降低电池电压测量电路的精度要求。

2）SOC 和 SOH 模块

从测量模块中收集数据对电池 SOC 的准确估计对任何主动操作都是至关重要的，例如，根据负载和电池状态进行电池平衡和拓扑重构[34]，有助于保持电池工作在正常状态，避免过充或过放电的风险。然而，SOC 无法直接测量电池，时变的环境条件和不可预测的材料衰变使得 SOC 的准确估计更加困难。与传统电池组相比，可重构电池网络能够实现任何单个电池都可以与放电电路实时断开，有些研究提出通过测量断开放电的电池电压并研究滞后效应来估算 SOC[35,36]。通过推导得出 OCV，从而实现了唯一的 OCV-SOC 映射。

电池功能的另一个重要指标是健康状态（SOH），它表示电池寿命的百分比。SOH 对弱电池的选择策略、算法及指导电池的替代至关重要。与 SOC 相比，SOH 更难测量，目前对如何确定 SOH 还没有达成共识，最常用的方法是将满电容量与标称容量进行比较。其他方法包括使用内部阻抗、自放电率、充放电循环次数、接受电荷的能力等。

3）安全管理和热管理

电池管理系统的关键功能之一是确保电池的安全性，防止电池组在可能给用户或系统本身带来任何危害的条件下工作。由于过充、过放、过放电流超过安全水平，或者操作超过安全限制，都可能发生危险情况。热管理是一个同样重要的因素，以确保电池使用安全，特别是当大量的电池嵌入在狭小的空间里，如电动汽车电池系统，更要重视热管理。

4）开关电路控制信号生成

在可重构系统中，在给定的负载和已知的电池 SOC 值的情况下，模块化的任务执行是配置电池单体级别和电池组级别实现实时拓扑变换，并达到更高的能源效率和确保安全最有效的管理和控制方式。其中的挑战是电池单体本身是一个复杂的非线性系统，其行为受复杂的内在化学反应控制，这取决于多种操作参数和环境因素。在所有非线性行为中，恢复效应和速率–容量效应对电池寿命的影响非常显著。文献[37]介绍了如何利用恢复效应延长寿命，通常利用恢复效应所带来的好处与速度–产能效应相矛盾，有时很难判断哪个更强。假设有一个小型可重新配置的电池组,其中有四个相同的电池单元并行,当负载连接到可重构电池系统时,有多种拓扑可供选择,包括:①将所有电池单体都投入使用;②一次使用三个电池单体;③将电池单体分成两组,轮流支撑负载。在第一个场景中可以观察到较强的速率–容量效应,场景②和场景③利用了恢复效应。因此,BCS 实现电池均衡和控制策略时,必须考虑并决定哪种场景是最好的。

3.2.2 动态可重构电池系统建模和优化

动态可重构电池系统具有实时性强、可重构性强、电池非线性、负载分布不确定、运行环境不可预测等特点,具有高度的动态性和复杂性。动态可重构电池系统的这些特性通常被概括为变分行为,即在不同的时间和空间尺度下交换阵列电路的系统参数和操作的权衡。由于每个电池都是非线性的,动态可重构电池系统的时空行为表征通常比较困难,而且随着电池数量的增加,情况可能会变得更加复杂。另外,动态可重构电池系统是一个多尺度的复杂系统,不同的系统事件发生在不同的时间尺度。例如,负载可能在几秒钟内发生变化,或者在几小时内几乎保持不变;电池拓扑结构可以在毫秒内修改;SOC 值通常以分钟为单位更新;电池的老化过程需要几个月到几年的时间。选择最优的单元拓扑结构具有挑战性。当系统按比例增大时,优化问题可能会出现维数曲线问题,通过电池单体和电池单体行为的定量分析,深入了解其时空行为变得至关重要。

1. 电池单体模型

电池单体水平的时空行为主要包括倍率–容量效应和恢复效应。最初的电池容量是均匀分布的,充放电行为改变电池单体的容量分布式特性。电池单体的放电过程可以建模为一维扩散,具有两个扩散方程和三个边界条件,如式(3-1)和式(3-2)所示。

$$J(x,t) = \frac{\partial C(x,t)}{\partial x}, \frac{\partial C(x,t)}{\partial x} = D\frac{\partial^2 C(x,t)}{\partial x^2} \qquad (3\text{-}1)$$

$$J(0,t) = \frac{i(t)}{vFA}, C(x,0) = C^* \qquad (3\text{-}2)$$

式中,t 表示电池单体中离子扩散时间,x 表示电极之间的距离,D 表示扩散系数,C^* 表示稳态粒子浓度。$J(x,t)$、$C(x,t)$、v、$J(0,t)$、A、F 分别为通量密度、粒子浓度、电化学种类数、扩散区长度为 0 的通量密度、电极面积和法拉第常数。

应用拉普拉斯变换可求解该偏微分函数集,从而电池一端的电解液的浓度水平 C' 可表示为

$$C'(0,s) = \frac{C}{s} - \frac{i(s)}{vFAD} \frac{\coth(w\sqrt{\frac{1}{D}})}{\sqrt{\frac{1}{D}}} \qquad (3\text{-}3)$$

式中，w 表示扩散区长度。

基于一维扩散的特性，电池放电过程中会在电池内部形成浓度梯度。与电池在放电过程行为相似，电池充电过程也可以建模为一维扩散过程

$$J_I(x,t) = D\frac{\partial C(x,t)}{\partial x}, \frac{\partial C(x,t)}{\partial x} = D\frac{\partial^2 C(x,t)}{\partial x^2} \qquad (3\text{-}4)$$

式中，J_I 描述了浓度梯度形成的内通量流。由于在电池闲置期间没有物种进入或离开电池，因此边界条件为 Neumann 形式，其特征为

$$J_I(0,t) = 0, J_I(w,t) = 0 \qquad (3\text{-}5)$$

通过这种方法，可以得到 S 域电池充/放电过程中容量浓度水平

$$C'(0,s) = \frac{C^*}{s} - \frac{i(s)}{vFAD} \frac{e^{w-x}\sqrt{\frac{s}{D}} - e^{x-w}\sqrt{\frac{s}{D}}}{\sqrt{\frac{s}{D}}(e^{-w\sqrt{\frac{s}{D}}} - e^{w\sqrt{\frac{s}{D}}})} \qquad (3\text{-}6)$$

基于以上分析，进行了相应的实验，得出以下结论：①在闲置期间，回收率为正时，容量浓度为时间的递减函数；②放电电流幅值对电池充/放电容量浓度效果的影响不大；③在较高的温度条件下，由于颗粒活性较高，颗粒在放电过程中的分布更接近均匀分布，颗粒在回收过程中受到较弱的梯度力的推动，温度的影响揭示了粒子活性与浓度梯度力之间的平衡关系。

在分析电池容量特性的基础上，利用 Arbin 实验台提取电路特征，建立基于电路的增强型电池模型。通过数学方法描述电池的容量特性，通过等效电路方法捕获电池的电路特性，如内部阻抗和瞬态效应等。

2. 多单体电池模型

1）电池串/并联建模原理

理论上，任意电池系统都可以抽象为串/并联电池拓扑结构，其中节点可以由一组电池单体以串联、并联、或者串并联混合形式组成，一个串/并混合的电池系统又可以继续细分为串联或并联连接。电池串/并联电池基本连接拓扑如图 3-10 所示。

设 $f()$ 为电池串联模型，$g()$ 为电池并联模型，$s()$ 为单电池模型。

图 3-10 (a)中的电路可以用式（3-7）表示

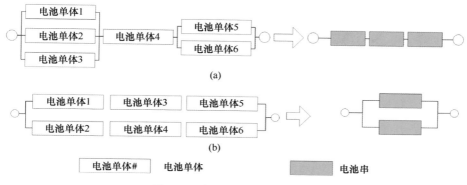

(a)

(b)

电池单体#　电池单体　　　　　　　　　　　　电池串

图 3-10　电池串/并联建模原理

$$p = f\left\{g[(I_1,\varphi_1),(I_2,\varphi_2),(I_3,\varphi_3)],s[(I_4,\varphi_4)],g[(I_5,\varphi_5),(I_6,\varphi_6)]\right\} \quad （3\text{-}7）$$

图 3-10 (b)的电路可以用式（3-8）表示

$$p = g\left\{f[(I_1,\varphi_1),(I_2,\varphi_2),(I_3,\varphi_3)],f[(I_4,\varphi_4),(I_5,\varphi_5),(I_6,\varphi_6)]\right\} \quad （3\text{-}8）$$

在串联电池组中，电池的放电电流相同，并由负载决定；串联的电池组建模很简单，可以将单电池模型直接连在一起。在并联电池组中，电池的端电压相同，电池电流不是均匀分布，只能保证电池的输出电压保持相同。

2）并联电池组建模

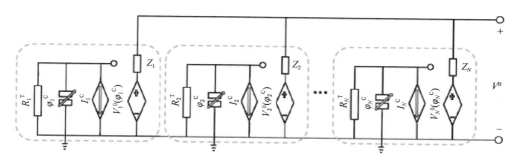

图 3-11　并联电池组电路模型[34]

并联电池组的电路模型如图 3-11 所示，当状态最差的单体电池达到截止电压时（电池状态越好，放电电流越大），并联电池组的可用容量 Q_p 表达式为

$$Q_p = \sum_{i=1}^{N} Q(i), I(i) \geqslant 0 \quad （3\text{-}9）$$

其中，Q 表示电池容量，单位为 A·h；I 表示电流，单位为 A。由于电池状态的不同，并联电池组中各电池的电流不是平均分布的，即 $I(i) \neq \dfrac{I_B}{N}$。并联电池组的

截止电压为

$$V_{cutoff}^{P} = V_{cutoff} \qquad (3\text{-}10)$$

式中，V_{cutoff} 表示单体电池截止电压，单位为 V。

3）串联电池组建模

串联电池组的电路模型如图 3-12 所示，在串联电池组中，所有电池的放电电流相同，因此放电容量相同。尽管放电电流相同，一旦状态最差的电池达到截止电压，它的内阻将明显变大，使得其他串联的电池无法继续放电，串联电池组的可用容量由状态最差电池的容量决定。因此，串联电池组的可用容量表示为

$$Q_s = \min\left[Q(1), Q(2), \cdots, Q(N)\right] \qquad (3\text{-}11)$$

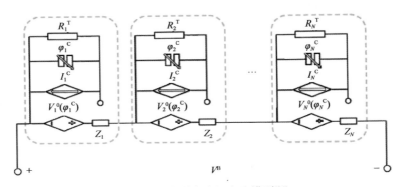

图 3-12 串联电池组电路模型[34]

由于串联电池组的性能与状态最差的电池相关，所以串联电池组的截止电压由状态最差的电池决定。当串联电池组放电到截止电压时，电池组中很多电池并没有达到它们的截止电压。因此，串联电池组实际的截止电压远高于名义上的截止电压，即

$$V_{cutoff}^{S} = \sum_{i=1}^{N} V(i,t), \left[\min V(i,t) = V_{cutoff}\right] \qquad (3\text{-}12)$$

3. 任意电池网络的等效模型

在可重组电池网络中，每个电池具有三种状态：并联、串联和旁路。如图 3-13，不失一般性，这里假设每个电池连接 5 个状态开关。以电池 Cell#1 为例，旁路开关 S4 用于控制跳过下一个电池 Cell#2，串联开关 S3 用于控制 Cell#1 与相邻电池 Cell#2 串联。并联开关 S2 和 S4 用于控制 Cell#1 与相邻电池 Cell#2 并联。输入开关 S1 和输出开关 S5 用于控制电池组与外端的连接。所有开关的开断操作均由开

关状态控制器进行操控。

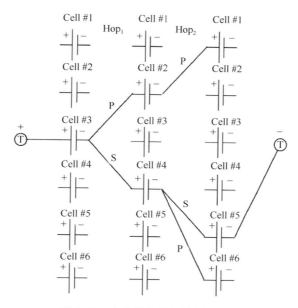

图 3-13　电池网络重组控制示意

在复杂的可重组电池网络中，如图 3-13 所示，可以把一组电池抽象为函数

$$\Phi = \{E, S, D\} \tag{3-13}$$

其中数组 E 表示传感器$\{E_1, E_2, \cdots, E_n\}$，每个传感器测量对应电池的电流和温度数据。$n$ 是电池网络中电池的数量。数组 S 表示开关状态。数组 D 表示电池网络$\{D_1, D_2, \cdots, D_n\}$，电池网络的连接关系即可表示为一个 n 维向量。D_i 的状态可能是对应旁路、串联、并联三种连接方式。

3.2.3　动态可重构电池系统运行优化

1. 可重构电池网络运行优化模型

令 $X = \{x_1, x_2, \cdots, x_N\}$ 为动态可重构电池系统的优化变量，Y 为性能指标，是关于 X 的非线性函数。可重构电池网络优化问题可以建模为

$$\max\ Y(X_n)$$
$$\text{s.t.}\ H_n \geqslant 0,\ n \in \{1, 2, \cdots, N\} \tag{3-14}$$

该优化问题受限于设计和实现上的限制，由系统的软硬件能力限制、负载要求及系统设计变量的上下界所构成。动态可重构电池系统的优化问题是通过考虑

系统变量（包括单元状态、负载概要和环境条件）动态配置单元拓扑来最小化当前时隙区间的容量损失。为了使分析更清晰，将 v_i 表示为在第 i 个自适应区间上开关电路的拓扑结构构成的逻辑矩阵，其中使用了 $j \times k$ 的拓扑结构。因此，v_i 可以进一步表示为开关电路状态矩阵，其中每一状态表示为 S_{mn}。S_{mn} 的值设置为 1 表示该电池单体在线，设置为 0 表示该电池单体离线。令 Υ_i 表示动态可重构电池系统的容量损失矩阵，C_{mn} 表示为单个单元在特定时间间隔内的容量损失。Ψ_i 表示容量恢复矩阵，R_{mn} 表示单体电池容量恢复矩阵。令 τ_i 表示第 i 个时隙的长度，Γ_i 为支持负载 $\hat{l}$ 所产生的整个电池组的总容量损失，在这种情况下，自适应区间内的容量损失可以表示为 Hadamard 乘积，表示为：

$$\Gamma_i = \Upsilon_i \circ \vartheta_i + \Psi_i \circ \overline{\vartheta_i} \tag{3-15}$$

其中，Υ_i, Ψ_i 记为：

$$\Upsilon_i = \begin{bmatrix} C_{11} & \cdots & C_{1k} \\ \vdots & \ddots & \vdots \\ C_{j1} & \cdots & C_{jk} \end{bmatrix}, \Psi_i = \begin{bmatrix} R_{11} & \cdots & R_{1k} \\ \vdots & \ddots & \vdots \\ R_{j1} & \cdots & R_{jk} \end{bmatrix} \tag{3-16}$$

注意上面的分析描述了在一个自适应区间内的容量损失。整个放电过程的总容量损失为各时间间隔的容量损失之和，表示为

$$\Gamma = \sum_{i=1}^{N} \left\{ \Upsilon_i \circ \vartheta_i + \Psi_i \circ \overline{\vartheta_i} \right\} \tag{3-17}$$

为了对动态可重构电池系统在运行期间的性能进行建模，采用有向无环图（DAG）来表示单元拓扑的演化过程，如图 3-14 所示。图中的每个节点代表一个可能的单元拓扑，这里的优化目标是推导出整个操作周期内的最短加权路径。

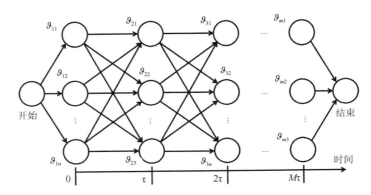

图 3-14　有向无环图表示的动态可重构电池系统行为

2. 动态可重构电池系统性能优化方法

由于所构造的问题是一个约束极小化问题，可以采用拉格朗日松弛法求解。因此，问题可以转化为

$$\min \quad \sum_{t=\tau}^{M\tau} \Gamma - \lambda[\max(\phi_{q,p}) - \min(\phi_{q,p})] \tag{3-18}$$
$$\text{s.t.} \quad \max(\phi_{q,p}) - \min(\phi_{q,p}) < \rho$$

定义 Φ_i 为在给定负载时在第 i 个时隙整个电池系统容量损失之和，x_i 为设计参数，因此，整个系统的容量损失定义为

$$\Phi_i(x_i) = \Phi_{i-1}(x_{i-1}) + \Gamma_i(x_i) \tag{3-19}$$

在进行参数设计选择时，第 i 个时隙的选择结果与之前结果无关，也即验证了动态规划（DP）方法的可行性。在构造的 DAG 中，可以用最短路径算法提取最优解，为决定 λ 的值，存在最优值 λ^* 满足

$$x^* = \arg \quad \min \quad J_\lambda(x^*) \tag{3-20}$$

式中，x^* 为以上优化问题的最优解。

由于 DAG 中所有节点都可以线性化，且边缘从左到右，这一特点使得整个问题可以通过最短路径算法求解，到节点末端的最短路径必须经过左边的前一个节点。从而，问题分解为一组子问题，然后逐一处理，直到得到最短路径，这是动态规划的核心思想。

假设一组电池的充放电运行周期为 d，可以把 d 细分为 N 个适应区间，每个区间长度 $T=d/N$。在每个区间的开始，电池系统重组进程将被触发，系统首先将根据当前工况选择出一个最优电池网络拓扑方案，以便在后续区间获得最大可用容量，然后系统控制开关阵列来重组电池拓扑（图 3-15）。

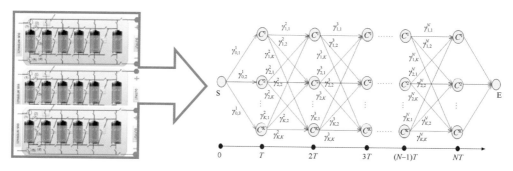

图 3-15　电池网络拓扑优化方法

如图 3-15 所示。其中 K 为含 n 个电池的电池网络可构成的电池拓扑结构数量，

由每个电池所连接的开关数量 L 决定，N 表示可操作的时隙数。每个状态 $C^i (i \in \{1, \cdots, K\})$ 分别对应一种电池拓扑结构，电池网络拓扑状态 C^i 为一个 $L \times N$ 矩阵

$$C^i = \begin{pmatrix} S_{1,1} & \Lambda & S_{1,N} \\ \mathrm{M} & \mathrm{O} & \mathrm{M} \\ S_{L,1} & \Lambda & S_{L,N} \end{pmatrix}, \text{ 其中所有 } \mathbf{S} = \begin{cases} 1 & on \\ 0 & off \end{cases} \qquad (3\text{-}21)$$

其中，$\gamma_{i,j}^m$ 表示在第 m 区间内电池网络从拓扑 C^i 重组为拓扑 C^j 后的预计使用容量。定义 $\pi = \{C_1^i, \cdots, C_N^j\}(i, j \in \{1, \cdots, K\})$，表示 N 个区间中分别选定的拓扑结构组合，于是将拓扑优化问题转换为寻找最优 π，使得函数 $J(\pi)$ 最优。令函数 $J(\pi)$ 为单个充电或放电周期内电池储能系统的总使用容量，有

$$J_N(\pi) = \max \sum_{j=0}^{N} \gamma_j \left[\varphi_j^B (I_j^B, C_j, h, T), C_j \right] \qquad (3\text{-}22)$$

约束条件为

$$\begin{cases} V_j^B \left[\varphi_j^B \left(I_j^B, C_j, h, T \right), C_j \right] \geqslant V_r \\ I_j^B = I_r \end{cases} \qquad (3\text{-}23)$$

其中，φ_j^B 为第 j 个区间的电池网络 SOC，γ_j 为可用容量，V_j^B 为电池网络电压值，I_j^B 为电池网络电流值，h 为电池网络 SOH，V_r、I_r 分别为系统负载电压、电流值。函数 $J(\pi)$ 求解得到的答案 π 即为 d 区间最理想的电池网络拓扑结构配置方案。

3.2.4 动态可重构电池网络性能实验验证

以动态可重构电池系统中的一个 4×4 电池阵列为目标，本部分阐明主要的设计思路，并验证了所提出的理论框架，同时对传统电池系统与同批次电池的动态可重构电池系统在预期运行时间和平衡度方面的性能进行了比较。

1. 系统测试环境和结果

为了便于实验和分析，采用了上一节建立的增强电路电池模型。在 Arbin BT2000 实验台上，在 Espec 温度室控制的各种热条件下，对不同负荷进行了大量实验，提取电池模型系数。实验台如图 3-16 所示。

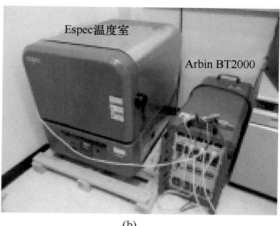

(a)   (b)

图 3-16 （a）26650 锂电池单体；（b）**Arbin BT2000** 实验设备[2]

传统电池系统和动态可重构电池系统充电过程中电池的电压测量如图3-17所示，其中 x 轴为工作时间，y 轴为输出电压。电池系统由 12 A 的恒流电源，在相同的热条件下，在 20℃环境下充电。电池单体间的不均衡是根据之前的研究结果随机引入，电池单体最大可用容量服从[3.136A·h, 3.264A·h]中的均匀分布，电池的阻抗在[32.34Ω, 33.66Ω]中呈均匀分布。在整个充电过程中，固定电池系统中电池的输出电压值在充电结束时相差最大为 194.5 mV，而动态可重构电池系统则在 10 mV 以下。这个性能上的显著提升是通过主动管理来实现的，即通过动态调整动态可重构电池系统中的电池拓扑确保电池单体均衡。

根据充电过程设置热条件和电池不平衡场景。两种电池系统在 12 A 恒流负载下放电过程中的性能如图 3-18 所示，动态可重构电池系统输出电压的差异要比固定连接的电池系统的输出电压的差异显著减少。对两种电池系统的运行时间进行定量分析表明，采用动态可重构电池系统设计和所提出的算法可以实现 18.76%的放电时长增加。

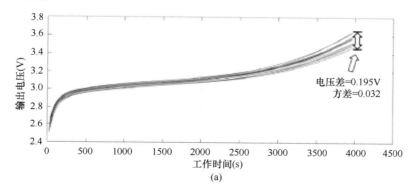

(a)

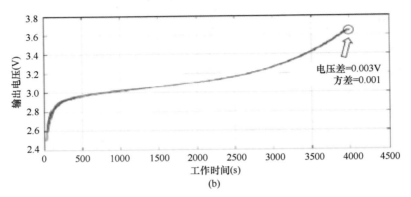

图 3-17　充电特性比较。（a）传统电池系统；（b）可重构电池系统

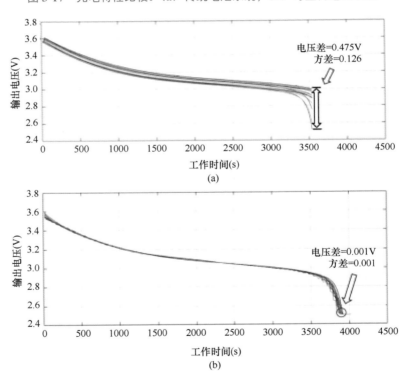

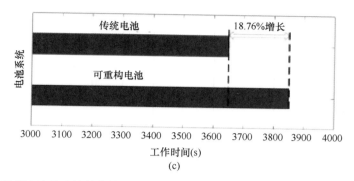

图 3-18 （a）传统固定连接电池放电性能；（b）可重构电池放电性能；（c）系统有效容量比较[2]

2. 动态可重构电池系统性能分析

一个真实的动态可重构电池验证系统能够顺利验证基于动态可重构电池的优化框架性能的提升。

1）系统描述

动态可重构电池验证系统是一个高度智能化的系统，具有数据采集、电池状态估计、决策、开关电路操作、故障电池隔离等功能。采用嵌入式传感器能够实时记录电池和热状态数据并通过现有的数据总线传输。SOC 估算和单体均衡机制据此得出控制信号来操作开关电路阵列。该电池网络以软件定义的方式互连 64 个电池单体。采用的电池单体为退役动力钛酸锂电池，额定容量为 10 A·h，最大允许放电速率为 120 A，截止电压为 2.0 V。开关电路采用 n 通道 MOSFET 电力电子开关，具有低导通电阻、高能效、鲁棒性和低成本等优点。整个系统被设计成一个标准的 19 英寸服务器机架。

2）电池单体隔离

为了验证动态可重构电池系统的能力，对 64 个电池单体组成的电池模组进行放电实验，并测量电池单体端电压。图 3-19（a）示出，当采用固定的电池拓扑结构时，放电过程中电池单体之间始终存在电压差异，当较弱电池单体达到截止电压时系统停止充电过程，导致大部分电池单体并未完全放电。在动态可重构电池中，达到截止电压的较弱电池单体被隔离出放电回路，而其余的电池单体继续放电，直到所有电池单体均达到截止电压为止，电池单体的工作时间与电池单体电压对应关系如图 3-19（b）所示。将传统固定串并联电池模组与可重构电池模型进行性能比较，得出如图 3-19（c）所示结果：放电过程中，固定拓扑中单体电池电压差异增大，当最弱电池单体达到截止电压时，系统放电过程终止；在动态可重构电池系统中，电池单体的电压差异减小，所有电池单体均达到截止电压，系统放电时长较固定串并联电池模组系统的放电时长增加了33%。

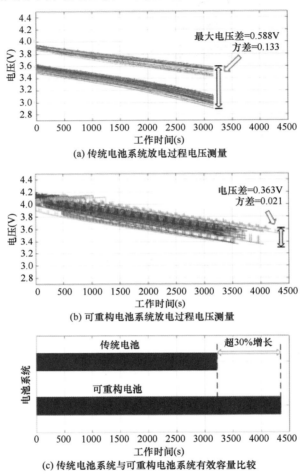

图 3-19　传统电池系统与可重构电池系统一个放电过程比较实验[2]

3）能量转换效率比较

在不同的应用场景下，验证动态可重构电池系统在能量转换效率方面的有效性。库仑效率与能量效率的性能评价如表 3-4 所示，库仑效率定义为最大可用容量与满载容量之比，能量效率计算为最大消耗品能量与满载容量之比。表 3-4 示出，当动态可重构电池系统采用所提出的优化算法时，能量效率和库仑效率均可提高 25%～30%。

表 3-4 所提算法最大能效[2]

负载		$I=30\ A$	$I=40\ A$	$I=50\ A$
传统固定连接 电池系统	库仑效率	67.26%	64.85%	61.92%
	能量效率	63.17%	61.05%	59.17%
可重构电池系统	库仑效率	94.27%	92.52	90.23%
	能量效率	90.46%	88.57%	86.06%

4）进一步讨论

通过仿真和实验验证了动态可重构电池系统设计和算法的有效性，动态可重构电池系统仍然存在与复杂性和通用性相关的问题。从结构的角度来看，随着大量电力电子开关的采用，动态可重构电池系统确实比传统系统趋向于复杂，但是这种复杂度是有序可控的。与其他已有的研究工作相比[15]，动态可重构电池验证系统在开关电路设计上更为简单，对 BCS 的要求有所降低。动态可重构电池网络拓扑实现了电池单体间主动平衡，降低了传统 BMS 系统对均衡电路设计的需求，从而节省了硬件的使用。考虑到基于摩尔定律的硬件快速发展，BCS 的复杂性和成本将随着推广规模呈现几何级数的降低，这一点已被越来越多的应用，特别是个人电子设备所证实。在通用性方面，动态可重构电池系统可广泛应用于需要电池系统的场合和较大规模的应用以及电池不平衡程度较高的电池系统，由于电池能量密度的增长速度慢于应用需求，可重构电池系统提供了一个在系统级提升电池能量密度的技术路径，即在一个电池系统中部署了多种具有不同电化学特性的电池。

3.3 基于可重构电池网络的动力电池梯次利用关键技术

梯次利用系统在智能电网环境中规模化应用，其场景具有需和求复杂多变的特点。现有的固定串/并联的梯次利用系统控制颗粒度大、可控度低、安全管控手段单一，造成复杂需求与退役电池特性难以精确匹配，梯次利用系统的安全性与经济性协调优化控制复杂。基于可重构电池网络技术在实现退役动力电池健康状态评估，以及解决退役动力电池快速分选、重组和精细化电、热、安全管理方面难题时优势较为显著。本小节将介绍基于可重构电池网络的动力电池梯次利用的关键技术，着重于退役电池健康状况与安全阈值评估及快速分选、电热安全管理和大规模梯次利用系统经济性效益评估及商业模式三个方面。

3.3.1 内容概述

1. 关键问题分析

1）退役电芯及模组健康状态与安全阈值评估及快速分选

退役动力电池分选效率受到退役动力电池内在差异性的制约，不同厂家、类型、批次的退役动力电池在健康状态、有效容量方面存在着显著差异，使得退役动力电池的分选及重组难度大、成本高，因而需要对退役电芯及模组健康状态和安全阈值进行快速精准评估。由于退役动力电池的健康状态、有效容量、再利用寿命、内阻、开路电压特性等参数存在显著差异，从而对退役动力电池快速分选和重组带来了严重挑战。因此，如何实现海量差异化退役动力电池快速分选及高效成组，降低分选成本并提高大规模梯次利用电池系统安全性、可靠性及经济性是本项目的关键技术问题。

2）基于可重构电池网络的电池电、热和安全管理

大规模退役动力电池储能系统包含了若干电池单体或模组、电池能量交换系统、双向变流器、中央控制器等核心设备，存在着非常复杂的系统控制逻辑，而退役动力电池自身的不确定性和用户场景的多样性进一步加剧了大规模退役动力电池系统的控制复杂度和系统安全性挑战。由于存在系统"短板效应"，传统固定连接的电池系统有效容量受电池单体一致性的影响很大，从而导致电池系统在应用效率、可靠性、安全性、运行维护成本等方面的问题，进一步影响了电池储能应用的效率和经济性。基于可重构电池网络的梯次利用动力电池储能系统的主动电、热和安全管控技术研究需要攻克梯次利用动力电池储能系统的精准快速均衡、自动巡检和主动电、热预警及故障预判等关键技术问题，实现基于电池网络拓扑动态重构的故障电池单体或模组快速精准隔离和梯次利用动力电池能量分级协同管控策略。

3）大规模梯次利用电池储能系统商业模式创新

梯次利用系统在智能电网中规模化工程应用的场景多样、需求复杂多变。现有的基于固定串/并联成组方式的梯次利用电池储能系统由于控制颗粒度大、可控度低，造成系统运行状态不可知、不可控、不可管，再利用寿命与经济性难以准确评估，导致多场景复杂需求与退役电池特性难以精确匹配。多场景下系统再利用寿命与经济性协调优化运行问题极其复杂，需要研究多场景下梯次利用系统优化运行与再利用寿命和经济性评估问题。制定何种适用于退役动力电池规模化梯次利用的"共建共享，收益分成"商业模式和使能技术手段，并以此指导兆瓦级的大规模梯次利用电池储能系统的构建和运行，尤其是系统整体解决方案则必须满足盈利商业模式对系统效率、安全性和经济性等指标的要求，是需要解决的关键问题之一。

2. 技术方案

基于可重构电池网络的动力电池梯次利用技术可以解决上述关键技术问题。

1）退役电芯及模组的健康状态及安全阈值进行快速精准评估、分选与无损重组

以电芯内部电化学反应机理为基础，对退役动力电池的健康状态及残值进行评估，为后续电池快速分选提供理论指导。基于电池衰变机理的研究对电池安全阈值进行分析，提高电池在梯次利用时的利用效率和安全性，为退役动力电池快速分选与无损重组提供所需理论和模型支撑。基于可重构电池网络的梯次利用电池快速分选和重组技术及装置，支持离线粗选与在线精选结合的分选，支撑梯次利用系统应用及工程示范，提出基于可重构电池网络的分布式电池能量管理系统架构设计，研究可重构电池网络拓扑结构优化设计及异构电池网络动态控制方法，研制梯次利用电池能量交换系统，形成梯次利用数字无损重组的方案。传统梯次利用与数字无损梯次利用效果对比如图 3-20 所示。基于可重构电池网络，形成新型 SOC 精准估算技术，为电池电、热及安全管控和系统运行优化提供电池状态评估方法和相关装置。

2）基于可重构电池网络的退役动力电池电、热和安全管理

根据退役电芯及模组的健康状态及安全阈值评估获得的电池状态估算模型和退役动力电池快速分选与无损重组技术中研制的相关装置，得出基于可重构电池网络的梯次利用动力电池储能系统的主动电、热和安全管控方案，实现梯次利用动力电池储能系统的精准快速均衡、自动巡检和主动电、热预警及故障预判等核心功能。基于电池网络拓扑动态重构可实现故障电池单体或模组快速精准隔离和梯次利用动力电池能量分级协同管控。

3）梯次利用电池储能系统优化运行与再利用寿命和经济性评估

根据智能电网中储能典型应用场景定量分析可重构电池系统能力，构建梯次利用电池储能系统多场景下的多目标运行策略优化方法，实现应用场景需求与梯次利用系统特性的精准快速匹配。在退役动力电池状态评估模型的基础上，结合数据驱动与数据预测对当前与未来健康状态做出综合评估，建立可重构系统的运行可靠性模型以准确评估系统再利用寿命，形成基于平准化成本分析模型的梯次利用电池

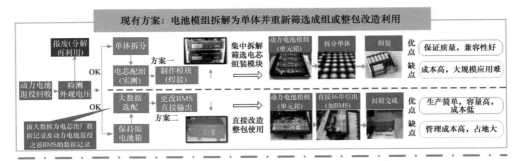

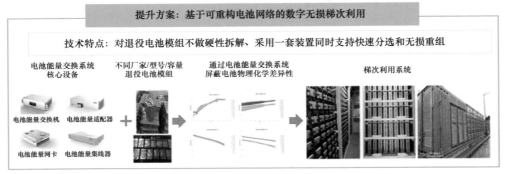

图 3-20 传统梯次利用对比数字无损梯次利用

储能系统全生命周期的经济性评估方法。基于可重构电池网络的数字化精准测量能力，支撑基于"共建共享、收益分成"原则的储能电站后付费商业运营模式的探索及经济性评估，将商业模式和运营效率作为系统设计主要约束条件。

3.3.2 基于动态可重构网络的快速分选和重组技术

基于可重构电池系统的退役动力电池梯次利用快速分选和重组技术包括四个层次。

第一，基于可重构电池网络采用开路电压、交流阻抗及脉冲电流等方法得到电芯及模组的容量、功率、内阻；建立基于电池内部电化学和外部电性能参数的健康评估模型，得到基于电芯内部电化学参数的剩余容量、寿命及相关安全边界的估计模型。

第二，基于可重构电池网络在线 SOC 精准估算新技术，通过建立基于可重构电池网络的准开路电压单体电池 SOC 估算模型，进而得到电池模组 SOC 精确计算方法。

第三，基于可重构电池网络的不拆解无损梯次利用的退役动力电池重组技术，通过采用基于历史数据和现场简单参数测量的离线粗选与"测试–运行"一体化的在线精选结合的方法，实现退役动力电池分选和重组的一体化快速低成本梯次利用。

第四，基于可重构电池网络研发支持退役电池快速分选和重组的电池能量交换系统，并以此研制退役电池快速分选装置。

其关键技术点包括：①基于可重构电池网络的 SOC 精准估算技术；②离线粗选与在线精选结合的退役动力电池快速分选方法；③基于可重构电池网络的退役动力电池数字无损重组技术；④研制分布式可扩展的退役动力电池快速分选装置；⑤研制梯次利用电池能量交换系统。

1. 在线 SOC 精准估算方法

利用可重构电池网络技术可按需在线隔离电池单体的优势，实现对电池单体开路电压的直接测量，解决基于开路电压估算 SOC 在线应用的技术瓶颈，实现低成本 SOC 高精度在线快速估算。具体内容包括以下三个方面。

基于可重构电池网络的电池单体 SOC 估算：兼顾算法复杂度及测量精度的电池单体开路电压测量算法可以确定合理的电池网络重构频率及电池静置时长。通过基于 Kalman 滤波理论的开路电压测量结果噪声去除方法确定综合考虑去噪效果及计算复杂度的最优迭代次数。

电池网络拓扑的数学模型方法：基于图论获得任意电池网络拓扑的矩阵变换方法，得到任意电池网络拓扑的等效串并联结构图。

电池网络拓扑的等效 SOC 计算：从基本串联、并联和混连结构出发，基于电池单体 SOC 与电池网络拓扑，得到任意电池网络拓扑的等效 SOC 计算模型。

2. 退役动力电池健康状态与安全阈值分析

1）退役动力电池健康状态评估技术

电池内部电化学特征参数与外部电性能参数的关联：通过退役电池的充放电曲线得到电池容量增量曲线，对电池材料的电化学嵌锂量、锂离子扩散系数及电池内阻进行初步判定。结合开路电压和交流阻抗，建立电池内部动力学参数与外部电性能特征参数之间的关系模型。

电芯及模组的健康状态评估：根据电池内部和外部特征参数的关联分析结果，在传统基于开路电压和内阻的状态评估方法上，增加电池电化学参数，建立多维度、高精度的电池健康状态评价模型。

2）退役动力电池安全阈值与残值评估

退役动力电池单因素安全评估技术：通过分析材料热稳定性、容量衰减、内阻变化、温度快速上升、胀气等现象，评价电池热、电及机械应力的安全边界，得到电池安全运行的临界点。基于电池衰变机理及单因素加速老化实验，得到电池安全边界条件及低阶电池老化模型。

退役动力电池多因素耦合安全评估技术：通过多因素耦合模型及交叉实验验证，得到退役动力电池在不同场景下的安全阈值及高阶老化模型。

考虑电池拓扑变换条件的可重构电池网络安全阈值评估：结合基于电池内部和外部特征参数的健康状态模型，评估电池网络在多应用模式下的安全阈值和残值。

3. 离线粗选与在线精选结合的快速分选法

离线粗选方法：利用动力电池历史运行数据及现场简单测试实现电池离线粗选，建立普适性的模块粗选充放电模型，研究退役动力电池离线粗选方法的一致性、有效性。

在线精选方法：基于可重构电池网络研发快速分选装置，对退役动力电池单体或模组的开路电压、电池容量、内阻等参数进行精细化测量和评估，剔除高风险的退役电池，并根据不同应用场景需求对分选出的退役动力电池进行匹配分类。

4. 基于可重构电池网络的数字无损重组技术

基于可重构电池网络设计分布式能量管理系统架构和拓扑结构优化，执行电池网络动态重构控制方法。

分布式能量管控系统架构设计：设计基于可重构电池网络技术和分布式能量管控系统架构，满足梯次利用退役动力电池系统高安全需求。

可重构电池网络拓扑结构设计：量化分析和设计最小可控电池单元规格、能量交换背板开关数量及阵列拓扑与电池系统灵活性之间的影响关系，研究考虑灵活性、可靠性、安全性与经济性的可重构电池网络拓扑结构多目标优化算法。

可重构电池网络控制方法：分析可重构电池网络控制原理，综合考虑电池状态、安全阈值、负载需求等条件，建立电池网络拓扑重构控制模型，实现基于自适应动态规划算法和可重构电池网络快速重构的优化控制方法。

5. 梯次利用退役动力电池能量交换系统与分选装置

1) 梯次利用退役动力电池能量交换系统

退役动力电池能量交换系统设计：基于分布式能量管控系统架构，设计电池能量交换系统各关键设备的结构和功能，完成能量交换机、能量网卡、能量集线器、能量适配器等关键设备研制。

电池能量交换系统关键设备制造与集成测试：研制能量交换机等关键设备的

主电路、测量单元、控制单元、保护单元、通信单元等；设计满足电气性能指标要求的各关键设备及整套系统的形式试验与例行试验方案。

2）梯次利用退役动力电池快速分选装置

退役动力电池分选装置控制系统研发：研制基于可重构电池网络的软件定义电池分选装置，具备脉冲电流、开路电压等高速精准测量能力，实现"测试–运行"一体化的快速分选重组模式，支持对不同厂家、型号、应用需求的电池模组进行自适应定制化分选。

退役动力电池分选装置分选安全性保护设计：基于可重构电池网络，构建电、热失控主动阻断机制，实现对分选过程中可能发生的电、热失控进行主动防护。

退役动力电池快速分选性能评价：基于开路电压、电池容量、电池内阻及容量增量等参数，定量分析分选系统的性能与测量时空颗粒度的关系，实现电池分选效率与分选精度的平衡，得到退役动力电池快速分选性能评价。

3.3.3 基于动态可重构网络的电–热–安全管控技术

基于可重构电池网络的退役动力电池梯次利用系统电、热、安全管控技术包括以下四个层次。

第一，通过可重构电池网络对电池运行状况进行实时量测和分析，利用电池能量信息化技术进行电池单体或模组的精准充放电均衡和微秒级故障电池精准隔离，实现基于可重构电池网络的梯次利用退役动力电池电、热、安全管控。

第二，基于电池能量交换系统，建立梯次利用动力电池自动巡检和智能管控云平台，实现电池运维和能量调度的自动化、网络化及智能化。

第三，适用于大规模梯次利用动力电池储能系统的高效柔性变换器，采用新式三电平电路拓扑，提高双向变流器的能量转换效率。

第四，电站级精准能量分级协同管控策略，定义和实现能量协同管控系统规约，实现电池能量交换系统与双向变流器及控制器之间的大规模协同控制。

1. 退役储能系统能量管控和自动巡检平台

基于电池能量交换系统，设计数字化和网络化的电池能量管控协议，互联网化的电池单体或模组能量管控和自动巡检方法，支撑退役动力电池储能系统的多场景应用。

退役动力电池储能系统能量管控平台设计：基于退役动力电池能量交换系统，实现电池能量的数字化和网络化管控协议设计，搭建网络化电池能量管控平台，支撑多场景储能系统运行优化和储能系统的后付费商业模式。

退役动力电池储能系统自动巡检平台设计：基于电池能量交换系统的互联网化电池单体或模组自动巡检方法，实现电池单体或模组运行状态信息的采集和分析及远程充放电运维管控，支撑低成本梯次利用储能系统运维。

2. 基于可重构电池网络的主动电、热预警及故障预判方法

基于历史运行数据和实时监测数据，研究老化电池离散型演变规律。建立电池安全状态在线诊断及热失控预判模型，实现对故障的精确预警，提高故障处置效率。

产热特性与电–热耦合网络模型：分析电流倍率、温度、DOD 等因素对单体电池产热特性的影响，建立单体电池多因素耦合产热模型；分析多种构型下电池单体或模组电–热耦合机制，建立基于电源网络原理和单体电池产热模型的电池单体或模组的电–热耦合网络模型。

退役动力电池在线安全预警方法：结合产热模型和热失控模型，通过热电滥用手段引诱电池发生热失控，探究表征退役动力电池稳定性及安全性的参数体系，进而建立不同类型与不同老化程度动力电池在线预警方法。

3. 基于可重构电池网络的故障电池快速精准隔离方法

综合考虑电池单体或模组状态和应用场景对电池储能系统的能量调度要求，以电池安全裕度为约束，以电池网络动态重构为手段，快速精准隔离故障电池单体或模组。

不同运行状态下的电池安全裕度分析：基于当前系统内各电池的运行状态信息，分析不同运行状态下的电池安全裕度。

多约束条件下的电池网络动态重构方法：考虑电池单体或模组状态和安全裕度及电池储能系统的能量调度要求等多约束条件下的电池网络动态重构方法，实现故障电池单体或模组的精准隔离。

4. 梯次利用动力电池能量分级协同管控策略

电池能量分级协同管控架构：设计分级能量协同控制架构，制定电池能量交换系统与双向变流器之间的协同控制规约，以及双向变流器之间的协同控制规约。

电池能量分级协同管控系统：实现电池能量交换系统与双向变流器及控制器之间的大规模协同控制，满足电网对电池储能电站的能量调度要求。

3.3.4 基于动态可重构网络的梯次利用示范应用技术要点

基于可重构电池网络的多场景下梯次利用电池储能系统再利用寿命与经济性

评估技术包括以下四个层次。

第一，梯次利用电池储能系统根据智能电网多应用场景、多时间尺度下的需求目标，考虑梯次利用电池储能系统在再利用寿命、经济性、SOC 和可靠性上的约束因素，量化分析多场景梯次利用电池储能系统需求，构建系统运行能力模型。

第二，基于深度强化学习，实现多变复杂情况下的梯次利用电池储能系统的运行策略优化，通过以上研究实现多应用场景需求与梯次利用电池储能系统运行能力的动态精准优化匹配。

第三，基于数据驱动的健康指数模型和基于数据预测的故障关联频度分析，研究可重构退役动力电池系统的寿命评估方法，综合评估系统再利用寿命。

第四，建立梯次利用电池储能系统多场景平准化全生命周期成本分析模型，挖掘不同商业应用模式，评估系统全生命周期经济性。

针对智能电网典型应用场景，量化分析其运行需求及对梯次利用电池储能系统运行能力的要求，技术要点包括：基于深度强化学习的梯次利用电池储能系统多场景多目标优化运行方法；基于梯次利用系统电池储能运行可靠性的再利用寿命评估方法；基于平准化成本分析模型的梯次利用电池储能系统全生命周期经济性评估方法。

1. 梯次利用电池储能系统应用场景需求与运行能力量化分析

梯次利用电池储能系统的应用场景聚类：主要有储能消纳可再生能源、平抑负荷峰谷差、改善电压质量、热电联供、紧急供电等典型应用模式，分析不同应用模式下储能需求与网架结构，根据电池储能的输出特性和负荷的时空特性提出电池储能应用场景聚类方法。

梯次利用电池储能系统在智能电网中应用场景需求分析：针对智能配电网中的不同应用场景，如消纳随机性间歇性的新能源场景、配网调峰调谷场景、微网/配网的二次调频场景、配网台区电压和电能质量的控制场景、微网的频率控制场景、微网电压和电能质量控制场景等，研究不同场景下的梯次利用电池储能系统运行需求。

不同运行方式下梯次利用电池储能系统运行能力分析：结合典型应用场景，量化评估储能系统需求。通过梯次利用电池储能系统运行能力分析，评估其满足电网储能需求的切合度，量化分析梯次利用电池储能系统在再利用过程中额定功率、额定容量等运行能力参数与残值、健康状况等电池状态参数之间的耦合关系，构建梯次利用电池储能系统运行能力模型。

2. 多应用场景下梯次利用电池储能系统多目标运行策略优化

梯次利用电池储能系统多目标运行优化模型：针对峰谷差、频率、电压质量、电能质量、稳定性等约束条件，面向安全性、可靠性、效率、经济性和寿命等多重优化目标，构建梯次利用电池储能系统运行策略优化模型。

基于深度强化学习的梯次利用电池储能系统运行优化决策算法：根据实际运行数据生成训练样本，基于深度强化学习算法对智能电网的运行场景及调度指令进行学习，实现梯次利用电池储能系统的运行优化决策。

3. 当前与未来健康状态耦合的可重构系统再利用寿命评估

当前与未来健康状态耦合的退役电池系统再利用寿命评估：使用关联频度分析和归因分析方法，建立梯次利用系统报警、故障、离线等运行状态与运行环境因素间的相关性关联。建立退役电池系统运行可靠性评估体系，利用关联业务数据建立基于运行与环境数据驱动的当前健康状态评估模型，利用基于实测数据的故障预测技术建立再利用寿命评估模型，进而基于运行可靠性理论评估退役电池系统再利用寿命。

基于运行可靠性的可重构系统寿命评估：综合考虑元件工作年限、运行条件和运行环境，建立元件运行可靠性模型，提出实时的元件故障率函数。元件寿命是元件正常工作的时间期望，通过建立实时的元件故障率函数与可靠度函数的转换关系，得到故障率函数与元件寿命的关系式。

4. 基于多场景全生命周期成本与效益的系统经济性评估

多场景下的梯次利用系统全生命周期成本评估方法：根据平准化成本分析原理，建立梯次利用电池储能系统的平准化分析模型，评估系统全生命周期成本。梯次利用电池储能系统全寿命周期过程涵盖项目建设阶段、运营阶段及报废阶段，其全生命周期成本包含投资成本、运行维护成本、财务费用、充电成本和残值回收，进而考虑电池运行特性和寿命特征，建立可重构电池模组的平准化成本模型 L_{coe} 如下：

$$L_{coe} = \frac{I_{f0} - V_{Re}/(1+r_d)^i + \sum A_i/(1+r_d)^i - D_i/(1+r_d)^i}{\sum C_i/(1+r_d)^i} \tag{3-24}$$

式中，I_{f0} 是设备初始投资，V_{Re} 是固定资产残值，r_d 是折现率，i 是年份，C_i 是第 i 年转移电量，D_i 是第 i 年电池折旧费用，A_i 是第 i 年运维费用。成本包括设备初始投资与第 i 年的运维费用之和扣去固定资产残值及第 i 年电池折旧费用。

梯次利用电池储能系统的效益评估方法：在"互联网+"背景下，基于给定的梯次利用电池储能系统商业模式，量化分析系统运行能力、平准化成本和系统收益之间的关系，评估梯次利用电池储能系统在提升分布式电源利用效率、降低配电网运行成本、延缓网络改造升级、恢复故障供电等典型应用场景的效益。

5. 梯次利用电池储能系统商业模式探索与经济性评估

商业模式探索：按照"共建共享，收益分成"的原则实现基于数字储能系统的能量运营后付费模式，即按照投资方出资金，建设方负责建设，设备厂商负责提供除电池之外的储能电站设备，电池厂商负责提供电池的模式共同建设储能电站。由于电池能量交换系统对电池的使用情况有着细粒度的管控和记录，各参与方根据电池能量运营平台的数据确定储能系统实际收益并按度电结算分成。

经济性评估：根据储能系统能量运营数据对储能电站运行经济性进行整体评估，根据评估结果适当调整商业模式，真正实现可盈利的梯次利用电池储能系统的建设和运营模式，达到参与各方的共赢。

3.4 基于动态可重构网络的动力电池梯次利用示范应用

集成 3.2 和 3.3 的部分技术成果并形成动力电池梯次利用应用示范，检验基于可重构电池网络的动力电池梯次利用技术路径有效性，进行集中式和分布式两种示范，通过电池云平台实现电池全生命周期的信息管理和控制、维护，并基于不同应用场景开展相应的商业模式探索，能够有效衡量可重构电池网络技术在实现梯次利用中的经济性、安全性等。本小节将从分布式和集中式角度，介绍本章所提基于可重构电池网络的动力电池梯次利用关键技术的示范应用。

3.4.1 广州市通信基站闲散及梯次电池数字化改造和高效利用

1. 广州市闲散及退役电池特征概述

目前，广州市在各行各业中部署了海量的闲散及待退役储能资源，电化学储能系统性能优异，其响应速度快，在社会其他行业中应用广泛，由此产生大量分布式闲散电池储能资源，尤其在通信基站、数据中心、金融、交通、铁路等行业。在落实"智慧广州"、枢纽型国家信息港建设的战略大部署下，广东省城乡规划设计研究院制定《广州市移动通信基站站址布局专项规划（2017—2020 年）》，将移动通信基站纳入城乡规划体系，确定了移动通信基站的整体布局，有效增强通信基站建设的可操作性。在移动通信基站布局规划中，移动通信基站的密度、管控分区如图 3-21 所示。其中，白云区、越秀区、天河区、荔湾区、海珠区等为通信基站超高密集区；并将白云区、越秀区、天河区和海珠区列为核心管控区，构建了高速、移动、安全的信息基础设施。

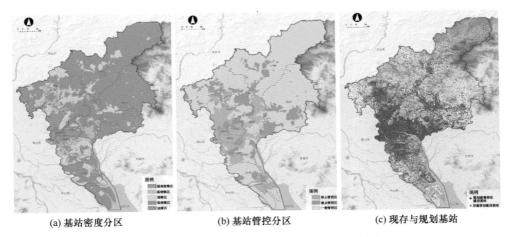

(a) 基站密度分区　　　　　　(b) 基站管控分区　　　　　　(c) 现存与规划基站

图 3-21　广州市移动通信基站密度分区规划图

　　调研广州市白云区内 150 个通信基站，发现大量电池储能资源处于闲置状态，同时需要消耗大量运维资源，比如：人工、替换、发电、电费等，每年单个站点电池维护费用在 1200～1500 元。经过测量，所选取调研的 150 个通信基站总共具备 2.65 MW·h 的储能容量，其位置分布和储能容量统计如图 3-22 所示。由于现有储能电池的管理技术简单粗放，不仅降低了电池的可用容量和使用寿命，而且难以发挥其储能价值创造经济效益。如果通过技术手段创新，构建基于能源互联网的电池能量管理系统，盘活大量分布式闲置电池资源参与电网储能需求响应，不仅可以提高电池储能系统资产利用率，降低电池的运维成本，还可提高城市电网调控能力，推动城市能源互联网建设。

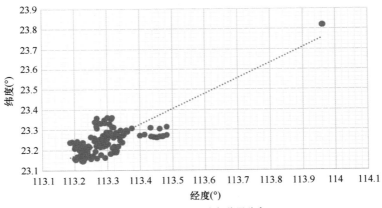

(a) 调研基站的空间位置分布

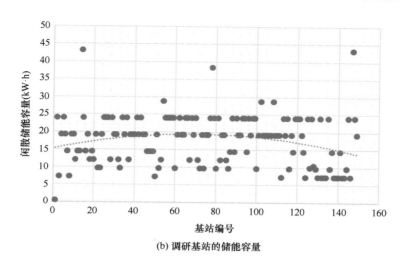

(b) 调研基站的储能容量

图 3-22　白云区 150 个调研基站位置分布及配置储能容量

2. 闲散及退役储能资源盘活技术难点分析

在通信基站中的闲散及退役储能资源中，由于基站的分布范围较广，各个基站采用的储能资源情况不尽相同，在实现以分布式备用电源系统供电，实现配电系统扩容和闲散储能资源梯级利用，以及在实现储能数据信息动态管理方面，存在以下几点技术难点：

（1）各个基站采用的储能电池不尽相同，以及单一类型电池难以满足多样化应用及负载动态变化，如何把不同厂家、不同批次、不同种类、不同电化学特性的电池单体集成到一个大的系统中一起使用是需要解决的首要难点。

（2）本项目所选的基站分布范围比较广，而且每个通信基站均有大量信息数据（如电池电压、电流、SOC 及充放电指令、保护阈值等），在一定程度上缓解了传统数据中心的存储压力与带宽需求，但这也带来了数据储存分散的问题。如何合理构建电池巡检云平台，保证海量数据及时汇集、分析、处理及交互的准确性和快速性是本项目的第二个难点。

（3）对电池能量交换系统而言，不仅需要准确估计电池系统状态，更为关键的功能在于通过对故障的有效检测和处理，确保高压系统的安全。因此，电池故障的识别与隔离是该项目的第三个难点。此外，电池组运行方式复杂多变，需要更加精准的方法实现电池状态监控和调整，通过何种软硬件系统实现是本项目第四个难点。

（4）分布式闲散及退役电池储能资源组成的备用数字供电系统中，其容量与储能系统数据信息需要动态升级。随着社会需求的发展，分布式闲散及退役电池储能资源组成的备用供电系统的部署也会越来越多，如何在不影响电池能量管控云服务正常运行的前提下，动态进行分布式备用供电系统扩容也是该项目需要重点解决的问题。

3. 闲散及退役储能资源利用的技术目标和内容

本项目以"面向特大城市的能源互联网示范项目及关键技术研究"为题，开展通信基站闲散储能系统成套装置试制与应用研究。在广州市白云区的城郊、京溪、西郊三个片区选择 100 个直供电移动基站作为试点，利用每座基站闲置的备用储能资源，组成大规模的分布式电池系统，在能源互联网大数据及云平台的基础上，通过现代化通信手段，实现对每座分布式基站储能系统的监控和管理，将每个分散点的储能资源统筹计算，实现用户负荷与储能系统之间的快速互动响应，最大限度地使能源在用户侧得到合理配置。

本项目的技术内容包括三个方面。

1）研发电池能量交换系统

该系统能够在 100 ms 内完成电池网络拓扑动态重构，通过可重构电池网络实现电池单体层面的充放电能量管理和控制，在不采用传统主动或被动均衡电池管理系统（BMS）的前提下保证每节电池单体达到要求的充放电截止电压，同时实现毫秒级的故障电池单体的在线识别和在线隔离，并能够监管不同类型的电池系统（如功率型电池、能量型电池等），即实现电池能量的数字化和信息化及网络化管控。通过电池能量交换系统将电池系统从传统模拟能量系统转变为数字能量系统，进而与电池巡检云平台和能量调度云平台无缝对接，实现电池储能系统的互联网化能量管控，并支撑异构或差异性大的电池混用和退役动力电池的梯级利用。

2）开发电池巡检云平台

通过上述电池能量交换系统将电池单体数据，如动态开路电压和 SOC 等状态信息采集并实时传输到云平台，基于电池单体状态数据计算可重构电池网络的等效 SOC，同时将电池状态数据通过专用 API 开放给第三方使用。对外提供控制接口实现对分布式储能系统的动态优化运行、管控、动态定义电池（如电池系统的充放电，电池类型整体切换等）。

3）开发能量调度云平台

在上述电池能量交换系统和电池巡检云平台的基础上，实现电池单体层面的充放电精细化管控和分容，做到无需人工上站巡检，实现故障电池定位与实时通知、电池系统动态重构等功能，改变传统电池成组更换的运维范式，降低运维成本。

4. 闲散及退役储能资源利用的技术路线及方案

技术路线如图 3-23 所示，包括研发试制相应硬件设备和软件系统。

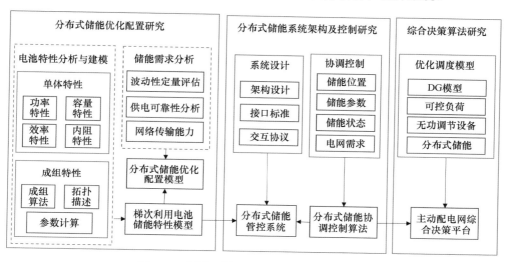

图 3-23　闲散及退役储能资源利用技术路线

1）研发电池能量数字化和信息化及网络化管控的电池能量交换系统

解决电池单体差异与电池成组固定连接方式之间的不匹配所带来的系统短板效应及由此产生的一系列问题，使成千上万节电池单体组成一个高效、可靠、安全的能源系统，"动态可重构电池网络"的思想与技术路径可实现上述问题的整体要求。它根据电池系统运行环境的变化及各能量管控节点上的单体电池当前的自身情况（如 SOC，SOH，温度等），在满足用户体验与应用系统的性能要求下，在电池能量管控芯片的控制下自适应动态重构电池物理网络拓扑结构（即单体电池之间的物理连接）。在考虑电池网络重构特性的前提下，准确测量/估算电池荷电状态，并开发相关支撑的软硬件系统是该技术应用的关键，也是本项目实施的重要基础。

技术与理论基础：基于电池通用数学模型的电池荷电状态精确估算技术及其快速算法为理论基础，实现电池荷电状态精确估算。

采用软件定义电池功能，电池能量管控系统可以将功率型电池（如钛酸锂、三元锂电池等）和能量型电池（如磷酸铁锂、铅酸电池、铅碳电池等）及其他能量存储载体（如超级电容器等）无缝集成到一起，形成一个高效供电系统，满足了不同应用对电池系统输出功率和工作时间的要求，从而极大提升了电池系统的性能，降低了电池系统的单位成本。

以互联网信息交互理论和动态复杂系统理论为理论支撑，以智能信息网络技术和高频电力电子半导体技术为技术基础，构建可重构电池网络，进而从根本上解决了目前电池应用中的一系列世界级难题，为后续电池巡检云平台和能量调度平台提供信息采集前段和指令执行终端。

技术方案：

图 3-24 给出了拟采用的电池能量交换系统示意图和结构框图。通过为基站电池配置能量网卡实现电池能量离散化和可控化，随后电池通过能量集线器经能量交换机接入 PCS。能量集线器可通过能量网卡获取电池单体状态信息，并上报给能量交换机。能量交换机根据电池单体信息及拓扑信息计算电池组整体信息，并根据电池应用需求生成最优电池拓扑，通过能量集线器下发给能量网卡执行电池网络拓扑重构执行，实现电池网络拓扑的自动优化。当电池单体出现故障时，能量交换机系统能够监视到该故障，并通过相应开关操作隔离故障单体，控制其他正常电池单体继续运行，同时给出告警信息。

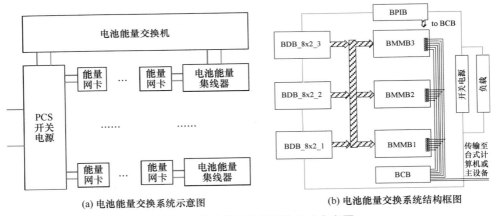

(a) 电池能量交换系统示意图　　　　　　(b) 电池能量交换系统结构框图

图 3-24　电池能量交换系统技术方案图

关于故障电池的识别，由于导致电池出现异常的因素较多（单体电池或电池组的过电压、欠压、充放电过电流、过温度、欠温度、低容量故障等），另外，由于电池在使用过程中所表现出的非线性（容量、内阻的变化等），因此，在电池使用后期保护值远大于设定的范围，如果采用固定标准判断故障状态，将导致电池组使用的安全性问题。本项目的研发采用电池实时状态变化的动态电池安全判别准则。电池故障判断准则设立后，设置硬件级保护监测及隔离回路，可实现故障电池的快速切除，至此故障电池的在线识别与隔离问题得以解决。

电池荷电状态（SOC）的准确估算是进行电池管理的重要基础，电池在使用过程中表现的高度非线性，使准确估计 SOC 一直是电池管理技术中的瓶颈。电池的非线性因素主要包括：充放电倍率、电池的自恢复特性、环境温度、电池老化，以及电池单元之间的差异性。具体而言，如图 3-25（a）所示，电池端电压并不是恒定的，它随着放电电流变化而非线性变化；电池在放电后，则电池容量会自恢复，并且电池的自恢复能力取决于 SOC 与电池停止放电的时间。如图 3-25（b）所示，电池载荷量与电池放电速率之间存在非线性单调关系；环境温度对电池内阻及电池容量有影响，即环境温度越低则电池内阻越大，并且电池容量越低，反之，环境温度越高则电池内阻越小，从而加速自放电，导致电池可达容量越低。另外，电池中电解液分解、活性物质的溶解以及钝化膜的形成，将导致电池容量衰减。以上电池的非线性影响因素都将导致电池组特性的非线性，从而给电池组载荷状态的精确估值提出了挑战。

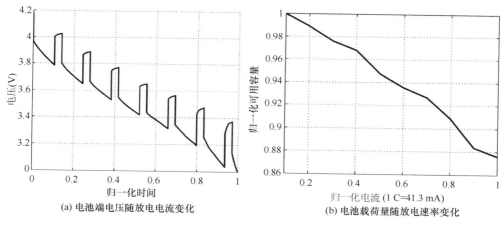

(a) 电池端电压随放电电流变化　　　　　　(b) 电池载荷量随放电速率变化

图 3-25　电池非线性特性图[33]

　　针对这一技术难题，本项目首先综合考虑电池工作中的非线性特性及电池组中电池单元的连接方式，基于电路模型方法构建通用电池组数学模型。单体电池等效电路模型如图 3-26（a）所示。等效电路模型可以准确地体现电池的动态特性（非线性开路电压、温度影响、老化与自放电等），电路模型中可变电容用以等效电池的自恢复特性。根据电路理论，任意电池连接方式可以等效成串联或并联方式，那么，基于单体电池等效电路模型，在电池串联与并联等效电路可以表示为图 3-26（b）与（c）。

　　通过电池组等效电路模型可建立对应的电路方程组，对电池组的荷电状态、有效容量、输出电压、内阻等进行准确估计。基于所建立通用模型的 SOC 估计与自动校准可以直接采用软件实现，能够有效节省电路本身成本，并且估算精度更高。基于等效电路模型软模式实现的电池 SOC 精确估算，一方面，需要系统定期根据测量的实际数据自动校准，这对软件算法的实时性提出了更高的要求，另一

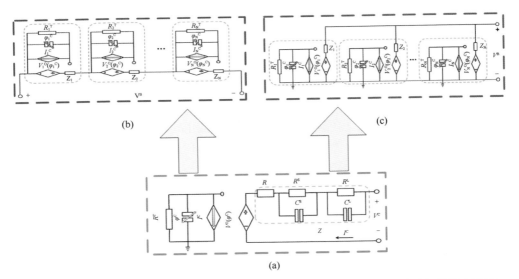

图 3-26 （a）单体电池等效电路；（b）串联电池组等效电路；（c）并联电池组等效电路[33]

方面，电池工作过程中的非线性因素提高所对应的方程组的计算复杂性增加了求解过程的复杂度。本项目通过快速查表方法与离散积分方法进一步提高单电池参数估算与自动校准的计算效率。

2）广域互联和分布式控制的电池巡检云平台

分布式储能系统地理位置分布广泛，各个通信基站产生海量数据。及时地对海量数据进行分析、处理，并解决各分布式基站与电池巡检云平台的交互延迟是该项目的一大技术难点。现在较为流行的边缘数据中心模式，为这一问题的解决提供了基础，只需将最主要的数据（比如基站状态、电池系统状态）传送至主服务器，减少了主服务器的运算压力，使得主服务器能够专注于业务逻辑运算，同时也降低对宽带的要求，满足了高管带的访问应用需求。

当动态增加分布式储能系统时，在不影响云平台运行的前提下，自动将新增储能系统纳入自身体系是搭建电池巡检云平台一大难点。当前流行的 ACL 与 RUL 签名技术，为解决上述问题提供了技术支持，ACL 技术通过动态配置访问控制列表参数，过滤掉无效 IP 地址。RUL 签名则通过签名来识别访问者身份，达到用户身份验证效果。在考虑大数据量和访问控制有效前提下，保证数据处理效率和准确性是本项目实施的重要基础。

缩小电池能量交换系统与电池巡检云平台之间通信消息格式的差异性，使得所有分布式储能系统都能够与电池巡检云平台进行无缝对接是完成该项目的一大难题。解决此问题时，考虑到平台无关性、语言无关性、可扩展性等方面，Google

Protocol Buffers 技术为提供了思路，编写高效可扩展的 Protocol 通信协议，是实现该项目的首要任务。

技术与理论基础：本项目将以分布式数据存储技术为基础，构建新型数据中心，解决分布式备用数字供电系统的数据存储问题，并采用 paxos 算法来确保各应用程序中引用数据的一致性，采用 ACL 技术与 RUL 签名技术确保通信安全，同时采用 Google Protocol Buffers，屏蔽分布式储能系统与电池巡检云平台之间的通信消息格式差异，进而解决分布式储能系统的动态安全接入，为后续能量调度云平台所需要的数据进行了二次处理。

技术方案：根据现有云平台服务主流技术方案，电池巡检云平台系统整体架构如图 3-27 所示。

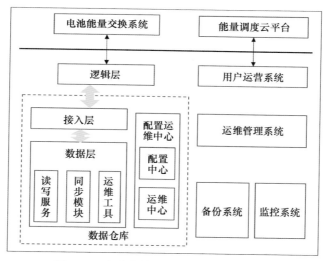

图 3-27 电池巡检云平台系统整体架构图

系统主要由三部分组成，第一部分是图中数据仓库包含的模块，直接提供数据存储服务的核心部分，由接入层、数据层、配置运维中心组成；第二部分是辅助系统，主要负责系统的监控、运维和运营备份，由监控系统、备份系统、运维管理系统、用户运营系统组成；第三部分是逻辑层，主要负责分布式储能系统原始数据的处理以及与第三方（如微网、配网调度系统、能量调度云平台等）的通信交互。

一个数据仓库就是一个存储集群，多个业务可以共享一个数据仓库的资源，我们根据需求可以部署多个数据仓库。辅助系统是所有数据仓库共用的。结合电池能量交换系统提供的 API，制定电池能量交换系统与电池巡检云平台之间的通信协议，开发电池巡检云平台的 API。两者之间采用 C/S 架构，电池巡检云平台作为 S 端，电池能量交换系统作为 C 端，C 端主动向 S 端发送数据消息（消息中带有 C 端的身份识别信息），并获取控制指令，C 端与 S 端之间的交互频率可以人工设置。在 S 端，我们将电池能量交换系统的身份识别信息做成可配置模式，当新增分布式储能系统时，在 S 端添加到该储能系统的身份识别信息与 RUL 签名格式，确保了新增加分布式储能系统主动与管控管控云平台交互时，云平台能够及时响应，这样解决了分布式储能系统的动态扩容问题。

同理，可以使用 RUL 签名和 ACL 技术来实现第三方接入问题，制定基于 HTTP 的 API，做好网络安全机制，制定相应的访问控制规范，任何预接入电池巡检云平台的第三方均要按照此规范进行操作。在这一部分，我们还将对 API 指令做本地化处理，把各指令转化成内部指令格式，屏蔽掉各接口之间消息格式的差异，由此我们解决第三方无缝对接难点。Google Protocol Buffers 是 Google 公司的混合语言数据标准，主要用于 RPC 系统和持续数据存储系统，它是一种轻便高效的结构化数据存储格式，可以用于结构化数据串行化，用于通信协议，数据存储等领域的语言无关、平台无关、可扩展的序列化结构数据格式。使用该技术，我们可以编写高效、可扩展的 protocol 通信协议，通过这一方法，我们屏蔽掉电池能量交换系统与电池巡检云平台之间的通信消息格式差异。

电池巡检云平台程序的开发与边缘数据中心的建设：根据现场实际情况选择合适机房，搭建服务模式的云存储，并部署电池巡检云平台服务程序，开放 API 接口。当分布式电池系统数量增加时，势必会给电池巡检云平台造成性能下降，带宽压力倍增，我们可以采用负载均衡技术，配置多台数据存储服务器与业务逻辑处理服务器，对大数据和业务逻辑进行分流处理，确保电池能量交换系统提交的数据能够及时处理、响应。

3）支持故障电池单体在线识别、及时通知的能量调度云平台

在上述电池能量交换系统与电池巡检云平台的基础上，在不影响系统整体工作状态的前提下，及时地识别、定位故障电池并将故障电池信息及时通知运维人员是该项目的一大重点、难点。电池网络监测数据融合技术与网络化智能管控技术，可降低数据通信开销，实现电池网络的实时质量控制、性能监测与故障诊断，这从硬件角度解决了故障电池的定位。在满足用户体验与应用系统的性能要求下，实现故障电池的准确定位，并开发相关支撑的软件平台系统是该技术应用的关键也是该项目实施的重要基础。

技术与理论基础：以电池网络监测数据融合技术与网络化智能管控、电池巡检云平台实现电池单体层面的充放电精细化管控和分容为技术基础，以互联网信息交互理论为理论支撑，解决故障电池的在线识别与隔离问题。

技术方案：图 3-28 中展示的是能量调度云平台的基本架构。

依据本项目特点，对系统采用分层模式，从底层到上层分别是基础设施层、平台层、软件服务层、客户端层。其在广州市闲散及梯次储能资源盘活项目中所开发的实际能量调度云平台系统应用界面图如图 3-29 所示。

图 3-28　能量调度云平台基础架构

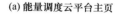
(a) 能量调度云平台主页　　　　(b) 基于电池单体的故障诊断、隔离

图 3-29　电池能量调度云平台界面[39]

依据电池巡检云平台第三方接口规范，将能量调度云平台作为第三方接入电池巡检云平台中获取电池系统基础数据，在 PaaS 层对数据进行初步处理、分析，提取关键信息，并将数据储存至数据库中，作为分析电池状态的依据。在关键信

息中，实时监控每节电池性能状态，当获取到电池能量交换系统发出的故障电池信息，可对保存到数据库中的数据进行数据挖掘，根据历史数据统计分析该电池的性能曲线，多次对不同时期同一状态下电池参数（如 SOC、SOH、电流、电压等）做差异分析，如果当前电池参数与前几次参数变化出现显著差异时，则确认该电池为故障电池。当电池确定为故障时，可以通过调用电池能量交换系统的 API，给电池能量交换系统发送隔离故障电池指令（也可设置电池能量交换系统自动隔离），至此，电池隔离问题也获得解决。当能量调度云平台识别出有故障电池后，可以通过短信、邮箱、APP 消息推送等方式，将电池故障信息及时传递给运维人员，以此实现无需人工上站巡检的要求。

5. 技术方案的先进性及经济性分析

该技术方案的先进性和创新性主要表现在：

第一，基于可重构电池网络的电池能量交换系统通过高频电力电子技术与大规模集成电路技术的一体化设计，实现单体电池层面上的能量流和信息流在时空两维上的细粒度管控，彻底屏蔽单体电池之间的物理差异性及其对系统性能的负面影响，极大提高电池系统的寿命、容量效率、可靠性、安全性，理论上将电池系统寿命提升至与单体寿命一样长。

第二，提出基于电池能量交换系统和大数据理论的电池巡检云平台，通过将电池储能系统从传统模拟能量系统转变为数字能量系统，并与互联网及大数据业态无缝连接，实现电池系统乃至单体电池的实时状态和历史数据的准确跟踪和分析挖掘，保障电池系统的安全稳定性，提高电池资源的经济性，快速精确评估电池健康状况和运行状态，支撑退役电池的梯次利用和基于电池系统运行状况的配电网能量管理，进而实现电池储能系统运维自动化，大幅度减少人力成本。

第三，提出基于电池能量交换系统和能源互联网调控理论的能量调度云平台，将电池资源状态信息采集、传输、存储于云端，并进行大数据挖掘和虚拟电池储能系统运行优化，提升电池资源的运行效率和安全性，同时与配电网储能需求有机结合在一起，形成基于能源互联网的共享经济储能系统建设和运营。

在上述三点技术创新基础上，该技术方案可将基站闲散备用电池储能资源进行数字化和虚拟化处理，盘活利用为数字储能资产，通过电池巡检云平台实现自动巡检，降低运维成本，并基于能量调度云平台，利用储能资源虚拟化将分布式储能系统统一接入配网或微网调度平台，辅助新时代配网/微网优化运行，开创基于能源互联网共享经济模式的数字储能服务。

本项目技术指标包括：电池能量交换机 100 套，实现对广州市白云区的城郊、京溪、西郊三个片区 100 个直供电移动基站备用电源改造；电池巡检云平台 1 套，实时采集动态开路电压、SOC 等状态信息并传输到云平台，基于电池单体状态数据计算可重构电池网络的等效 SOC，并将电池状态数据通过专用 API 接口开放给微网或配网调度系统等第三方高级应用平台应用；能量调度云平台 1 套，实现 100 个试点直供电移动基站备用电源状态运行参数收集及运维管理自动化。

本项目经济分析：本项目系统规模为 100 个移动基站，部署 100 台能量交换机，达到可调控分布式电池储能资源 2.88 MW·h 以上。系统效益包括：①削峰填谷，广州市普通工业用户峰谷电价差为 1 元，可调控分布式电池资源 2.88 MW·h，按每天 1 次削峰填谷估算，可以节约电费约 2880 元/天（约 100 万元/年）。②延长电池寿命，降低运维成本。基站用铅酸电池实际使用寿命约为 3 年，折旧期 5 年。网络化电池可以有效屏蔽失效单体电池，电池系统整体寿命接近理想的 3～8 年，同时支持单只更换而不是整组更换。以六年算，单站每年节约 5000 元。另外，通过电池巡检云平台，基站电池可以做到真正的免维护，单站节约 1200 元/年。因此，运维成本单站每年节约 6200 元，本项目 100 个移动基站每年节约 62 万元。图 3-30 显示了基站退役铅酸电池分布式应用场景。

图 3-30　基站退役动力电池铅酸电池分布式应用

3.4.2　基于动态可重构网络的退役动力电池集中式储能应用

1. 项目概况

南方电网南沙高可靠性智能低碳微电网项目（以下统称南沙微电网项目）拟建于广州供电局南沙培训基地内，由分布式电源、储能装置、能量转换装置、相关负荷和监控、保护装置等相关关键设备组成的小型发配电系统。该系统既可以与大电网并网运行，亦可脱离大电网独立运行。本项目结合广州供电局南沙培训基地现场情况和未来规划，充分利用场地条件，从广州供电局南沙培训基地实际用电负荷和用电需求出发，规划建设柴油机发电机、光伏发电机和风力发电机等可再生能源发电机组，同时配套建设一定数量的电池储能系统用以稳定系统运行电压和频率。

其中分布式储能部分，本工程建设 1.4 MW·h/750 kW 级分布式储能子系统（电池额定容量 1.4 MW·h，正常运行时受能量调度系统管理，总的输出容量≤600 kW）为基于退役动力电池的储能子系统。该系统具有毫秒级快速响应特性，可以在智能微电网中起到功率支撑、调峰调频、削峰填谷作用。储能子系统采用了先进的电池能量交换技术，实现了退役锂电池组的无损梯次利用，即最小不可拆分（焊接在一起）的退役锂离子模组，可以直接与电池网络能量接口卡相连。通过电池网络能量交换机彻底屏蔽电池模组之间的物理和化学差异性，保证每一个电池模组不过充、不过放，并且可以在微秒级内隔离故障电池模组，从而极大提升了梯次利用电池储能系统的效率、安全性、可靠性和可维护性。储能子系统的设计目的是在同等功率和容量的条件下，极大降低储能系统的单位容量和功率成本，显著提升系统循环寿命，从根本上保证了储能系统的商业经济性。其系统拓扑结构如图 3-31 所示。

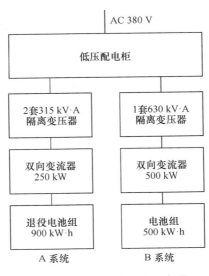

图 3-31　系统拓扑结构示意图

2. 项目示范电池储能系统

梯次利用储能系统容量为 1.4 MW·h/750 kW，分为 A、B 两个子系统，分别由新电池模块和退役电池模块构成。通过统一的电池能量管理控制系统和 A 系统及 B 系统变流器通信，根据负荷容量需求进行能量调度，运行时使储能系统整体输出≤600 kW。

储能系统构成：

（1）基于退役动力锂电池采用网络化电池管控技术的 250 kW/900 kW·h 储能 A 系统，包括：低压配电柜、隔离变压器、双向变流器、退役锂电池组及电池能量交换系统。

（2）基于常规动力锂电池采用固定成组的 500 kW/500 kW·h 储能 B 系统，包括：低压配电柜、隔离变压器、双向变流器、锂电池组及电池管理系统（常规 BMS）。

（3）A 系统与 B 系统具备协同工作能力，电池网络能量交换机与中央控制器之间具备以太网通信接口。当 B 系统无缝切换结束后由中央控制器通过以太网下发切换信号给 A 系统的 PCS 和电池网络能量交换机，由中央控制器控制电池网络能量交换机先切换至放电状态，再控制 PCS 切换为 VF 状态。如果有特殊需要也可由电池网络能量交换机自身进行 DCBUS 检测，当检测到 BUS 电压跌落时先于 PCS 转为待放电状态，再下发切换命令给 PCS，当 PCS 接收到切换命令后快速完成 PQ 转 VF 状态。

（4）当微网需要功率支撑时，由中央控制器下发功率需求命令给 A 系统和 B 系统，并指定分别输出功率情况，A、B 系统 PCS 按照指定功率输出。由于微网配备功率最大值为 600 kW，所以 A、B 系统输出总功率不可以超过 600 kW。

3. 梯次利用储能子系统

梯次利用储能子系统由 30 台换流器和 30 套电池能量交换系统构成。电池能量交换系统包括电池网络能量交换机 1 台，电池网络能量交换机管理 4 个电池网络能量集线器，每个电池网络能量集线器管理 12 个电池网络能量接口卡，每个电池网络能量接口卡连接一个退役电池模组。PCS 交流侧通过隔离变压器接入 0.4 KV 交流电网，A 系统不参与微电网无缝切换。

1）储能变流器（PCS）选型与功能描述

储能变流器（PCS），即换流器，具备 15 kW 交直流双向换流能量，对接一套 48 V/630 A·h（标称容量）的电池能量交换系统，每 15 台 PCS 为一组，交流侧并联接入一个 315 kV·A 标准隔离变压器。系统共 2 组 30 台 PCS 组成。选择每 15 台 PCS 并接一台隔离变压器是考虑到微电网对主电网的电源噪声问题。防止并联级数过多后，PCS 的输出对主网产生噪声纹波导致电网抖动。参考其他成套微电网建设案例建议，PCS 单极并联数量小于 20 台。南沙项目共用 30 台 PCS，所以建议采用每 15 台 PCS 共用一个隔离变压器。变压器功率选择做裕量主要原因是 315 kV·A 以下变压器价格基本相同，而且为以后功率扩容使用提供方便（图 3-32）。

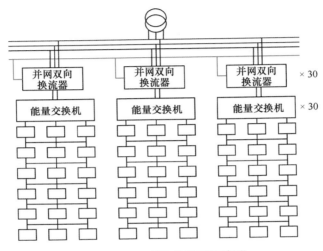

图 3-32　A 系统换流器连接[38]

换流模块技术要求：

（1）并网运行状态下，对电网产生的谐波污染很小，电流谐波畸变率＜3%（半载以上）。

（2）具有并网运行充放电模式。

（3）具有各种完备的保护功能，如过/欠压保护、过/欠流保护、过流保护、短路保护、过温保护。

（4）转换效率随着负载的增大而提高，当 50% 以上负载率时达到 95% 以上最高效率；当带载 50% 以上，并网状态下 PCS 的整流和离网状态下的逆变的双向转换效率均在 95% 以上。

（5）并网运行时，可根据远程指令或本地设定，向电网提供功率支撑。

（6）具备 PQ、VF 两种控制模式，PQ 到 VF 的转换时间≤50 ms。

（7）具有孤岛检测能力。

（8）具有检同期功能。

（9）低电压穿越能力满足《电化学储能系统接入配电网技术规定》。

（10）具有 CAN 通信接口，可以实现对上级控制系统及能量交换机的通信功能。系统通过 I/O 接口，判断外部接口连接状态。电气线路连接通过外部预留大电流接线端子或控制端子实现与电气系统的连接。

2）电池能量交换系统功能描述

电池网络能量交换系统的主要功能：

（1）能实时测量和上传电池系统的状态、电压、电流、温度和剩余电量。

（2）能实时测量、估算和上传每个电池模组的状态、电压和 SOC。

（3）在充放电的过程中电池模组的网络拓扑连接有动态可重构的能力，可以实现毫秒级的拓扑重构。在充电过程中，电池网络能量交换系统具有动态自动隔离出每一个电池模组并对其进行单独充电的能力，从而保证在电池模组有差异性的情况下每个电池模组能完全充满，保证电池储能系统容量的最大利用率。在放电的过程中，能动态地把达到放电截止条件的电池模组从放电回路中切出去，并保证电池系统不间断继续工作。

（4）具有单个电池模组过充电保护能力，具有单个电池模组过放电保护能力，具有电池系统过流保护能力，具有电池系统短路保护能力。

（5）具有保证电池系统工作温度范围的能力。

（6）具有故障电池模组的自动检测、隔离和上报能力。

（7）具有远程受控能力，通过接受上级控制器下发的命令，可改变工作状态，如充电、放电、空闲等。

（8）具有完善的数据传输接口（CANBUS/RS485/以太网），实现管控信息和数据上传功能。

电池能量交换系统采用标准化模块设计，共 30 台，其技术参数如下：

（1）标称 48 V 直流输出。

（2）通过可重构电池网络技术管理 48 个端口（即 3×16 个电池模组）。

（3）工作环境温度：0～45℃。

（4）最大充电电流 200 A；额定放电电流 170 A；最大放电电流 210 A；额定功率 250 kW。

（5）充电（输入）电压范围：DC45 V～DC54.5 V；放电（输出）电压范围：DC44.8 V～54.5 V。

（6）交换机系统充放电转换响应时间：≤10 ms。

（7）均衡后电池电压差异：≤0.5%；

（8）充放电截止电压可预先设置，由于 A 系统采用的是退役电池，充电截止电压的常规设置为单节 3.4 V，放电截止电压的常规设置为 2.8 V。

图 3-33 为本项目梯次利用储能系统现场图。

图 3-33　梯次利用储能系统现场图片

3.5　本 章 小 结

随着电动汽车的大规模推广使用，可以预见在未来几年内将有大批的退役动力电池，退役动力电池梯次利用将具有巨大的经济价值和市场空间。然而，退役动力电池由于来自不同厂家、类型、批次，使用工况差异较大，其退役后在健康状态、有效容量等方面差异显著，固定串并联重组的梯次利用方法采用的是基于电池一致性的思路，造成了退役动力电池规模化梯次利用时面临难度大、效率低、成本高等问题。为实现梯次利用动力电池在智能电网环境中安全高效地规模化工程应用，进而保证梯次利用电池储能系统的整体性能、安全性和经济性，基于可重构电池网络的动力电池梯次利用技术将发挥重大作用。本章重点讲述了基于可重构电池网络技术及其在动力电池梯次利用中的应用，着重于快速分选成组、电热安全管控、经济性能评估和商业模式等方面的技术内容，并给出基于动力电池梯次利用在分布式通信基站和集中式储能电站的示范应用。

参 考 文 献

[1] Ci S, Lin N, Wu D. Reconfigurable battery techniques and systems: A survey[J]. IEEE Access, 2016, 4: 1175-1189.
[2] Lin N, Ci S, Wu D, et al. An optimization framework for dynamically reconfigurable battery systems[J]. IEEE Trans Energy Convers,2018, 33(4): 1669-1676.
[3] Boeing 787 Dreamliner Battery Problems. [EB/OL]. 2015-2-13. http://en.wikipedia.org/wiki/Boeing787Dreamlinerbatteryproblems.
[4] Bentley W F. Cell balancing considerations for lithium-ion battery systems[G]. Proc 12th Annu Battery Conf Appl Adv, 1997: 223-226.
[5] Daowd M, Omar N, Van Den Bossche P, et al. Passiveand active battery balancing comparison

based on MATLAB simulation. Proc IEEE Vehicle Power Propuls Conf, 2011: 1-7.

[6] Mandal S K, Bhojwani P S, Mohanty S P, et al. IntellBatt: Towards smarter battery design[G]. Proc 45th Annu ACM/IEEE Design Autom Conf, 2008: 872-877.

[7] Phung T H, Crebier J C, Lembeye Y. Voltage balancing converternetwork for series-connected battery stack[G]. Proc IEEE 38th Annu Conf Ind Electron Soc(IECON), 2012: 3007-3013.

[8] Einhorn M, Roessler W, Fleig J. Improved performance of seriallyconnected Li-ion batteries with active cell balancing in electric vehicles[G]. IEEE Trans Veh Technol, 2011,60(6): 2448-2457.

[9] Rothgang S, Nordmann H, Schäper C, et al. Challengesin battery pack design[G]. Proc Elect Syst Aircraft Railway ShipPropuls(ESARS), 2012: 1-6.

[10] Kim H, Shin K G. Scheduling of battery charge, discharge, and rest[G]. Proc DIMACS Workshop Contraint Program. Large Scale Discrete Optim, 2001: 101-114.

[11] Patel J H. Stuck-at fault: A fault model for the next millennium[G]. Proc ITC, 1998: 1166.

[12] Hora C, et al. On electrical fault diagnosis in full-scan circuits[G]. Proc Int Workshop Defect Based Test, 2001: 17-22.

[13] Fan X, Moore W, Hora C,et al. Stuck-open fault diagnosiswith stuck-at model[G]. Proc Eur Test Symp (Tallinn, Estonia), 2005: 182-187.

[14] Li C M. Test and diagnosis of open defects in digital CMOS ICs[D]. Ph. D. dissertation, Dept Elect Electron Eng, Stanford Univ(Stanford,CA, USA), 2002.

[15] Ci S, Zhang J, Sharif H, et al. A novel design of adaptivereconfigurable multicell battery for power-aware embedded networkedsensing systems[G], Proc IEEE GLOBECOM(Washington, DC, USA), 2007: 1043-1047.

[16] Kim T, Qiao W, Qu L. Series-connected self-reconfigurable multicell battery[G]. Proc 26th Annu Appl Power Electron Conf Expo, 2011: 1382-1387.

[17] Bosch. CAN Specification Version 2[EB/OL]. 1991. Available: http: //www. semiconductors. bosch. de/pdf/can2spec. pdf.

[18] Kim T, Qiao W, Qu L. A multicell battery system design forelectric and plug-in hybrid electric vehicles[G]. Proc IEEE Electr Vehicle Conf(IEVC), 2012: 1-7.

[19] Kim T, Qiao W, Qu L. Power electronics-enabled self-X multicellbatteries: A design toward smart batteries[G]. IEEE Trans Power Electron, 2012, 27(11): 4723-4733.

[20] Kim T H, Shin K G. On dynamic reconfiguration of a large-scalebattery system[G]. Proc 15th IEEE Real-Time Embedded Technol Appl Symp (RTAS), 2009: 87-96.

[21] Bergveld H J, Kruijt W S, Notten P H L. Battery Management Systems: Design by Modelling[M]. Boston, MA, USA: Kluwer Academic Publisher, 2002.

[22] Kim H, Shin K G. DESA: Dependable, efficient, scalable architecture for management of large-scale batteries[J]. IEEE Trans Ind Informat, 2012, 8(2): 406-417.

[23] Visairo H, Kumar P. A reconfigurable battery pack for improving power conversion efficiency in portable devices[G]. Proc ICCDCS, 2008: 1-6.

[24] Kim T, Qiao W, Qu L. A series-connected self-reconfigurablemulticell battery capable of safe and effective charging/discharging andbalancing operations[G]. Proc 27th APEC, 2012: 2259-2264.

[25] He L, Gu L, Kong L, et al. Exploring adaptive reconfiguration to optimize energy efficiency in large-scale battery systems[G]. Proc IEEE 34th Real-Time Syst Symp (RTSS), 2013: 118-127.

[26] Moyles D M, Thompson G L. An algorithm for finding a minimumequivalent graph of a digraph[J]. J ACM, 1969,16(3): 455-460.

[27] Aho A V, Garey M R, Ullman J D. The transitive reduction ofa directed graph[J]. SIAM J Comput, 1972, 1(2): 131-137.

[28] Anbuky A H, Ma Z, Sanders S. Distributed VRLA battery management organisation with provision for embedded Internet interface[G]. Proc INTELEC(Phoenix, AZ, USA), 2000: 713-720.

[29] Kularatna N. Rechargeable batteries and battery management systemsdesign[G]. Proc 36th Annu Conf IEEE Ind Electron Soc (IECON), 2010: 1-2.

[30] Cabrera J, Vega A, Tobajas F, et al. Design of a reconfigurable li-ion battery management system (BMS)[G]. Proc Technol Appl Electron Teach(TAEE), 2014: 1-6.

[31] Kozlowski J D. Electrochemical cell prognostics using onlineimpedance measurements and model-based data fusion techniques[G]. Proc IEEE Aerosp Conf, 2003: 3257-3270.

[32] Xiao B, Shi Y, He L. A universal state-of-charge algorithm forbatteries[G]. Proc 47th ACM/IEEE Design Autom Conf, 2010: 687-692.

[33] Friedrich L F, Stankovic J, Humphrey M, et al. A survey ofconfigurable, component-based operating systems for embedded applications[J]. IEEE Micro, 2001, 21(3): 54-68.

[34] Zhang J, Ci S, Sharif H, et al. Modeling discharge behavior of multicell battery[J]. IEEE Trans Energy Convers, 2010, 25(4): 1133-1141.

[35] Alfi A, Charkhgard M, Zarif M H. Hybrid state of chargeestimation for lithium-ion batteries: Design and implementation[J]. IET Power Electron, 2014, 7(11): 2758-2764.

[36] Eichi H R, Chow M Y. Modeling and analysis of battery hysteresiseffects[G]. Proc IEEE Energy Convers Congr Expo (ECCE), 2012: 4479-4486.

[37] Pattipati B, Balasingam B, Avvari G V, et al. Open circuit voltage characterization of lithium-ion batteries[J]. J. Power Sour, 2014, 269: 317-333.

[38] 许苑, 李涛, 周杨林, 等. 退役电池储能系统中可重构电池网络设计与应用[J]. 电源技术, 2020, (6): 908-910.

[39] Ci S, Zhou Y, Xu Y, et al. Building a cloud-based energy storage system through digital transformation of distributed backup battery in mobile base stations[J]. China Communications , 2020, 17(4): 42-50.

04

锂离子动力电池预处理技术

锂离子电池由于其结构复杂性及组分多样性,通常需要通过预处理工艺以便安全高效地移除壳体,并对其有价值的部分进行收集和分类,有利于后续高效安全地回收利用[1-3]。由于回收处理规模及回收目标的差异,预处理过程主要分为实验室和工业两个级别。实验室预处理方法以人工预处理为主,主要目的是采用简单高效的方法从退役电池中获得活性材料。在人工拆解得到极片后,分离集流体和活性材料的方法有物理分离、有机溶剂溶解、高温煅烧和碱液溶解等。工业预处理以机械分离方法为主,对电池组进行分类、拆解、放电、粉碎、筛分、分离等一系列步骤得到动力电池活性材料。这其中,由于具有操作简单及可清洁性等优点,机械化学处理是一种重要的机械分离方法用于预处理动力电池。应值得注意的是,在预处理过程中需特别注意安全问题,尤其是在工业回收处理中。锂离子动力电池预处理过程中主要涉及三种潜在危险,即起火、燃烧和爆炸,另外还有化学危险,且危险系数会随着锂离子动力电池能量密度和处理规模的增加而上升。因此,安全高效地拆解电池组和单体电池是预处理阶段的主要目标[4,5]。

4.1 锂离子动力电池组拆解技术

4.1.1 动力电池组成组结构

动力电池组通常包括电池模块和电池管理系统,电池模块包括串联和并联连接的电池单体。图 4-1 详细介绍了自 2014 年以来市场上电动汽车采用的三种不同类型的电池组和模块,这三种动力电池组具有完全不同的物理结构、电池类型和电池化学成分组成[6]。

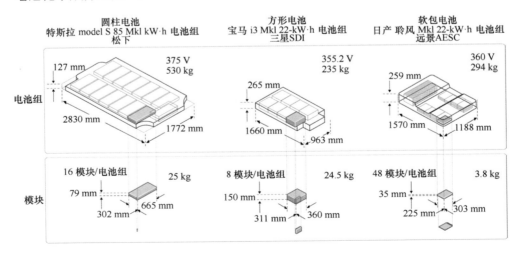

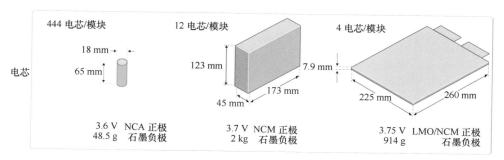

图 4-1　电动汽车中使用的三种电池组和模块[6]

　　图 4-2 和图 4-3 直观地展示了奥迪 Q5 混合电池系统的电池组和模块组成[7,8]。在混合动力电动汽车（HEV）中，奥迪 Q5 混合电池系统是一个相对较小的系统，动力电池组仅包括四个电池模块和一个电池管理系统（BMS），每个电池模块包含 18 个串联的电池。

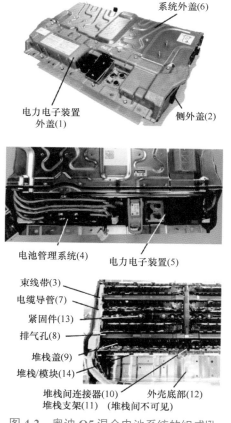

图 4-2　奥迪 Q5 混合电池系统的组成[7]

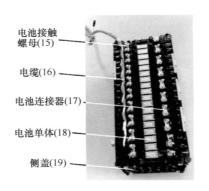

电池接触
螺母(15)

电缆(16)

电池连接器(17)

电池单体(18)

侧盖(19)

图 4-3   奥迪 Q5 混合电池系统的模块[7]

4.1.2   动力电池组自动/半自动拆解技术

拆解是动力电池组回收的第一步。表 4-1 和表 4-2 分别列出了奥迪 Q5 混合动力电池系统和模块的详细拆解步骤[7]。由于来自不同制造商的电池组结构完全不同、残余电量未知且电压高，因此目前大多数电池组必须由专业技术人员人工或智能拆解。特别是在处理电动汽车用锂离子动力电池包时，通常先拆解较小的模块或电池，以避免潜在的冒烟、起火、爆炸等危险。然而，面对未来几年将大量产生的退役锂离子动力电池组，人工拆解将无法满足大规模工业应用的需求。因此，迫切需要开发自动拆解（或半自动拆解）技术来提高预处理效率。

表 4-1   奥迪 Q5 混合电池系统的拆解步骤[7]

序号	拆解步骤	拆解方法/工具
1	拧开外盖（1）、（6）和外壳底部（12）	螺丝刀
2	拆除电力电子装置外盖（1）和侧外盖（2）	手动
3	从模块/堆栈拆下带电管线（14）	螺丝刀
4	切断束线带（3）	侧铣刀
5	拆下电池控制器和 BMS（4）之间的插头连接	手动
6	拆下 BMS（4）和电力电子装置（5）	手动
7	切断热传感器的总线	侧铣刀
8	拆除系统外盖（6）	螺丝刀、手动
9	拧开并拆除电缆导管（7）	螺丝刀、手动
10	拆除排气孔（8）和堆栈盖（9）	手动
11	拆除堆栈之间的连接器（10）	螺丝刀、手动
12	拧开并拆除堆栈支架（11）	螺丝刀、手动

续表

序号	拆解步骤	拆解方法/工具
13	拆除外壳底部（12）	手动
14	拧开并拆除堆栈紧固件（13）	螺丝刀、手动
15	拆除堆栈（14）	手动

表 4-2　奥迪 Q5 混合电池系统模块的拆解步骤[7]

序号	拆解步骤	拆解方法/工具
1	拧开电池接触螺母（15）	螺丝刀
2	拆除电缆（16）和电池连接器（17）	手动
3	拧开并拆除侧盖（19）	螺丝刀、手动
4	卸下电池单体（18）	手动

　　动力电池自动拆解的一个重要方面是自动拆解不同的连接部件，包括黏合剂、卡扣或螺钉连接。螺钉和螺栓连接是动力电池系统中常见的标准化组件。因此，拧松的自动化程度直接影响锂离子动力电池的拆解效率。Nave 等[9]开发了用于拧松的机器人系统，其中使用顺应性机制补偿了螺钉的视觉不准确定位。Büker 等[10]开发了一个用于拆解车轮的系统。其中，立体视觉系统与力扭矩传感器和任务计划模块相结合，用于拆解螺丝；使用轮廓分析和广义霍夫变换确定螺栓的位置，然后进行模板匹配，以提高检测算法的精度。该检测算法的检测率达 98%。Gil 等[11]开发了一种多传感器机器人系统，用于拧松和拆除消费类产品中的电子组件。视觉伺服和力控制相结合，用于检测摄像机图像中的螺钉，并用机器人将其卸下。使用道格拉斯–皮克算法（Douglas-Peucker algorithm）和模板匹配实现了对摄像机图像中螺丝的检测。

　　由于产品种类繁多，动力电池设计缺乏标准规范且回收企业通常无法获得退役电池的详细设计等数据[7,12]，目前全自动拆解尚有较大难度。为了最大限度地减少系统复杂性和在不同的工作空间之间频繁运输拆解对象所需的时间，Wegener 等[7]提出了一种工作站的概念（图 4-4），规定工人和机器人共享一个公共的工作空间，人和机器人都需要接近拆解对象即电池。此外，工人和机器人还需要使用自己的拆解工具。对于工人来说，拆解工具包括钳子、螺丝刀、锤子和切割工具。机器人工具包括用于拧松任务的各种套筒扳手。工人需要执行较复杂的任务，例如撬开用卡扣连接或胶水连接的组件和拔出或切割电缆，而机器人则负责松开螺钉和螺栓等较为简单的重复性操作。螺钉和螺栓的位置可以手动指示，也可以通过摄像头检测。

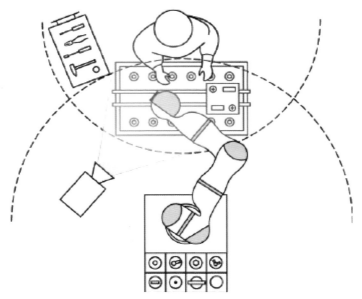

图 4-4 拆解工作站[7]

机器人工具主要由常用的无绳电动螺丝刀的子组件组成，包括直流电动机和卡盘。该组件已修改并安装在机器人法兰上（图 4-5）。固定在卡盘上的是一个六角到正方形的适配器，适合于连接普通的套筒扳手头。通过设计，机器人能够自动更换套筒扳手的钻头，螺丝刀的扭矩和转速可以通过微控制器调节电机电流来控制。

图 4-5 带电动螺丝刀的机器人法兰[7]

为了提高机器人拆解效率，除了拧松任务外，该机器人还能够根据电池系统中存在的不同类型的螺钉自动更换其拧松工具，且必须知道或能够获取产品上要拧松的位置。Gerbers 等[13]将这种混合拆解工作站（图 4-6）称为人机协作的半自动拆解系统。并通过拆解实验证明，人机协作是经济可行的拆解任务合理化概念，并且可以满足动力电池体系灵活性的要求，但对于人机协作在工业规模上的推广，仍然需要进一步的开发以提高可靠性和拆解效率。

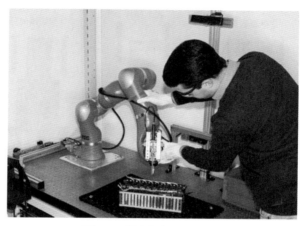

图 4-6　混合拆解工作站[13]

Seliger、Zhang 等[14,15]对电池组拆解中松开螺钉和组件的工具进行了深入研究。最广泛使用的拧松工具是气动工具（图 4-7），该工具可适应不同规格的螺钉。但是，工作人员需要找到连接的精确位置，不可避免会消耗大量时间。

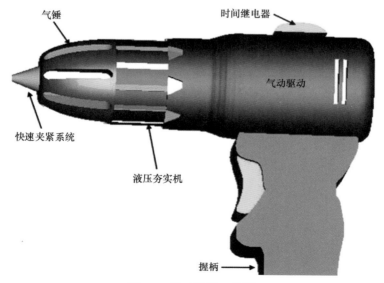

图 4-7　气动拧松工具[15]

此外，他们还展示了一种灵活的抓取工具（图 4-8），该设备由旋转驱动器和线性可移动针头组成。抓取过程包括 3 个步骤：生成新表面、抓取操作及工具和物体的释放。无论物体的形状如何，针头都可以轻松地抓住物体。一种抓取工具是固定的，另一种可以移动到必要的位置，以便在拆解过程中精准固定电池位置。

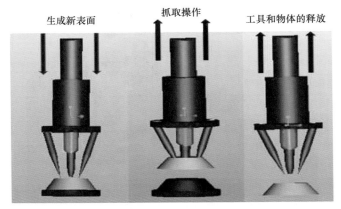

生成新表面　　　　**抓取操作**　　　　**工具和物体的释放**

图 4-8　抓取工具[15]

Peeters 和 Vanegas 等[16]总结了电子设备中常用的拆解工具，并展示了一种在液晶电视的拆解中常用的气动半自动工具（图 4-9），可以将工具插入设计间隙中并拉开外壳组件，将其用于拆解动力电池组外盖和系统盖。由于外盖大而笨重，进行手动拆解将花费大量时间，相比之下，使用此工具将使拆解时间大大减少。

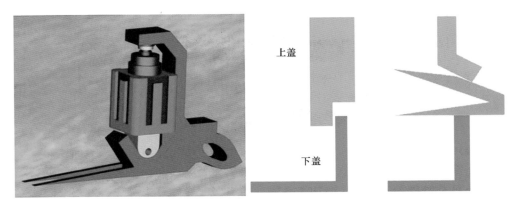

上盖

下盖

图 4-9　气动半自动拆解分离工具[16]

考虑到对环境和资源的双重影响，在回收过程中有效安全地取出电池组中锂离子单体电池的方法已成为较为关键的研究问题之一。因此，许多研究[17,18]致力于实现动力电池组拆解的智能化。Herrmann 等[12]提出了一种系统的评估方法，用于解决动力电池组拆解时的复杂性问题（图 4-10）。首先，通过产品分析测量电池组的参数；其次，由特定的 ProdTect 软件确定拆解顺序；然后，通过监测标准检查表分析其自动化潜力，并在条形图中确定最终的拆解顺序。该方法的优点是可实现直观、简单及复杂产品结构的可视化效果。此外，该集成方法可以将拆解对象的图示与连接技术和拆解时间的显示相结合。

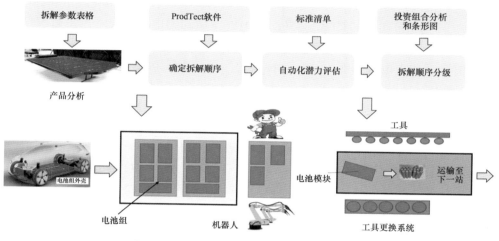

图 4-10　电池组智能拆解系统工作程序[12,19]

4.1.3　动力电池组拆解规范与标准体系

对于大多数动力电池的再制造和回收过程，必须将电池组拆解到模块级别，但在动力电池组拆解过程中存在着很多安全隐患[2,20]。例如，由于退役动力电池组内仍具有剩余电量，在拆解过程中容易引发内部短路，短路会导致快速放电，这可能导致电池发热和热失控。热失控可能会产生 HF 气体等有害的副产物，这些副产物会与其他气体产物共同作用并最终导致电池爆炸。此外，动力电池中包含的易燃电解质、有毒和致癌的电解质添加剂，及潜在有毒或致癌的电极材料，使动力电池组的拆解具有极大的危险性。

目前，已运营的电动汽车，其动力电池组、模块和电池尚未按照国家标准设计，这给退役动力电池组的自动化无损智能拆解带来了严重挑战。图 4-1 即说明了不同电动汽车制造商制造的动力电池组化学组成不尽相同，这就需要采用不同的技术路线进行材料回收，严重影响回收过程的总体经济性。动力电池组的人工拆解则需要经过高压培训的专业人员，而专业拆解人员的缺乏也是电动汽车行业亟须解决的问题。在英国只有 2000 名汽车技术人员接受过专业培训，而其中只有 1000 名能够维修电动汽车，仅占英国 170 000 名汽车技术人员的 1%左右，尤其是在劳动力成本高的国家，人工拆解耗时长，将导致整个回收产业链经济效益降低。

车用动力电池拆解是在较高电压的条件下作业，拆解过程及拆解产物存在较高的安全风险和环境污染风险，采取合理的拆解方式保证拆解作业的安全和环保，是安全生产的前提和基础。近年来，随着电动汽车的发展，为规范动力电池回收市场，我国政府相继出台了一些动力电池组拆解的相关政策和标准。2017 年 12 月 1 日实施的 GB/T 33598—2017《车用动力电池回收利用拆解规范》，为动力电池回收企业、整车生产企业、电池生产企业等提供安全、合理、环保、高效的废旧动力电池拆解方法。该标准的实施将保证动力电池拆解环节安全、环保、高效，同时，将规范和净化动力电池回收利用市场，促进行业健康发展，提高行业整体水平，为国家治理环境和监督安全生产提供了准则和依据。2019 年 12 月 17 日，国家市场监督管理总局、国家标准化管理委员会批准发布强制性国家标准《报废机动车回收拆解企业技术规范》（GB 22128—2019），该标准是为贯彻落实《报废机动车回收管理办法》，适应报废机动车回收拆解行业发展形势需要。该标准的发布实施不仅有利于促进行业拆解技术和安全环保水平的提升，也有利于规范企业回收拆解经营行为，促进行业健康发展。表 4-3 列出了目前我国动力电池组拆解国家标准的主要内容[21]。这些相关政策和标准还需要深入研究，标准体系建设亟待完善，以确保动力电池拆解过程的安全环保，并贯彻落实生产者责任延伸制度政策，承担企业应有的社会责任。

表 4-3　国家标准主要技术内容[21]

处理程序	内容
预处理	1. 采集废旧动力电池的型号、制造商、电压、标称容量、尺寸及质量等信息；2. 对液冷动力电池进行排空收集冷却液；3. 对废旧动力电池包组应进行绝缘检测，并进行放电或绝缘等处理；4. 拆除废旧动力电池外接导线及脱落的附属件；5. 粘贴回收追溯码（如电池已使用符合 GB/T 34014—2017 要求的编码可省略贴码步骤），将预处理采集信息录入回收追溯系统
动力电池包组拆解	1. 将动力电池包组起吊至拆解工装台；2. 拆除动力电池包组外壳；3. 外壳拆除后，应先拆除托架、隔板等辅助固定部件；4. 拆除高压线束、线路板、电池管理系统、高压安全盒等功能部件；5. 拆除相关固定件、冷却系统等部件，移除模块（为保证安全，此处编制说明已明确说明不应采用手工取出方式）
动力电池模块拆解	1. 将动力电池模块起吊至拆解工装台或模块拆解设备进料口；2. 拆除电池模块外壳；3. 外壳拆除后，拆除导线、连接片等连接部件，分离出电池单体（标准编制说明推荐模块级操作全部采用机械手完成）

4.2　锂离子动力电池机械预处理技术

4.2.1　粉碎和筛分

为了减少废旧电池的处理体积并富集有价值的组件，在工业回收过程中需对分类和拆解之后获得的大量单体电池或模块进行粉碎处理。在粉碎过程中，所有组件都暴露在外，正极和负极碎片之间的接触会导致微短路[23]。同时，由于粉碎过程的剧烈摩擦和高速冲击，会导致整个体系的温度可能升至 300℃ 以上[22]。在这样的高温条件下，电解质容易分解和挥发，从而产生有毒气体，如果存在潮湿的空气甚至可能生成 HF 气体。为了提高粉碎过程的安全性，Diekmann 等[2]研究了粉碎过程中释放的气体组分，并指出电解质组分（包括溶剂和盐）及废旧锂电池的健康状态（SOH）对最终释放的气体有很大的影响，如图 4-11 的（a）和（b）所示。碳酸二甲酯（DMC）、碳酸甲乙酯（EMC）和 CO_2 是粉碎过程中释放的主要气体组分。在电池健康状态为 80% 时释放气体组分的总量低于未循环电池的气体释放，这是因为 DMC 和 EMC 在循环期间被还原而形成固体电解质界面（SEI），并且烷基碳酸锂（$ROCO_2Li$，其中 R 是有机基团）被痕量水和 CO_2 还原形成了 Li_2CO_3。许振明等[4]发现 DMC 和叔戊基苯是拆解过程中检测到的两种主要有机蒸气化合物，每拆一只 18650 锂离子电池对应的两种气体释放量分别为 4.298 $mg·h^{-1}$ 和 0.749 $mg·h^{-1}$。通常，通过空气过滤器（例如碱性溶液或活性炭）、电除尘、布袋式除尘和气体排放物净化收集以避免二次污染。

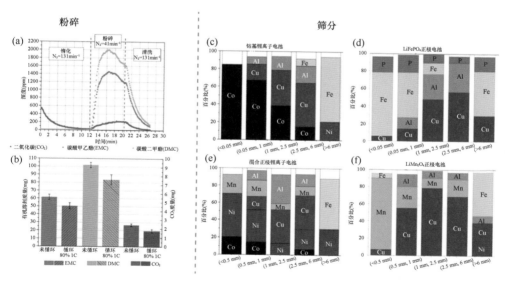

图 4-11 （a）在不连续粉碎过程不同阶段的气体释放浓度；（b）在粉碎过程中来自未循环和循环电池的大量释放的 EMC，DMC 和 CO_2 气体；（c）～（f）锂离子电池组各尺寸部分中金属组分的质量百分比分布：（c）LCO，（d）LFP（$LiFePO_4$，磷酸铁锂），（e）混合正极锂离子，（f）LMO（$LiMn_2O_4$，锰酸锂）[2,5]

为了减少这些潜在的危害，在粉碎之前或粉碎过程中应进行预防措施。粉碎之前先在盐溶液中充分放电以去除剩余电量，从而减少漏电危险[23-25]。许振明等[4]研究了氯化钠（NaCl）浓度和放电时间对锂离子动力电池放电效率的影响。研究结果表明处理时间在 358 分钟内，10wt%NaCl 溶液实现了接近 72%的高放电效率。此外，放电后在 NaCl 溶液中检测到含量相对较高的 Na、Al 和 Fe 元素。除了预先放电预处理之外，还可以在盐溶液中进行粉碎，即通过湿法粉碎降低废旧电池的反应活性和减少废气排放。与干法粉碎相比，湿法粉碎具有更高的安全性，但由于水流的冲刷作用，细颗粒部分中存在更多的杂质。使废旧电池失去活性的另外两种替代方案即在惰性气氛（N₂、CO₂）或低温液氮下粉碎，以防止在单体电池或电池模组粉碎期间可燃气体组分的释放而引起爆炸。Ojanen 等[26]系统地研究了锂离子动力电池在盐溶液中电化学放电过程中的行为，并进行了一系列系统的实验研究，旨在探究使用盐溶液对锂离子动力电池进行电化学放电作为回收工业中的预处理步骤是否可行。非原位放电实验结果表明（图 4-12），NaCl 是对锂离子电池放电最有效的电解质体系，并且增加其浓度可以使放电时间减少。在浓度为 20%的 NaCl 溶液中完全放电仅需 4.4 小时。由于受到在 NaCl 溶液中放电容易产生氯气的制约，他们还研究了在硫酸盐溶液中的放电效果。使用硫酸盐会导致在 Pt 电极上形成金属沉淀物，从而阻碍放电反应。然而，当对 Na_2SO_4 溶液进行

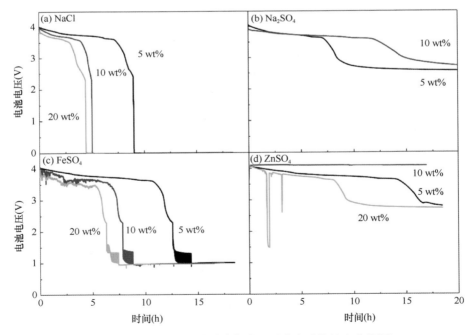

图 4-12　不同浓度水溶液中锂离子动力电池的放电曲线[26]

搅拌后，可以明显加速放电速率，使电池电量在 3.1 小时内完全释放。为了提高放电速率，可以将细小的金属颗粒（Fe 或 Zn）引入系统中。Fe 片可以提供最快的放电反应，但其反应的副产物会污染电解质溶液。对于工业应用，如果想要防止电流连接器的腐蚀，则选择在添加有金属颗粒的 20wt% NaCl 溶液搅拌下放电可能是最有效的选择。实际上，电池连接器腐蚀是锂离子动力电池电化学放电的主要难点，因为它会导致电池内部组件的不完全放电或泄漏。这对其在工业过程中的应用具有较大的局限性，防止连接件腐蚀需要做进一步的研究工作。

粉碎不仅能改变颗粒尺寸和分布，而且改变了电极部件的性质[27]。中国矿业大学何亚群团队[22]使用 X 射线光电子能谱（XPS）对废旧锂离子动力电池的富钴粉碎产物进行详细的表面分析时发现，$LiCoO_2$（LCO）和石墨细颗粒的外层被粉碎过程中电解质的分解产生的有机化合物涂覆。此外，$LiCoO_2$ 和石墨上类似的有机涂层也影响了随后的分离效果。因此，对于粉碎后的活性材料，仍需经过进一步后续处理才能被回收再利用。

筛分是一种对粉碎后的废旧电池初步分离和富集有价金属元素的预处理过程。根据电池组分的性质，可使用多种分选筛，大致分成细颗粒（＜1 mm）和粗颗粒（＞1 mm）[28,29]。通常，粗颗粒主要包含塑料、隔膜、铝箔和铜箔，而细颗粒主要是正极和负极活性材料。Wang 和 Gaustad 等[5]使用更精细的分选筛将四种类型电池正极的粉碎组分分成五种尺寸：超细（＜0.5 mm），细（0.5～1 mm），中（1～2.5 mm），粗（2.5～6 mm），最大尺寸（＞6 mm）[图 4-11（c）～（f）]。它们在超细尺寸中得到含量为 82% 的 Co，在细尺寸中得到含量为 68% 的 Co，并且当电池正极材料是钴酸锂时，最大尺寸中的 Co 含量几乎为零[图 4-11（c）]。他们还计算了四种电池中各组分的经济价值。就三元锂离子电池中所有金属的单价而言，Co 是最有价值的金属，但由于 Ni 含量较高，混合正极材料中 Ni 的潜在可回收价值甚至超过了 Co 的可回收价值。对于磷酸铁锂和锰酸锂正极材料，Cu 是超细尺寸外其他尺寸中主要的有价组分。此外，对于不同化学成分的电池，其各种尺寸中的金属材料含量具有显著差异。因此，建议在预处理之前按正极材料进行分选以降低待处理材料的不确定性，从而提高回收产物的纯度。

4.2.2 浮选与磁选

经粉碎和筛分后，废旧锂离子动力电池的不同组分已经实现了初步分离和富集。基于它们不同的物理特性，包括密度、磁性、热性质、湿润性和电磁行为等，需要进一步进行分选以去除杂质，并提高后续步骤回收处理效率[30]。

如前述实验室预处理所述，使用热处理工艺可以去除材料中除活性粉体材料外的其他物质，包括黏合剂、导电碳和电解质等。应注意，煅烧温度和气氛对于预处理过程有着重要的影响，因此必须严格控制。在较低的温度下（<600℃）煅烧不足以分解有机杂质，而过高的温度会氧化集流体 Al 箔，在活性材料表面形成氧化铝（Al_2O_3），会导致随后的回收处理过程引入杂质铝[31,32]。空气气氛中煅烧对锂过渡金属氧化物的结构影响不大，只有废旧磷酸铁锂（LFP）材料中的 Fe^{2+} 氧化成 Fe^{3+}[33-35]。相比之下，在真空或还原性气氛中热处理会降低正极材料中过渡金属离子的价态，有利于随后的湿法浸出过程。何亚群团队[28]对真空热解预处理废旧锂离子动力电池过程进行了详细研究，在 600℃ 的最佳温度条件下，真空热处理 30 分钟、残余气体压力为 1.0 kPa 时，正极粉末完全从铝箔上剥离。分离得到的正极粉末主要成分是钴酸锂（LCO）和氧化钴（CoO）。不同于通常在废旧正极材料中检测到的 Co_3O_4 相，推测另一种钴的氧化物 CoO 源自真空热解过程中 LCO 的分解。在酸性溶液中，CoO 比 Co_3O_4 更容易溶解。在 N_2 气氛中热处理也会降低金属元素的价态，从而减少后续浸出过程中所需还原剂的用量。热处理工艺的优点是操作简单，但在工业放大时则需要考虑尾气污染和能耗问题。

重力分选方法是常见的一种分离方法，其基本原理是具有不同尺寸和密度的混合物将在一定的分离介质中形成不同的运动状态[36]。对于筛分后具有相同粒度的不同组分，密度差异性对于实现有效的重力分离是至关重要的。在废旧锂离子动力电池的组分中，低密度部件主要有隔膜、塑料和铝箔等。影响分离效率的另一个主要因素是空气流速。例如，在 Bertuol 等[36]研究的喷射床淘洗过程中（图 4-13），粉碎的部件在三种不同的空气流速度下分离。最轻的部分（空气速度 10.2～10.5 m·s⁻¹）是直径较小的聚合物、Cu 和 Al 等。第二部分（空气速度 10.6～13.0 m·s⁻¹）是直径较大的 Cu 和 Al，第三部分（空气速度 13.0～20.7 m·s⁻¹）为 Al 外壳。该过程相对于初始质量的总损失仅为 3.3 wt%。

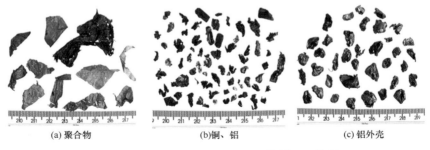

(a) 聚合物   (b)铜、铝   (c) 铝外壳

图 4-13　喷射床淘洗后获得的颗粒材料图像[36]

基于正极和负极之间的润湿性差异，如钴酸锂是亲水性的而石墨是疏水性的，

从而可以通过浮选过程实现正极和负极的分离，其分离原则是基于材料的不同表面特性[37]。如上所述，粉碎和筛分后的钴酸锂和石墨颗粒被粉碎过程中的电解质分解产生的有机化合物所涂覆[图 4-14（a）]。XPS 分析显示，其表面层主要由 75%的有机物、6%的金属氟化物、5%的金属氧化物和 2%的磷酸盐组成[图 4-14（b）~（c）]。因此需要预先除去该有机层以保证有效的浮选分离。

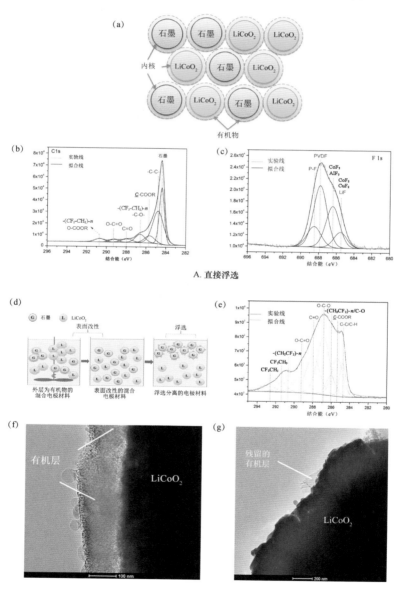

A. 直接浮选

B. Fenton试剂浮选

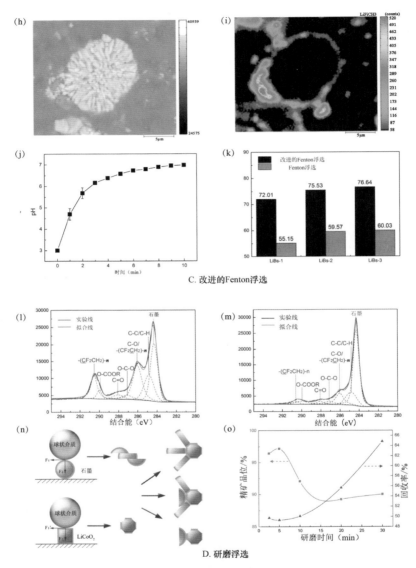

图 4-14　各种浮选方法分解图：（a）废旧锂离子动力电池粉碎产物中细颗粒部分结构示意图；细颗粒部分的 C 1s（b）和 F 1s（c）XPS 光谱[22]；（d）Fenton 试剂辅助浮选分离石墨和 LCO 的示意图；（e）Fenton 反应过程中 LCO 颗粒的 C 1s XPS 光谱；Fenton 改性浮选前（f）后（g）LCO 颗粒的 TEM 图像[38]；（h）Fenton 处理后的颗粒；（i）颗粒上的 Fe 元素分布；（j）在 Fenton 处理期间溶液 pH 随时间的变化规律；（k）改进的 Fenton 浮选和原始 Fenton 浮选之间的比较直方图[39]。在 5 分钟研磨之前（l）和之后（m）LCO 粉末的 C 1s XPS 光谱；（n）基于机械研磨的干式改性机理；（o）不同研磨时间 $LiCoO_2$ 浓缩物的浮选结果[40]

何亚群等发现使用 Fenton 试剂可以大大增强浮选法分离钴酸锂和石墨的效果，这是因为 Fenton 试剂可以恢复钴酸锂和石墨的原始润湿性[38][图 4-14（d）]。如图[4-11（e）]所示，使用 Fenton 试剂后样品的 C 1s 光谱在 284.3 eV 时不含炭黑峰，并且属于高氧化态碳的峰强度增加，这表明外部有机层通过与 Fenton 试剂反应而被氧化分解。修饰前后颗粒的扫描电镜（SEM）图像[图 4-14（f）和（g）]也证实了 Fenton 试剂的有效作用。然而，Fenton 改性后的样品在浮选中的分离效率不令人满意。通过场发射电子探针微量分析对样品表面的进一步分析表明，虽然有机层被分解，但在 Fenton 改性后形成了新的含 Fe 无机层[图 4-14（h）和（i）]，这导致所有颗粒具有相似的疏水性及较差的浮选分离效果[39]。因此，使用盐酸（HCl）除去氢氧化铁 Fe(OH)$_3$ 层，通过这种改进的 Fenton 浮选方法得到了 75%的精矿等级[图 4-14（j）和（k）]。

该课题组还提出了一种简单的研磨浮选方法，研磨前后样品的 XPS 分析[图 4-14（1）和（m）]表明，研磨后样品表面石墨含量显著增加，氟化官能团含量降低，这一现象表明在研磨过程中石墨会部分黏附在 LCO 颗粒上。他们提出了一种干式改性机理，其中 LCO 和石墨受到来自研磨介质不同方向的机械力[图 4-14（n）]。水平剪切力和垂直轧制压力破坏了石墨的内部结构并暴露出许多新的疏水表面，而只有部分 LCO 的原始表面被暴露。研磨后 LCO 和石墨之间增强的润湿性差异使 LCO 和石墨的精矿等级分别提高到了 97.13%和73.56%[图 4-14（O）][40]。

磁选分离在矿物冶金和电池回收领域也是一种十分重要的分离手段[29,41,42]。Marinos 等[29]采用了一种以磁选为主的低温、低能耗的方法，从废弃锂离子动力电池中回收有价值金属。首先将废旧电池进行放电和破碎处理，以释放锂离子动力电池的电极组分，然后通过低强度磁选机分离电池钢壳等铁磁性材料[图 4-15（a）]。轻组分的塑料和碳负极，可通过去离子水浮选法对电池材料进行洗涤分离[图 4-15（b）]。对水浸后的残渣进行筛分[图 4-15（c）～（e）]、稀土辊磁选处理（图 4-16）、涡流磁选处理（图 4-17）。由于钴基正极材料具有磁性，而铜与碳负极是非磁性材料，因此可以通过稀土辊磁选有效地分离电池负极（铜箔和碳）和正极（铝箔和正极粉末）。基于正极材料与铝、铜、碳等的电磁性差异，涡流磁选分离技术可高效分离出正极材料。

4.2.3　机械化学处理

机械化学（mechanochemical）是由机械能引起的化学反应，在化学反应水平中主要通过剪切、摩擦、冲击、挤压等手段，对固体、液体等凝聚态物质施加机械能，诱导其结构及物理化学性质发生变化，并诱发化学反应。与普通热化学反

图 4-15 （a）浮选前去除的电池钢壳；（b）浮选过程分离的塑料和碳负极；（c）筛分得到的+4 目部分；（d）筛分得到的–4 目、+16 目部分；（e）筛分得到的–16 目、+50 目部分[29]

目：指筛网单位标准

图 4-16 稀土辊磁选处理：（a）+4 目的非磁性部分；（b）+4 目的磁性部分；（c）–4 目、+16 目中的非磁性部分；（d）–4 目、+16 目中的磁性部分；（e）–16 目、+50 目中的非磁性部分；（f）–16 目、+50 目中的磁性部分[29]

图 4-17 涡流磁选处理：（a）–16 目、+50 目中的电磁部分；（b）–16 目、+50 目中的非电磁部分；（c）电磁且非磁性部分；（d）非电磁且非磁性部分；（e）电磁且磁性部分；（f）非电磁且磁性部分[29]

应不同，机械化学反应的动力是机械能而非热能。无论是在干介质还是湿介质中，高能量研磨是通过提供机械力以诱导化学反应的最广泛使用的方法，包括球式、行星式、振动式、针式和轧机等各种研磨类型。由于具有高能量密度、简单的操作模式及可清洁性等优点[43]，行星式球磨机特别适用于机械化学反应。机械化学反应已被广泛应用于矿物工程、萃取冶金、化学工程、材料工程和废弃物管理[44-46]。机械化学反应的主要机理是减小粒径、增加比表面积和破坏材料晶体结构[43]。具体来说，在废旧电池的回收中，机械化学反应通常用作预处理，以两种方式提高回收率[47-49]：第一种是破坏正极材料的晶体结构，这有利于随后的浸出过程，使得浸出反应即使在室温下也能发生；第二种是与其他共研磨试剂反应形成可溶性化合物。

张其武等[48]证实了这两种情况下机械化学反应的积极作用。首先，他们研究了机械化学处理对废旧 $LiCo_{0.2}Ni_{0.8}O_2$ 材料中有价金属的室温酸浸出的影响。机械化学工艺在行星式轧机中进行。结果表明，废旧 $LiCo_{0.2}Ni_{0.8}O_2$ 材料分别在 60 分钟和 240 分钟后被粉碎，晶体结构变为无定形。在随后的硝酸浸出过程中，室温下 Li、Ni 和 Co 的浸出率均超过 90%。在后来的研究中[47]，他们在行星式球磨机中使用聚氯乙烯（PVC）作为钴酸锂的研磨助剂[图 4-18（a）～（b）]，研磨 30 分钟

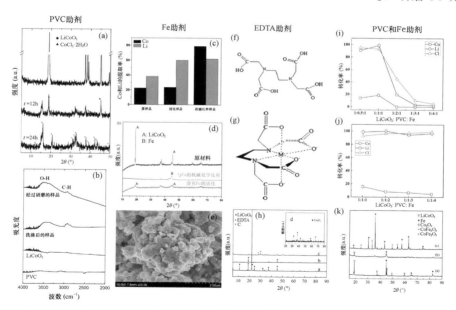

图 4-18　研磨助剂对机械化学反应的影响：（a）不同时间的 LCO 和 PVC 研磨的 XRD 图谱；（b）单组分样品及其混合研磨 24 小时和洗涤后样品的 FTIR[47]；（c）从不同样品中提取 Co 和 Li；（d）不同样品的 XRD 图谱；（e）LCO 用 Fe 机械化学反应还原后的 SEM 图像[50]；（f）EDTA 的分子结构；（g）EDTA 金属螯合物的分子结构；（h）不同样品的 XRD 图谱[51]；（i）和（j）分别为 PVC 和 Fe 剂量对 Li，Co 和 Cl 转化率的影响；（k）各种样品的 XRD 图谱[52]

后得到无定形氯化锂（LiCl）和氯化钴（$CoCl_2$）晶体。最后，在室温下将 LiCl 和 $CoCl_2$ 在水中浸出；Co 的浸出率达到 90% 以上，Li 的浸出率接近 100%。聚氯乙烯（PVC）是一种良好的氯原子供体，具有较高的氯含量。同时，来自 PVC 的碳在机械化学反应过程中将钴酸锂中的 Co^{3+} 还原成了 $CoCl_2$ 中水溶性的 Co^{2+}。

研磨助剂在机械化学过程中也起着重要作用。锂离子动力电池电极材料中的多种元素为研磨助剂的选择提供了更多的可能性。郭耀广团队[50]探究了使用金属 Fe 粉作为研磨助剂来改善机械化学反应后金属离子酸浸的可行性[图 4-18（c）～（e）]，详细研究了 Fe 与 LCO 质量比、转速、机械化学反应时间等参数对 Li 和 Co 在 HNO_3 中浸出的影响，并结合 X 射线衍射（XRD）、SEM 和 XPS 分析提出了该机械化学反应的机理。结果表明，机械化学处理后钴酸锂的晶体结构转变为非晶态，从而增强了 Li 和 Co 的后续浸出。Co 浸出率的提高主要归因于机械化学反应诱导 Fe 将 Co^{3+} 还原为 Co^{2+}。此外，有研究者提出，具有螯合能力的研磨助剂可以将含锂的金属氧化物转化为更易溶的化合物。张付申团队[51]使用乙二胺四乙酸（EDTA）作为研磨助剂[图 4-18（f）～（h）]，可与 LCO 中的 Li 和 Co 螯合。然后，采用简单的水浸工艺浸出 Li 和 Co，浸出效率分别为 99% 和 98%。因此，通过机械研磨法可以提高反应物 EDTA 和 LCO 的活性，从而有利于形成稳定和可溶的 Li-EDTA 和 Co-EDTA 络合物。然而，EDTA 的高成本阻碍了其作为研磨助剂的大规模使用。因此，该课题组研究了由 PVC 和 Fe 粉组成的更经济的助磨剂[图 4-18（i）～（k）]，实现了废钴酸锂正极中 Li 和 Co 的分离[52]。PVC 和 Fe 粉作为助磨剂时，Li 与 PVC 反应形成可溶性 LiCl，而 Co 以 Co_2O_3 的形式存在于残留物中。最后，将残余物在 800℃下空气中煅烧 2 小时，得到磁性的 $CoFe_4O_6$。混合研磨助剂不仅改善了水浸过程，同时也选择性地分离了 Co 和 Li。

在大多数情况下，机械化学反应的使用仅限于在废旧正极材料的预处理及浸出过程中，但机械化学反应在回收处理废旧磷酸铁锂正极材料中也起到重要的作用。孙峙团队[53]使用机械化学反应的预处理方法，EDTA-2Na 作为螯合研磨助剂，从废旧磷酸铁锂电池中选择性地回收提取了 Fe 和 Li（图 4-19）。他们系统研究了机械化学反应预处理和酸浸过程中各种参数如活化时间、正极粉末与添加剂的质量比、酸浓度、固液比（S/L）和浸出时间对回收效果的影响。使用 XRD 和傅里叶变换红外光谱（FTIR）对机械化学反应机理的分析表明，在机械化学反应活化过程中，P—O/PO_4^{3-} 键/四面体结构和 LFP 正极材料的（311）晶面可能被破坏。活化后的结构促进了后续的室温酸浸过程。在没有机械化学反应的情况下，Fe 和 Li 的浸出效率分别为 40% 和 60%，而在机械化学反应预处理之后，Fe 和 Li 的浸出效率分别显著提高至 97.67% 和 94.29%。最后，通过选择性沉淀 Fe 和 Li 分别以

$FePO_4·2H_2O$ 和 Li_3PO_4 的形式被回收。通过整个回收过程，93.05%的 Fe 和 82.55% 的 Li 从废旧磷酸铁锂电池中得到了回收。

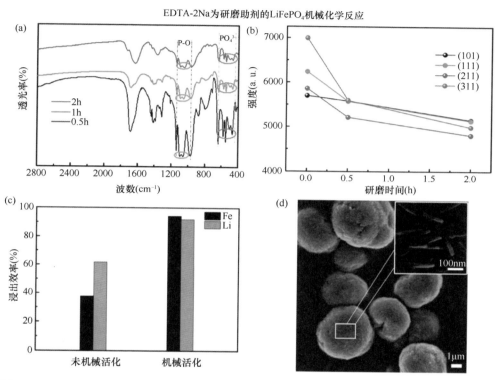

图 4-19 （a）LFP 在不同研磨时间的 MC 反应的 FTIR 图谱；（b）不同研磨时间晶格面的 XRD 强度；（c）从不同样品中浸出 Fe 和 Li 的效率；（d）回收 $FePO_4·2H_2O$ 的 SEM 图像[53]

针对 EDTA 和 PVC 等试剂价格比较昂贵，并且在研磨之后通常需要浸出过程 等问题，李丽课题组[54]报道了采用一种环境友好的草酸机械化学技术从废 $LiFePO_4$ 电池中选择性提取 Fe 和 Li（如图 4-20）。在最佳转速为 500 r/min，研磨 时间为 2 小时，$LiFePO_4$ 与草酸的质量比为 1∶1，球粉比为 20∶1，水浸出时间 为 30 分钟的条件下，回收得到约 99%的 Li 和 94%的 Fe，分别作为 Li_3PO_4 和 $FeC_2O_4·2H_2O$ 被回收。在 XRD 和 SEM 表征的基础上，提出了机械化学反应机 理：在机械化学活化过程中平均粒径的减小、旧化学键的断裂及新化学键的产 生导致 Li 的选择性浸出效率显著提高。他们研究并提出了 $Fe–H_2O$ 体系和 $Li–P– H_2O$ 体系的热力学图，热力学分析结果表明，该机械化学反应可以在室温下自 发进行。

李丽等[55]还提出了一种废旧 $LiFePO_4$（LFP）电池的绿色高效回收技术。如

图 4-21 所示，该方法以柠檬酸（Cit）和 H_2O_2 作为助剂在室温条件下对废旧 LFP 黑粉材料进行共研磨。

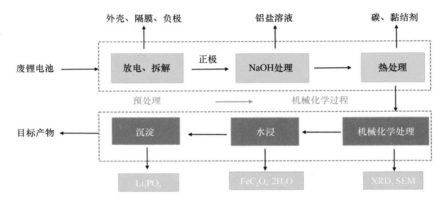

图 4-20　废旧 LiFePO₄ 电池回收的机械化学活化过程[54]

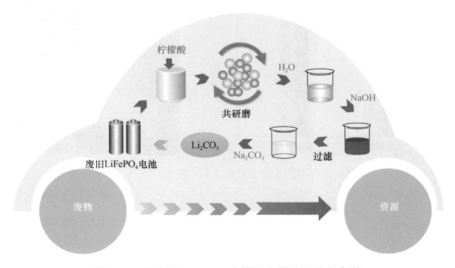

图 4-21　从废旧 LiFePO₄ 中提取金属的回收方案[55]

在加入 H_2O_2 的过程中，该体系发生如下反应

$$2H_3Cit + 6LiFePO_4 + 3H_2O_2 \longrightarrow 2Li_3Cit + 6FePO_4 + 6H_2O \tag{4-1}$$

其中，Fe^{2+} 被 H_2O_2 氧化成 Fe^{3+}，$FePO_4$ 从溶液中沉淀出来。在水浸和过滤之后，Fe 以 $FePO_4$ 的形式保留在沉淀物中，而 Li 作为 Li_3Cit 被提取到溶液中。反应经历最小化–裂解–重组过程（图 4-22），颗粒受到机械力的冲击，导致粒径减小和比表面积增加，同时系统温度升高。然后，反应剂进入空隙并且化学键断裂。最后，随着新键的形成，金属元素 Li、Fe 从 LFP 晶格中被提取出来。

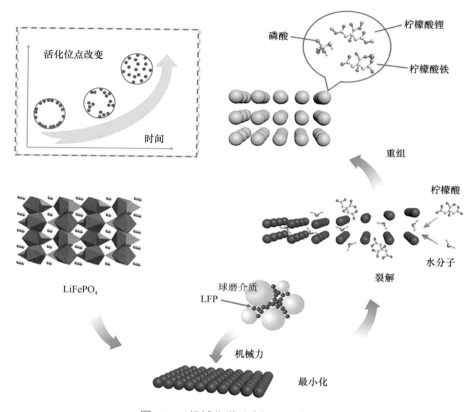

图 4-22　机械化学反应机理示意图[55]

在球粉比为 25，柠檬酸与 LFP 的比例为 20 g/g，H_2O_2 的量为 1.0 mL，转速为 300 rpm，研磨时间为 2 小时的条件下，Li 和 Fe 的提取率分别为 99.35% 和 3.86%，研究结果表明 Li 具有较高的选择性回收率。作为对比，当 LFP 与 H_2O 而不是 H_2O_2 共研磨时，Fe 的提取率接近 100%，这表明两者发生的机械化学反应完全不同。在没有 H_2O_2 氧化的情况下（式 4-2），Fe^{2+} 在浸出溶液中作为离子保留。水浸和过滤后，Fe 和 Li 在滤液中变成柠檬酸盐。当球粉比为 45，柠檬酸与 LFP 的比例为 20 g/g，研磨时间为 8 小时，转速为 300rpm，研磨后未经水浸处理时，Li 和 Fe 的提取效率分别为 97.82% 和 95.62%。研磨之后，用 pH 为 11～12 的 NaOH 沉淀除去溶液中的 Fe 杂质。然后通过在 95℃ 下与饱和 Na_2CO_3 反应，以 Li_2CO_3 沉淀的形式回收 Li。

$$3H_3Cit + 3LiFePO_4 \longrightarrow Li_3Cit + Fe_3(Cit)_2 + 3H_3PO_4 \qquad (4-2)$$

上述实例表明，机械化学反应可以降低浸出过程的酸和能量消耗，并且可以提高 Li 在磷酸铁锂电池回收中的选择性。该研究为废旧磷酸铁锂电池提供了一种具有工业应用潜力的闭环回收工艺。由于其简单且经济地使用溶剂，机械化学法被认为对废旧电池的回收是实用且环保的。值得注意的是，球磨的高能耗需要与其在未来开发和应用该方法中的生产率相平衡。大多数上述预处理方法来自采矿业，其研究方法和设备已经成熟，可以推广用于废旧电池的回收。此外，由于退役锂离子动力电池组成的复杂性和单种方法的局限性，经常将一系列预处理方法结合使用以获得最佳分离结果[56]。

4.3 锂离子动力电池人工预处理技术

对于锂离子动力电池人工预处理过程，首先要对单体电池进行较为简单的人工拆解。通常用刀和锯等工具在密封的手套箱中拆解单体废旧电池，在盐溶液中充分放电及用 DMF（N,N-二甲基甲酰胺）等溶剂回收电解质溶液后，人工分离得到电池的正极、负极、隔膜和外壳。拆解过程中仅使用相对简单的保护措施，如佩戴安全眼镜，口罩和手套等以应对安全问题[57,58]。

由于后续回收处理过程的需求，锂离子动力电池人工预处理过程的重点集中在分离集流体和活性材料，通常使用四种分离方法，即物理分离、有机溶剂溶解、高温煅烧和碱液溶解。

4.3.1 物理分离

物理分离主要通过粉碎和筛分粗略地分离集流体和活性材料[59,60]。例如，周宏明团队[61]采用一种绿色、简单的工艺，以再生废旧磷酸铁锂电池的活性材料（$LiFePO_4$/C 和乙炔黑，图 4-23）。通过机械粉碎直接分离正极材料混合物和铝箔，该过程无需酸/碱浸出。首先将废旧磷酸铁锂电池放电到 0.5 V，在干燥和密封的环境中用角磨机拆解、分离电池。在 DMC 溶液（碳酸二甲酯）中清洗三次后，95℃下干燥 24 小时，去除黏附在正极材料表面的电解质溶液。经人工分离正极后，用粉碎机粉碎、筛分去除集流体铝粉。回收的正极活性材料在 N_2 氛围中依此经过 300℃下 2 小时和 750℃下 7 小时两步热处理工艺即可实现直接再生。

基于对低温条件下集流体和有机黏结剂（如聚偏氟乙烯 PVDF）机械性能的分析，王海锋等[62]提出了一种环境友好的低温研磨法用于回收废旧锂离子动力电池正极材料。在低温条件下，铝箔的屈服强度、抗拉强度和冲击强度得到显著提升，而有机黏结剂的玻璃化转变温度约为 235 K。因此，通过低温预处理可以增强集流体的强度并使 PVDF 转变为易脆的玻璃态。如图 4-24 的扫描电子显微镜（SEM）图像所示，经过 5 min 的低温预处理之后，正极片的表面变得粗糙并产生

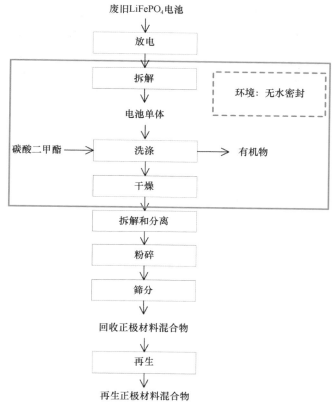

图 4-23　废旧 LiFePO₄ 电池（LFP）回收和再生过程流程图[61]

了多条裂缝，铝箔和电极材料的界面也出现了明显的分层。电极材料之间以及电极材料和铝箔之间的结构破坏可以提高低温研磨过程中电极材料的剥离效率。结果表明，5 min 的低温预处理和 30 s 的低温研磨可以使正极材料的剥离效率从常温研磨的 25.03% 提高到 87.29%。

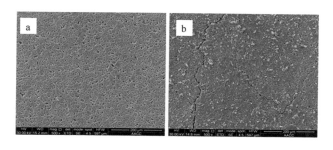

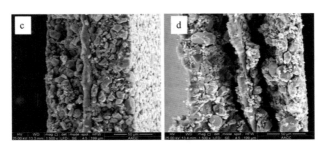

图 4-24　低温预处理前后正极的 SEM 图像。（a）原材料的表面；
（b）低温处理 5 min 后的表面；（c）原材料的界面结构；（d）低温处理 5 min 后的界面结构[62]

4.3.2　有机溶剂溶解

　　有机溶剂溶解是通过使用有机溶剂除去黏结剂，从而使活性材料易于从正极片上剥离下来。根据相似相溶原理，聚偏氟乙烯（PVDF）易溶于某些有机溶剂，因此研究者通常采用有机溶剂溶解 PVDF。贺文智团队[63]研究了 N,N-二甲基乙酰胺（DMAC）、N-甲基-2-吡咯烷酮（NMP）、N,N-二甲基甲酰胺（DMF）等有机溶剂对铝箔和正极材料的分离效果。实验结果表明，三种有机溶剂均可以溶解 PVDF，且溶解度随温度的升高而增加。其中，DMAC 对 PVDF 的溶解度最高，30℃时，溶解度可达 96 g/L，70℃时增加到了 214 g/L。温度低于 50℃时，PVDF 在 NMP 中的溶解度较低，只有 64 g/L，当温度高于 50℃时，其与 DMAC 的溶解效果接近。如在 70℃时，PVDF 在 NMP 中的溶解度为 210 g/L。而对于 DMF，当温度低于 50℃时具有比 NMP 更好的 PVDF 溶解效果，30℃时溶解度为 86 g/L。NMP 是最常见的用来溶解 PVDF 黏结剂的有机溶剂[64,65]。例如，李丽团队[66]使用 NMP 溶剂溶解有机黏结剂的方法实现了正极材料和集流体的分离（图 4-25）。在放电之后，为了防止引入由于机械分离产生的 Fe、Cu、Al 等杂质，人工分离了正极和负极，然后将正极片浸入 DMC 溶剂中分离和回收残余的电解液。使用 NMP 溶剂从铝箔上分离废旧正极材料，铝箔以固态金属的形式被回收。该工艺避免了铝杂质的引入，同时 NMP 溶剂可以被多次回收、再利用。分离后得到的正极粉末经 700℃煅烧去除碳和剩余的黏结剂。同时，对煅烧过程中产生的废气进行收集和纯化以减少对环境的污染。为了提高预处理过程的回收效率，Nayaka 等[67]在正极材料回收的预处理过程中，使用了超声波清洗。将废旧手机电池充分放电后，人工拆解成塑料、外壳及分别涂覆在铝箔和铜箔上的正极和负极材料。为了分离得到正极材料，铝箔被切成 1 cm × 1 cm 的小片并浸入 100 mL NMP 溶剂中。经超声波清洗 1 小时后，正极材料从铝箔上分离，经过过滤、700℃下 2 小时的热处理等过程去除碳和 PVDF 等有机物。

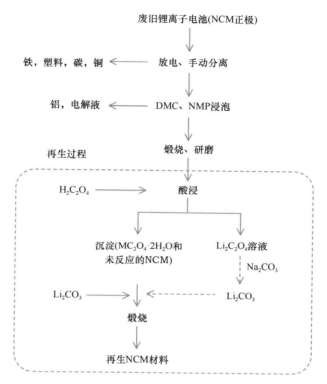

图 4-25　废旧 Li（$Ni_{1/3}Co_{1/3}Mn_{1/3}$）O_2 电池（NCM）回收和再生过程流程图[66]

　　然而 NMP 有机溶剂的毒性和高成本限制了其大规模应用，由此研究者致力于探索更环保的溶剂作为 NMP 的替代品。由于具有低蒸气压、高热稳定性和优越的溶剂化性质，离子液体（IL）被认为是有希望的替代品。离子液体通常由有机阳离子和无机或有机阴离子组成。已有相关报道表明，离子液体可以应用于废弃印刷电路板的拆解等废物回收过程[68-71]。根据之前的研究，李金惠团队[72]提出了一种使用加热的离子液体分离正极和铝集流体的新方法。他们选用具有合适黏度和优异亲水性的 1-丁基-3-甲基咪唑四氟硼酸盐（[BMIm] [BF$_4$]）来验证该方法的可行性。结果表明，当在 180℃下以 300 rpm 进行 25 min 的实验时，可以获得99%的剥离率。

4.3.3　高温煅烧

　　高温煅烧也是一种分离正极材料和铝箔简单且有效的方法。由于 PVDF 在 350℃时开始分解，并且在 600℃下完全分解[73,74]。因此，可以通过在 400～600℃的较低温度范围内煅烧处理以去除 PVDF 黏结剂。宋大卫团队[73]借助高温直接煅烧的方法实现了 LiCoO₂ 正极材料从集流体上的有效分离（图 4-26）。首先将废旧电池在含有铁粉的饱和 Na₂SO₄ 溶液中浸泡 24 小时充分放电，然后在密封的手套箱中人工拆解。在用 DMF 溶剂，稀碱溶液和水依次进行三级喷雾净化后，将密封箱中的电解质废气释放到空气中，通过离心提取电池中残留的电解液。人工分离、洗涤和干燥后，直接回收干净的隔膜和电池外壳，干净的正极和负极需要进一步粉碎。粉碎后的正极材料在空气中 400℃下煅烧 1 小时去除黏结剂 PVDF，然后用 50 目筛网筛分后，大部分正极粉末与 Al 箔分离。进一步洗涤后回收 Al 箔。经球磨后用 400 目筛网筛分，分离得到的正极粉末在空气中 800℃下进一步煅烧 2 小时以除去乙炔黑。

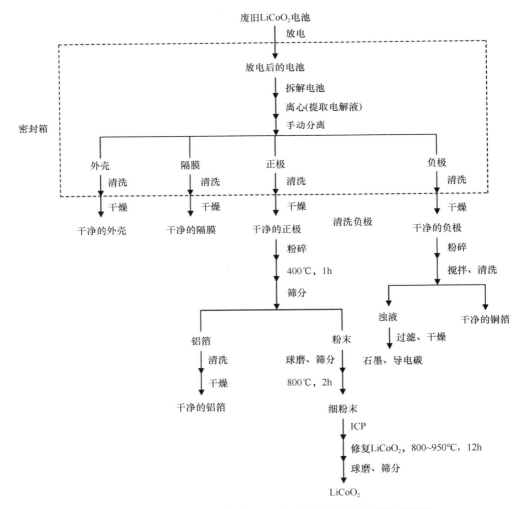

图 4-26　废旧 LiCoO₂ 电池（LCO）回收和再生过程流程图[73]

为了避免热处理过程释放 HF 而造成环境污染，李金惠团队[75]使用 CaO 作为反应介质，使正极中的 PVDF 在 300℃的较低温度下热解，实现了正极材料和铝箔的分离，正极材料的分离效率高达 97.1%。且据进一步的实验证明，正极材料表面的 PVDF 可以被有效分解并被 CaO 原位吸收，而没有造成 HF 的释放。这些结果表明，使用 CaO 可以降低加工成本并避免释放 HF，具有较好的经济和环境效益。该课题组还报道了一种环境友好的低温熔盐技术用于低温熔融有机黏结剂 PVDF[76]。研究结果表明，由于储热引起的相变，$AlCl_3$–NaCl 熔盐体系可以有效地熔融 PVDF。在温度为 160℃，熔盐–正极材料质量比为 10∶1，保温时间 20 min 的条件下，正极材料的剥离效率达到了 99.8%。他们对 PVDF 的熔融机理进行了探索。如图 4-27 所示为 PVDF 在 $AlCl_3$–NaCl 体系中可能的一种熔融机理。通常，热量以显热、潜热或两者并存的形式存储在反应介质中，通过增加储热介质的温度来存储显热。材料从固体熔化成液体所需的大量熔化热与潜热的吸收和储存有关。当使用 $AlCl_3$–NaCl 熔融盐体系时，$AlCl_3$–NaCl 熔融盐体系的相变点约为 153℃。因此，当加热温度超过 153℃时，$AlCl_3$–NaCl 体系通过吸收大量的热从固

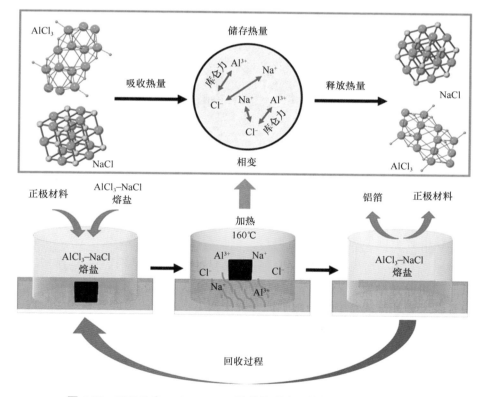

图 4-27　PVDF 在 $AlCl_3$—NaCl 融盐体系中可能的一种熔融机理[76]

体化合物转变为液体化合物。当温度继续上升到 160℃时，PVDF 逐渐分解，从而实现了正极材料和铝箔的有效分离。

通过溶剂溶解除去 PVDF 黏结剂后，几乎没有杂质被引入到废活性材料中。然而由于 PVDF 煅烧后释放的氢氟酸（HF）在高温下会与活性材料发生反应，在活性材料中发现了一定量的 F[77]。

4.3.4 碱液溶解

碱液溶解是指利用具有较强腐蚀性的碱性化学试剂将集流体溶解，最终有效快速分离活性材料和集流体的一种预处理方法[78]。例如，铝箔可以溶解在碱性溶液中，而正极活性材料和 PVDF 黏结剂保持不变。但是采用这种方法，铝箔不能直接以金属形式回收[79]。张英杰等[80]使用 NaOH 溶液溶解集流体从而获得了正极活性材料。将废旧锂离子动力电池完全放电并人工拆解以分离正极、负极、隔膜和外壳。然后，将正极片切成小片并在室温下用 6 wt%的 NaOH 溶液浸出。这个过程中发生的化学反应如式（4-3）和式（4-4）所述

$$2Al + 2NaOH + 2H_2O \!=\!\!=\!\! 2NaAlO_2 + 3H_2 \tag{4-3}$$

$$Al_2O_3 + 2NaOH \!=\!\!=\!\! 2NaAlO_2 + H_2O \tag{4-4}$$

铝箔完全溶解后，通过过滤收集正极材料样品，随后于马弗炉中 650℃的空气气氛下煅烧 3 小时去除有机物。通过废气回收装置处理煅烧过程中可能产生的有害气体。经煅烧后，将样品研磨至能通过 0.15 mm 筛网，并用于后续元素提取。

李丽等[81]研究了一种简单绿色的闭环过程来回收混合正极材料（LCO、LMO、NCM），在预处理阶段（见图 4-28），他们将废旧 18650 电池和软包电池浸泡在饱和 Na_2SO_4 溶液中放电，然后在通风橱中人工拆除塑料和外壳。将正极片浸入 2 mol·L^{-1} 的 NaOH 溶液中 2 小时后，将活性正极材料与铝箔分离。过滤后，将残余物在 80℃真空干燥箱中干燥 24 小时，并在马弗炉中 700℃下煅烧 5 小时，去除导电剂乙炔黑，黏结剂和其他有机杂质。由于后续的湿法浸出过程是固体和液体之间的界面反应，两相的接触面积对反应速率有着显著的影响。因此在使用湿法浸出的方法回收正极材料时，常将材料研磨成较小的粒度从而增加接触表面积，加快浸出反应速率。

综上所述，通过以上介绍的预处理方法可以获得纯度较高的电池活性材料黑粉，使后续湿法回收工序的有价金属回收率大幅度提高。因此，研究开发系列高效短程且环境友好的电池预处理技术，可为废旧锂离子电池的破碎效率、清洁生产、高效回收等瓶颈技术提供有力支撑。

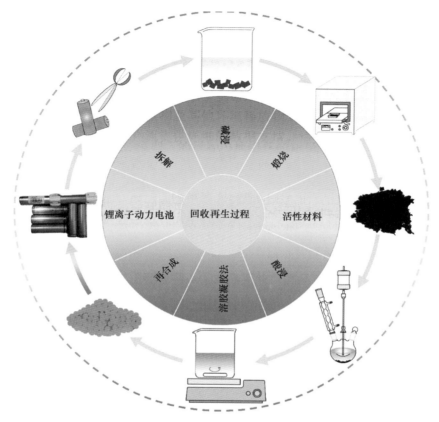

图 4-28 锂离子动力电池回收过程流程图[81]

参 考 文 献

[1] Da Costa A J, Matos J F, Bernardes A M, et al. Beneficiation of cobalt, copper and aluminum from wasted lithium-ion batteries by mechanical processing[J]. International Journal of Mineral Processing, 2015, 145: 77-82.

[2] Diekmann J, Hanisch C, Froboese L, et al. Ecological Recycling of Lithium-Ion Batteries from Electric Vehicles with Focus on Mechanical Processes[J]. Journal of the Electrochemical Society, 2017, 164(1): A6184-A6191.

[3] Kaya M. Recovery of metals and nonmetals from electronic waste by physical and chemical recycling processes[J]. Waste Management, 2016, 57: 64-90.

[4] Li J, Wang G, Xu Z. Generation and detection of metal ions and volatile organic compounds (VOCs) emissions from the pretreatment processes for recycling spent lithium-ion batteries[J]. Waste Management, 2016, 52: 221-227.

[5] Wang X, Gaustad G, Babbitt C W. Targeting high value metals in lithium-ion battery recycling via shredding and size-based separation[J]. Waste Management, 2016, 51: 204-213.

[6]　Harper G, Sommerville R, Kendrick E, et al. Recycling lithium-ion batteries from electric vehicles[J]. Nature, 2019, 575: 75-86.

[7]　Wegener K, Chen W H, Dietrich F, et al. Robot Assisted Disassembly for the Recycling of Electric Vehicle Batteries[C]// Kara S. 22nd CIRP Conference on Life Cycle Engineering. Amsterdam: Elsevier Science BV, 2015, 29: 716-721.

[8]　Wegener K, Andrew S, Raatz A, et al. Disassembly of Electric Vehicle Batteries Using the Example of the Audi Q5 Hybrid System[M]// Putz M. 5th CATS 2014 - CIRP Conference on Assembly Technologies and Systems. 2014, 23: 155-160.

[9]　Nave M. Beitrag zur automatisierten Demontage durch Optimierung des Trennprozesses von Schraubenverbindungen[D]. Dissertation, Universität Dortmund. 2003.

[10]　Büker U, Drue S, Gotze N, et al. Vision-based control of an autonomous disassembly station[J]. Robotics and Autonomous Systems, 2001, 35: 179-189.

[11]　Gil P, Pomares J, Puente S V, et al. Flexible multi-sensorial system for automatic disassembly using cooperative robots[J]. International Journal of Computer Integrated Manufacturing, 2007, 20: 757-772.

[12]　Herrmann C, Raatz A, Mennenga M, et al. Assessment of automation potentials for the disassembly of automotive lithium ion battery systems[C]//Dornfeld D A, Linke B S. Leveraging Technology for a Sustainable World. Berlin, Heidelberg: Springer, 2012, 149-154.

[13]　Gerbers R, Wegener K, Dietrich F, et al. Safe, flexible and productive human-robot-collaboration for disassembly of lithium-ion batteries[M]//Kwade A, Diekmann J. Recycling of Lithium-Ion Batteries: The Lithorec Way. New York: Springer Nature, 2018, 99-126.

[14]　Seliger G, Keil T, Rebafka U, et al. Flexible disassembly tools[C]//Proceedings of the 2001 IEEE International Symposium on Electronics and the Environment, Conference Record. New York: IEEE, 2001: 30-35.

[15]　Zhang J, Li B, Garg A, et al. A generic framework for recycling of battery module for electric vehicle by combining the mechanical and chemical procedures[J]. International Journal of Energy Research, 2018, 42: 3390-3399.

[16]　Peeters J R, Vanegas P, Mouton C, et al. Tool Design for Electronic Product Dismantling[J]. Procedia CIRP, 2016, 48: 466-471.

[17]　Xia K, Gao L, Li W D, et al. Disassembly sequence planning using a simplified teaching-learning-based optimization algorithm[J]. Advanced Engineering Information, 2014, 28(4): 518-527.

[18]　Cong L, Zhao F, Sutherland J W. Integration of dismantling operations into a value recovery plan for circular economy[J]. Journal of Clearner Production, 2017, 149: 378-386.

[19]　Yun L, Duy L, Shui L, et al. Metallurgical and mechanical methods for recycling of lithium-ion battery pack for electric vehicles[J]. Resources Conservation and Recycling, 2018, 136: 198-208.

[20]　Nedjalkov A, Meyer J, Köhring M, et al. Toxic gas emissions from damaged lithium ion batteries—analysis and safety enhancement solution[J]. Batteries, 2016, 2: 5.

[21]　Xie Y, Yu H, Zhang T, et al. Interpretation of GB/T 33598-2017: Recycling of Traction Battery Used in Electric Vehicle Dismantling Specification[J]. Battery Bimonthly, 2018, 48: 53-55.

[22]　Zhang T, He Y, Wang F, et al. Surface analysis of cobalt-enriched crushed products of spent lithium-ion batteries by X-ray photoelectron spectroscopy[J]. Separation and Purification Tech-

nology, 2014, 138: 21-27.

[23] Gratz E, Sa Q, Apelian D, et al. A closed loop process for recycling spent lithium-ion batteries[J]. Journal of Power Sources, 2014, 262: 255-262.

[24] Kim S, Yang D, Rhee K, et al. Recycling process of spent battery modules in used hybrid electric vehicles using physical/chemical treatments[J]. Research on Chemical Intermediates, 2014, 40: 2447-2456.

[25] Lu M, Zhang H, Wang B, et al. The Re-Synthesis of $LiCoO_2$ from Spent Lithium Ion Batteries Separated by Vacuum-Assisted Heat-Treating Method[J]. International Journal of Electrochemical Science, 2013, 8: 8201-8209.

[26] Ojanen S, Lundstrom M, Santasalo-Aarnio A, et al. Challenging the concept of electrochemical discharge using salt solutions for lithium-ion batteries recycling[J]. Waste Management, 2018, 76: 242-249.

[27] Shin S M, Kim N H, Sohn J S, et al. Development of a metal recovery process from Li-ion battery wastes[J]. Hydrometallurgy, 2005, 79: 172-181.

[28] Zhang T, He Y, Ge L, et al. Characteristics of wet and dry crushing methods in the recycling process of spent lithium-ion batteries[J]. Journal of Power Sources, 2013, 240: 766-771.

[29] Marinos D, Mishra B. An Approach to processing of lithium-ion batteries for the zero-waste recovery of materials[J]. Journal of Sustainable Metallurgy, 2015, 1: 263-274.

[30] Al-Thyabat S, Nakamura T, Shibata E, et al. Adaptation of minerals processing operations for lithium-ion (LiBs) and nickel metal hydride (NiMH) batteries recycling: Critical review[J]. Minerals Engineering, 2013, 45: 4-17.

[31] Yang Y, Huang G, Xu S, et al. Thermal treatment process for the recovery of valuable metals from spent lithium-ion batteries[J]. Hydrometallurgy, 2016, 165: 390-396.

[32] Sun L, Qiu K. Vacuum pyrolysis and hydrometallurgical process for the recovery of valuable metals from spent lithium-ion batteries[J]. Journal of Hazardous Materials, 2011, 194: 378-384.

[33] Bian D, Sun Y, Li S, et al. A novel process to recycle spent $LiFePO_4$ for synthesizing $LiFePO_4$/C hierarchical microflowers[J]. Electrochimica Acta, 2016, 190: 134-140.

[34] Shin E J, Kim S, Noh J-K, et al. A green recycling process designed for $LiFePO_4$ cathode materials for Li-ion batteries[J]. Journal of Materials Chemistry A, 2015, 3: 11493-11502.

[35] Zheng R, Zhao L, Wang W, et al. Optimized Li and Fe recovery from spent lithiumion batteries via a solution-precipitation method[J]. RSC Advances, 2016, 6: 43613-43625.

[36] Bertuol D A, Toniasso C, Jimenez B M, et al. Application of spouted bed elutriation in the recycling of lithium ion batteries[J]. Journal of Power Sources, 2015, 275: 627-632.

[37] Wang F, Zhang T, He Y, et al. Recovery of valuable materials from spent lithium-ion batteries by mechanical separation and thermal treatment[J]. Journal of Cleaner Production, 2018, 185: 646-652.

[38] He Y, Zhang T, Wang F, et al. Recovery of $LiCoO_2$ and graphite from spent lithium-ion batteries by Fenton reagent-assisted flotation[J]. Journal of Cleaner Production, 2017, 143: 319-325.

[39] Yu J, He Y, Li H, et al. Effect of the secondary product of semi-solid phase Fenton on the flotability of electrode material from spent lithium-ion battery[J]. Powder Technology, 2017, 315: 139-146.

[40] Yu J, He Y, Ge Z, et al. A promising physical method for recovery of $LiCoO_2$ and graphite

from spent lithium-ion batteries: Grinding flotation[J]. Separation Purification Technology, 2018, 190: 45-52.

[41] Li J, Wang G X, Xu Z M. Environmentally-friendly oxygen-free roasting/wet magnetic separation technology for in situ recycling cobalt, lithium carbonate and graphite from spent $LiCoO_2$/graphite lithium batteries[J]. Journal of Hazardous Materials, 2016, 302: 97-104.

[42] Huang B, Pan Z, Su X, et al. Recycling of lithium-ion batteries: Recent advances and perspectives[J]. Journal of Power Sources, 2018, 399: 274-286.

[43] Balaz P, Achimovicova M, Balaz M, et al. Hallmarks of mechanochemistry: from nanoparticles to technology[J]. Chemical Society Reviews, 2013, 42: 7571-7637.

[44] Ou Z Y, Li J H. Synergism of mechanical activation and sulfurization to recover copper from waste printed circuit boards[J]. RSC Advances, 2014, 4: 51970-51976.

[45] Yuan W Y, Li J H, Zhang Q W, et al. Innovated Application of Mechanical Activation To Separate Lead from Scrap Cathode Ray Tube Funnel Glass[J]. Environmental Science & Technology, 2012, 46: 4109-4114.

[46] Yuan W Y, Li J H, Zhang Q W, et al. Mechanochemical sulfidization of lead oxides by grinding with sulfur[J]. Powder Technology, 2012, 230: 63-66.

[47] Saeki S, Lee J, Zhang Q W, et al. Co-grinding $LiCoO_2$ with PVC and water leaching of metal chlorides formed in ground product[J]. International Journal of Mineral Processing, 2004, 74: S373-S378.

[48] Zhang Q W, Lu J F, Saito F, et al. Room temperature acid extraction of Co from $LiCo_{0.2}Ni_{0.8}O_2$ scrap by a mechanochemical treatment[J]. Advanced Powder Technology, 2000, 11: 353-359.

[49] Guo Y, Li Y, Lou X, et al. Improved extraction of cobalt and lithium by reductive acid from spent lithium-ion batteries via mechanical activation process[J]. Journal of Materials Science, 2018, 53(19): 13790-13800.

[50] Guan J, Li Y, Guo Y, et al. Mechanochemical Process Enhanced Cobalt and Lithium Recycling from Wasted Lithium-Ion Batteries[J]. ACS Sustainable Chemistry & Engineering, 2017, 5: 1026-1032.

[51] Wang M M, Zhang C C, Zhang F S. An environmental benign process for cobalt and lithium recovery from spent lithium-ion batteries by mechanochemical approach[J]. Waste Management, 2016, 51: 239-244.

[52] Wang M M, Zhang C C, Zhang F S. Recycling of spent lithium-ion battery with polyvinyl chloride by mechanochemical process[J]. Waste Management, 2017, 67: 232-239.

[53] Yang Y, Zheng X, Cao H, et al. A closed-loop process for selective metal recovery from spent lithium iron phosphate batteries through mechanochemical activation[J]. ACS Sustainable Chemistry & Engineering, 2017, 5: 9972-9980.

[54] Fan E, Li L, Zhang X, et al. Selective recovery of Li and Fe from spent lithium-ion batteries by an environmentally friendly mechanochemical approach[J]. ACS Sustainable Chemistry & Engineering, 2018, 6: 11029-11035.

[55] Li L, Bian Y, Zhang X, et al. A green and effective room-temperature recycling process of $LiFePO_4$ cathode materials for lithium-ion batteries[J]. Waste Management, 2019, 85: 437-444.

[56] Xu J Q, Thomas H R, Francis R W, et al. A review of processes and technologies for the recycling of lithium-ion secondary batteries[J]. Journal of Power Sources, 2008, 177: 512-527.

[57] Dorella G, Mansur M B. A study of the separation of cobalt from spent Li-ion battery

residues[J]. Journal of Power Sources, 2007, 170: 210-215.

[58] Li L, Lu J, Ren Y, et al. Ascorbic-acid-assisted recovery of cobalt and lithium from spent Li-ion batteries[J]. Journal of Power Sources, 2012, 218: 21-27.

[59] Pagnanelli F, Moscardini E, Altimari P, et al. Leaching of electrodic powders from lithium ion batteries: Optimization of operating conditions and effect of physical pretreatment for waste fraction retrieval[J]. Waste Management, 2017, 60: 706-715.

[60] Zhang T, He Y, Wang F, et al. Chemical and process mineralogical characterizations of spent lithium-ion batteries: An approach by multi-analytical techniques[J]. Waste Managment. 2014, 34: 1051-1058.

[61] Wang L, Li J, Zhou H, et al. Regeneration cathode material mixture from spent lithium iron phosphate batteries[J]. Journal of Materials Science: Materials in Electronics, 2018, 29: 9283-9290.

[62] Wang H, Liu J, Bai X, et al. Separation of the cathode materials from the Al foil in spent lithium-ion batteries by cryogenic grinding[J]. Waste Management, 2019, 91: 89-98.

[63] Zhou X, He W Z, Li G M, et al. Recycling of Electrode Materials from Spent Lithium-ion Batteries[C]//2010 4th International Conference on Bioinformatics and Biomedical Engineering. New York: IEEE, 2010, 1-4.

[64] Contestabile M, Panero S, Scrosati B. A laboratory-scale lithium-ion battery recycling process[J]. Journal of Power Sources, 2001, 92: 65-69.

[65] Zhang X, Xie Y, Cao H, et al. A novel process for recycling and resynthesizing $LiNi_{1/3}Co_{1/3}Mn_{1/3}O_2$ from the cathode scraps intended for lithium-ion batteries[J]. Waste Management, 2014, 34: 1715-1724.

[66] Zhang X, Bian Y, Xu S, et al. Innovative application of acid leaching to regenerate $Li(Ni_{1/3}Co_{1/3}Mn_{1/3})O_2$ cathodes from Spent Lithium-ion Batteries[J]. ACS Sustainable Chemistry & Engineering, 2018, 6: 5959-5968.

[67] Nayaka G P, Zhang Y, Dong P, et al. Effective and environmentally friendly recycling process designed for $LiCoO_2$ cathode powders of spent Li-ion batteries using mixture of mild organic acids[J]. Waste Management, 2018, 78: 51-57.

[68] Huang H L, Wang H P, Wei G T, et al. Extraction of nanosize copper pollutants with an ionic liquid[J]. Environmental Science & Technology, 2006, 40: 4761-4764.

[69] Markiewicz M, Jungnickel C, Arp H P H. Ionic liquid assisted dissolution of dissolved organic matter and PAHs from soil below the critical micelle concentration[J]. Environmental Science & Technology, 2013, 47: 6951-6958.

[70] Zeng X L, Li J H, Xie H H, et al. A novel dismantling process of waste printed circuit boards using water-soluble ionic liquid[J]. Chemosphere, 2013, 93: 1288-1294.

[71] Zhu P, Chen Y, Wang L Y, et al. Treatment of waste printed circuit board by green solvent using ionic liquid[J]. Waste Management, 2012, 32: 1914-1918.

[72] Zeng X, Li J. Innovative application of ionic liquid to separate Al and cathode materials from spent high-power lithium-ion batteries[J]. Journal of Hazardous Materials, 2014, 271: 50-56.

[73] Nie H H, Xu L, Song D W, et al. $LiCoO_2$: recycling from spent batteries and regeneration with solid state synthesis[J]. Green Chemistry, 2015, 17: 1276-1280.

[74] Zhang X, Xue Q, Li L, et al. Sustainable recycling and regeneration of cathode scraps from industrial production of lithium-ion batteries[J]. ACS Sustainable Chemistry & Engineering,

2016, 4: 7041-7049.

[75] Wang M, Tan Q, Liu L, et al. A facile, environmentally friendly, and low-temperature approach for decomposition of polyvinylidene fluoride from the cathode electrode of spent lithium-ion batteries[J]. ACS Sustainable Chemistry & Engineering, 2019, 7: 12799-12806.

[76] Wang M, Tan Q, Liu L, et al. Efficient separation of aluminum foil and cathode materials from spent lithium-ion batteries using a low-temperature molten salt[J]. ACS Sustainable Chemistry & Engineering, 2019, 7: 8287-8294.

[77] Song D, Wang X, Nie H, et al. Heat treatment of $LiCoO_2$ recovered from cathode scraps with solvent method[J]. Journal of Power Sources, 2014, 249: 137-141.

[78] Ferreira D A, Prados L M Z, Majuste D, et al. Hydrometallurgical separation of aluminium, cobalt, copper and lithium from spent Li-ion batteries[J]. Journal of Power Sources, 2009, 187: 238-246.

[79] Nan J M, Han D M, Zuo X X. Recovery of metal values from spent lithium-ion batteries with chemical deposition and solvent extraction[J]. Journal of Power Sources, 2005, 152: 278-284.

[80] Zhang Y, Meng Q, Dong P, et al. Use of grape seed as reductant for leaching of cobalt from spent lithium-ion batteries[J]. Journal of Industrial and Engineering Chemistry, 2018, 66: 86-93.

[81] Li L, Bian Y, Zhang X, et al. Process for recycling mixed-cathode materials from spent lithium-ion batteries and kinetics of leaching[J]. Waste Management, 2018, 71: 362-371.

05

锂离子动力电池回收处理技术

5.1 火法冶金回收技术

传统火法冶金回收技术是指在高温或高温-还原性气氛焙烧条件下,物料经历氧化、还原、分解、挥发等一系列的物理化学变化,从而得到目标产物的一种手段。在废弃锂离子动力电池的回收中,火法冶金回收技术主要用于有价金属富集的正极材料的回收处理,利用正极材料在高温或高温-还原性气氛焙烧环境中晶体结构的不稳定性,将高价态难溶于酸或水的过渡金属元素氧化物转化为低价态易溶于酸或水的氧化物,甚至可将其转化为金属单质或合金,进而将有价金属富集回收。

从焙烧的反应物料角度出发,火法冶金回收常用的技术包括高温裂解法、熔盐焙烧法及还原性物质存在的高温还原焙烧法等;基于焙烧环境气压的不同,可以分为常压冶金回收和真空冶金回收,常压冶金回收在大气中进行,真空冶金回收在低于标准大气压的密闭环境中进行。

在废弃锂离子动力电池中,主要有价组分包括正极材料、负极材料和电解液,其中富含有价金属正极材料的回收利用受到了学者的广泛关注,也有学者对负极材料和电解液的回收利用展开研究。在锂离子动力电池中,常用的正极材料主要包括:$LiNi_xCo_yMn_zO_2$(NCM)、$LiNi_xCo_yAl_zO_2$(NCA)、$LiFePO_4$(LFP)、$LiCoO_2$(LCO)、$LiMn_2O_4$(LMO)等;常用的负极材料主要有:天然/人造石墨、软/硬碳、钛酸锂、硅基负极、锂金属负极材料等,商业上应用最多的是石墨材料;电解液一般由电解质锂盐(六氟砷酸锂/$LiAsF_6$、高氯酸锂/$LiClO_4$、四氟硼酸锂/$LiBF_4$和六氟磷酸锂/$LiPF_6$等)、有机溶剂(醚类、酯类和碳酸酯类等)和添加剂(SEI 膜成膜添加剂和阻燃添加剂等)三部分组成。

利用传统火法冶金在处理废弃锂离子动力电池时,由于正极材料中的锂沸点相对较低,容易气化,在高温焙烧过程中可能以气态的形式逸出,造成有价金属的流失;负极材料中的锂和石墨,也会在高温作用下挥发或分解,造成资源的浪费;电解液中的有机溶剂在高温作用下,会挥发或燃烧分解为水和二氧化碳等气体排放,电解质在空气中加热会迅速分解,生成含氟烟气和烟尘向外排放。所以针对不同物化性质的正极材料、负极材料及电解液,有不同的回收技术及处理步骤。

火法冶金回收技术可以高效率、流程短地运用于工业化处理,但同时也带来了耗能大、生成污染性气体和废渣等缺点,而且经过高温冶金处理的正极材料,其有价金属可能会存在于炉灰等物质中,造成资源的浪费。更为重要的是,火法处理后的正极材料一般是以合金或氧化物的形式回收,需要对其进行进一步湿法处理,以提高整体回收工艺的经济效益。

5.1.1 常规火法焙烧技术

1. 高温裂解法

高温裂解法是利用电极材料在高温焙烧环境下表现出的结构不稳定性，使原有结构破坏转化为相对稳定的氧化态或金属态的一种火法回收手段。这种方法一般用于正极材料的回收处理。正极材料在升温过程中，其物相会发生一系列的物相演变，依据其在不同温度阶段的赋存状态，可以实现有价金属的再回收。为了研究升温过程中物质的结构演变及机理，学者们对升温过程中元素赋存状态的演变规律进行了一系列的深入研究。

三元材料在升温过程中，其层状结构会随着温度的升高开始破坏，并转化为其他物质。Bak 等[1]通过对脱锂状态的三元材料原位焙烧研究发现，Co 离子在焙烧过程中会优先迁移到尖晶石结构四面体的 8a 位置，Mn 离子则主要占据层状结构八面体中 3a 位置。随着焙烧温度升高，层状的 $LiNi_{1/3}Co_{1/3}Mn_{1/3}O_2$ 将会演变为尖晶石结构的 LiM_2O_4。温度进一步升高，晶体结构转变为 M_3O_4 型尖晶石结构，伴随着层状结构的崩塌，氧气开始释放。当温度继续升高，锂离子完全脱出，转化为岩盐结构，三元层状结构完全破坏，有价金属的赋存状态也完全发生了变化。而且随着三元材料中镍含量的上升，其高温稳定性变得越来越差。脱锂状态的三元材料实质就是经过不同程度充放电后的材料，在一定程度上可以视为废的正极材料，脱锂状态正极材料的高温转化研究为废三元材料的火法冶金回收提供了理论基础。

钴酸锂在高温环境下结构转变的过程，与脱锂状态的三元材料类似。通过对脱锂的钴酸锂进行第一性原理分析[2]可知，层状结构 Li_xCoO_2 在脱锂量不同的情况下，会发生不一样的物相演变。当 $0.5 < x < 1$ 时，Li_xCoO_2 中会存在层状的 $LiCoO_2$ 和尖晶石结构的 $LiCo_2O_4$ 两种物相；$x < 0.5$ 时，Li_xCoO_2 将转化为尖晶石型的 $LiCo_2O_4$ 和 Co_3O_4，随着锂完全脱出最终都转化为 Co_3O_4。

不同于层状结构的三元材料和钴酸锂，近来也有学者对废弃 $LiFePO_4$ 在升温过程中的物相演变进行了研究[3-5]。陈江平等[3,4]对回收得到的正极材料 $LiFePO_4$ 进行了热处理研究，研究结果表明废弃 $LiFePO_4$ 的失效机理原因之一是在充放电过程中 $LiFePO_4$ 发生了分解，如图 5-1 所示，XRD 研究结果表明在循环充放电过程中产生了 $FePO_4$、Fe_2O_3、P_2O_5 和 Li_3PO_4 等杂相物质。热处理过程中随着温度升高，杂相物质逐渐消失。在低温 350℃下重新合成新的 $LiFePO_4$ 并包覆在未分解的 $LiFePO_4$ 上，所以在低温下重新合成的正极材料的结晶度和电化学性能都不理想。随着焙烧温度升高，在 650℃下合成了结晶度较好的 $LiFePO_4$，正极材料粉末得到了有效的修复。温度继续升高，再生的 $LiFePO_4$ 在高温作用下，结构失稳并开始分解。不同温度下废弃 LiFePO₄ 的结构演变，为废弃 LiFePO₄ 的循环利用提供了新的实验思路和方向。

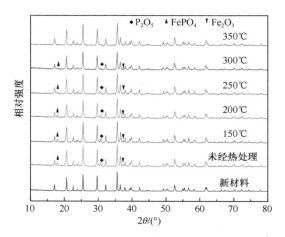

图 5-1　LiFePO₄ 及废弃 LiFePO₄ 在升温过程中的 XRD 图谱[4]

不管是层状结构的三元材料和钴酸锂，还是橄榄石结构的磷酸铁锂，或者是其他正极材料，都存在着热力学稳定区。随着焙烧温度的逐渐升高，正极材料会从原来稳定的化学态转化为不稳定的状态，从而使其结构破坏，正极材料中的有价金属将会以其在温度区间内的稳定态存在，进而实现高温裂解的效果。但高温裂解存在的问题是需要将体系温度提升至较高温度区间（1000℃以上），这对能源的消耗会产生极大的负担，因此在火法焙烧中，往往采用高温还原法，即向焙烧体系中加入还原性成分的物质，以降低体系的反应温度，提高火法冶金的回收效率。

2. 高温还原焙烧法

高温还原焙烧法是一种金属冶炼常用的方法，一般使用焦炭、一氧化碳、活泼金属为还原剂，将金属从其化合物中还原出来，通常也用于正极材料的回收处理。在废正极材料的高温还原过程中，一般采用废电池负极材料为高温还原剂，利用高温还原将正极材料中的有价金属从高价态的氧化物，还原为低价态的金属单质或其氧化物。

在三元材料的高温还原过程中，Liu 等[6]以焦炭为高温还原剂对层状结构的 LiNi$_x$Co$_y$Mn$_z$O₂ 进行高温还原。实验结果表明，焙烧温度为 650℃，焦炭用量为正极材料的 10%，在此条件下焙烧 30 min，正极材料可以还原为 Li₂CO₃、MnO、NiO、Ni 和 Co，且 Li、Ni、Co、Mn 的回收率可达 93.67%、93.33%、98.08%、

98.68%。其中可以将焙烧产物溶于水后，通过水浸出 Li_2CO_3。在高温碳还原过程中，发生的化学转化为反应式（5-1）。

$$12LiNi_{1/3}Co_{1/3}Mn_{1/3}O_2 + 7C \Longrightarrow 6Li_2CO_3 + 4Ni + 4Co + 4MnO + CO_2 \quad (5-1)$$

不同于常压的火法冶金环境，Xiao 等[7]在封闭真空条件下，对正极材料粉末（含有石墨负极材料）进行热解处理。升温过程中由于氧骨架的坍塌，锂从正极材料的晶体结构中释放，并与正极材料中混有的石墨反应生成 Li_2CO_3，三元材料最后转化为 Co、CoO、MnO、Li_2CO_3 等。然后将热解产物在水中浸出后，将锂以碳酸锂的形式回收。相比于常压的火法冶金回收，密闭的真空冶金回收可以有效避免资源的浪费问题。

在钴酸锂的常压火法冶金过程中，Vishvakarma 等[8]将经过预处理的 $LiCoO_2$ 和石墨负极材料以 50%（w/w）混合后，在马弗炉中进行碳热还原反应。实验结果表明，将混合物在 900℃焙烧 15 min 是最佳的焙烧条件，焙烧后最终产物主要由沉淀盐（碳酸锂）、非磁性（石墨、微量铜、铝）和磁性组分（钴）组成。将焙烧产物溶于水后，可将碳酸锂选择性溶解，进一步磁选可将磁性组分钴回收。正极材料在石墨还原的过程中，先还原为 CoO，随着层状结构的崩塌，氧气的释放，生成的 CoO 在高温环境下继续被还原为金属钴。材料在焙烧过程发生的化学转化反应为式（5-2）～式（5-3）。

$$LiCoO_2 + CO \longrightarrow Li_2CO_3 + CoO + 1/2O_2 \quad (5-2)$$

$$CoO + CO \longrightarrow Co + CO_2 \quad (5-3)$$

也有学者利用回收得到的石墨负极材料与活性材料在电弧炉中高温处理，生成钴的合金、炉渣和烟道粉尘。由于锂在高温环境中具有较高的氧亲和力，锂以氧化物的形式通过废气离开熔炉，烟道粉尘等可以经过进一步的湿法冶金处理将锂回收[9]。为了研究钴酸锂在碳热还原中的反应机理，Mao 等[10]用回收得到的正极材料钴酸锂与负极材料石墨共同焙烧，对层状结构的正极材料在焙烧过程中的演变机理进行了研究。加入石墨共焙烧后，可以将钴酸锂的裂解温度由 1153℃降至 900℃。从晶体结构上看，石墨对氧的吸引力比锂和钴更强，从而使高温焙烧过程中层状结构的氧八面体稳定性下降，使钴酸锂分解，而且负极材料的燃烧和正极材料的热解是一种偶合反应，其反应途径为式（5-4）～式（5-7），其层状结构的崩塌机制如图 5-2 所示。

$$4LiCoO_2 + C \longrightarrow 2Li_2O + CO_2 + 4CoO \quad (5-4)$$

$$4LiCoO_2 + 2C \longrightarrow 2Li_2O + 2CO + 4CoO \quad (5-5)$$

$$CO + CoO + Li_2O \longrightarrow Co + Li_2CO_3 \quad (5-6)$$

$$C + 2CoO + Li_2O \longrightarrow 2Co + Li_2CO_3 \quad (5-7)$$

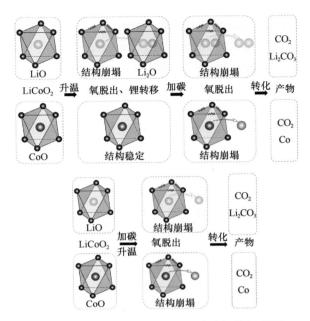

图 5-2　碳热还原反应的不同反应路径的机理[10]

　　在锰酸锂的真空冶金回收过程中，Xiao 等[7]对锰酸锂与石墨在真空高温焙烧环境中的结构演化进行了研究。将预处理后的正极材料锰酸锂和石墨在真空条件下共焙烧，温度升高至 400℃时，锰酸锂开始转化为四氧化三锰。温度升高至 700℃时，四氧化三锰被继续还原为氧化锰。锂可以以碳酸锂的形式被水浸后从浸出液中回收，随着温度从 600℃上升到 700℃，Li 回收率有明显提高。当温度超过 800℃时，碳酸锂可能会变成熔融状态。锂元素通过水浸出回收后，将石墨、MnO 等滤渣在空气中进一步焙烧，最终得到锰酸锂的前驱体 Mn_3O_4。研究结果证明，在真空环境下，塌缩 $LiMn_2O_4$ 的氧四面体释放出 Li 元素，并转移到其他氧四面体结构中，形成了扭曲的 $Li_2Mn_2O_4$。温度升高至 700℃时，锰酸锂结构中的氧被石墨俘获生成 CO，而扭曲的 $Li_2Mn_2O_4$ 和 Mn_3O_4 在 C/CO 气氛下被还原为 MnO。混合粉末在封闭真空条件下的转化机理可以用立方尖晶石 $LiMn_2O_4$ 的坍塌过程来描述，反应见式（5-8）～式（5-12）。

$$3\,LiMn_2O_4 = 3/2\,Li_2Mn_2O_4 + Mn_3O_4 + O_2 \tag{5-8}$$

$$3\,Li_2Mn_2O_4 + O_2 = 6LiO + 2Mn_3O_4 \tag{5-9}$$

$$Mn_3O_4 + C = 3MnO + CO \tag{5-10}$$

$$Mn_3O_4 + CO = 3MnO + CO_2 \tag{5-11}$$

$$Li_2O + CO_2 = Li_2CO_3 \tag{5-12}$$

　　除了以石墨为还原添加剂，Xiao 等[11]还以从废锰酸锂电池中得到的黏结剂和石墨负极材料为还原添加剂，结果表明，混合电极材料在 800℃下焙烧 45 min 原位转化为氧化锰（MnO）和碳酸锂（Li_2CO_3）。在此过程中，黏结剂蒸发分解为气态产物，可回收利用，避免了处理成本。不仅黏结剂可以作为还原添加剂，废弃锂离子动力电池中的隔膜、塑料及有机电解液，都可以作为高温还原焙烧的还原添加剂。工业化回收处理过程中，优美科（企业集团）将电池破碎后，直接将材料放入高温冶炼炉中，混合材料中的铝集流体、石墨负极、黏结剂、塑料隔膜等可以在高温焙烧气氛中提供还原作用，然后将电池材料中的有价金属以合金的方式回收利用。对于锂在火法冶炼过程中难以回收的特点，也有学者通过对电池材料直接真空蒸发和蒸馏回收金属锂，锂在高温作用下被正极材料中其他物质形成的气体携带出来，可以将锂以氧化物的形式回收[12]。此外电解液也可以通过真空蒸馏法进行回收，由于废弃锂离子动力电池中的电解液在真空环境中易蒸发，可以利用这种特性，将电解液回收利用，通过减压真空蒸馏分离得到电解液中的有机溶剂，最后经过精馏纯化后回收再利用，同时得到六氟磷酸锂[13]。

　　利用褐煤、负极材料、废弃电池外壳和塑料用作还原剂，与废正极材料高温焙烧后，将其中的有价金属从不溶于水的高价态还原为低价态的可溶物，然后通过酸浸出的方式也可将有价金属回收。Hu 等[14]利用行星球磨机将褐煤与正极粉末均匀混合后，在氩气气氛的马弗炉中焙烧处理，焙烧结束后，将焙烧产物以酸浸出。实验结果表明，将正极材料与 19.9%的褐煤混合均匀后，在焙烧温度为 650℃焙烧 3 小时，正极材料主要以 Li_2CO_3、Ni、Co 和 MnO 形式存在，采用碳酸水浸出法，焙烧产物中的碳酸锂可以转化为可溶性更强的 $LiHCO_3$，然后通过蒸发结晶最后得到碳酸锂结晶粉末。将分离出碳酸锂的滤渣溶于稀 H_2SO_4 中，通过调节体系 pH 至 3.5 除去铁杂质，然后通过氟盐沉淀除去钙、镁，将杂质去除后，先用萃取剂 D2EHPA 将锰萃取后，在不同 pH 下依次用萃取剂 PC88A 萃取镍和钴，最后使用蒸发结晶法制备了镍、钴和锰的硫酸盐晶体。

　　也有学者将活性炭与钴酸锂混合，研究其在高温环境下的物相演变，以及焙烧产物在硫酸溶液中的浸出[15]。研究结果发现混合物在升温至 500℃，物相开始发生演变，产物中出现 CoO、Co_3O_4 及未反应的 $LiCoO_2$。温度升高至 700℃，产物开始出现烧结但物相仍与 600℃相同。将产物进行浸出，研究发现钴酸锂较易溶于硫酸溶液中，四氧化三钴的溶解率比钴酸锂低得多，随着硫酸浓度升高，四氧化三钴的溶解率也逐渐提升。将正极材料钴酸锂高温处理后，可以用硫酸将正极材料在较短时间内完全浸出。

　　将负极材料经过焙烧–酸浸处理后，可有效回收负极材料中的石墨和有价金属锂。Yang 等[16]先经两段煅烧得到废石墨材料，经酸浸得到石墨浸出残渣和浸出液。

锂、铜、铝在 1.5 mol/L HCl、60 min、S/L = 100 g/L 条件下浸出后，从而得到纯度较高的再生石墨。再采用碳酸盐沉淀法回收浸出液中的锂，回收的碳酸锂纯度在 99%以上。

除了在高温焙烧过程中添加传统的还原剂，以"废"+"废"循环利用的思路，在高温还原回收时得到了充分的发展，锂离子动力电池材料中的石墨负极、黏结剂、隔膜、乙炔黑、有机电解液、铝集流体、铝壳等都可以作为正极材料在高温还原中使用的还原剂，也可以采用化工厂的含硫尾气、煤、尾矿、矿渣等，作为正极材料还原的添加剂，将有价金属以氧化物、金属单质、合金、硫酸盐等方式回收。以价格低廉的生物质材料为还原剂也是未来的一个发展的方向，但也应该注意回收效率的同时，避免给生态环境带来污染。

5.1.2 低温熔盐焙烧技术

常规的火法冶金技术存在耗能大、有价金属流失及生成污染性气体等缺点，基于常规的火法冶炼技术，新型复合焙烧技术通过多种回收技术耦合的方式，可以有效降低常规火法冶炼中能源消耗，还可以将易挥发的锂金属进行回收。

低温熔盐焙烧法，一般应用于正极材料的回收处理，即利用正极材料在熔盐环境中发生的化学转化反应，将原来高价态不溶的化合物，转化为低价态可溶的盐及氧化物。酸式硫酸盐（$Na_2S_2O_7$、$NaHSO_4$、$K_2S_2O_7$、$KHSO_4$）在一定温度下焙烧，可以生成 SO_3，锂离子动力电池正极材料在 SO_3 气氛下稳定性会降低，由高价态不溶物转化为低价态的可溶硫酸盐，从而通过湿法冶金手段将有价金属有效回收，进一步以焙烧产物为原料，通过高温固相合成等方法实现电极材料的再生。

有学者将废弃锂离子动力电池的电极材料，与 $KHSO_4$ 进行共焙烧[17]，以活性物质（正极材料+负极材料+电解质）与 $KHSO_4$ 按质量比 1∶(8～9)混合，将混合物在 500℃焙烧 5 小时，然后将焙烧产物在 90℃的去离子水中，以 300 rpm 搅拌速率搅拌 1 小时后，加入 6 mol/L 的 NaOH，调节 pH 至 9 以上，将 Co 和 Mn 以氢氧化物的沉淀析出。然后加入沉淀剂 KF，得到 LiF 沉淀。过滤后，加入硫酸调节 pH 至 7，加入硫酸钙，F^- 和 PO_4^{3-} 以钙盐的沉淀回收。过滤后，溶液中最后为钾、钠、钙的硫酸盐。经过火法焙烧–水浸出可以将电池中有价金属富集，从而实现其回收再利用。但是在回收正极材料的同时，过多的操作步骤及 K 的引入，导致后续有价元素的提纯分离及再利用难度增加。

Wang 等[18,19]以废弃正极材料钴酸锂与酸式硫酸盐 $Na_2S_2O_7$、$NaHSO_4$、$K_2S_2O_7$、$KHSO_4$ 研磨后共焙烧，可以将钴酸锂中的 Li 和 Co 转化为双金属硫酸盐，而且随着混合比例的变化，正极材料出现了不同的化学转变，并发生了一系列的物相演变，从而通过控制混合比例、焙烧温度等实验参数，实现有价金属的选择性分离。以 $LiCoO_2$-$NaHSO_4 \cdot H_2O$ 体系为例，在混合质量比例为 1∶1.40 时，焙烧产物的物相中只存在可溶于水的 $LiNaSO_4$ 和不溶于水的 Co_3O_4。通过水浸分离就可达到较好的分离效果[20]。与钴酸锂共焙烧情况类似，三元材料 $LiNi_{1/3}Co_{1/3}Mn_{1/3}O_2$ 在与酸式硫酸盐共焙烧体系中也发生了类似的化学转化现象。

除了采用加入硫酸复式盐，将废正极材料进行回收利用以外，Ren 等[21]以废弃锂离子动力电池为原料，将电池直接破碎后直接与造渣剂铜渣共焙烧，从而将锂离子动力电池中有价金属富集。在高温熔炼过程中，电池材料中的石墨负极材料、铝箔、隔膜等为还原剂，可以将共焙烧体系中的有价金属以钴镍铜铁合金形式回收。通常，利用高温还原技术回收废弃锂离子动力电池的焙烧温度在 600℃ 以上，对设备、能耗的要求较高，且有价金属的回收率较低。通过与熔盐共同反应，可以降低正极材料的转化温度，还可以通过调节熔盐的量，达到选择性分离的效果，但是不可避免的熔盐中的 Na、K 等元素会进入反应体系中，后续以焙烧产物进行材料再合成时，如何除杂成为一个新的难题。

为了解决熔盐焙烧法中后续处理问题，有的学者采用在后续处理中添加简化的反应试剂，如浓硫酸[22]和氯化铵[23]等。酸/碱浸–焙烧法主要是利用正极材料经过酸/碱浸后反应活性增大、化学稳定性降低的特点，通过较低的温度就可以将正极材料转化，且采用不含 Na 和 K 等难以去除的盐，为后续材料的再合成提供了便利。

北京理工大学和中国科学院过程工程研究所基于硫元素相间转移强化，对锂离子动力电池正极废料选择性浸出进行了研究[22]。将预处理后的正极材料钴酸锂与浓硫酸均匀混合，经过高温焙烧后，$LiCoO_2$ 完全转化为水溶性 Li_2SO_4 和不溶于水的 Co_3O_4。室温下对焙烧产物进行选择性分离，结果表明，Co 几乎不浸出，而 Li 在优化的条件下具有很高的浸出率，且含锂滤液具有很高的锂浓度，不需经过浓缩便可制得碳酸锂，沉淀得到的碳酸锂具有形貌好、纯度高等优点，可再次用于电池原材料的制备。图 5-3 显示了该焙烧体系的化学转化途径。

在整个高温反应过程中，不产生有毒有害的气体，环境友好，且浸出过程没有用到酸或碱液，故不产生含酸废或含碱水。相比于硫酸盐焙烧引入杂质，硫酸焙烧方法可以较好地解决这一问题，但相对地比起硫酸盐焙烧，其反应温度较高。为了解决这一问题，相关学者对其进行了继续的研究。北京理工大学课题组采用氯化铵为焙烧添加剂，在较低温度下就可以实现正极材料的回收[23]。在铵化焙烧过程中，Li 和 Co 由于 NH_4Cl 与 $LiCoO_2$ 反应释放出 HCl 和 NH_3 而转化成氯化物，这些氯盐易溶于水，可以通过水浸的办法回收。通过对焙烧过程的研究发现，氯化铵分解产生的氯化氢气体是 $LiCoO_2$ 结构破坏的主要因素。在焙烧过程中，随着

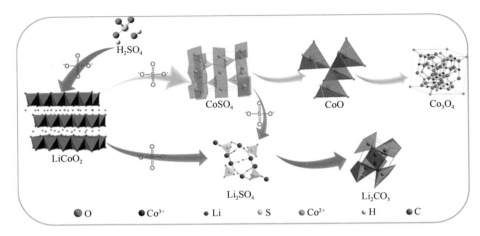

图 5-3   钴酸锂-浓硫酸焙烧体系的化学转化途径[22]

焙烧温度的升高，氯化铵分解产生的氯化氢使钴酸锂开始发生分解，Li 和 Co 从原来层状结构中转化为相应的氯化物，与此同时生成的 NH_3 与 Cl_2 反应继续生成 HCl，继续提高了 Li 和 Co 的浸出效率。

常规火法焙烧虽然具有高效、流程短等优点，但其耗能大、有污染已然成为限制其继续发展的因素。避免常规火法焙烧的缺点，构建新型复合焙烧技术，实现有价金属的循环利用，是废弃锂离子动力电池火法冶金回收技术未来的发展方向。随着我国大力提倡可持续发展，全面大力推进生态文明建设，在环保的前提下增加经济效益成为新的研究热点。研究废弃锂离子动力电池材料在不同火法冶金回收技术的应用，将有助于回收体系的完善。下一步需要对焙烧过程和浸出过程中物相发生演变的内在驱动力展开进一步的研究，还需构建其在多相反应的复杂动力学，并对焙烧过程中的物理和化学演变做更深入的分析，进而了解正极材料的动态分解与浸出过程，为工业化的回收提供理论指导。同时也应积极开展废弃锂离子动力电池的全组分火法回收技术，与目前常用的湿法回收技术形成立体化的优势互补，构建完整的回收技术路线和理论基础。

5.1.3   小结

火法冶金回收正极材料中的有价金属，主要是利用其在高温过程中的不稳定性，然后将其转化为其他赋存形式进行回收。如图 5-4 所示，废弃锂离子动力电池正极材料的传统火法冶金回收技术路线主要采用了高温裂解和高温还原焙烧等方法。但在高温转化过程中，还未能实现有价金属的选择性分离，且在焙烧过程中，锂等金属会以其他形式（炉灰）逸出，造成资源浪费。为了避免资源的浪费和环境污染，新的回收工艺，比如熔盐焙烧法、湿-火冶金复合法、直接再生法等技术已经展开了研究。为了完善火法冶金回收技术体系理论，需要对焙烧过程中物相演变行为做进一步研究。

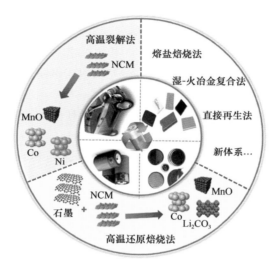

图 5-4　废正极材料火法冶金回收的技术路线

　　探究正极材料在不同焙烧环境中的赋存形式演变，可以为未来火法冶金技术回收的技术提供理论支持。总体来说在火法冶金过程中，研究其焙烧环境对焙烧产物影响的同时，也应该研究在焙烧过程中正极材料的物相演变，从而可以将处理温度降低，可以实现在较低的温度下将有价金属回收，同时也可以避免锂等金属的流失。除此之外，还需要对锂离子动力电池正极材料在焙烧过程中的影响因素（升温速率、保温时间等）做进一步的研究，以完善火法回收利用体系。

　　在常规的火法冶金回收过程中，正极材料在高温环境中发生了物相演变。正极材料在升温过程中，结构开始失去稳定性，由于在正极材料结构中，晶体结构对锂离子和过渡金属离子的束缚能存在差异，锂先从晶体结构中脱出，从而使晶体结构稳定性下降，电位的补偿机制使晶体结构中的过渡金属元素从原有空间位点发生跳跃，形成新的物相。随着焙烧温度的进一步升高，高价态的过渡金属化合物开始向低价态的化合物或金属态转变，但这一过程与高温焙烧环境的气氛性质相关。最后，正极材料中的晶格氧以氧气的形式从结构中释放，而其他过渡金属则以金属态或氧化物的形式存在于焙烧产物中。

　　针对不同的正极材料，学者们进行了可能的技术研究，但是对于正极材料结构转化及焙烧过程中有价金属元素赋存状态的改变，却鲜有学者进行报道研究，这从理论上就限制了新的火法冶金技术的发展。为了迎合国家需求，建立新的高效回收处理技术路线，就必须完善体系中难以解决的问题，从而构建全面的火法冶金回收技术理论，进而为新技术的诞生提供理论指导。

在火法冶金过程中，对于高温环境下的物相演变来说，物相赋存状态演变过程中有固态、气态和熔融态等复杂的气–固、固–固反应，使得构建火法冶金动力学模型成为难题。近来在其他固废处理上，也有学者采用不同升温速率下反应物的 TG-DSC 变化曲线构建反应动力学模型，然而对于多阶段、多反应、多价态转变的正极材料火法冶金适用有一定的困难，可以采取分温度区间、分反应区间来模拟其动力学反应模型。正极材料火法冶金动力学研究的缺失，也使得人们对正极材料在火法冶金中物相的复杂演变机理认识不够深入，因此需要构建完善的火法冶金热力学–动力学理论体系，为工业化的火法回收提供理论支撑。

综上所述，正极材料在高温转化的研究方法上，还需对火法冶金的影响因素，比如焙烧温度、升温速率、保温时间、焙烧气氛、添加剂的用量做更进一步的研究，对在高温转化过程中复杂物相的热力学和动力学研究也应该继续开展，有价金属赋存形式演变过程中机理的完善是下一步待解决的问题之一。新的火法回收利用体系中，除了研究有价金属的高效回收利用，还应该关注回收过程中的污染排放和能源消耗等问题。

5.2　湿法冶金回收技术

湿法冶金回收技术是指将矿石、经选矿富集的精矿、电池废料或其他原料经与液相反应体系相接触，通过化学反应将原料中所含的有价金属从固相转入液相，然后利用化学沉淀、萃取等方式将溶解于液相中的有价金属富集分离，最后以金属盐化合物的形式加以回收利用的技术。目前废弃锂离子动力电池种类较多，由于正极材料物理性质和化学性质的差异，所以针对不同的动力电池，正极材料有着不同的回收方法和处理手段。而且正极材料中各种元素含量不一，以前的研究大多是单一正极材料的回收研究，近来有许多学者将研究重点转移至混合电池材料回收。针对多元的动力电池正极材料，湿法冶金回收技术在废弃锂离子动力电池回收、金属元素提取及材料工业中具有日益重要的地位，也是目前我国废弃锂离子动力电池工业化回收的主要技术路线。

从废弃锂离子动力电池正极材料的湿法回收技术路线来说，具体操作流程可分为浸出过程、富集过程、分离过程、重新合成制备等步骤。其中浸出过程包括酸浸出和碱浸出。常规的湿法冶金回收技术过程中，酸浸出大多以无机酸为浸出剂，以双氧水等为还原剂将高价态不溶化合物还原溶解；碱浸出则以氯化铵等氨基体系溶剂为浸出剂，以亚硫酸铵等为还原剂与正极材料中的过渡金属元素形成络合物，从而将有价金属从原来的稳定化合物中选择性浸出。分离过程又包括萃取剂分离、化学沉淀分离、电沉积等分离方法。分离后将回收得到的化合物，经过水热合成或固相烧结法得到新的电极材料或其他附加值高的产物，从而形成由废弃二次资源到新材料合成的闭环回收利用体系。废弃锂离子动力电池的负极材料湿法回收与正极材料不同的是，负极材料中的有价金属锂可以通过简单的酸浸出，就可以实现有价金属的提取，而不用添加还原剂等手段，且将有价金属锂提取后，不溶性的石墨经过简单过滤或热处理就可以将其回收。

传统的无机酸浸出过程虽然浸出率高，但在浸出过程中会产生大量的有害气体和废水。鉴于无机强酸浸出体系可能造成环境二次污染，包括有毒气体排放和废酸溶液，后续研究重点转移到具有绿色环保、可天然降解的有机酸体系浸取技术。北京理工大学课题组在国内外最早提出了以天然可降解有机酸替代无机强酸浸出体系，成功研发一系列绿色回收与再生材料新技术，并获得国家发明专利授权。在吴锋院士的带领下，二十多年来在废弃锂离子动力电池资源化回收与再生方面打下了扎实的研究基础，专注各种体系电池材料的绿色闭环回收，通过量化计算和建模分析，从热力学和动力学两方面对浸出机制进行了深入研究，从全生命周期系统研究绿色高效湿法回收技术的可行性、经济性及环境友好性。根据不同有机酸体系的物理化学性质，深入系统地研究了具有较强螯合功能的第一代有机酸体系——柠檬酸、苹果酸、琥珀酸、天冬氨酸等，具有还原功能的第二代有机酸体系——抗坏血酸、乳酸等，以及具有沉淀功能的第三代有机酸体系——草酸等。该绿色浸出体系不仅在浸出效率上可与无机酸相媲美，更具有天然易生物降解的优点，且有机酸通常具有螯合性或络合性，这种特性也为浸出后的回收过程提供了可能，使回收工艺在整个全生命周期范围内更加环保[24]。

5.2.1 常规湿法浸出技术

1. 湿法浸出

湿法浸出是湿法冶金回收过程中最初始的操作步骤，也是最重要的处理工序。经过湿法浸出可以将有价金属从稳定的电极材料化合物中转化为易溶于溶液介质的离子形态，从而为后续分离纯化过程提供便利。湿法浸出一般包括酸浸出和碱浸出两种浸出体系，酸浸出由于浸出效率高、浸出剂选择性大、反应体系成熟而受到学者们极大的关注，也是目前正极材料回收的热点。在传统的湿法浸出过程中，作为浸出剂的无机酸主要有硫酸、盐酸、硝酸、磷酸和氢氟酸等；用于浸出剂的碱主要有氨水和硫酸铵等；用到的还原剂主要包括双氧水、亚硫酸钠、亚硫酸氢钠、硫代硫酸钠、氯化铵等，近来也有葡萄糖、有机还原酸和生物质（葡萄籽、茶渣、秸秆等）作为还原剂的报道。依据酸浸出过程浸出剂的不同，可将湿法浸出分为硫酸、盐酸、硝酸、磷酸和氢氟酸等酸浸体系。

　　硫酸是最重要的含氧酸之一，作为一种活泼的二元无机强酸，它能和绝大多数金属发生反应。浓硫酸具有强的氧化性、腐蚀性和脱水性，但锂离子动力电池的正极材料中，有价金属元素大多数以高价态的赋存形式存在。稀硫酸具有还原性，因此在浸出过程中，一般使用稀硫酸为浸出剂，将高价态不溶氧化物转化为可溶性硫酸盐。为了促进有价金属从高价态向低价态的转化，以及提高浸出效率，一般在稀硫酸浸出体系中加入还原剂促进反应。如表 5-1 所示，对以硫酸为浸出剂的浸出体系做了部分归纳，在优化的实验条件下，有价金属的浸出效率可达 90% 以上。

表 5-1　硫酸浸出体系的文献总结

废正极材料	还原剂	实验条件（浸出温度/时间）	浸出效率	参考文献
NCM	H_2O_2	85 ℃、120 min	Ni（98%）、Co（97%）、Mn（96%）	[25]
		60 ℃、120 min	Li、Ni、Co、Mn 均大于 99%	[26]
		40 ℃、60 min	Li、Ni、Co、Mn 达到 99.7%	[27]
		90 ℃、120 min	Ni（99%）、Co（99%）、Mn（97%）	[28]
$LiCoO_2$	H_2O_2	70 ℃、360 min	Li、Co 超过 98%	[29]
		65 ℃、60 min	Li（95%）、Co（80%）	[30]
		75 ℃、30 min	Li（94%）、Co（93%）	[31]
		40 ℃、60 min	Li（100%）、Co（97%）	[33]
		70 ℃、60 min	Li（94.5%）、Co（99.4%）	[34]
		60 ℃、60 min	Li（97%）、Co（98%）	[35]
$LiCoO_2$	H_2O_2	85 ℃、120 min	Li（96%）、Co（95%）	[36]
		75 ℃、60 min	Li（99.1%）、Co（70%）	[37]
		75 ℃、10 min	Li 和 Co 完全浸出	[38]
$LiFePO_4$	H_2O_2	60 ℃、120 min	Li（96.85%）、Fe（0.027%）	[39]
		60 ℃、180 min	Li（97%）、Fe（96.4%）	[40]
NCM	$NaHSO_3$	95 ℃、240 min	Li（96.7%）、Ni（96.4%）Co（91.6%）、Mn（87.9%）	[43]
	NH_4Cl	80 ℃、120 min	Li（99.11%）、Ni（97.79%）Co（97.55%）、Mn（97.34%）	[44]
	Na_2SO_3	70 ℃、90 min	Ni（98.56%）、Co（99.02%）、Mn（97.87%）	[45]

续表

废正极材料	还原剂	实验条件 （浸出温度/时间）	浸出效率	参考文献
LiCoO₂	Na₂S₂O₃	90 ℃、180 min	Li（99.71%）、Co（99.95%）	[46]
	葡萄糖	80 ℃	Li（92%）、Co（88%）	[47]
	抗坏血酸	70 ℃、30 min	Co（95.5%）	[48]
	葡萄糖/蔗糖 /纤维素	90 ℃、120 min	Co 浸出（葡萄糖>蔗糖>纤维素） Li 浸出（纤维素>蔗糖>葡萄糖）	[49]
	麦秆粉	—	Co 超过 98%	[50]
	燕麦秸秆酸	90 ℃、120 min	Co（99%）	[51]
LiCoO₂、 Li₂CoMn₃O₈	H₂O₂	95 ℃、240 min	Li（93.4%）、Ni（96.3%） Co（66.2%）、Mn（50.2%）	[53]
LiCoO₂、 镍氢电池		70 ℃、300 min	90%的 Ni 和 Co，超过 99.5%的 RE	[54]
混合电池粉		70 ℃、120 min	Li（98.8%）、Ni（99.4%） Co（99.6%）、Mn（97.8%）	[55]
LiCoO₂、 Li₂CoMn₃O₈	NaHSO₃	95 ℃、240 min	Li（96.7%）、Ni（91.6%） Co（96.4%）、Mn（87.9%）	[56]

以 H_2SO_4–H_2O_2 为浸出体系，学者对废弃锂离子动力电池材料中的正极活性物质浸出过程中的浸出条件进行了研究[25]。当以三元正极材料为浸出物浸出时，在最优的浸出条件下，即硫酸浓度为 2 mol/L、5 vol%的 H_2O_2、固液比为 1/10（g/mL）、浸出温度为 60℃，浸出时间为 2 小时，Li、Ni、Co、Mn 的浸出率均超过了 99%。以固定摩尔比添加后，用 NaOH 和 NH_4OH 调节 pH 为 11，在 30℃下通过共沉淀法可以合成 Ni–Co–Mn 氢氧根前驱体[26]，可用于电极材料的再生利用。在浸出过程中，影响浸出效果的主要是浸出参数的设置，因此较多学者对浸出体系中的参数优化进行研究[27,28]，以实现有价金属浸出的最大化。

在浸出过程中，有的学者对回收过程中的浸出动力学也进行了分析，He 等[27]使用无机酸硫酸作为浸出剂，以双氧水为还原剂对浸出过程进行了研究。在浸出过程中，与浸出液发生的化学转化反应如式（5-13）～式（5-14），其浸出过程符合修正后的立方速率模型（cubic rate law），Li、Ni、Co 和 Mn 浸出过程的活化能分别为 64.98 kJ/mol、65.16 kJ/mol、66.12 kJ/mol 和 66.04 kJ/mol，高活化能（>40 kJ/mol）显示出该浸出过程的速率控制步骤为表面化学反应。

$$12\ LiNi_{1/3}Co_{1/3}Mn_{1/3}O_2 + 18H_2SO_4 \longrightarrow 6Li_2SO_4 + 4NiSO_4 + 4CoSO_4$$
$$+4MnSO_4 + 18H_2O + 3O_2 \quad (5\text{-}13)$$

$$6\ LiNi_{1/3}Co_{1/3}Mn_{1/3}O_2 + 9H_2SO_4 + 3H_2O_2 \longrightarrow 3Li_2SO_4 + 2NiSO_4 +$$

$$2CoSO_4 + 2MnSO_4 + 12H_2O + 3O_2 \quad\quad (5\text{-}14)$$

钴酸锂与三元材料具有相同的空间结构，在钴酸锂的浸出研究中，Nan 等[29]将经过预处理的正极活性材料，用硫酸浸出其中的有价金属。研究结果表明，最优化的浸出条件后，即采用 3 mol/L 的硫酸，以固液比为 1/5（g/mL）在 70 ℃下浸出 6 小时后，Li 和 Co 的浸出率超过了 98%，其中浸出过程中硫酸与正极材料的化学转化反应为式（5-15）。

$$4LiCoO_2 + 6H_2SO_4 \longrightarrow 2Li_2SO_4 + 4CoSO_4 + 6H_2O + O_2 \quad\quad (5\text{-}15)$$

通过调控浸出过程中酸的浓度和还原剂的用量，学者发现采用优化的浸出条件参数时可以将 Li 和 Co 完全浸出。为了找到最佳的浸出条件，以及浸出过程中浸出条件对材料的赋存演变及浸出效果的影响，学者们进行了一系列的研究[30-38]。研究结果表明，在浸出过程中，高浓度的双氧水还原剂有助于大颗粒的物料浸出，可将难溶的 Co（III）还原为易溶的 Co（II），从而增加正极材料的浸出效率，实现钴的高效率回收。

不同于层状结构的三元正极材料和钴酸锂，在 $LiFePO_4$ 的浸出研究中硫酸也常用于浸出剂[39,40]。Li 等[39]提出了从废 $LiFePO_4$ 电池正极材料中回收锂、铁和磷的选择性浸出工艺。用计量化的 H_2SO_4 对废 $LiFePO_4$ 正极材料进行浸出，加入 H_2O_2 可以提高 $LiFePO_4$ 的浸出效果，将浸出体系中 Fe^{2+} 氧化为 Fe^{3+}，方便于铁的选择性回收。实验结果表明，当以 0.3 moL/L 的 H_2SO_4 和 H_2O_2/Li 摩尔比为 2.07、H_2SO_4/Li 摩尔比为 0.57 时，在 60℃下反应 120 min，即可得到含锂的溶液和含 $FePO_4$ 和 C 的沉淀，将滤渣在 600℃煅烧 4 小时以除去碳后，回收可得 $FePO_4$，$LiFePO_4$ 在硫酸体系中发生的化学转化反应为式（5-16）～式（5-19）。

$$2LiFePO_4 + H_2SO_4 + H_2O_2 \longrightarrow Li_2SO_4 + 2FePO_4\downarrow + 2H_2O \quad\quad (5\text{-}16)$$

$$LiFePO_4 + 3H^+ \longrightarrow Li^+ + Fe^{2+} + H_3PO_4 \quad\quad (5\text{-}17)$$

$$2Fe^{2+} + H_2O_2 + 2H^+ \longrightarrow 2Fe^{3+} + 2H_2O \quad\quad (5\text{-}18)$$

$$Fe^{3+} + PO_4^{3-} \longrightarrow FePO_4\downarrow \quad\quad (5\text{-}19)$$

而在锰酸锂的浸出过程中，学者发现正极材料 $LiMn_2O_4$ 在水热酸浸过程中会发生氧化脱锂的现象[41]，在浸出过程中锰离子会发生歧化反应，而锂离子则会以 Li_2O 的形式脱出。随着浸出过程的继续，最终在酸浸中会生成纯相的 β-MnO_2，浸出过程的反应方程式为式（5-20）。锰酸锂的转化过程如图 5-5 所示，浸出的过程中来自酸溶液中的 H^+ 与 Li^+ 发生交换反应，从而使锰酸锂的结构遭到破坏，进而使其结构破碎发生分解。锰酸锂浸出后一般用于吸附剂的合成，以实现较好的经济效益。

$$2LiMn_2O_4 \longrightarrow 3MnO_2 + Li_2O + MnO \quad\quad (5\text{-}20)$$

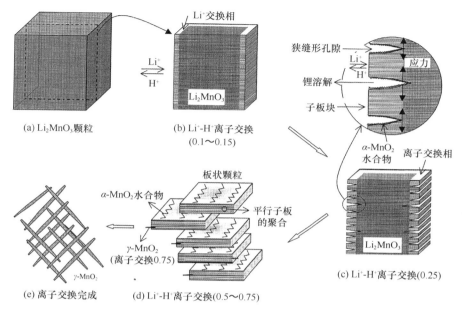

图 5-5 锂离子在锰酸锂中脱出机制[42]

　　不同于以双氧水为还原剂的硫酸浸出体系，学者以亚硫酸氢钠（$NaHSO_3$）[43]、氯化铵（NH_4Cl）[44]、亚硫酸钠（Na_2SO_3）[45]、硫代硫酸钠（$Na_2S_2O_3$）[46]、葡萄糖（$C_6H_{12}O_6$）[47]、抗坏血酸（$C_6H_8O_6$）[48]等作为还原剂硫酸浸出体系，对废弃锂离子动力电池正极材料做了浸出实验。相比于双氧水为还原剂的浸出，不同的还原剂表现出了不同的还原效果。双氧水较好的还原性能可能与双氧水的物理化学性质相关，双氧水为液态物质，可以与反应物形成较好的反应接触面，从而增快浸出的效率。

　　在以硫酸为浸出剂的体系中，学者还以不同的有机还原剂进行了比较分析。Chen 等[49]以不同有机物作为还原剂，研究了其在不同浸出体系（H_2SO_4+葡萄糖、H_2SO_4+蔗糖、H_2SO_4+纤维素）下钴酸锂的浸出效果。在浸出过程中 Co 的浸出效率依次为：H_2SO_4+葡萄糖＞H_2SO_4+蔗糖＞H_2SO_4+纤维素；而 Li 的浸出效率依次为 H_2SO_4+纤维素＞H_2SO_4+蔗糖＞H_2SO_4+葡萄糖。实验结果表明在 Co 的浸出过程中，葡萄糖和蔗糖比纤维素具有更好的还原性，而 Li 的浸出效率主要由酸溶液中 Li^+ 与 H^+ 的交换决定的。所有的浸出和表征结果都证实了葡萄糖和蔗糖在浸出过程中都可以作为较好的还原剂，而纤维素作为还原剂需要进一步降解为分子量较低的有机物，才能获得满意的还原性能。

　　不同于传统的无机酸+还原剂的浸出体系，有学者将目光投至以硫酸酸化生物质酸为浸出剂和还原剂。徐筱群等[50]在硫酸介质中加入麦秆粉后，将废弃钴酸锂中的钴通过电解剥离浸出，钴的浸出率可以达到 98%以上。以 2 mol/L 硫酸为浸出液、1 g 电池渣加入 0.5～0.7 g 麦秆粉、固液比为 1/5～1/10（g/mL）、在 80～90℃反应 1～2 小时，钴的浸出率达到 98%以上。麦秆粉可以作为还原剂的原因是由于麦秆粉中含有丰富的醇或酚羟基、不饱和碳链等官能团。麦秆中的抗氧化物质虽没有麦粉中的丰富，其中的纤维素、果胶及水溶性酚类、羟基脂肪酸等亦可替代双氧水起到还原作用，这也是一种新的利用角度。随着国家禁燃令的发布，从新的角度利用麦秆是一种创新的尝试，也是废弃锂离子动力电池中以"废"回收"废"的一种新的手段。

贺凤等[51]也采用燕麦秸秆酸作为浸出剂，并对浸出的最佳条件进行了分析和研究，研究结果表明浸出过程中影响因素的顺序为麦秆粉用量、浸出温度、硫酸浓度、液固比。以最佳液固比为 10（mL/g）、麦秆粉量 0.7 g/g、硫酸浓度为 2 mol/L、浸出温度 90℃、浸出时间 2 小时的条件下，正极材料中 Co 的浸出率达到 99%以上。对其浸出过程进行动力学研究，在 0～20 min 内酸浸出的过程为反应核收缩模型，30～150 min 内，Co 的浸出过程也符合反应核收缩模型，浸出过程受扩散和化学反应混合控制，其中又以化学反应控制为主。而且在浸出过程中，化学需氧量（COD）的变化与 Co 浸出率呈反比例变化趋势，说明浸出液中的 COD 与 Co 的浸出有相当大的关系，这可能与燕麦秸秆在酸中的分解相关。

除了还原剂及浸出参数对浸出过程有影响，浸出过程的其他辅助手段也可以提高浸出效率。Jiang 等[52]在硫酸-双氧水浸出体系中研究了超声波辅助浸出法对钴和锂浸出的影响。在最优的浸出比例下，即以硫酸浓度为 2 mol/L、还原剂用量为 5%（v/v）、固液比为 100 g/L、浸出温度为 30℃、超声功率为 360 W，浸出 30 min 后，Li 和 Co 的浸出率分别可达 98.62%、94.63%。与常规浸出相比，超声辅助浸出可以极大促进浸出效率的提高，超声在正极材料表面附近发生的空化塌陷有效地减小了扩散层的厚度，增大了颗粒表面的接触面积，从而提高了浸出效率。超声辅助浸出过程中的动力学研究表明，超声波辅助浸出锂和钴的过程受扩散控制。

除了单一的正极材料浸出回收，越来越多的学者将目光投至多种正极材料混合回收[53-55]。Meshram 等[53]以硫酸为浸出剂，研究废正极材料粉末浸出过程中的热力学与动力学。当采用最优化的浸出参数，即硫酸浓度为 1 mol/L、固液比为 50（g/L）、浸出温度为 95℃、浸出时间为 240 min 时，以 $LiCoO_2$、$Li_2CoMn_3O_8$ 为主要成分的正极材料，Li、Ni、Co、Mn 的浸出率可达到 93.4%、96.3%、66.2%、50.2%。在有价金属的浸出过程中，浸出动力学数据与经验模型（empirical model）拟合较好，该模型基于浸出剂表层扩散控制的对数速率定律，由式 Eqs.1 描述。通过分析浸出渣相的变化和形态特征与未处理试样的比较，可以证实浸出机理是通过反应物的表面层扩散进行浸出的。

$$[-\ln(1-x)]^2 = k \cdot t \qquad \text{Eqs.1}$$

在混合正极材料中，钴的主要赋存形式为以 Co（III）存在的正极材料，而 Co（III）即使在强酸溶液中也难以溶解，除非氧化还原电位达到+1.84 V。尖晶石化合物结构中的 Mn（III）和 Mn（IV）也需在还原条件和强酸溶液中才能浸出，除非在 pH 大于 3.2 时，Mn（IV）可以通过形成中间相 Mn_2O_3 固体，在相对较低的氧化还原条件下被还原为 Mn（II）。为了提高浸出率，浸出液中需要加入还原剂。与单一硫酸为浸出剂相比，在 5%的还原剂双氧水存在的条件下，Co 和 Mn 的浸出率提高至 79.2%和 84.6%。当以亚硫酸氢钠为浸出还原剂时，Li、Ni、Co、Mn 的浸出率分别可提高至 96.7%、91.6%、96.4%、87.9%。浸出结果说明，亚硫酸氢钠起到还原剂的作用，可以使钴和锰还原到较低的氧化态，从而提高了钴和锰的回收率，浸出的动力学遵循对数速率定律[56]。相比于双氧水，亚硫酸氢钠起到了更好的还原作用，这可能与其在酸性溶液中生成的二氧化硫有关，生成气体的同时，不仅为浸出环境释放热量，而且气泡的生成在局部微环境下可以提高正极材料活性，类似于超声处理的效果。

盐酸属于一元无机强酸，能与金属氧化物发生反应。浓盐酸具有极强的挥发性和腐蚀性，浓盐酸暴露于空气中会以氯化氢气体的形式挥发，还具有弱氧化性和较强的还原性。因此在加热的情况下可以通过浓盐酸直接将锂离子动力电池中的正极材料浸出。然而浓盐酸对环境和机械设备具有极大的威胁，所以在有价金属浸出过程中一般使用稀盐酸为浸出剂。稀盐酸具有还原性，在浸出过程中会产生 Cl_2，因此在工业化的正极材料回收中几乎没有应用，但其独特的浸出效果还是使得学者对其浸出性进行了研究。

在废三元正极材料的回收方面，Wang 等[57]研究盐酸浸出体系中混合正极材料的浸出过程，实验结果表明当正极材料钴酸锂、锰酸锂和镍钴锰酸锂以质量比为 1:1:1 时，用盐酸浓度为 4 mol/L、固液比为 0.02（g/mL）、浸出温度为 80℃、浸出时间为 120 min 时，Li、Ni、Co、Mn 的浸出率分别为 99.9%、99.8%、99.5%、99.8%。在浸出液的回收过程中，浸出液中的锰与高锰酸钾试剂发生氧化还原反应，将锰以氧化锰和氢氧化锰的形式回收。

也有学者采用盐酸为浸出剂，采用不同的氧化剂对废 $LiFePO_4$ 正极材料进行浸出研究。周有池等[58]采用 $HCl+H_2O_2/NaClO_3/O_2/NaClO$ 体系选择性回收废弃 $LiFePO_4$ 正极材料中的锂，研究了不同氧化剂对浸出效果的影响。研究结果表明，选择 O_2 为氧化剂时，需要的反应时间更长，其氧化性小于其他三种氧化剂的氧化性，当 $NaClO_3$ 和 NaClO 作为氧化剂时，会与浸出酸液反应产生 Cl_2，所以选用 $HCl+H_2O_2$ 作为浸出的氧化剂。H_2O_2 在此过程中不但作为氧化剂参与浸出反应，而且还与盐酸产生的 Cl_2 反应，达到还原剂的效果。

　　Natarajan 等[59]研究了锂离子动力电池锰酸锂正极材料和负极石墨的回收，通过加入 HCl 和 NaOH 调节溶液 pH，并利用回收得到的正极材料氧化物和石墨作为吸附剂从水溶液中去除阴离子刚果红（CR）和阳离子亚甲基蓝（MB）染料，其吸附的原理可能是锰酸锂在酸浸出过程中析出锂转化为了具有吸附性能的 MnO_2。

　　以混合正极材料 $LiFePO_4$ 和 $LiMn_2O_4$ 为浸出对象，以盐酸-双氧水体系为浸出液，Huang 等[60]对 Li、Fe、Mn 的浸出过程进行了研究。混合正极材料的回收步骤为浸出-浮选-沉淀三个步骤，在浸出阶段以 6.5 mol/L 的盐酸、5% vol%的双氧水、固液比为 5∶1、浸出温度为 60℃、搅拌速度为 1000 r/min、浸出时间为 2 小时为浸出条件，可以达到最佳的浸出效果，Li、Fe 和 Mn 的浸出率分别可达 92.4%、91.9%、90.06%。在酸性浸出环境中，金属的浸出顺序为 Li＞Fe＞Mn。

　　除了用于浸出废弃锂离子动力电池的正极材料，盐酸也可用于负极材料的回收利用。锂在负极活性物质中的主要赋存形式是 Li_2O、LiF、Li_2CO_3、$ROCO_2Li$ 和 CH_3OLi 等，由于其中一些是水溶性的，如 CH_3OLi、Li_2O 等，在实验中仅用去离子水，锂的浸出率就可以高达 84%。而另一些则几乎不溶于水和嵌入在负极活性物质中的物质，如 $ROCO_2Li$，LiF，它们会在 HCl 溶液中发生分解反应。Guo 等[61]以盐酸为浸出剂，过氧化氢为还原剂，采用酸浸工艺从废锂电极中回收锂。当浸出温度为 80℃，盐酸浓度为 3 mol/L，固液比为 1∶50（g/mL），浸出 90 min 时，锂的浸出率可达 99.4 wt%。过滤后得到的石墨，具有较好结晶结构的，可以继续用于电池的电极材料。在负极材料浸出过程中，还原剂没有有效增加锂的浸出率，这与锂的赋存状态有关。

　　硝酸是五价氮的含氧酸，属于一元无机强酸，具有强氧化性和腐蚀性，常温下除金、铂等少数几种金属外，几乎可以氧化所有金属，非金属碳和磷也能被其氧化。浓硝酸具有挥发性和不稳定性，遇光或热会分解而放出二氧化氮。因此在湿法浸出中用稀硝酸为浸出剂，由于其强的氧化性，所以在浸出过程中往往加入还原剂，以提高浸出效果。

　　在硝酸-双氧水浸出体系中，$LiCoO_2$ 的浸出效率随浸出温度和硝酸浓度的增加而增加，随固液比的降低而降低[62]。在硝酸浓度为 1 mol/L、固液比为 20（g/L）、浸出温度为 75℃时，浸出 30 min，Li 和 Co 的浸出率为 75%和 40%。加入 1.7 vol%的 H_2O_2 作为还原剂，Li 和 Co 的浸出率可高达 95%以上，这可能是由于浸出过程中 Co^{3+} 还原为 Co^{2+}，而 Co^{2+} 易溶解于酸性溶液中。在浸出过程中，Li 和 Co 的溶解速率与溶液中各自的浓度成反比，假设浸出过程中 Li 和 Co 互不干扰，$LiCoO_2$ 的溶解则受表面化学反应的控制。

　　硝酸也可以用于 $LiFePO_4$[63]和 $LiMn_2O_4$[64]的浸出，把经预处理得到的正极活性物质废 $LiFePO_4$，利用硝酸-双氧水浸出，当浸出过程中温度为 55℃、固液比为

1：8、HNO_3 浓度为 4.5 mol/L、浸出时间为 2.5 小时，锂离子的浸出回收率为 91.25%[63]。由于锰价格比较低廉，湿法浸出后往往用于新材料的合成。在锰酸锂的浸出实验中，用 2 mol/L 的硝酸和 5 vol% 的 H_2O_2 为浸出剂，在浸出温度为 75 ℃ 下，即可将锰酸锂浸出[64]。在钴酸锂、磷酸铁锂和锰酸锂的浸出过程中，浸出温度、硝酸浓度、还原剂用量均存在差异，说明针对不同的浸出物质，需要对浸出的工艺路线做进一步的研究。

磷酸，正五价磷的含氧酸，包括正磷酸（H_3PO_4）、偏磷酸（HPO_3）、焦硫酸（$H_4P_2O_7$）等，通常的磷酸是指正磷酸，是一种三元中强酸。浓磷酸为黏稠状液体，其化学性质稳定不易挥发、不易分解、具有一定氧化性。在锂离子动力电池正极材料浸出过程中，通常用稀磷酸为浸出剂，以双氧水等为还原剂，将电极材料中的有价金属浸出。在磷酸–双氧水浸出体系中，曹玲等[65]将预处理后得到的三元正极材料，在磷酸浸出体系下对其浸出效果进行了研究，研究结果表明采用最佳浸出工艺，即采用磷酸浓度为 2 mol/L、还原剂双氧水 4 vol%、液固比为 20（mL/g）、浸出温度为 60℃、浸出时间为 60 min 时，Li、Ni、Co、Mn 的浸出率分别可达到 100%、99.5%、96.3%、98.8%。在最优条件下得到浸出液，添加乙酸镍、乙酸钴和乙酸锰调节其中的镍、钴和锰的摩尔比为 1：1：1，采用草酸共沉淀法制备前驱体材料，并得到相应的再生磷酸溶液，再生的磷酸溶液可以进行循环浸出实验。采用此方法虽然流程简单，但不可避免将杂质引入其中。

以磷酸为浸出剂，学者还对钴酸锂的浸出进行了研究[66,67]。Chen 等[66]以磷酸为浸出剂、以双氧水为还原剂对钴酸锂中的 Li 和 Co 进行了浸出，并对浸出影响因素进行了研究，研究结果表明，影响浸出的因素顺序为：还原剂的用量 > 磷酸的用量 > 浸出时间 ≈ 液固比 > 浸出温度。当采用最佳浸出条件时，当磷酸浓度为 0.7 mol/L、还原剂双氧水用量为 4 vol%、液固比为 20（mL/g）、浸出温度为 40℃，浸出 60 min 后，仅通过过滤就可以将 99% 以上的 Co 分离回收为 $Co_3(PO_4)_2$。磷酸的浸出过程可能发生的反应为式（5-21）～式（5-24），当钴酸锂在磷酸中浸出时，先形成不溶于水的沉淀，随着酸浓度增加又变成了可溶于水的物质，所以可以通过调节反应条件和水浸出直接分离钴和锂。从浸出动力学来说，Co 和 Li 的浸出符合对数速率定律模型（logarithmic rate law model），缩核模型拟合程度不理想可能是由于浸出前后钴在不同赋存形式钴酸锂和 $Co_3(PO_4)_2$ 中的氧化状态不同造成的。

$$LiCoO_2 + 3H^+ + H_2O_2 \longrightarrow Co^{2+} + Li^+ + 3/2H_2O + 1/4O_2 \qquad (5\text{-}21)$$

$$Co^{2+} + Li^+ + PO_4^{3-} \longrightarrow 1/3Co_3(PO_4)_2 + 1/3Li_3PO_4 \qquad (5\text{-}22)$$

$$Li_3PO_4 + 6H^+ + 2PO_4^{3-} \longrightarrow 3Li^+ + 3H_2PO_4^- \qquad (5\text{-}23)$$

$$Co_3(PO_4)_2 + 12H^+ + 4PO_4^{3-} \longrightarrow 3Co^{2+} + 6H_2PO_4^- \qquad (5\text{-}24)$$

以磷酸为浸出剂，以葡萄糖为还原剂，Meng 等[68]对废正极材料钴酸锂进行了浸出研究，在此浸出过程中，Co（Ⅲ）还原为 Co（Ⅱ），葡萄糖氧化为一元羧酸。浸出后，加入化学计量化的草酸回收浸出液中的 Co，钴离子以草酸盐沉淀形式存在。在此浸出过程中，锂离子不是以游离的形式存在，所以不能用沉淀法将其回收。在浸出过程中发生的化学转化如图 5-6 所示。

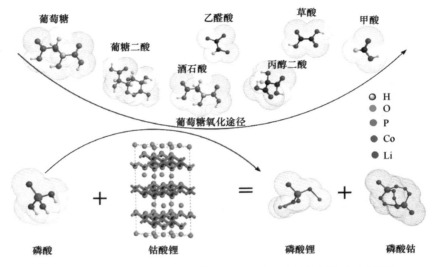

图 5-6　LiCoO₂ 在磷酸–葡萄糖浸出体系中可能的化学转化途径[68]

除了常用的无机酸，也有学者使用氢氟酸将正极材料进行浸出。氢氟酸在浓度较高时会发生自偶电离，酸性变强，但在浓度低时由于氢键的作用具有弱酸性。氢氟酸有剧烈刺激性气味，且具有极强的腐蚀性，虽然可以用于浸出正极材料中的有价金属，但其极强的腐蚀性和对人体有害性，使得氢氟酸只能用于实验室研究。Suarez 等[69]使用氢氟酸为浸出剂，并对浸出因素及影响效果做了研究，研究结果表明，当以 HF 浓度为 25%（v/v）、固液比为 1%（w/v）、反应温度为 75℃、搅拌速率为 330 rpm、浸出时间为 120 min 时，钴酸锂的溶解度接近 60%，且 HF 浓度、浸出温度和反应时间的增加有利于 LiCoO₂ 的浸出反应，浸出过程中发生的反应为式（5-25）。用氢氟酸将 Li 和 Co 浸出后，用 NaOH 调节溶液 pH，可以得到钴的氢氧化物沉淀，然后在 600℃焙烧 2 小时得到 Co₃O₄。将滤液在 60℃下浓缩蒸发，得到 LiF，然后使用 CaCO₃ 将剩余液中的 F 离子以氟化钙的形式去除。在回收过程中钴和锂的回收率分别为 98%和 80%。在氢氟酸的浸出过程中，其浸出率相比于其他无机酸，表现出较弱的浸出效果，一方面与氢氟酸是非氧化性、非还原性酸有关，另一方面可能与氢氟酸在浓度较低表现出的弱酸性相关。

$$4\ LiCoO_2 + 12\ HF \longrightarrow 4\ LiF + 4\ CoF_2 + 6\ H_2O + O_2 \qquad (5\text{-}25)$$

硫酸、盐酸、硝酸等作为正极材料的浸出剂，不同的浸出剂对材料的浸出效果不同，为了比较浸出剂的不同对材料浸出效果的形成的差异，有些学者对此进行了研究[70-75]。当以 H_2SO_3、$NH_2OH\cdot HC1$、HCl 为浸出剂时，$NH_2OH\cdot HC1$ 和 HCl 对钴和锂的浸出效果明显好于 H_2SO_3[71]。但是，从浸出剂的价格和投资成本来看，盐酸是更适合的浸出剂。盐酸高的浸出率可能与盐酸具有的还原性相关。但使用盐酸作为浸出剂在浸出有价金属的同时，不可避免将产生 Cl_2 等有害气体和对环境有害的废水等污染物质。

Takacova 等[72]采用 H_2SO_4 和 HCl 两种浸出剂对钴和锂的浸出效果进行了比较。在盐酸浓度为 2 mol/L，浸出温度为 60～80℃时，浸出 90 min 可以将近乎 100% 的钴浸出，实验结果表明，以盐酸为浸出剂时，浸出效果更好。在硫酸浸出液中钴的浸出可分为两个阶段，第一个阶段为化学反应控制浸出速率；第二个阶段的浸出速率则由扩散控制。在浸出液为 HCl 的情况下，第一个阶段为化学反应控制浸出速率；第二个阶段为化学反应和扩散控制共同影响其浸出速率。这种动力学上的限制，也可能是盐酸浸出率高的原因之一。不同于钴离子的浸出，锂的浸出在两个时间段都受扩散控制，或者以混合模式进行。在浸出过程中，钴酸锂晶体中 d（003）间距值与层状结构中锂的含量成正比，可以通过层间距来判断材料中锂的含量。随着浸出过程的开始，锂从层状结构中释放出来，使结构体积增大，锂的不断脱出使层状结构中出现由于锂脱出形成的空穴，从而使晶体结构变形，形成结构缺陷，从而使锂和钴的浸出速率加快，因此在浸出过程中钴的浸出依赖于 $LiCoO_2$ 层状结构中的锂的浸出。

除了研究同种正极材料在不同浸出剂的浸出效果，学者们还对影响浸出效果的原因进行了研究。Joulié 等[74]研究了矿物、有机还原剂和金属还原剂在酸性介质中促进 $LiNi_{1/3}Co_{1/3}Mn_{1/3}O_2$ 溶解的电化学效应。在以硫酸和盐酸作为正极材料浸出剂的研究过程中发现，硫酸中溶解只受温度的影响，而在盐酸中溶解受温度和酸浓度及其相互作用的影响，而且因为氯化物对 NCM 材料具有一定的氧化还原性能，所以盐酸的浸出效率更好一点。当加入集流体为还原剂的情况下，可以提高浸出效率，集流体与过渡金属氧化物之间的相互作用可以促进高价态氧化物向低价态可溶物的转变。与铜集流体不同，铝集流体在酸性介质中的稳定性较低，因此铝的消耗量明显过高，由于铝的水解及金属铝与水的反应活性导致氧化铝的生成，浸出动力学速率随着 pH 的增加而减小，而且浸出超过 1 小时后，铜集流体会缓慢溶解，从而抑制了正极活性材料的浸出。但是从回收利用的角度来说，使用废弃锂离子动力电池本身回收而来的材料用以浸出有价金属是一个非常环保的想法，但集流体作为还原剂会将本身及其他杂质引入，进而为浸出液后续处理带来一定的麻烦。

除了无机酸和有机酸的酸浸体系，有些学者使用氨基碱性溶液，包括氨、碳酸铵、硫酸铵、氯化铵等碱性浸出剂对正极材料做了浸出实验，氨基碱性溶液可以与 Li、Ni、Co 和 Mn 形成稳定金属氨络合物，从而将正极材料中的有价金属回收。Zheng 等[76]以硫酸铵为浸出液，亚硫酸钠为还原剂，对废弃锂离子动力电池正极材料中的有价金属进行浸出。研究结果表明，当以最佳浸出工艺，$NH_3 \cdot H_2O$ 的浓度为 4 mol/L、$(NH_4)_2SO_4$ 浓度为 1.5 mol/L、Na_2SO_3 浓度为 0.5 mol/L、固液比为 10（g/L）、浸出温度为 80℃、浸出时间为 300 min 时，Li、Ni、Co 的浸出率分别可达到 96.7%、94.8%、88.4%，Mn 仅为 6.34%。在浸出过程中 Ni、Co、Li 的总选择性均大于 98.6%，而 Mn 的总选择性仅为 1.36%。锰浸出率减少的原因是形成了 $(NH_4)_2Mn(SO_3)_2 \cdot H_2O$。在此浸出过程中，浸出动力学受表面化学反应控制。但硫酸铵能用于湿法浸出的原因可能与其溶于水呈弱酸性相关。

Meng 等[77]对 $LiNi_xCo_yMn_{1-x-y}O_2$（$x=1/3$，0.5，0.8）材料的氨水浸出进行了研究，以氨溶液为浸出剂，亚硫酸钠为还原剂，以络合物或金属离子的形式将 Ni、Co、Li 从层状结构中浸出。采用 $NH_3 \cdot H_2O$ 的浓度为 4 mol/L、$(NH_4)_2SO_4$ 浓度为 1.5 mol/L、Na_2SO_3 浓度为 0.5 mol/L、固液比为 10（g/L）、浸出温度为 80℃，Li、Ni、Co 的浸出速率基本相同，Mn 则首先溶解在溶液中，然后以某种形式沉积。对反应残渣进行分析，主要物相成分是未反应的三元正极材料和生成的 $(NH_4)_2Mn(SO_3)_2 \cdot H_2O$ 沉淀，所以浸出率低的原因可能是 $(NH_4)_2Mn(SO_3)_2 \cdot H_2O$ 的一部分生长在三元正极材料表面，形成一层壳状物，从而阻碍浸出剂的内部扩散。通过研究还原剂亚硫酸钠用量，实验结果表明，控制还原剂的量可以控制生成物中 Mn 的赋存形式，其反应原理如式（5-26）～式（5-28）所示。因此，采用二次浸出方法降低还原剂用量可以有效提高浸出率。在第二步浸出过程中，锂的浸出率略低于镍和钴，说明在未反应的正极材料表面存在一些不溶性锂盐。Li、Ni、Co 的总浸出率分别为 93.3%、98.2%、97.9%，远高于亚硫酸钠超标的一次浸出。与一步浸出残渣的产物相比，两步浸出残渣只有 Mn_3O_4 的物相，说明正极材料已经完全浸出。在浸出液中随着还原剂亚硫酸钠含量的增加，残渣的相由 Mn_3O_4 转变为 $(NH_4)_2Mn(SO_3)_2 \cdot H_2O$，并与未反应物料表面致密团聚，疏松多孔的 Mn_3O_4 更有利于离子扩散和浸出反应。所以采用两步浸出法可解决锂、镍、钴浸出率低的问题，从而有效地回收正极材料中的有价金属。一步反应与两步反应的机理图，如图 5-7 所示。此研究突破了浸出以酸性溶液为主的浸出体系，为后续湿法冶金体系提供了一个新的方向。

$$Mn^{2+} + 2OH^- \longrightarrow Mn(OH)_2 \tag{5-26}$$

$$6Mn(OH)_2 + O_2 \Longrightarrow 2Mn_3O_4 + 6H_2O \tag{5-27}$$

$$Mn^{2+} + 2NH_4^+ + 2SO_3^{2-} + H_2O \longrightarrow (NH_4)_2Mn(SO_3)_2 \cdot H_2O \qquad (5\text{-}28)$$

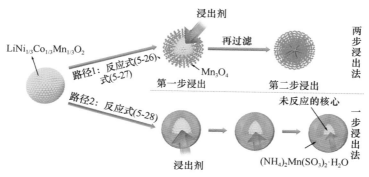

图 5-7　一步浸出法与两步浸出法的反应机理图[77]

在碱性溶液的浸出下，也可以将废弃锂离子动力电池的电解液进行回收再利用。通常将预处理后的电解液与碱液混合，利用它们之间产生的化学反应，最后生成稳定的氟盐与锂盐，接着通过一系列的后续方法将电解液进行无害化处理，最后再回收利用[78]。

在湿法浸出过程中，电池电极的复杂组分会对浸出过程带来影响。工业化的正极材料二次利用的过程中，应该建立电极材料复杂组分与浸出剂及相关参数的耦合关系，因为回收分离得到的电极材料为黑粉，其组分依据原材料不同会有所区别，单一回收参数的设置不仅会使浸出效率变低，也有可能造成不必要的浪费，因此在回收过程中建立动态监测和参数智能化调整应该是传统浸出的突破点之一。

2. 选择性萃取

萃取是指用溶剂从固体或液体混合物中提取所需要的物质的一种物理化学手段，通常分为液–固萃取和液–液萃取两种方式。在废弃锂离子动力电池正极材料浸出和萃取过程中，一般是以液–液萃取的方式进行的。在液–液萃取中，存在两类萃取剂，即有机萃取剂和反应性试剂。有机萃取剂萃取原理是利用物质在两种互不相溶（或微溶）的溶剂中溶解度和分配系数的差异，使物质从一种溶剂内转移到另一种溶剂中从而达到提取、分离和纯化的目的，通常在水或酸性溶剂中进行。反应性试剂萃取原理是利用试剂与被提取物间发生的化学反应达到分离和提纯的目的，通常用于性质不同物质间的分离[79]。将正极材料浸出后，向浸出液中加入萃取剂，利用金属离子（Li、Ni、Co、Mn）在有机相和水相中溶解度或分配系数的不同，从而将特定的金属离子从水相提取到有机相，达到选择性分离的效果，这一过程称之为选择性萃取。

在正极浸出液中，由于废弃锂离子动力电池种类复杂及拆解过程中杂质的引入，为获得更好的萃取效果，一般是将液相中除有价金属元素（Li、Ni、Co、Mn）外的杂质沉淀处理后，进行相关的萃取实验。化学沉淀与选择性萃取联用技术将在其他处理方法中详述，本小节将萃取中可能用到的萃取剂进行归纳，Li、Ni、Co、Mn 常用的萃取剂如表 5-2 所示，在不同溶剂环境中，所选用的萃取剂也不同。

表 5-2 Li、Ni、Co、Mn 萃取溶剂及萃取剂

元素	萃取溶剂	萃取剂	反萃剂
Li	高镁含锂卤水	用 60% TBP-40% 200 号煤油	盐酸
Ni	含 Ni 硫酸盐溶液	叔碳 10 酸 + LIX 84-I	硫酸
	Ni、Co 硫酸盐溶液	P507	硫酸
	Ni、Co 硫酸盐溶液	Cyanex272（pH 6.3～6.5）	硫酸
	氨性溶液镍[80]	LIX64N、SME-529、LIX84、LIX84I、LIX87QN、LIX973N、ACORGA M5640 等	—
Co	Li[+]、Co[2+]和 Mn[2+]浸出液	Cyanex272 + PC-88A	硫酸
	Li[+]、Co[2+]浸出液	PC-88A + 煤油	硫酸
	Ni、Co 硫酸盐溶液	P507	硫酸
	Ni、Co 硫酸盐溶液	Cyanex272（pH 5.1～5.3）	硫酸
Mn	Li[+]、Co[2+]和 Mn[2+]浸出液	Cyanex272 + PC-88A + EDTA	硫酸

将正极材料通过湿法浸出后，Zhao 等[81]利用一系列的萃取剂把 Li、Co、Mn 选择性分离，其浸出–萃取分离流程如图 5-8 所示。将正极材料用 H_2SO_4–H_2O_2 体系浸出后，使用 Cyanex272 + PC-88A 的混合萃取剂，在不同的 pH 环境中，以硫酸为反萃剂，可将 Li^+、Co^{2+} 和 Mn^{2+} 分离，并形成了一个萃取剂循环利用的闭环回收利用体系。

在 Ni、Co、Mn 混合浸出溶液中，Yang 等[28]使用硫酸–双氧水将正极材料浸出后，用 10%的 D2EHPA 和 90%的磺化煤油从浸出液中可以将 100%锰、99%钴和 85%镍萃取，然后利用 0.5 mol/L 的 H_2SO_4 对有机负载相进行剥离可以得到 Ni、Co、Mn 含量高的滤液，通过共沉淀法即可获得前驱体，而后加入锂源共焙烧即可得到再生的正极材料 $LiNi_{1/3}Co_{1/3}Mn_{1/3}O_2$。

在富含 Li 和 Co 的浸出液中，Zhang 等[71]，采用溶剂萃取法从盐酸浸出液中分离钴和锂，在煤油中介质中调节液相 pH 为 6.7，萃取剂 PC-88A 浓度为 0.90 mol/L，以 O：A（油相：水相）为 0.85：1 可以将 99.99%的 Co 萃取，将有机相用 $CoCl_2$ + HCl 溶液，将有机相中的锂洗涤后，用 2 mol/L 的硫酸以 O：A 为 5：1 将钴反萃，可以得到钴的硫酸盐。通过萃取得到的产物纯度相对较高，可以避免后续的提纯处理。

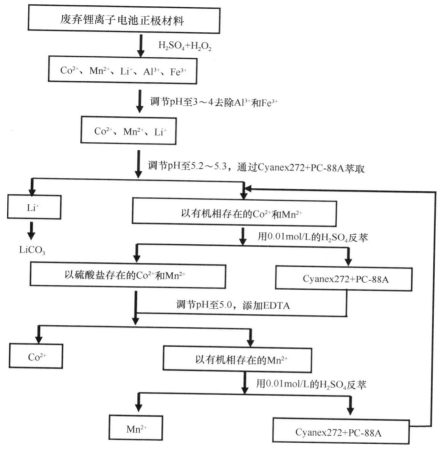

图 5-8 废正极材料中 Co^{2+}、Mn^{2+}、Li^+的分离流程图[81]

在实际萃取分离操作中，镍和钴的分离萃取应用比较多，一方面由于回收镍和钴产生的经济价值较高，另一方面镍和钴同属于第Ⅷ族第三周期，化学性质较为类似，因此传统的化学处理手段难以将其很好地分离，经过多级萃取后，分离物质的纯度可以满足应用的需求。浸出过程中，正极材料中的有价金属经过湿法浸出进入到浸出液后，不可避免地会带来杂质元素，不止有价金属元素可以通过萃取的方式实现选择性分离和提纯，其中杂质也可以通过萃取的方法加以分离，但萃取剂的价格高，较为昂贵，且在萃取过程中对操作环境有潜在威胁，因此在降低萃取成本、提高产物纯度的再利用方面，可以采取多方法联用，以实现低成本的选择性纯化和分离。

3. 化学沉淀

化学沉淀是利用浸出液中的有价金属在不同沉淀剂中溶解度的不同，将不同溶解度的有价金属离子形成难溶化合物，进而实现其分离和提纯的一种方法。化学沉淀在提纯和分离中有较高的效率，也是最简单、性价比较高的一种回收处理方式。化学沉淀不止可以将有价金属离子沉淀，也可以将浸出液中的杂质离子去除，从而为后续的其他处理方法提供便利。

在正极材料浸出液的分离回收过程中，过渡金属的分离依赖于在不同 pH 下的溶解度不同，一般先将杂质金属离子沉淀去除后，将过渡金属在不同 pH 下回收，最后再使用碳酸钠饱和溶液或其他沉淀剂将浸出液中的锂离子回收。利用有价金属元素（Li、Ni、Co、Mn）其在不同 pH 的赋存形式差异，可以设计相关的化学沉淀回收工艺路线。

不同正极材料中的浸出液中物质的组分不一样，因此采用不同的除杂沉淀工艺将有价材料分离和提纯。为了除去浸出液中可能混杂的铜离子，将三元正极材料的盐酸浸出液中加入铁粉后，可以将浸出液中的铜置换出来，后添加 NH_4OH 和双氧水将铁以 $FeOOH$ 形式去除后，往滤液中添加 NH_4HCO_3，并加入一定量的氯化镍、氯化锰和氯化钴调节比例，可以通过共沉淀法制备得到 $Ni_xCo_yMn_z$ 三元体系前驱体[82]。

在三元材料浸出液的化学沉淀过程中，也可以通过分步沉淀的方式回收其中的有价金属。在三元材料浸出液中添加 1 mol/L NaOH 调节溶液 pH 为 2，然后添加 $KMnO_4$，使锰以 MnO_2 和氢氧化锰的形式回收，然后过滤后将 $NH_3·H_2O$ 加入，采用丁二酮肟试剂（$C_4H_8N_2O_2$），在溶液中与 $[Ni(NH_3)_6]^{2+}$ 反应形成红色固体络合物，可以将超过 99% 的镍回收，然后用 4 mol/L 的盐酸将镍浸出后，添加 1 mol/L NaOH 调节溶液 pH 为 11，将镍以氢氧化物沉淀形式回收。向分离红色络合物后的溶液添加 4 mol/L 的盐酸调节溶液 pH 为 0，继续添加 1 mol/L NaOH 调节溶液 pH 为 11，将钴以氢氧化物沉淀形式回收。过滤后的溶液在 100℃ 下加入沉淀剂 Na_2CO_3，得到锂的沉淀物 Li_2CO_3。通过一系列的浸出和沉淀步骤，实现了 Li、Ni、Co 和 Mn 的选择性回收，回收得到锂、锰、钴、镍产物的纯度分别为 96.97%、98.23%、96.94% 和 97.43%[57]。

也可以先将浸出液中的钴离子回收，将三元正极材料浸出液调节 pH 至 1.5，加入浓度为 1 mol/L 的草酸，在 50℃ 下反应 2 小时，可以从浸出液中回收超过 98% 的 Co，然后添加 5 mol/L 的 NaOH 调节溶液 pH 至 7.5，加入沉淀剂 Na_2CO_3，即可得到沉淀 $MnCO_3$ 和 $NiCO_3$，将 Ni 和 Mn 去除后，滤液中加入过量的 Na_2CO_3，可得到碳酸锂的沉淀，其回收流程图如图 5-9 所示。

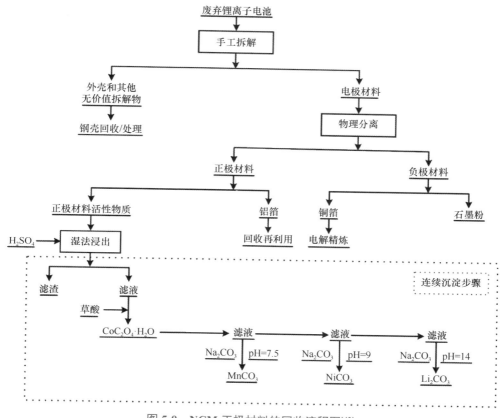

图 5-9　NCM 正极材料的回收流程图[43]

钴的沉淀除了形成盐的沉淀，也可以被氧化为不溶的氧化物。将三元正极材料浸出液中添加 NaOH 调节 pH 为 3，加入氧化剂 NaClO，即可得到钴的氧化物，然后调节 pH 至 11 时，析出氢氧化镍沉淀，从而将镍和钴元素回收，Co（Ⅱ）的氧化过程发生的化学转化为式（5-29）～式（5-30）[70]。

$$2Co^{2+} + ClO^- + 2H_3O^+ \longrightarrow 2Co^{3+} + Cl^- + 3H_2O \qquad (5\text{-}29)$$

$$2Co^{3+} + 6OH^- \longrightarrow Co_2O_3 \cdot 3H_2O \qquad (5\text{-}30)$$

不同于三元材料，钴酸锂的浸出液中仅仅含有锂和钴等有价组分，所以相对于三元材料来说容易进行化学沉淀处理。Zhang 等[71]在富锂的浸出液中，加入沉淀剂碳酸钠，沉淀过程在接近 100℃时进行，最后可以得到锂的碳酸盐沉淀，锂的回收率接近 80%。钴的回收可以通过调剂溶液的 pH 进行回收，在 pH 为 8 的情况下，钴以氢氧化物沉淀的赋存形式存在[83]。

在钴酸锂正极材料的浸出液中，不可避免也会因为预处理过程混杂入杂质，为了提高沉淀物的纯度，需要先对浸出液中的杂质进行分离。Li 等[84]以 4.0 mol/L 的 HCl 为浸出剂，在 80℃下将预处理得到的正极粉末浸出 2 小时。依据金属离子溶解度积常数的差异，逐步加入 40% NaOH 溶液，可一步一步将金属沉淀，在理论上，调节 pH 为 7.2 时，所有的铝、铁和铜都可以被除去，几乎没有 Co 的损失。除杂后还通过调节 pH 回收钴，得到的氢氧化钴的纯度比未提纯的要高。

钴还可以以草酸盐沉淀[34,85]的形式去除，由于形成草酸钴和碳酸锂的沉淀过程为吸热反应，所以适当的温度有利于沉淀的形成，因此锂的碳酸盐回收一般在较高的温度下进行。为了获得更高纯度的产物，Kang 等[85]将钴浸出后，用沉淀剂 Na_2S 将浸出液中的铜离子以 CuS 沉淀形式去除，经过此处理 99.9%的铜可以被过滤。然后采用草酸处理无铜滤液，经选择性沉淀法加入沉淀剂草酸制备 $CoC_2O_4 \cdot 2H_2O$，将沉淀物水洗干燥后，在 150℃下煅烧得到钴的氧化物 Co_3O_4。其回收流程示意图如图 5-10 所示。

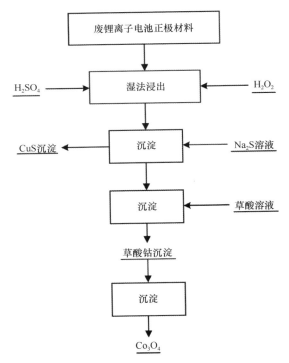

图 5-10　从废弃钴酸锂正极材料中制备钴的氧化物的流程图[85]

锂除了以碳酸锂的形式沉淀，还可以磷酸锂的形式形成沉淀。Pinna 等[67]以磷酸为浸出剂将钴酸锂浸出后，将浸出液加热至 75℃，以 330 rpm 搅拌速度反应 60 min，加入沉淀剂草酸形成草酸钴沉淀。过滤后，将滤液在 75℃浓缩蒸发，然后加入氢氧化钠调节 pH 至 13，并以 330 rpm 搅拌 60 min，形成磷酸锂沉淀。沉淀过程中发生的化学转化为式（5-31）～式（5-32）。

$$Li^+ + Co^{2+} + H_2C_2O_4 \longrightarrow CoC_2O_4 + Li^+ + 2H^+ \tag{5-31}$$

$$3Li^+ + H_2PO_4^- + 2NaOH \longrightarrow Li_3PO_4 + 2Na^+ + 2H_2O \tag{5-32}$$

相比于其他正极材料，磷酸铁锂的浸出液中，含量较高的金属离子是锂和铁，铁一般以氢氧化物沉淀的形式回收，然后通过焙烧可以得到铁的氧化物，锂元素回收主要以碳酸锂的形式。吴越等[86]研究发现，经过 5%NaOH 溶液溶解得到的正极废料磷酸铁锂，以 2 mol/L 的 H_2SO_4 和 30%的 H_2O_2 作为浸出液，以 1:10 的固液比，在 60℃的温度下搅拌 2 小时，滤液用 $NH_3 \cdot H_2O$ 和 NaOH 调节 pH，使 Fe^{3+} 沉淀下来，将过滤后沉淀物煅烧即可得到纯度较高的 Fe_2O_3。在回收 Fe 的同时，也会有部分 Li 以 LiOH 形式沉淀，回收过程的反应如式（5-33）～式（5-35）所示。

$$2LiFePO_4 + 2H^+ + H_2O_2 \longrightarrow 2Li^+ + 2Fe^{3+} + 2PO_4^{3-} + 2H_2O \tag{5-33}$$

$$Fe^{3+} + 3OH^- \longrightarrow Fe(OH)_3 \tag{5-34}$$

$$2Fe(OH)_3 \longrightarrow Fe_2O_3 + 3H_2O \tag{5-35}$$

由于 $FePO_4$ 易溶于硫酸，而在硝酸中则是微溶。又基于此原理，设计分析了另一种回收思路，即将正极废料溶于 $HNO_3–H_2O_2$ 体系中，将微溶于硝酸的 $FePO_4$ 过滤后，依据硫酸酸浸体系处理，添加 $NH_3 \cdot H_2O$ 和 NaOH 调节 pH，最后得到沉淀物 $Fe(OH)_3$。将过滤完 $FePO_4$ 的滤液添加 Na_2CO_3 后，即可得到 Li_2CO_3。回收过程中反应如式（5-36）～式（5-39）所示。相比于硫酸酸浸和硝酸酸浸体系，Li 的回收率分别为 82.1%和 86.7%，Fe 的回收率分别为 97.2%和 98.7%，可以得知硝酸法回收效率高，且可以进行选择性回收利用。两种体系回收方法的流程图如图 5-11 所示。

$$2LiFePO_4 + 2H^+ + H_2O_2 \longrightarrow 2Li^+ + 2FePO_4 + 2H_2O \tag{5-36}$$

$$FePO_4 + 3H^+ \longrightarrow 2Fe^{3+} + H_3PO_4 \tag{5-37}$$

$$Fe^{3+} + 3OH^- \longrightarrow Fe(OH)_3 \tag{5-38}$$

$$2Li^+ + CO_3^{2-} \longrightarrow Li_2CO_3 \tag{5-39}$$

有的学者对铁元素在沉淀过程的赋存形式进行了研究，在化学沉淀法的分离过程中，铁的赋存形式先以 $FePO_4 \cdot 2H_2O$ 存在，随 pH 升高逐渐变为 $Fe(OH)_3$ 形式存在，在此转变过程中锂的损失率越来越大。将铁分离后，可以添加 Na_3PO_4 沉淀回收锂，锂的回收率可达 87.3%，进而实现了铁、锂的选择性分离[87,88]，但是钠离子的引入给后续锂的净化提纯带来额外的步骤。

在锰酸锂的浸出液中，安洪力等[75]将锰酸锂正极材料浸出后，向浸出液中加入 NaOH 溶液，可以得到锰的沉淀，经高温煅烧后，可以得到锰的氧化物。除去锰的溶液中加入沉淀剂碳酸钠，即可得到碳酸锂沉淀，锰的回收率可达到 98%以上。

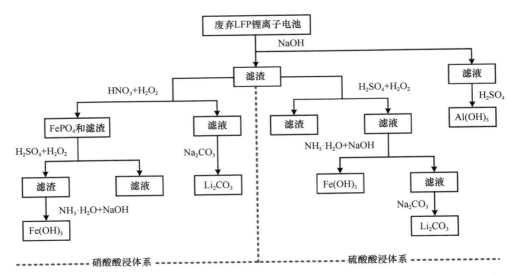

图 5-11　废弃磷酸铁锂电池回收流程图[86]

相比于单一的正极材料的浸出液，混合正极材料的浸出液中含有较多组分的同时，往往引入了更多的杂质。Wang 等[57]将混合正极材料浸出后，采用二甲基甲氧基肟试剂（$C_4H_8N_2O_2$），从锰回收后的浸出液中分离镍，先用盐酸将 pH 调至 0，再加入 1 mol/L 氢氧化钠溶液调节溶液 pH 为 11，将钴以氢氧化物形式回收，然后用饱和碳酸钠溶液将锂以碳酸锂的形式析出。

Huang 等[60]将混合正极材料 $LiFePO_4$ 和 $LiMn_2O_4$ 浸出后，以沉淀剂[Hbet][Tf$_2$N] 用量 12 g/L、捕收剂丁基黄原酸用量 9 g/L、浮选 pH 为 2、搅拌速度 1200 r/min，Fe 的回收可达 93.25%，然后用盐酸浸出，最终铁以 $FeCl_3$ 形式回收。在沉淀步骤，通过采用滴加饱和 $KMnO_4$ 溶液的方法进行锰的沉淀分离，在 pH 为 2，沉淀剂 $KMnO_4$ 浓度为 0.35 mol/L 时，锰的回收率可达 95.55%。最后采用饱和磷酸钠沉淀锂，锂以磷酸锂形式回收。最后产物中，Li、Fe 和 Mn 的总回收率分别可达 81.09%、85.52%和 81.10%。整个回收流程如图 5-12 所示，在浸出–浮选–沉淀过程中发生的化学转化为式（5-40）～式（5-43）。

当回收浸出过程结束，将钴和锂等有价金属从湿法浸出液中浸出，用化学沉淀、萃取剂萃取等方式将滤液中有价金属去除后，滤液中仍会有有价金属残留在其中，如果是大规模的湿法处理，那么滤液中的有价金属总量将相当可观。有些学者研究了在湿法回收过程中产生的废水的回收利用，Guo 等[89]针对废弃锂离子电池回收过程中产生的废水，提出了一种锂离子筛回收锂的新工艺。通过以 Na_2CO_3 和 Na_3PO_4 为沉淀剂的两段沉淀法，分别回收锂为原料 Li_2CO_3 和纯 Li_3PO_4。在第一段过滤过程中，沉淀剂 Na_2CO_3 的最佳比例为理论值的 1.1 倍，添加沉淀剂

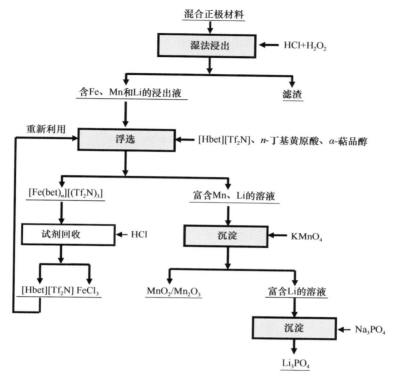

图 5-12　浸出–浮选–沉淀分步回收流程图[60]

$$Fe^{3+} + 3[Hbet][Tf_2N] \rightarrow [Fe(bet)_n][Tf_2N_3] + (3-n)H(bet)^+ + nH^+ \quad (5\text{-}40)$$

$$2KMnO_4 + 3Mn^{2+} + 2H_2O \rightarrow 5MnO_2 + 2K^+ + 4H^+ \quad (5\text{-}41)$$

$$KMnO_4 + 4Mn^{2+} + 10H_2O \rightarrow 5MnO(OH) + K^+ + 15H^+ \quad (5\text{-}42)$$

$$3Li^+ + PO_4^{3-} \rightarrow Li_3PO_4 \quad (5\text{-}43)$$

后在 40℃条件下搅拌 1 小时,锂的回收率可达 74.72%;第二段过滤过程中,沉淀剂 Na_3PO_4 的最佳比例为理论值的 1.1 倍,添加沉淀剂后在 25℃条件下搅拌 1 小时,锂的综合回收率可达 92.21%,剩余的滤液中含有高浓度的 Na_2CO_3,可作为沉淀剂在一级沉淀中重复使用。以第一阶段回收的 Li_2CO_3 为原料,以(Li、Na):Mn 为 1:2 加入 $MnCO_3$,均匀混合后在空气气氛的 800℃的管式炉中焙烧 5 小时,可以得到尖晶石状的化合物 LMO。当 Na_2CO_3 的质量百分比小于 10%时,原 Li_2CO_3 中的钠对制备 LMO 的影响不明显;当 Na_2CO_3 的质量百分比达到 30%时,LMO 颗粒的形貌就会转变为棒状和八面体的复合材料,这可能会影响 LMO 的性能。

也有学者提出以超声波辅助沉淀法从含锂溶液中回收碳酸锂[90],研究发现,超声不仅影响过饱和度溶液的结晶率,而且影响产物的粒度分布,超声可以显著

降低 Li_2CO_3 晶体颗粒的聚合，促进杂质离子的解离。当超声波通过液体介质时，会产生空泡。汽蚀气泡由于界面的非均匀性，可以提供成核位置，加速成核速度，而空泡破灭后，在空泡范围内的温度梯度和压力梯度非常大，从而可以加速沉淀反应，使锂离子和碳酸盐的结合更加容易。

在正极材料的浸出液中，除了含量较高的 Li、Ni、Co 和 Mn 以外，还含有 Cu、Al、Ca 等杂质离子，所以化学沉淀的方法，不仅有分离的作用，还起到了提纯的作用。锂以沉淀的赋存形式存在的沉淀物主要有碳酸盐、磷酸盐、氟化物等，镍和钴的沉淀物主要存在于氢氧化物、碳酸盐、草酸盐等，锰的沉淀物形式主要有氢氧化物、碳酸盐等。除去这些无机沉淀物，Ni、Co 和 Mn 还可以与有机溶液形成络合物，易于分离提取。化学沉淀处理的优点是简单、便利、价格低廉，由于沉淀物在成核过程中可能借助异质成核，可能会使产物的纯度下降，因此需要联合其他处理方法进行回收分离。

4. 其他处理方法

除了常用的选择性萃取和化学沉淀处理方法，大多数分离流程为萃取与化学沉淀法联用，也有学者采用电化学沉积（也叫电沉积）和液膜分离等方法将浸出液中有价金属分离回收。电化学沉积是指在外电场作用下，电流通过正极材料浸出溶液，有价金属元素经氧化还原反应，从而在电极上形成镀层，进而提纯回收。而液膜分离则是以液体膜为分离介质，利用各组分在液膜内溶解或扩散能力的不同，从而达到分离目的。对于浸出液的分离和回收，一般是使用化学萃取和化学沉淀联合使用的方式将有价金属分离回收。

在萃取与化学沉淀法联用的技术中，一般采取的方法是利用化学沉淀将浸出液中的杂质沉淀分离后，用有机萃取剂萃取。在三元正极材料硫酸浸出液中，可以利用黄钠铁矾法去除浸出液中的铁，将铁的沉淀物过滤后，滤液用萃取剂 N902 萃取分离铜，在 O：A 为 1：1，H_2SO_4 浓度为 2 mol/L 的条件下反萃洗出富铜有机相中 99.9% 的铜，控制 pH 在 5.5 以下，铝水解形成沉淀除铝。最后依据滤液中钴镍锰的摩尔比，加入适当的硫酸镍、硫酸锰或硫酸钴，采用碳酸盐共沉淀法制备镍钴锰碳酸盐前躯体。黄钠铁矾法去除溶液中的铁的反应如式（5-44）。

$$Fe_2(SO_4)_3 + 12H_2O + Na_2SO_4 \longrightarrow Na_2Fe_6(SO_4)_4(OH)_{12} + 6H_2SO_4 \quad (5\text{-}44)$$

在钴酸锂的浸出液中，Swain 等[31,32]在浸出液中使用 1.5 mol/L 的 Cyanex 272 萃取剂，调节 pH 为 5 以 O：A 为 1.6：1，可以萃取 85.42% 的钴。剩余的钴在 pH 为 5.35 的环境下，加入 0.5 mol/L 的 Cyanex 272 萃取剂，以 O：A 为 1：1 时将剩余的钴萃取。然后加入沉淀剂 Na_2CO_3 将有机相中的锂除去后，用硫酸将钴反萃，最后得到纯度为 99.99% 的硫酸钴溶液。通过萃取剂萃取可以明显提高产物的纯度，杂质铜可以用萃取剂 Acorga M5640（O∶A=1∶1）分离，钴的萃取还可以使用 Cyanex 272[35,54]为萃取剂进行分离提纯。

浸出液中的杂质可以通过调节 pH 将其去除，Chen 等[36]通过调节钴酸锂浸出液 pH，析出浸出液中 Fe(III)、Cu(II)、Mn(II)杂质离子，即将浸出液加入 10 wt%的 NaOH 溶液，调整至合适的 pH（3.0～3.5），在温度为 95℃下加热 2 小时，将铁以黄钾铁矾钠沉淀形式过滤，然后调节 pH 为 4，在 70℃下加入过硫酸铵溶液，锰以 MnO_2 的赋存形式析出。在此基础上，在 pH 为 5.5 时加入 10 wt% NaOH 溶液，析出铜为 $Cu(OH)_2$。用过滤法分离纯化后的溶液和沉淀物。其选择性沉淀过程为反应式（5-45）～式（5-46）。然后用萃取剂 P507 从纯化水相中选择性地提取钴(II)，用 3 mol/L 的 H_2SO_4 将钴反萃后，由于酸度对钴的析出有显著的影响，当 pH 为 1.5 时为最佳条件，因此，先用氢氧化钠溶液将溶液 pH 调节至 0.8，再加入过量的草酸铵使钴沉淀为草酸钴，直至 pH 变为 1.5 完成沉淀反应，最后得到的草酸钴的纯度为 99.9%。

$$Mn^{2+} + (NH_4)_2S_2O_8 + 2H_2O \longrightarrow MnO_2 + (NH_4)_2SO_4 + H_2SO_4 + 2H^+ \quad (5\text{-}45)$$
$$Cu^{2+} + 2OH^- \longrightarrow Cu(OH)_2 \quad\quad\quad\quad\quad\quad\quad (5\text{-}46)$$

无论是化学沉淀还是萃取剂萃取，其反应速率均较低，而且额外的再萃取和沉淀提纯都将使反应的流程复杂化。所以可以通过电沉积的方法，在浸出液中利用电沉积技术，将有价金属钴以电积钴的形式析出。为了更加高效、简洁地将有价金属回收，北京理工大学李丽教授提出了电沉积法，建立了一种高效、产物纯度高、操作便利的电化学回收体系，可以直接将浸出液中的有价金属钴离子再生为电极材料[91]。

电沉积分离也可以与化学萃取协同使用，Peng 等[92]对浸出液中的杂质离子去除进行了研究，研究结果表明通过调节 pH 去除铁（III）和铝（III）杂质，采用高选择性电沉积技术和溶剂萃取纯化铜（II）杂质可以达到较好的除杂目的。首先将回收得到的正极材料，用 2.5 mol/L 的硫酸，加入适量的工业双氧水（30%），在 70℃下搅拌 2 小时，得到富含有机价金属的浸出液。然后用氢氧化钠溶液将浸出液的 pH 调节至 3.5，选择性地去除铁（III）杂质，同时加入缓冲剂 $NH_3·H_2O$，避免镍钴锰的损失。实验结果表明镍（II）、钴（II）和锰（II）直到铜（II）、铁（III）和铝（III）沉淀结束后才开始沉淀。铝（III）完全析出的 pH 理论上为 5.2，小于镍（II）、钴（II）和锰（II）的初始析出 pH。因此，将 pH 提高到 5.25 用来去除溶液中铝离子（III）。去除铁杂质后，采用了高电位合金电极作为阳极，采用不锈钢为阴极。由于铜（II）还原为铜时的标准电极电位高于析氢电位，镍（II）、钴（II）和锰（II）还原为镍、钴和锰时的标准电极电位低于析氢电位，因此，可以通过不断地控制电极电位，使其高于溶液中的析氢电位，从而去除铜元素。或者可以使用萃取剂 N902 将杂质铜去除。除杂后的浸出液调节 pH 至 11，可以得到镍钴锰氢氧化物的沉淀，用固相合成法即可获得重新合成的正极材料。通过此除杂方法，杂质的含量满足工业制备电池材料的要求，同时回收样品中锰、钴、镍元素的损失率分别为 0.39%、0.25% 和 0.42%，实现了较小的损失率。

　　还有学者使用液膜分离技术对浸出液中的有价金属元素进行了分离。如图 5-13 所示，液膜分离技术原理是以液膜为分离介质，以浓度差为推动力的膜分离操作，可分为离子萃取和中性分子萃取。在正极材料的浸出液中一般采用离子萃取的方式，此时液膜功能类似于离子交换膜，金属离子在膜相和料液之间的分配比 K_d 应足够大，使金属离子进入膜相。而液膜另一侧的反萃液与金属离子的分配比应足够低，使金属离子从膜中可以较好地实现反萃[93]。

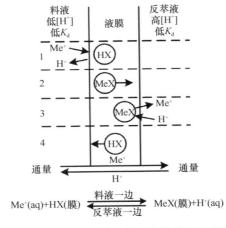

图 5-13　金属阳离子萃取穿过液膜机理示意图[93]

　　Yuliusman 等[94]将正极材料用盐酸浸出后，利用液膜分离技术，将钴萃取分离。萃取剂起着穿梭的作用，携带金属元素穿过液膜。以表面活性剂为 10%（w/v）的 SPAN 80 和萃取剂为 0.7 mol/L 的 Cyanex 272 配制乳状液膜，液膜与浸出液比例为 1：2，调节体系 pH 为 5，将混合液以 250 rpm 搅拌 15 min，静置 15～30 min，进料相与液膜分离，最终钴的浸出率为 83.03%。这为选择性分离提供了新的思路，但液膜分离技术尚未成熟，不能运用于大规模批量化的处理。

　　随着人们对正极材料浸出研究的深入，多种处理方法被相继提出，但如何与未来大规模的回收处理进行好的切入，需要进行细致的分析。现有的处理技术中，运用较多的技术是选择性萃取和化学沉淀，未来的技术可能在电沉积与其他方式联用方面进行突破。在处理方式上如何实现绿色环保，还能以较低的运营成本回收，需要对浸出后的再处理建立完整的理论框架。有价元素和杂质离子在处理过程中的赋存形式的演变机理需要进行进一步归纳，Li、Ni、Co 和 Mn 的难溶体系和萃取体系还应该进一步完善。借助传统矿物冶金的方式，该领域未来研究应聚焦于颠覆性和创新性技术，从而实现短程、高效、绿色的有价金属材料再生。

5.2.2 绿色有机酸浸出技术

常规的湿法浸出中，无机酸虽然浸出率较高，但在浸出过程中会产生对环境不友好的废水、废渣和有害气体，对生态环境和人类健康都造成了极大的威胁。基于对天然可降解绿色浸出剂的需求，北京理工大学课题组首次采用绿色环保的有机酸为浸出剂，并依据浸出剂对正极材料浸出的机理不同，将有机酸划分为螯合功能有机酸、还原功能有机酸、沉淀功能有机酸和其他有机酸，并进行了积极的探索和研究。利用有机酸将有价金属浸出后，以浸出液或回收产物代替反应原材料，进行电极材料的再合成，从而实现废弃锂离子动力电池的闭环回收。

1. 有机酸浸出

1）螯合功能有机酸

螯合功能有机酸是正极材料的有价金属元素在浸出过程中与有机酸的官能团产生螯合作用，且在浸出过程中，螯合作用在浸出因素中占主要影响作用，从而促进正极材料中目标金属元素高效浸出有机酸。一般来说，常见的螯合功能有机酸主要包括柠檬酸、苹果酸、琥珀酸、天冬氨酸等。

柠檬酸（$C_6H_8O_7 \cdot H_2O$）又称枸橼酸，化学名称 2-羟基丙烷-1,2,3-三羧酸。根据其含水量的不同，分为一水柠檬酸和无水柠檬酸。柠檬酸是一种较强的有机酸，北京理工大学课题组最早将柠檬酸用于废正极材料浸出剂[95]。当采用 1.25 mol/L 的柠檬酸、加入 1.0 vol%的 H_2O_2、固液比为 20（g/L）、浸出温度为 90 ℃时，浸出 30 min 后，从废弃钴酸锂正极材料中浸出了 100%的 Li 和 90%以上的 Co。钴酸锂正极材料在柠檬酸中发生的化学转化为三步反应，其转化机制为反应式（5-47）～式（5-49），添加还原剂 H_2O_2 可以促进 Co（III）的还原，从而加快正极材料的浸出。

$$6H_3Cit + 2LiCoO_2 + H_2O_2 \longrightarrow 2Li^+ + 6H_2Cit^- + 2Co^{2+} + 4H_2O + O_2 \quad (5-47)$$

$$6H_2Cit^- + 2LiCoO_2 + H_2O_2 \longrightarrow 2Li^+ + 2Co^{2+} + 6HCit^{2-} + 4H_2O + O_2 \quad (5-48)$$

$$6HCit_2^- + 2LiCoO_2 + H_2O_2 \longrightarrow 2Li^+ + 2Co^{2+} + 6Cit^{3-} + 4H_2O + O_2 \quad (5-49)$$

此外，环境友好的柠檬酸还可以用于负极材料的回收利用，刘展鹏等[96]使用了可生物降解的柠檬酸为浸出剂，对废锂电池负极石墨碳粉末中富含的金属锂进行了浸出研究。通过对不同柠檬酸浓度、固液比、浸出时间、浸出温度的研究，实验结果表明，当柠檬酸浓度为 0.15 mol/L，固液比为 1∶50（g/mL），浸出温度为 90℃，浸出时间为 40 min 时，金属锂有最佳的浸出效果。

苹果酸（$C_4H_6O_5$）又名 2-羟基丁二酸，由于分子中有一个不对称碳原子，所以存在两种立体异构体。2010 年北京理工大学课题组以 DL-苹果酸为浸出剂，对废弃锂离子动力电池正极材料钴酸锂进行了浸出研究[97]。采用最佳的浸出参数，即 DL-苹果酸浓度为 1.5 mol/L、双氧水的体积为 2.0 vol% H_2O_2、固液比为 20（g/L）、浸出温度为 90℃，浸出 40 min 后，从废弃钴酸锂正极材料中浸出了 100% 的 Li 和 90% 以上的 Co。在钴酸锂的浸出过程中，反应物的化学转化是一个多相反应，其浸出率主要由扩散控制、化学反应控制和混合控制进行控制，浸出过程中发生的化学转化如式（5-50）～式（5-53），最后 Co 和 Li 的赋存形式由钴酸锂转变为相应的有机金属螯合物。

$$4LiCoO_2 + 12C_4H_6O_5 \longrightarrow 4LiC_4H_5O_5 + 4Co(C_4H_5O_5)_2 + 6H_2O + O_2 \quad (5\text{-}50)$$

$$4LiCoO_2 + 12C_4H_5O_5^- + 4Li^+ + 4Co^{2+} \longrightarrow 4Li_2C_4H_4O_5 +$$
$$8CoC_4H_4O_5 + 6H_2O + O_2 \quad (5\text{-}51)$$

$$2LiCoO_2 + 6C_4H_6O_5 + H_2O_2 \longrightarrow 4LiC_4H_5O_5 +$$
$$2Co(C_4H_5O_5)_2 + 4H_2O + O_2 \quad (5\text{-}52)$$

$$2LiCoO_2 + 6C_4H_5O_5^- + 2Li^+ + 2Co^{2+} + H_2O_2 \longrightarrow$$
$$2Li_2C_4H_4O_5 + 4CoC_4H_4O_5 + 4H_2O + O_2 \quad (5\text{-}53)$$

天冬氨酸（$C_4H_7NO_4$）是构成蛋白质的 20 种基本氨基酸之一，又称天门冬氨酸，存在两种旋光异构体 D 型和 L 型，D 型的天冬氨酸又叫作坏血酸。北京理工大学课题组以天冬氨酸为浸取剂处理废弃钴酸锂，重点分析了不同反应条件对浸取率的影响以及浸出过程的反应机理[98,99]。当采用最佳浸出条件时，即天冬氨酸浓度为 1.5 mol/L、固液比为 10（g/L）、H_2O_2 添加量为 4.0 vol%、浸出温度 90℃、反应时间 120 min，钴和锂的浸取率最高为 60%。与柠檬酸和苹果酸浸出相比，天冬氨酸的浸出效果明显较差，这主要因为天冬氨酸酸性较弱，需要较长浸出时间释放足够的 H^+[98]。

琥珀酸（$C_4H_6O_4$）学名为丁二酸。北京理工大学课题组采用琥珀酸为浸出剂，以双氧水为还原剂，对废弃钴酸锂正极材料做了浸出实验[100]，其浸出回收流程如图 5-14 所示。琥珀酸浸取废弃电极材料中金属离子的最佳反应条件为：反应温度 70℃，反应时间 40 min，琥珀酸的初始浓度为 1.5 mol/L，双氧水的体积分数为 4%，固液比为 15（g/L），在此条件下，Co 和 Li 的浸出率分别可达 99.96% 和 96.18%。与传统湿法浸出中锂浸出率较高相比，琥珀酸作为浸出剂正好相反，钴的浸取率较高，这可能与琥珀酸中强的螯合官能团作用有关。

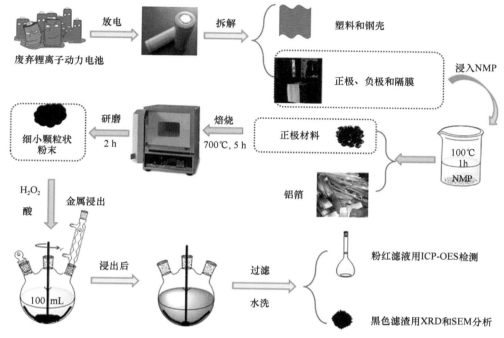

图 5-14　琥珀酸浸出回收流程图[100]

　　作为天然可降解的有机酸，螯合功能有机酸除酸性较弱的天冬氨酸外，相较于传统的无机酸，在生态环保和绿色高效方面占有明显的优势。如果考虑以大自然中价格相对低廉的有机酸为浸出剂，其更具有成本上的优势。相比于传统浸出过程中钴的浸出率低于锂的浸出率，琥珀酸可以实现钴元素近乎 100%的回收，不仅对废弃锂离子动力电池正极材料回收技术路线有极大提升，而且也可用于负极材料有价金属的高效回收，更可以为其他固废的再利用提供新的回收思路。

2）还原功能有机酸

　　还原功能有机酸主要是指在浸出过程中，可以代替还原剂，增加浸出效率，促进高价态过渡金属转化为低价态的有机浸出剂，一般来说，还原功能有机酸主要包括抗坏血酸和乳酸等。

　　抗坏血酸（$C_6H_8O_6$）的结构类似葡萄糖，是一种多羟基化合物，主要是由一个五元内酯环及其侧链组成。由于其强的还原性和酸性，有学者曾利用抗坏血酸的强还原性将其作为酸浸过程的还原剂使用来处理废弃电池，取得了较好的效果[101]。北京理工大学课题组利用其强的还原性和酸性（酸性来源于五元环上的羟基脱氢），将其作为废弃正极材料的浸出剂和还原剂，对正极材料进行了浸出研究[102]。研究结果说明使用抗坏血酸可以节省传统的还原剂 H_2O_2，使反应过程更加简单。酸浸后钴和锂的浸出率也都达到了 90%以上，完全可以替代传统的强酸作为酸浸过程的浸取剂，从而使绿色天然有机酸代替浸出过程的产生副产物的无机酸和价格昂贵的还原剂，实现了绿色高效的废弃锂离子动力电池正极材料的回收。

抗坏血酸结构中没有显示酸性的羧基，但由于环状结构中的羰基氧是强吸电子的，导致双键上的电子云和侧链羟基上的电子云偏移，造成侧链羟基的氢容易脱离，显示酸性。抗坏血酸 5%（w/v）水溶液的 pH 为 2.1～2.6。抗坏血酸还显示较强的还原性，形成脱氢抗坏血酸，正是利用了它的酸性和还原性，实现了不添加还原剂就可以高效浸出钴酸锂的效果。

乳酸（$C_3H_6O_3$）学名 2-羟基丙酸，是一个含有羟基的羧酸。课题组采用乳酸为浸出剂、H_2O_2 为还原剂对废弃 NCM 正极材料进行浸出研究[103]。在浸出过程中，采用正交实验设计方法，分析了不同反应条件对反应物浸出率的影响。通过研究发现，浸出条件对浸出过程的影响顺序依次为：乳酸浓度＞固液比＞浸出温度＞H_2O_2 的含量＞浸出时间。在最佳的实验条件下，即乳酸浓度为 1.5 mol/L、H_2O_2含量为 0.5 vol%、固液比例为 20（g/L）、浸出温度 70℃、浸出 20 min 后，Li、Ni、Co、Mn 各元素的浸出率分别为 97.7%、98.2%、98.9%和 98.4%。相比于柠檬酸等螯合有机酸，其浸出时间更短，且实现了较高的回收浸出率。乳酸在浸出过程中与正极材料发生的化学转化为反应式（5-54），浸出后，其赋存形态由正极材料转化为相应的金属螯合物。

$$3LiNi_{1/3}Co_{1/3}Mn_{1/3}O_2 + 9C_3H_6O_3 + 1/2H_2O_2 \longrightarrow 3C_3H_5O_3Li +$$
$$(C_3H_5O_3)_2Ni + (C_3H_5O_3)_2Co + (C_3H_5O_3)_2Mn + 5H_2O + O_2 \qquad (5\text{-}54)$$

将有价金属以金属螯合物形式回收后，还可以通过共沉淀法制得电池正极材料前驱体，通过固相合成重新合成新的电极材料。在乳酸酸浸的过程中，与还原性强的抗坏血酸相比，其在体系中使用了还原剂双氧水，但相比于其他有机酸浸出中双氧水的使用量，乳酸浸出过程使用了更少量的双氧水，这也从另一方面证实了乳酸是一种具有还原功能的有机酸。

3）沉淀功能有机酸

沉淀功能有机酸主要是指正极材料在有机酸的浸出过程中，金属离子与有机基团生成沉淀物，从而促进浸出效果和增加回收效率的一种有机酸。较为常见的沉淀功能有机酸为草酸，因为草酸可以和过渡性金属离子生成草酸盐沉淀，与锂生成的草酸锂可以溶于水，通过此方法也可以实现锂和过渡性金属的选择性分离。

草酸（$H_2C_2O_4$）又名乙二酸，生物体的一种代谢产物，广泛分布于植物、动物和真菌体中。早期的实验证实草酸确实可以与钴酸锂发生反应，生成草酸钴沉淀和草酸锂的溶液[104]，然而对于草酸的酸浸过程的研究、与其他过渡金属离子的相互作用以及沉淀物的进一步利用尚无系统和深入的研究。因此，北京理工大学课题组选用草酸作为浸取剂，对废弃三元材料和磷酸铁锂[105]进行了研究，当以浸出反应的最佳条件，即反应温度为 70℃，反应时间 1 小时，草酸浓度 0.6 mol/L，固液比为 40（g/L），此时锂的浸取率为 85.6%，钴、镍和锰的浸取率低于 2%。草酸的浸出动力学也为标准的缩核模型，不同之处在于草酸反应生成固体，即生成固膜。通过对浸出动力学进行分析可得锂离子的酸浸反应过程控制情况，即是由内扩散过程控制，计算可得锂离子反应的活化能为 7.34 kJ/mol。对于反应得到的浸取液和沉淀物的处理，使用化学沉淀法加入饱和碳酸钠溶液，将反应得到的草酸锂浸取液沉淀为碳酸锂回收，而草酸盐沉淀可以进一步通过固相法使用，合成新的正极材料。

4）其他有机酸

不同于功能分明的螯合功能、还原功能及沉淀功能的有机酸，一般有机酸在浸出过程中，其反应机理为多种功能耦合，所以将其归纳为其他有机酸。除了上述报道的有机酸外，还有许多有机酸已被学者用于废弃锂离子动力电池电极材料的回收利用，比如说马来酸[106,107]、乙酸[106,107]、三氯乙酸[108]、酒石酸[109,110]、氨基乙酸[111]、亚氨基二乙酸[112]、甲酸[113]、苯磺酸[114]等。除了使用单一的有机酸为浸出剂，现在也有学者用多种有机酸混合对电极材料中的有价金属进行提取。

除了这几种有机酸外，学者也将目光投至天然的生物质酸上，利用自然中富含有机酸的生物质作为浸出剂，但其实质还是有机酸的浸出反应。Pant 等[115]利用柑橘类水果果汁来处理废弃锂离子动力电池正极材料 $LiNi_{1/3}Co_{1/3}Mn_{1/3}O_2$，实验结果表明柑橘汁（CJ）与电池极片在 90℃下反应 20 min，可以将集流体与电极材料分开，柑橘汁（CJ）再次处理 30 min 可以得到 Li、Ni、Co 和 Mn 的浸出液，然后调节 pH，加入沉淀剂 Na_2CO_3 可以实现较好的分离和选择性回收。由于 CJ 含有丰富的柠檬酸、苹果酸等有机酸与抗坏血酸、柑橘黄酮等络合剂，所以可以将层状结构中的有价金属浸出，而且其中的 Na^+、Mg^{2+}、Ca^{2+} 等反离子可以提高有机酸浸出效率。这种回收处理方法提供了一种新的回收思路，即采用储量丰富且绿色环保的天然生物质酸为浸出剂，以实现二次资源的循环利用。

目前，人们对于有机酸的利用研究，除了使用单一的绿色环保可降解的有机酸外，还使用多种有机酸混合使用以提高浸出效率[116-119]。也有一些学者使用环境不友好的有机酸为浸出剂，但作为新型天然可降解有机酸回收体系来讲，浸出率不在首位，真正应该注意的是有机浸出剂的绿色回收。在满足绿色环保的情况下，积极探索开发新的天然有机酸体系，才能达到高效环保的，从而为实现绿色环保、短程高效、价格低廉的绿色有机酸回收技术体系提供技术支撑。

2. 电极材料再生

有机酸将有价金属浸出后，通过共沉淀、溶胶凝胶等合成方法，以浸出液或回收产物代替反应原材料，重新制备新的前驱体或电池材料，从而实现废弃锂离子动力电池的闭环回收。

1）固相合成法

利用萃取或化学沉淀的方式将浸出液中的杂质去除后，以固定摩尔比添加相应的镍盐、钴盐和锰盐等，然后在络合剂作用下，调节体系 pH 以生成前驱体后，再添加锂盐，利用固相合成法经高温共焙烧形成新的电极材料。其合成路线与技术，与新电极材料的合成路线相同。在合成过程中三元材料相比于钴酸锂，对反应的条件和气氛比较严格。因此三元的固相合成不仅要控制各种金属源的添加比例，还要控制合成过程中的反应参数。

2）水热合成法

水热合成法是指温度为 100～1000℃、压力为 1 MPa～1 GPa 条件下利用水溶液中物质化学反应所进行合成的方法。在亚临界和超临界水热条件下，由于反应处于分子水平，反应活性提高，因而水热反应可以替代某些高温固相反应，从而得到高温固相合成得不到的具有特殊形貌的电极材料。水热合成法相比于固相合成法，其反应的气氛不用调节，因此在合成三元材料方面有其独特的优点，而且利用水热合成，还可以调控产物的形貌，相比于固相合成的方法更为简洁和方便。

3）溶胶凝胶法

溶胶凝胶法是另一种常用的合成电极材料的方法，该方法一般采用适当的无机盐或有机盐作为母体，加入适量螯合剂使母体经历水解、聚合、成核和生长等过程形成溶胶，然后在一定条件下凝胶化，经干燥和热处理后得到产品。溶胶凝胶法的优点在于各组分可达原子级的均匀混合，产品化学均匀性好、纯度高、化学计量比可精确控制、热处理温度低且时间短，缺点是过程控制复杂、不易于大规模工业应用，目前主要用于实验室的合成研究。

4）其他回收方法

利用电极材料浸出液除了合成新的电极材料，也可以合成新的高附加值的化工产品或具有特殊结构的 MOF 材料或特殊性能的催化剂等材料。废弃锂离子动力电池的高值化利用，应该立足于国家的重要需求或高附加值材料的研发。通过提升废弃正极材料回收–再利用的体系，将回收得到的产物价值最大化，从而可以促进工业回收的发展进程。高值化的再利用应该与回收技术相衔接，以国家需求和市场需求为目标，设计短程、高效、高值化的回收技术路线，实现废弃锂离子动力电池的全组分利用，是下一代回收技术的重要研究方向之一。

5.2.3 小结

废弃锂离子动力电池经过预处理后可以得到电极材料、集流体、隔膜等材料，经过磁选、筛分和浮选等步骤可以得到有价金属富集的正极材料粉末。然而多次充放电过程可能对正极材料结构产生破坏，且不同正极材料破坏后产生的晶体变化不一，因此对于不同的废正极材料，所需无机酸及相关浸出参数都不相同。在常规的湿法冶金回收体系中，如图 5-15 所示，主要有硫酸、盐酸、硝酸、磷酸和氢氟酸等湿法浸出体系。但由于无机酸的物理化学性质差异，在不同浸出剂体系下，浸出参数和浸出效果均不一样，在实际浸出过程中常选用硫酸为浸出剂进行研究。

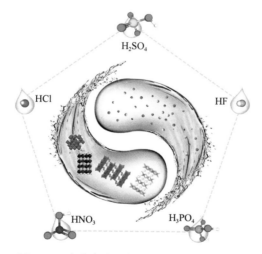

图 5-15　废弃电池正极材料无机酸浸出体系

有机酸相比于无机酸，有绿色环保等诸多优点。现在，报道最多的有机酸如图 5-16 所示，主要有柠檬酸、苹果酸、抗坏血酸、天冬氨酸、琥珀酸、乳酸、草酸、乙酸、马来酸、三氯乙酸、酒石酸、氨基乙酸、亚氨基二乙酸、甲酸和苯磺酸等，新的天然有机酸的开发还需要积极研发，还需要建立完善的有机酸回收体系。

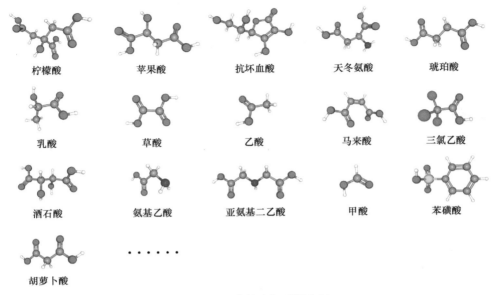

柠檬酸   苹果酸   抗坏血酸   天冬氨酸   琥珀酸

乳酸   草酸   乙酸   马来酸   三氯乙酸

酒石酸   氨基乙酸   亚氨基二乙酸   甲酸   苯磺酸

胡萝卜酸   ·······

图 5-16   现有的有机酸浸出剂

废锂离子动力电池正极材料在酸性浸出溶液中，由原有的高价态稳定的晶体结构转化为低价态可溶的盐类化合物，转化过程中，位于空间位点的金属元素化学演变的途径存在差异。以三元层状结构 $LiNi_{1/3}Co_{1/3}Mn_{1/3}O_2$ 为例，Billy 等[120]研究发现，其在酸性溶液中的溶解过程可以分为两步，第一步是浸出初期的快速溶解阶段，第二步为缓慢的浸出阶段，其中锰在第二阶段的浸出率会逐渐降低。浸出过程中层状结构的变化主要是指初期锂的脱出造成层状结构逐渐崩塌，转变为其他晶体结构。在浸出的第一步中，通过锂的脱插和过渡金属的电荷补偿实现自调节，伴随着氧的释放，结构开始出现缺陷，脱锂的过程导致颗粒的电位正迁移，从而降低了浸出驱动力，限制了溶解速度。第二步首先是锰的歧化反应和 Mn 离子与颗粒表面的氧化还原反应，从而诱导锰在粒子表面富集，形成一个核壳结构，从而使浸出效率降低。因此溶解的第二步骤由浸出液中的二价锰的存在来控制，其中具体的反应机理还需要进一步的研究。

虽然正极材料的不同会导致其在酸性水溶液中的浸出演变过程也不一样，但通过对正极材料在酸性水溶液中的浸出实验及相关的文献研究发现，正极材料在酸性溶液中的化学演变可以分为两个步骤，第一个是浸出初期由化学反应控制的浸出过程，也就是锂的离子交换过程，如方程式（5-55）～式（5-56）所示，当正极材料进入酸性溶液后，正极材料中的锂离子与酸性溶液中的 H^+ 发生离子交换，H^+ 取代锂离子在正极材料的空间占位，随着离子交换的进行，不稳定的氢取代物发生分解,从而使晶体结构破坏。第二个步骤是,由化学反应和离子扩散控制的浸出过程,晶体结构的破坏使晶格氧释放变成气体,由于电荷补偿的自调节和酸性溶液中还原性的物质,使得高价态有价金属氧化物转化为低价态的离子状态,从而实现有价金属离子的浸出。而在碱性的浸出条件下,正极材料的浸出也与晶体结构中锂离子的脱出有关。

$$LiMO_2 + H^+ \longrightarrow HMO_2 + Li^+ \qquad (M = Ni、Co、Mn) \qquad (5\text{-}55)$$

$$LiFePO_4 + H^+ \longrightarrow HFePO_4 + Li^+ \qquad\qquad (5\text{-}56)$$

为了完善正极材料的浸出理论体系,需要对正极材料在酸或碱性溶液的浸出环境中晶体结构的化学演变进行研究。目前研究大多集中于浸出率的提升及再合成材料后的性能表征,但对正极材料在液体环境中的赋存形式演变研究还不够深入,这也从理论上限制了湿法浸出新体系的研发。因此针对单一物质浸出和多物质浸出过程中有价金属的复杂的赋存形式演变,传统的湿法冶金回收技术仍存在待解决的理论壁垒。

综上所述,湿法冶金回收技术主要用于回收废弃锂离子动力电池正极材料有价金属,一般是利用正极材料在酸或碱等水溶液环境中的不稳定性,在还原剂等添加剂作用下,将有价金属浸出后,以其他形式将材料回收的一种方法。其不足之处在于:一方面,传统的湿法冶金过程中会产生大量的废水及其他副产物,会对环境造成潜在的威胁;另一方面,水浸出体系中,有价金属元素迁移、富集、演变的规律尚不明确,其化学演变的分子驱动力和机制的相关报告研究较少。如何完善湿法冶金回收理论体系,是目前待解决的难题之一,也成为制约短程、高效、绿色回收工艺开发的技术瓶颈。

5.3 生物淋滤回收技术

生物淋滤是一种既古老而又年轻的工艺技术。在细菌被发现之前,生物浸矿提铝已经进行了许多个世纪,当时人们并不知道细菌和生物浸出的存在,仅凭经验进行生物提铝。《山海经》中有"石脆之山,其阴多铜,灌水出焉,北流注于禺,其中多流赤者"的记载。人类对细菌浸出的真正认识是在 20 世纪 50 年代,比电子计算技术还要晚,因而它又是相对年轻的技术[121]。20 世纪中期,西方国家率先开展生物淋滤溶出及回收难浸提矿石中有价金属的研究。所谓生物淋滤浸提矿石,是指利用微生物的自然代谢过程,将矿石中的有价元素选择性浸出,直接高效制取高纯度金属的方法,主要应用于传统技术无法处理的低品位矿、废石、多金属共生矿等[122]。1983 年第五届细菌浸出国际会议上将其正式命名为生物冶金[123]。

自 20 世纪 60 年代开始,国外已实现从低品矿石中生物浸提铜、铀、金的大规模工业化应用；我国在王淀佐院士、邱冠周院士带领下，一些科研院所（中南大学、东北大学、北京有色金属研究总院、中国科学院过程工程研究所等）在硫化矿生物冶金方面取得重大突破，同时在紫金山铜矿、新疆喀拉通克、云南墨江等地也实现了生物提取铜、金、镍的工业化生产，目前世界上 25% 的再生铜源自生物冶金。

近年，南京农业大学周立祥教授团队建立了用于城市污泥重金属脱除的生产性生物淋滤浸提示范工程。越来越多的研究者尝试将生物冶金用于不同涉重危废中有价金属的浸提回收，尤其是回收价值更高的失效材料类涉重危废，例如废旧电池、废旧电子线路板和失效催化剂等（图 5-17）。与硫化矿不同的是，重金属危废基本都是氧化物或氢氧化物，它们并不能为嗜酸自养菌株（菌群）提供生长代谢所需的能源，所以，在生物浸提重金属危废的过程中，需要加入硫黄和/或黄铁矿等无机能源底物，这一生物浸出过程也被称为生物淋滤。生物淋滤通常以廉价的硫黄、黄铁矿等为能源底物，以自养嗜酸的硫氧化菌和铁氧化菌为工作菌株，在常温常压的温和条件下实现目标金属离子的溶释，具有投资小、易操作、绿色安全、经济高效的特点。同火法冶金与传统湿法冶金相比，生物淋滤技术具有的主要优势如表 5-3 所示。

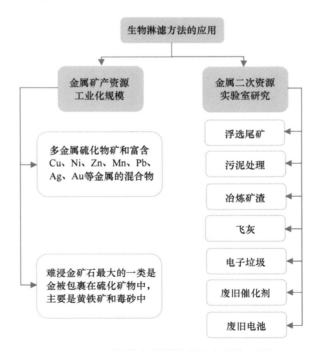

图 5-17　生物淋滤浸提技术的应用情况[145]

表 5-3　涉重危废中有价金属回收工艺比较

工艺类型	技术介绍	处理对象	处理特点
火法冶金	高温熔融低温凝结从固相中提取金属或其化合物	视目标金属类型不同其浓度10%～20%或更高	耗能极大，污染严重，材质要求很高，操作条件苛刻
传统湿法冶金	利用强酸从固相提取目标金属，再通过电解、吸附、萃取进行分离提纯	视目标金属类型不同其浓度5%～10%	回收效率高，环境污染小，易于量产。但设备要求高，操作条件苛刻，安全风险大
生物淋滤	微生物作用包括氧化、还原、络合、酸解等溶释固相中有价金属	目标金属浓度即使 1%或更低也可胜任，对于固相组分没有特殊要求	常温常压进行、经济高效、环境友好、绿色安全

5.3.1　微生物的种类与属性

国内外研究中常用的生物淋滤菌株主要包括硫氧化菌（sulfur-oxidizing bacteria）和铁氧化菌（Fe-oxidizing bacteria）[124-127]，其中，应用最广泛的菌株是氧化硫硫杆菌（*Acidithiobacillus thiooxidans*，A.t.），嗜铁钩端螺旋菌（*Leptospirillum ferriphilum*，L.f.），以及氧化亚铁硫杆菌（*Acidithiobacillus ferrooxidans*，A.f.）[128-133]。三种淋滤菌株代谢硫化矿的基本途径包括硫代硫化物途径（thiosulfate mechanism）和多硫化物途径（polysulfide mechanism），如图 5-18 所示。

氧化硫硫杆菌是一种矿质化能自养细菌，属于硫杆菌属，革兰氏阴性菌，圆头短柄状，宽 0.5 μm，长 1 μm，端无鞭毛，常以单个、双个或短链状存在，专性好氧、嗜酸，以 NH_4^+ 为氮源，以空气中 CO_2 为碳源，通过氧化单质硫与一系列的还原性化合物（S^{2-}，硫代硫酸根与某些硫化物）获得能量进行生长代谢。氧化硫硫杆菌的化能自养特性，使其可以在无机物为能源底物的环境下正常生长和代谢，除了利用硫化物作为能源，氧化硫硫杆菌还需要铵盐、镁盐和磷酸盐等。氧化硫硫杆菌能在 pH 为 1～9 的范围内氧化元素硫，但是只能在酸性范围（pH 为 1～5）内生长，当 pH＜0.5 或 pH＞6.0 时微生物几乎是不生长的。

氧化亚铁硫杆菌是无机化能自养菌，属于硫杆菌属，革兰氏阴性，适合在中温条件下生存，广泛存在于酸性矿山水、含沥青的煤矿排水、含铁或硫的酸性环境中。氧化亚铁硫杆菌的生物形态呈两头钝圆的短杆状，具有端生鞭毛，细胞表面有一层黏液（外聚合层，又称多糖层，即胞外多聚物），能运动，只需要简单的无机营养便能存活，生长周期为 6～10 天。氧化亚铁硫杆菌以 CO_2 为碳源，铵盐为氮源，好氧呼吸，并以自身细胞分裂的形式进行繁殖。它能氧化亚铁产生三价铁离子，属于铁细菌的一种。其能源物质为亚铁和还原态硫，实际上，氧化亚铁硫杆菌可以氧化亚铁、元素硫及几乎所有的硫化矿物，能有效地分解黄铁矿。氧化亚铁硫杆菌生长的最佳 pH 为 2～3.5，最佳环境温度为 28～35℃。

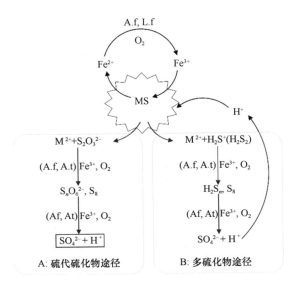

图 5-18　生物淋滤菌株对金属硫化物两种代谢途径示意图[145]

嗜铁钩端螺旋菌是铁氧化菌的一种，革兰氏阴性，钩端螺旋菌属，属于硝化螺旋菌门，具有螺旋菌的弯曲状，宽 $0.5\ \mu m$，极生鞭毛是其特征，表面有外聚合层黏液（胞外多聚物），主要组分是葡萄糖酸。嗜铁钩端螺旋菌最适生长 pH 为 $2\sim3$，属于化能自养型，以 CO_2 为碳源，严格好氧，仅能通过氧化溶液中的亚铁或矿物中的亚铁成分（例如 FeS_2 中的 Fe^{2+}）获得能量。与氧化亚铁硫杆菌相比，它能忍受较高的氧化还原电势和更低的 pH 生长范围，与 Fe^{2+} 的亲和力更高，对 Fe^{3+} 的耐受力更高。很多研究表明在大规模的连续搅拌池式反应器中，嗜铁钩端螺旋菌的浓度比氧化亚铁硫杆菌高，主要的原因是嗜铁钩端螺旋菌能适应较宽范围的条件（包括氧化还原电位、温度等）以及对亚铁具有更高的利用效率，因此在生物淋滤中的应用越来越多。

5.3.2　生物淋滤–液膜萃取回收技术

由于对废旧锂离子动力电池回收再生的研究起步较晚，一直没有出现高效、经济、环保的回收处理技术。火法能耗高，易引起大气污染，后续过程仍需一系列净化除杂步骤。湿法工艺流程长、复杂，对设备要求高、成本高，也不能完全实现无害化。而生物淋滤技术作为生物、冶金、化学等多学科交叉技术，具有经济高效、环境友好、绿色安全等明显优势，所以，在资源匮乏及环保意识日益增强的今天，生物淋滤技术用于废旧锂电池的回收再生具有重要意义。

北京理工大学辛宝平教授提出生物淋滤–液膜萃取回收废旧电池中有毒重

金属的处理思路，即通过生物淋滤将废旧电池中有毒重金属直接溶出，再借助选择性液膜萃取回收溶出的有毒金属。其中，生物淋滤是指利用特定微生物或其代谢产物的氧化、还原、络合、吸附或溶解作用，将固相中某些不溶性成分分离浸提的一种技术。液膜萃取，也称液膜分离，是将第三种液体展成膜状以隔开两个液相，使料液中的某些组分透过液膜进入接收液，从而实现料液组分的分离。

目前，生物淋滤技术回收利用废旧锂离子动力电池的研究多是实验室规模的。研究者多采用摇瓶（锥形瓶）实验的形式，在恒温水浴/气浴振荡器中进行实验研究。该方法操作方便，可以用来获取用于大规模应用过程开发所需的基础数据。表 5-4 中对生物淋滤技术回收利用废旧锂离子动力电池的研究做了部分归纳。目前，研究者采用的实验方法包括三种，这三种实验方法又可分为直接淋滤和间接淋滤。直接淋滤包括：一步法（微生物和废旧电池材料同时加入淋滤液）和两步法（微生物先加入，等到获得生物代谢产物后再开始加入废旧电池材料）；间接淋滤是指在某一指定时间由微生物产生生物代谢产物后再进行生物淋滤，在此过程中淋滤体系中无微生物，这样可以防止废旧电池材料对微生物的直接危害。由于废旧锂离子动力电池中不含微生物生长所需的能源底物，因而，直接淋滤中的两步法在研究中使用较多。在废旧锂离子动力电池的研究报道中，间接淋沥的可行性已被证实。Horeh 等[134]在一步法、两步法和间接淋滤这三种条件下进行废旧锂电池的生物淋滤，结果发现，使用间接淋滤的方式可以得到更高的金属浸出率。Biswal 等[135]也研究了一步法和间接淋滤在废旧锂离子动力电池生物淋滤中的区别，同样认为间接淋滤具有较大优势。对于工业应用，间接淋滤可能更为适合，间接淋滤的浸出工艺的优点是淋滤液单独产生，生物过程和化学过程可以单独进行，从而可以独立地优化每个过程以获取最大的效率。

表 5-4　生物淋滤技术回收利用废旧锂离子动力电池的部分研究

锂电池种类	微生物种类	实验条件	浸出效率	参考文献
LiCoO₂	氧化亚铁硫杆菌	30℃、固液比 0.5%	Co60%、Li10%	[136]
	氧化硫硫杆菌	35℃、固液比 1%	Co47.6%	[139]
	氧化硫硫杆菌	30℃、固液比 0.25%	方法 1：Co2.7%、Li22.8% 方法 2：Co22.6%、Li66%	[135]
	黑曲霉	30℃、固液比 0.25%	方法 1：Co67%、Li87% 方法 2：Co82%、Li100%	[135]
	黑曲霉	30℃、固液比 1%～2%	固液比 2%，Cu100%、Mn77%、Al75%、Li100%； 固液比 1%，Co64%、Ni54%	[140]

锂电池种类	微生物种类	实验条件	浸出效率	参考文献
LiCoO$_2$、LiNi$_{0.5}$Mn$_{1.1}$Ti$_{0.4}$O$_4$	黑曲霉	30℃、固液比1%	方法1：Cu100%、Mn70%、Al65%、Li95%、Co45%、Ni38%； 方法2：Cu11%、Mn8%、Al58%、Li100%、Co和Ni几乎没有浸出； 方法3：Cu6%、Mn10%、Al61%、Li100%、Co1%、Ni几乎没有浸出	[134]
LiFePO$_4$、LiMn$_2$O$_4$、LiNi$_x$Co$_y$Mn$_{1-x-y}$O$_2$	氧化硫硫杆菌、嗜铁钩端螺旋菌	30℃、固液比1%	sulfur-A.t：Li95% MS-MC：Li95% MS-MC（调pH）：Li、Ni、Co、Mn均为95%	[137]
LiNi$_x$Co$_y$Mn$_{1-x-y}$O$_2$	氧化硫硫杆菌、氧化亚铁硫杆菌、嗜铁钩端螺旋菌	30℃、固液比4%	Mn51.8%、Li100%、Co1%、Ni46.6%	[146]

　　废旧锂离子动力电池的生物淋滤过程，通常使用无机化能嗜酸菌作为淋滤的菌种，这种类型的微生物以培养基中的亚铁离子和硫为营养质，产生硫酸和三价铁离子等代谢产物，并以此将废旧锂离子动力电池中的金属溶释出来。无机化能嗜酸菌的优点是不用有机碳源，能耐受高浓度的重金属，特别是嗜酸氧化硫硫杆菌、氧化亚铁硫杆菌、嗜铁钩端螺旋菌，是目前在废旧锂离子动力电池生物淋滤处理的研究中应用最广泛的微生物。已有不少关于从废旧锂离子动力电池中进行金属浸提的研究，均是基于上述三种菌株的单独使用或是混合培养。其中氧化亚铁硫杆菌和氧化硫硫杆菌可以氧化Fe^{2+}和S^0，分别生成三价铁和硫酸，这些代谢产物可以攻击废旧锂离子动力电池中的金属氧化物和金属掺杂氧化物，并促进目标金属的溶解。Mishra[136]、Xin[137]、邓孝荣[138]等都曾利用氧化亚铁硫杆对含LiCoO$_2$、LiFePO$_4$、LiMn$_2$O$_4$、LiNi$_x$Co$_y$Mn$_{1-x-y}$O$_2$的废旧锂离子动力电池材料进行生物淋滤研究，并考察了淋滤条件对金属的浸出影响，探讨了提高金属浸出率的方法及影响因素。Xin等[137]考察了三种生物淋滤体系（硫–嗜酸氧化硫硫杆菌（sulfur–A.t）、黄铁矿–嗜铁钩端螺旋菌（pyrite–L.f），混合能量来源–混合培养物（MS–MC）处理LiFePO$_4$、LiMn$_2$O$_4$、LiNi$_x$Co$_y$Mn$_{1-x-y}$O$_2$三种废旧锂离子动力电池的效果，发现sulfur–A.t处理LiFePO$_4$效果最好，锂的浸出率高达98%；用MS–MC处理LiMn$_2$O$_4$，锂的浸出率可达到95%；通过调节pH，MS–MC体系从难溶的LiNi$_x$Co$_y$Mn$_{1-x-y}$O$_2$中可浸提95%的Li、Ni、Co和Mn。由此可见，混合菌株比单一菌株表现出更好的生物淋滤能力，且浸提效率大大高于其他回收工艺。除了使用无机化能嗜酸菌作为淋滤的菌种，也有部分研究者将真菌用于废旧锂离子动力电池的生物淋滤研究。Horeh等[134]选用黑曲霉，在固液比为1%时，能浸出100%

的 Cu、95% 的 Li、70% 的 Mn、65% 的 Al、45% 的 Co 和 38% 的 Ni。Biswal 等[135]
对比了氧化硫硫杆菌和黑曲霉对废旧锂离子动力电池的生物淋滤效果，研究发现，
氧化硫硫杆菌浸提 Co 的效果很差，但能浸提超过 50% 的 Li，而黑曲霉浸提 Co
和 Li 均具有较大潜力。

在生物淋滤技术回收废旧锂离子动力电池的研究中，研究者们采用单因素实验
或者响应面法对生物淋滤过程中各因素之间的相互作用及其对金属浸提效率的影
响进行了大量研究，其中包括培养基、氧和二氧化碳、pH、温度、接种量、废旧锂
离子动力电池材料的粒度、固液比、淋滤时间，摇床转速等。Mishra 等[136]利用氧
化亚铁硫杆菌对含 $LiCoO_2$ 的废旧锂离子动力电池进行生物淋滤，详细研究了生物
淋滤过程中初始 Fe^{2+} 浓度、初始 pH 和固液比（w/v）的影响。研究发现，Fe^{2+} 浓度
越高，其生成的 Fe^{3+} 会与浸出的金属产生共沉淀，使金属的浸出率降低；较高的固
液比（w/v）则会抑制细胞生长，从而影响金属的浸出。Li 等[139]研究了废旧锂离子
动力电池生物淋滤过程中 pH 和氧化还原电位（ORP）对 Co 浸出的影响，发现 Co
的浸出与 pH 关系不大，但 ORP 越高，Co 的浸出率越高。邓孝荣[138]系统考察了 pH、
浸出时间、温度、电池粒度、固液比等对 $LiCoO_2$ 浸出率的影响。结果表明，淋滤
过程中，细菌的接种量和 $LiCoO_2$ 粉末的粒度大小对淋滤过程无影响；振荡速率越
高，Co 的浸出效率明显加快；淋滤温度在 35℃ 时，Co 的浸出率达到最高的 48.7%，
温度继续升高，细菌的生长就会被抑制，Co 的浸出率降低；当单独以硫黄作为能
源物质时，Co 的浸出率仅为 4.6%，而当能源物质为 Fe^{2+} 和 $S+Fe^{2+}$ 时，Co 的浸出
率分别为 47.5% 和 48.2%，相差不大，所以，以氧化亚铁硫杆菌为工作菌株时，只
需亚铁离子作为能源物质即可；初始 Fe^{2+} 浓度太低，不能够给细菌生长提供足够的
能量，浓度过高，淋滤液的 ORP 越低，也不利于浸出效率的提高。Bahaloo-Horeh
等[140]采用响应面法研究了蔗糖浓度、初始 pH、接种量等因素对有机酸生产的影响
及其相互作用，研究者采用 3 个独立因素（蔗糖浓度、接种量、初始 pH）、5 个水
平和 4 个中心点，并将 alpha 值调整为 2，共进行了 18 次试验（8 次全因子试验+ 6
个轴向点+ 4 个中心点），在优化过程中，以多项式模型（Eqs.2）将响应值与独立
因素联系起来。

$$Y = \beta_0 + \sum_{i=1}^{k} \beta_i X_i + \sum_{i=1}^{k} \beta_{ii} X_i^2 + \cdots + \sum_{i=1}^{k-i} \beta_{ij} X_i X_j + \varepsilon \qquad \text{Eqs.2}$$

式中，Y 是响应变量的预测值，k 是因素的数量，ε 是随机误差，β_0、β_i、β_{ii} 和 β_{ij}
分别是拟合公式中的常数项、线性项、二次项和交互项的系数，而 X_i，X_j 则分别
代表各因素水平（蔗糖浓度、接种量、初始 pH）的不同编码值。研究者通过响应
面实验得到的蔗糖浓度、初始 pH 和接种量的最佳值，在此最佳条件下，用黑曲
霉产生的淋滤液进行废旧锂离子动力电池的生物淋滤实验，在 2% 的固液比条件

下，浸出了 100%的 Cu、77%的 Mn、75%的 Al 和 100%的 Li；在 1%的固液比条件下，得到了 64%的 Co 和 54%的 Ni。

自 2006 年以来，北京理工大学辛宝平教授带领的团队一直致力于重金属危/固废的生物淋滤技术研究，并系统研究了废旧锂离子动力电池的自养生物沥浸微观过程和生化机理。研究者[141]将废旧锂离子动力电池放入质量分数 5%的 NaCl 溶液中完全放电，自然晾干，收集组成复杂且重金属含量最集中的电池正极材料，烘干，小心破碎后过 100 目筛并装瓶备用，即为实验用电极材料粉末。研究者在 1%固液比条件下，采用生物淋滤技术回收 $LiFePO_4$、$LiMn_2O_4$ 和 $LiNi_xCo_yMn_{1-x-y}O_2$ 中的有价金属 Li、Ni、Co 和 Mn。考察了氧化硫硫杆菌、嗜铁钩端螺旋菌及混合菌（氧化硫硫杆菌+嗜铁钩端螺旋菌）体系对 $LiFePO_4$、$LiMn_2O_4$、$LiNi_xCo_yMn_{1-x-y}O_2$ 的浸出效果，如图 5-19～图 5-21 所示，氧化硫硫杆菌体系、嗜铁钩端螺旋菌及混合菌体系，均可明显提高 Li、Mn、Co 和 Ni 四种离子的溶出，其中混合菌体系效果好于两种菌株的单一体系。比较了三种废旧锂离子动力电池正极材料的浸出结果，$LiFePO_4$ 和 $LiMn_2O_4$ 中的金属比 $LiNi_xCo_yMn_{1-x-y}O_2$ 中的金属易于浸出；四种金属中，Li 和 Mn 易于溶出，Co 和 Ni 较难溶出。在初始 pH 为 1.0 的混合菌种体系中，$LiNi_xCo_yMn_{1-x-y}O_2$ 中四种金属 Li、Mn、Co 和 Ni 的平均溶出率都达到 95%。从元素类型来看，Li 和 Mn 易于浸提，Co 和 Ni 难以浸提；从材料类型来看，$LiFePO_4$ 和 $LiMn_2O_4$ 易于浸提，$LiNi_xCo_yMn_{1-x-y}O_2$ 难以浸提。

虽然生物淋滤技术可以有效地将废旧锂离子动力电池中的金属浸提出来，但是仍旧存在浸提效率低的问题。为解决这一问题，部分学者对此进行了研究。张颖竞等[142]以酸浸-生物浸出工艺从废旧锂离子动力电池电极材料中回收铜、钴、镍，将电极材料粉末先酸浸离心，得到酸浸渣再进行生物浸出。对于电极材料：仅用硫酸浸出，铜、钴、镍浸出率最高分别为 74.25%、63.10%、65.24%；而采用酸浸-生物浸出工艺，浸出率分别提高 25.63%、36.83%、34.31%。这种酸浸和生物浸出相结合的方法减少了高浓度的金属离子对菌株的毒害作用，同时提高了废旧锂离子动力电池电极材料中金属的浸出率。硫化矿的生物强化浸出技术研究表明，Cu、Ag、Bi 等金属离子不仅能加快硫化矿的浸出速率，还能提高矿物的溶出量。因此，有学者将此技术用于废旧锂离子动力电池的生物淋滤中。Zeng 等[143]提出了一种铜催化浸出的方法从废旧锂离子动力电池中回收 Co 和 Li，当 Cu^{2+} 浓度为 0.75 g/L 时，淋滤 6 天，Co 的浸出率为 99%；然而，在没有 Cu^{2+} 的情况下，淋滤 10 天，Co 的浸出率仅为 43.1%。同样，在 2013 年，Zeng 等[144]提出在氧化亚铁硫杆菌浸出废旧锂离子动力电池的体系中添加 Ag^+，可以促进 Co 的浸出，Ag^+ 浓度为 0.02 g/L 时效果最好，淋滤 7 天时，Co 的浸出率为 98.4%，而无 Ag^+ 时，Co 的浸出率仅为 43.1%。

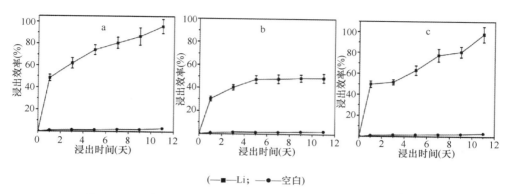

（—■—Li；—●—空白）

图 5-19 三种生物反应体系对磷酸铁锂中 Li 溶出效能的影响[141]

a：氧化硫硫杆菌；b：嗜铁钩端螺旋菌；c：混合菌

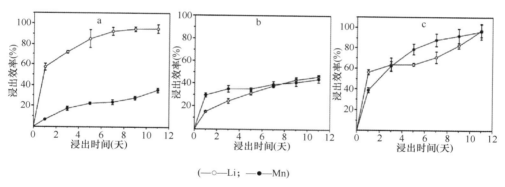

（—○—Li；—●—Mn）

图 5-20 三种生物反应体系对废旧锰酸锂中 Li、Mn 溶出效能的影响[141]

a：氧化硫硫杆菌；b：嗜铁钩端螺旋菌；c：混合菌

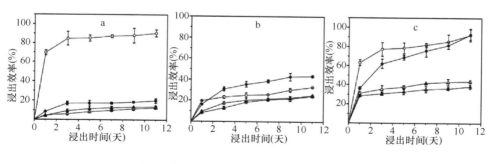

（—○—Li；—●—Mn；—△—Co；—▲—Ni）

图 5-21 三种生物反应体系对废旧三元下料中 Li、Mn、Co 和 Ni 溶出效能的影响[141]

a：氧化硫硫杆菌；b：嗜铁钩端螺旋菌；c：混合菌

铁/硫氧化菌的生物冶金对硫化矿显示了较高的溶释效能,但对于碱性矿却效果很差。而废旧锂离子动力电池大都是高碱性的氧化物或氢氧化物,与碱性矿具有相似的化学组成和结构。因此,废旧锂离子动力电池中有价金属的生物淋滤过程强烈消耗 H^+,导致淋滤液 pH 居高不下,危及嗜酸自养菌株的生长和活性。而且,这些废旧电池中含有对自养菌株高毒的有机/无机物质,如电解质六氟磷酸锂,随着金属的溶释,这些高毒物质也进入淋滤液中,危及嗜酸自养菌株生长并最终导致淋滤过程停止。由于诸多不利因素的存在,废旧锂离子动力电池生物沥浸的固液比往往只有 1.0%(w/v)甚至更低。与硫化矿生物冶金 5%~10%的高固液相比,废旧锂离子动力电池生物淋滤技术处理能力大幅度降低、处理成本显著上升,这对于该技术的实际应用构成重大障碍。虽然可以通过外源化学酸加入控制生物淋滤系统 pH 稳定于 2.0 以保证嗜酸菌群活性,实现较高固液比下(4%)锂离子动力电池的高效生物浸提[141],但大量化学酸的使用增加了生物淋滤技术的安全风险和浸提成本,而且不能消除有毒物质的毒性效应。金属催化生物淋滤也可改善废旧锂离子动力电池的浸提效能,但是高浓度银铜离子的加入无疑大幅度增加了浸提成本。针对废旧锂离子动力电池的高碱性和高毒性的问题,辛宝平教授课题组在生物淋滤体系中添加提纯的胞外多聚物(EPS)改进传统的生物淋滤过程,研究出有效而普适的解决方案以实现高固液比条件下废旧锂离子动力电池的高效浸提。

EPS 可包裹大量微生物并附着在材料的表面,提高微生物适应环境的能力,它是细胞基于自身遗传控制或外界环境变化应答分泌到胞外或细胞表面的高分子物质,包括多糖、脂肪和蛋白质等,其在几乎所有的细胞界面反应中都发挥重要的作用,包括细胞的聚集、细胞的附着、细胞间识别、生物膜形成、细胞自我防护、对外来物质的吸收和分解等。

研究者[145]提取单一及混合菌株的 EPS,借鉴了水体中有机物三维荧光光谱分析方法对其进行表征。一般在三维荧光光谱解析中,经常把三维荧光积分区域分成 5 个部分,如表 5-5 所示,分别代表 5 种有机物:Ⅰ区为芳香蛋白Ⅰ、Ⅱ区为芳香蛋白Ⅱ、Ⅲ区为富里酸、Ⅳ区为微生物代谢产物,如蛋白、辅酶、小分子有机酸和

表 5-5　不同荧光积分区域的划分

区域	物质类型	激发波长/nm	发射波长/nm
Ⅰ	芳香蛋白Ⅰ	200~250	280~330
Ⅱ	芳香蛋白Ⅱ	200~250	330~380
Ⅲ	富里酸	200~250	380~550
Ⅳ	微生物代谢产物	250~400	280~380
Ⅴ	腐殖酸	250~400	380~550

色素等，Ⅴ区为腐殖酸。对提取的 EPS 进行三维荧光分析，消除拉曼散射影响后，得到如图 5-22 所示 EPS 三维荧光图谱，由图可知，峰 1 出现在激发波长（nm）/发射波长(nm) = 280 nm/340 nm 处，表明混合菌提取的 EPS 中含有大量微生物代谢的色氨酸；而峰 2 则出现在激发波长(nm) /发射波长(nm) = 230 nm/330 nm，这也表明提取的 EPS 中还含有大量的芳香蛋白物质。

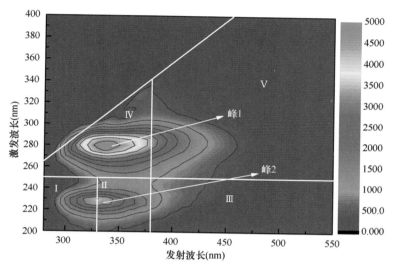

图 5-22　混合菌 EPS 的三维荧光图谱分析[145]

此外，研究者[145]对提纯的 EPS 进行了 FT-IR 光谱[图 5-23（a）]和紫外光谱[图 5-23（b）]分析。通过图 5-23（a）的 EPS 样品的 FT-IR 图谱分析可知，3440 cm⁻¹处的吸收振动峰，可能是蛋白质中 N—H 的伸缩振动峰和糖类物质中 O—H 的伸缩振动峰的叠加峰。2066 cm⁻¹ 处的吸收振动峰归属于叔胺中 N—H 的伸缩振动峰，可认

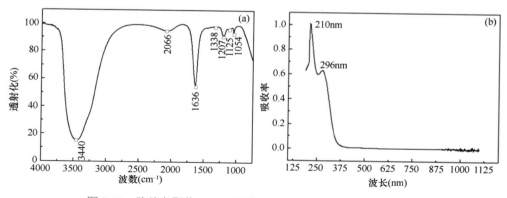

图 5-23　胞外多聚物 FT-IR 图谱（a）和紫外分析图谱（b）[145]

为 EPS 中含有蛋白质类物质。1636 cm^{-1} 处的吸收振动峰归属于脂类 C=O 的伸缩振动峰,可认为 EPS 中含有脂类物质。1207 cm^{-1}、1125 cm^{-1}、1054 cm^{-1} 处的吸收振动峰归属于伯仲叔醇中 C—O 伸缩振动峰,可认为 EPS 中含有糖类物质。通过图 5-23b 的 EPS 样品的紫外图谱分析可知,210 nm,296 nm 处的吸收峰分别归属于羰基化合物的 $\pi \rightarrow \pi^*$ 吸收带和 $n \rightarrow \pi^*$ 吸收带,而由于羰基上的取代基为—OH 或—NH$_2$,则使 $\pi \rightarrow \pi^*$(180 nm)跃迁的吸收峰向红移,$n \rightarrow \pi^*$(290 nm)跃迁的吸收峰向红移,表明 EPS 为羰基化合物,含有糖类、脂类或蛋白质等物质中的一种或多种。

研究者[145,146]在废旧锂离子动力电池自养生物淋滤体系中加入提取的 EPS 干粉,同时设置不外加 EPS 的自养生物淋滤体系作为对照组。图 5-24 所示,是在 4%固液比条件下,对照组与加入 EPS 的淋滤体系中 Li、Ni、Co 和 Mn 的溶释结果。由图可知,两种淋滤体系中的 Li 的浸出率均为 100%,在不加 EPS 的生物淋滤体系中,Ni、Co 和 Mn 的溶出率分别为 46%、45%和 46%,而外加 EPS 的自养生物淋滤体系中,Ni、Co 和 Mn 的溶出得到了大幅度提升,分别达到了 98%、95%和 100%,增加了近 100%的溶出,可见外加 EPS 能够高效促进目标金属的溶释。

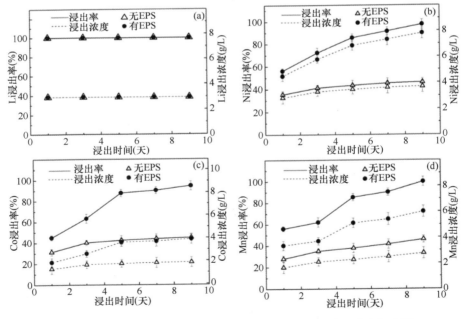

图 5-24 4%固液比外加胞外多聚物对废旧三元材料中四种目标金属
(Li,Ni,Co,Mn)的溶出效果[145]

5.3.3 生物淋滤溶释机理

关于废旧锂离子动力电池生物淋滤过程中有价金属的溶释机理，在现有的研究中，学者们从化学机理、界面化学机理和电化学机理这三个方面进行研究。

1. 化学机理

研究者[141]为了探究生物淋滤体系的生物产酸和 Fe^{2+}、Fe^{3+} 的氧化还原反应对废旧锂离子动力电池中金属溶出的贡献，设计了化学模拟酸溶出体系（H_2SO_4）、酸+还原体系（H_2SO_4–Fe^{2+}）和酸+氧化体系（H_2SO_4–Fe^{3+}），研究三种不同淋滤体系中废旧锂离子动力电池中金属的溶释行为。研究发现，在废旧锂离子动力电池的生物淋滤中，Li 的溶释不受 Fe^{2+} 和 Fe^{3+} 的影响，其溶出主要是依靠生物产酸的酸溶作用；而 Mn、Co 和 Ni 的溶释行为与 Li 完全不同，在 H_2SO_4–Fe^{3+} 体系和单一 H_2SO_4 体系中，三种金属的浸出率并没有提高，而在 H_2SO_4–Fe^{2+} 体系中，三种金属的浸出率较其他两种体系有大幅度的提高，这说明在 H_2SO_4–Fe^{2+} 还原体系中，存在 Mn^{4+}、Co^{3+}、Ni^{3+} 转化为 Mn^{2+}、Co^{2+}、Ni^{2+} 的反应。而且，在生物淋滤体系中，废旧锂离子动力电池中的 Li、Mn、Co 和 Ni 的最高浸出率远远超过了化学模拟体系的最高浸出率，这也表明了在生物淋滤体系中，除了酸溶作用，废旧锂离子动力电池中有价金属的溶释机理还存在着其他的或接触机理。

为了进一步探究接触机理（直接机理）和非接触机理（间接机理）在生物淋滤废旧锂离子动力电池中的作用，研究者[147]采用透析袋的方法，比较了透析袋包覆废旧锂离子动力电池材料的生物淋滤体系与未包覆体系中金属的溶释行为（透析袋阻止了废旧电池材料和微生物的接触）。研究发现，废旧锂离子动力电池中 Li 的溶释行为在两体系中几乎没有变化，再一次揭示生物产酸的非接触酸溶机理是 Li 溶出的唯一机理；而 Mn、Co 和 Ni 的溶出行为也与化学模拟实验中预示的一样，透析袋包覆大大降低了 Mn 、Co 和 Ni 的溶出浓度，这也预示了除了非接触的生物产酸溶 Mn^{2+}、Co^{2+}、Ni^{2+} 和 Fe^{2+} 还原 Mn^{4+}、Co^{3+}、Ni^{3+} 的机理外，某种接触机理也一定存在。

有大量研究表明，在硫化矿生物冶金中铁/硫氧化菌（群）与矿石的直接接触是目标金属高效溶释的重要前提，而 EPS 在其中扮演着关键性作用。在前面也讲到，EPS 可以有效促进废旧锂离子动力电池中金属的溶释，研究者[145]监测了在 EPS 促进废旧锂离子动力电池生物淋滤过程中游离菌体数量、吸附菌体数量、Fe^{3+} 浓度、Fe^{2+} 浓度、pH 及 ORP 的变化，如图 5-25 所示，发现 EPS 的加入促进了菌体与能源底物及废旧电池材料的接触，提高了淋沥体系中微生物产酸的性能，也强化了生物化学反应中 Fe^{3+}/Fe^{2+} 的良性循环，从而极大地促进了废旧锂离子动力电池中金属离子的浸出并提高了其浸出效率。

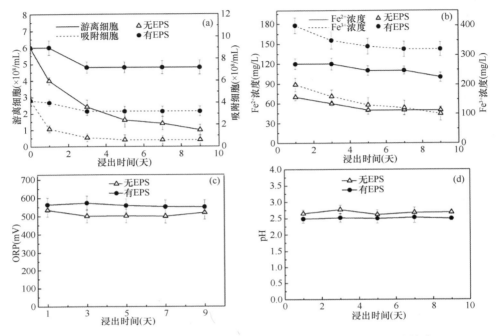

图 5-25　4%固液比两种沥浸体系中吸附菌体、游离菌体（**a**），Fe^{2+}浓度、
Fe^{3+}浓度（**b**），ORP（**c**）和 pH（**d**）值随沥浸时间的变化[145]

研究者[145]应用半透膜EPS包裹技术研究了EPS对Fe^{2+}和Fe^{3+}的吸附富集行为，验证了在生物淋滤体系中EPS对Fe^{2+}/Fe^{3+}微循环的促进作用。EPS即可吸附Fe^{3+}又可吸附Fe^{2+}（图5-26），对Fe^{3+}的吸附量为5.96 g/g，对Fe^{2+}的吸附量为3.5 g/g。这说明EPS能够为Fe^{2+}/Fe^{3+}微循环提供反应空间，进而促进目标金属的溶释。研究者还利用微量热技术，研究了EPS吸附Fe^{3+}和Fe^{2+}过程的热力学特性，结果表明，

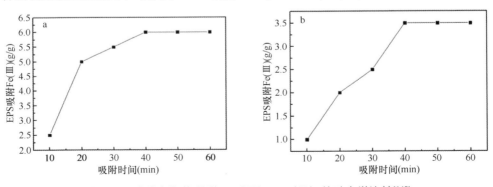

图 5-26　胞外多聚物吸附 Fe（Ⅲ）/Fe（Ⅱ）的动力学比较[145]

EPS 对 Fe^{3+} 和 Fe^{2+} 的吸附位点都在 2 个或以上，而且均属放热反应（图 5-27）。

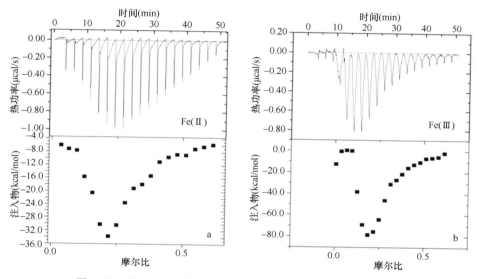

图 5-27　胞外多聚物吸附 Fe（Ⅱ）/Fe（Ⅲ）的微量热分析[145]

通过研究分析和借鉴目前有关生物冶金中淋滤机理研究的成果，推测出废旧锂离子动力电池中有价金属溶释的化学机制有三种类型。

（1）直接接触机理。

直接接触机理为生物淋滤过程中以菌体吸附作用为主，菌体吸附到浸出物表面，通过一系列的反应，溶解所要浸出的物质，从而达到浸出的目的。在废旧锂离子动力电池的生物淋滤过程中，菌体通过 EPS 黏附在电池材料表面，其中螯合的 Fe^{3+} 离子对电池材料进行攻击，同时还原态的 Fe^{2+} 和 H^+ 离子也参与到反应中，通过生物化学反应溶释出金属离子，主要反应有：

$$2FeS_2 + 7O_2 + 2H_2O \longrightarrow 2FeSO_4 + 2H_2SO_4(A.f) \tag{5-57}$$

$$2S + 3O_2 + 2H_2O \longrightarrow 2H_2SO_4(A.t \text{ 和 } A.f) \tag{5-58}$$

$$FeSO_4 + O_2 + 2H_2SO_4 \longrightarrow 2Fe_2(SO_4)_3 + 2H_2O(A.f \text{ 和 } L.f) \tag{5-59}$$

$$FeS_2 + Fe_2(SO_4)_3 \longrightarrow 3FeSO_4 + 2S\downarrow \tag{5-60}$$

$$X^{4+}/X^{3+}(X=Mn,Co,Ni) + Fe^{2+} \longrightarrow X^{2+}(XO) + Fe^{3+} \tag{5-61}$$

（2）间接接触机理。

淋滤微生物利用能源底物 Fe^{2+} 和元素硫，生成了 Fe^{3+}、Fe^{2+} 和 H^+ 等离子，然后与废旧锂离子动力电池材料进行生物酸溶或氧化还原反应溶出有价金属离子，但主要发生的为酸溶，反应有：

$$2LiCoO_2 + 4H^+ \longrightarrow 2Co^{2+} + 2Li^+ + O_2 + 2H_2O \tag{5-62}$$

$$Li_3O + H^+ \longrightarrow Li^+ + H_2O \tag{5-63}$$

$$XO(X=Mn,Co,Ni) + H^+ \longrightarrow X^{2+} + H_2O \tag{5-64}$$

（3）联合淋滤机制。

在生物淋滤过程中，上述的两种淋滤机制也是同时存在的，难溶的金属主要通过菌株 EPS 的直接接触机理溶释的，但此过程较为缓慢，而易于酸溶的金属可以通过间接接触机理的化学反应迅速完成。EPS 可能的淋滤促进机理见图 5-28 所示。

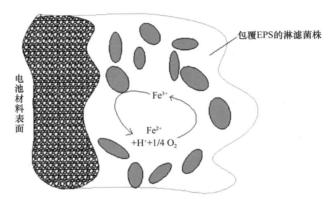

图 5-28　淋滤菌株 EPS 促进废旧锂离子动力电池材料浸出可能的机理示意图[145]

2. 界面化学机理

研究者[145]在对废旧锂离子动力电池材料及淋滤残渣的接触角测试中发现，废旧三元材料原样接触角为 74.4°，而经过自养生物淋滤后的残渣接触角为 47.7°，加入 EPS 之后的淋滤渣的接触角为 38.2°。由此可知，废旧锂离子动力电池材料的表面是亲水的，而实施 EPS 添加后的生物淋滤残渣的亲水性增加更显著，说明 EPS 在生物淋滤过程中起着促进润湿接触的作用，是重要的"生物表面活性剂"。

表 5-6 是经计算废旧三元材料的原样、淋沥和 EPS 添加样品接触角和表面能变化对比，可以看出三元材料原样的极性分量远大于色散分量，这说明废旧电池材料颗粒表面带有大量极性基团分子，对水有很大的亲和能力，可以吸引水分子；同时，对比可知，外加 EPS 淋滤残渣的表面能最大，表面能大的固体表面润湿性好，有利

表 5-6　废旧三元材料原样、淋沥和 EPS 添加样品接触角、表面能等的变化

样品名称	接触角（H_2O）	接触角（乙二醇）	色散分量/（mN/m）	极性分量/（mN/m）	表面能/（mN/m）
三元材料原样	74.4°	68.8°	12.2	47.70	50.65
生物沥浸渣样	47.7°	30.1°	11.6	50.91	59.81
EPS 沥浸渣样	38.2°	28.0°	6.68	72.75	78.67

于淋滤液的铺展进行，有利于菌株的吸附，从而促进了金属的溶释，反之亦然。

图 5-29 和图 5-30[145]分别是废旧锂离子动力电池生物淋滤体系的菌株的 SEM 图和 TEM 图。从 SEM 图可以看出，淋滤体系中有大量的混合淋滤菌株黏附在废旧锂离子动力电池材料表面上，并且在材料表面出现了类似菌株大小的腐蚀坑，这是部分淋滤菌株脱离材料表面后所造成的。这说明，淋滤菌株可以通过 EPS 黏附在材料表面进而腐蚀材料，从而使材料中的金属溶出。此外，在材料不光滑或不完整表面，淋滤菌株数量明显增多，如图 5-29 中的白色箭头所示，淋滤菌株会优先吸附在材料表面具有明显缺陷的位置上，而这些易于吸附的区域往往是物质结晶化较低的区域，更容易被淋滤菌株攻击。从菌株的 TEM 图谱也可以看出，一方面，菌株之间通过 EPS 团聚在一起，同时又黏附了大量的电池材料或能源底物；另一方面，从游离的单菌也可以看出，其附着的 EPS 同样也黏附一些电池材料或能源底物的微小颗粒。可见在淋滤过程中，细胞 EPS 的吸附作用是淋滤菌株接触并溶出电池材料的主要方式。此外，在放大 25000 倍的 SEM 图中可以看到，淋滤菌株通过 EPS 彼此黏附在一起，其细胞微观边缘开始变得模糊，废旧锂离子动力电池的材料表面还附着一层膜状物质，而这种裹于材料表面的物质即为淋滤菌株的 EPS。

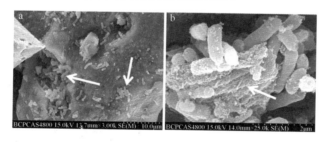

图 5-29　淋沥菌株 SEM 谱图[145]

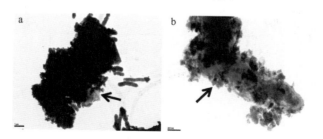

图 5-30　淋沥菌株 TEM 谱图[145]

3. 电化学机理

电化学技术不仅可以从机理上解释淋滤菌株的浸出的行为，对生物淋滤过程做出更加可靠合理的解释，而且还可以起到完善生物淋滤工艺的作用。邓孝荣等[148]

利用粉末微电极研究氧化亚铁硫杆菌浸出钴酸锂中金属过程电化学行为，运用开路电位法、循环伏安法、线性扫描伏安法和 Tafel 法，探讨了淋滤过程的电化学机理。研究发现，细菌的加入有利于钴酸锂阳极反应的进行，抑制阴极的进行，使电子在钴酸锂电极、溶液界面之间的迁移阻力减小，加快了钴酸锂的氧化速率。

王佳[145]在生物淋滤废旧三元电池的研究中，设计了三组原电池反应组进行电化学测试，分别为：A 组，自养生物细胞（intact cells）+EPS 淋滤体系；B 组，自养生物细胞（intact cells）淋滤体系；C 组，剥除掉 EPS 的自养生物细胞（EPS-free cells）淋滤体系。将它们进行了开路电压、Tafel 曲线及交流阻抗分析，如图 5-31 所示。外加 EPS 的自养生物淋滤体系中的腐蚀电流密度增大，电极表面腐蚀速率有所提高，体系中发生反应的吉布斯活化自由能降低，促进了溶解或化学反应，同时该体系中腐蚀电流（J_{corr}）高于未加 EPS 的自养生物淋滤体系，而极化电阻（R_p）则相反低于该体系。这表明，在生物淋滤过程中，外加 EPS 确实加速了废旧锂离子动力电池中金属的溶出，EPS 的加入也导致电化学极化电荷转移电阻和控制废旧三元电池材料溶释的传质阻力共同降低，也进一步证实，外加 EPS 可以促进废旧三元电池的生物淋滤过程。

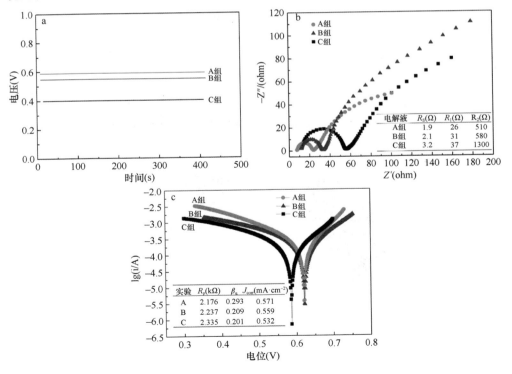

图 5-31　电化学分析[145]

5.3.4 小结

目前，生物淋滤技术在废旧锂离子动力电池方面的研究大多集中于废旧锂离子动力电池的生物淋滤影响因素的研究、淋滤过程条件优化的研究及淋滤过程机理的研究，在动力学方面以及淋滤液中金属回收的研究较少[149]，研究目标大多集中于钴酸锂电池的金属回收上，而通过生物淋滤技术对废旧磷酸铁锂、废旧三元电池材料中的金属回收的研究较少。生物淋滤技术运用于废旧锂离子动力电池的回收利用的研究还处于探索试验阶段，还需要进一步研究。

如何在高固液比条件下，有效提高溶释效率，同时减少淋滤时间，是生物淋滤技术在废旧锂离子动力电池的应用中面临的一大难题，也直接影响该技术的实际运用。尽管，生物淋滤技术具有化学浸提法（酸或有机络合剂）不可替代的优越性，但是现阶段生物淋滤技术没有火法冶金和湿法冶金成熟，有许多问题亟待解决，如微生物的培养条件比较苛刻、浸出效率低、培养时间长、生物淋滤滞留时间长等，这些缺点依然会限制其商业应用，该法还有待进一步改进，需要研发出能够实现大规模工业化生产的工艺。

参 考 文 献

[1] Bak S M, Hu E, Zhou Y, et al. Structural changes and thermal stability of charged $LiNi_xMn_yCo_zO_2$ cathode materials studied by combined in situ time-resolved XRD and mass spectroscopy[J]. ACS Appl Mater Interfaces, 2014, 6(24): 22594-22601.

[2] Wang L Maxisch T, Ceder G. A first-principles approach to studying the thermal stability of oxide cathode materials[J]. Chemistry of Materials, 2007, 19(3): 543-552.

[3] 陈江平, 宋大卫, 宋继顺, 等. 废旧磷酸铁锂电池中的正极材料的绿色回收和高效利用[C]. 第 31 届全国化学与物理电源学术年会论文集, 2015: 1.

[4] Chen J, Li Q, Song J, et al. Environmentally friendly recycling and effective repairing of cathode powders from spent LiFePO₄ batteries[J]. Green Chemistry, 2016, 18(8): 2500-2506.

[5] Liu W, Zhong X, Han J, et al. Kinetic Study and Pyrolysis Behaviors of Spent LiFePO₄ Batteries[J]. ACS Sustainable Chemistry & Engineering, 2018, 7(1): 1289-1299.

[6] Liu P, Xiao L, Tang Y, et al. Study on the reduction roasting of spent $LiNi_xCo_yMn_zO_2$ lithium-ion battery cathode materials[J]. Journal of Thermal Analysis and Calorimetry, 2019, 136(3): 1323-1332.

[7] Xiao J, Li J, Xu Z. Novel Approach for *in situ* recovery of lithium carbonate from spent lithium-ion batteries using vacuum metallurgy[J]. Environ Sci Technol, 2017, 51(20): 11960-11966.

[8] Vishvakarma S, Dhawan N. Recovery of cobalt and lithium values from discarded Li-ion batteries[J]. Journal of Sustainable Metallurgy, 2019, 5(2): 204-209.

[9] Georgi-Maschler T, Friedrich B, Weyhe R, et al. Development of a recycling process for Li-ion batteries[J]. Journal of Power Sources, 2012, 207: 173-182.

[10] Mao J K, Li J, Xu Z M. Coupling reactions and collapsing model in the roasting process of

recycling metals from LiCoO₂ batteries[J]. Journal of Cleaner Production, 2018, 205: 923-929.

[11] Xiao J F, Li J, Xu Z M. Recycling metals from lithium ion battery by mechanical separation and vacuum metallurgy[J]. Journal of Hazardous Materials, 2017, 338: 124-131.

[12] Träger T, Friedrich B, Weyhe R. Recovery concept of value metals from automotive lithium-ion batteries[J]. Chemie Ingenieur Technik - CIT, 2015, 87(11): 1550-1557.

[13] 周立山, 刘红光, 叶学海, 等. 一种回收废旧锂离子电池电解液的方法: CN102496752A[P]. 2012-06-13.

[14] Hu J, Zhang J, Li H, et al. A promising approach for the recovery of high value-added metals from spent lithium-ion batteries[J]. Journal of Power Sources, 2017, 351: 192-199.

[15] 李敦钫, 王成彦, 尹飞, 等. 废锂离子电池钴酸锂的碳还原和硫酸溶解[J]. 有色金属, 2009, 61(3): 83-86.

[16] Yang Y, Song S L, Lei S Y, et al. A process for combination of recycling lithium and regenerating graphite from spent lithium-ion battery[J]. Waste Management, 2019, 85: 529-537.

[17] Paulino J F, Busnardo N G, Afonso J C. Recovery of valuable elements from spent Li-batteries[J]. Journal of Hazardous Materials, 2008, 150(3): 843-849.

[18] Wang D H, Wen H, Chen H J, et al. Chemical evolution of LiCoO₂ and NaHSO₄·H₂O mixtures with different mixing ratios during roasting process[J]. Chemical Research in Chinese Universities, 2016, 32(4): 674-677.

[19] 王大辉, 王耀军, 陈怀敬, 等. LiCoO₂ 在酸性焙烧环境中元素赋存形式的演变规律及分布特征研究[J]. 稀有金属材料与工程, 2016(6): 1500-1504.

[20] Wang D H, Zhang X D, Chen H J, et al. Separation of Li and Co from the active mass of spent Li-ion batteries by selective sulfating roasting with sodium bisulfate and water leaching[J]. Minerals Engineering, 2018, 126: 28-35.

[21] Ren G X, Xiao S W, Xie M Q, et al. Recovery of valuable metals from spent lithium-ion batteries by smelting reduction Process based on MnO-SiO₂-Al₂O₃ slag system[J]. Transactions of Nonferrous Metals Society of China, 2017, 27: 450-456.

[22] Lin J, Liu C W, Cao H B, et al. Environmentally benign process for selective recovery of valuable metals from spent lithium-ion batteries by using conventional sulfation roasting[J]. Green Chemistry, 2019, 21(21): 5904-5913.

[23] Fan E S, Li L, Lin J, et al. Low-temperature molten-salt-assisted recovery of valuable metals from spent lithium-ion batteries[J]. ACS Sustainable Chemistry & Engineering, 2019, 7(19): 16144-16150.

[24] Li L, Zhang X X, Li M, et al. The recycling of spent lithium-ion batteries: a review of current processes and technologies[J]. Electrochemical Energy Reviews, 2018, 1(4): 461-482.

[25] 陈亮, 唐新村, 张阳, 等. 从废旧锂离子电池中分离回收钴镍锰[J]. 中国有色金属学报, 2011, 21(05): 1192-1198.

[26] Kim S, Yang D, Rhee K, et al. Recycling process of spent battery modules in used hybrid electric vehicles using physical/chemical treatments[J]. Research on Chemical Intermediates, 2014, 40(7): 2447-2456.

[27] He L P, Sun S Y, Song X F, et al. Leaching process for recovering valuable metals from the LiNi₁/₃Co₁/₃Mn₁/₃O₂ cathode of lithium-ion batteries[J]. Waste Management, 2017, 64: 171-181.

[28] Yang Y, Xu S M, He Y H. Lithium recycling and cathode material regeneration from acid leach liquor of spent lithium-ion battery via facile co-extraction and co-precipitation processes[J]. Waste Management, 2017, 64: 219-227.

[29] Nan J M, Han D M, Zuo X X. Recovery of metal values from spent lithium-ion batteries with chemical deposition and solvent extraction[J]. Journal of Power Sources, 2005, 152(1-2): 278-284.

[30] Dorella G, Mansur M B. A study of the separation of cobalt from spent Li-ion battery residues[J]. Journal of Power Sources, 2007, 170(1): 210-215.

[31] Swain B, Jeong J, Lee J C, et al. Hydrometallurgical process for recovery of cobalt from waste cathodic active material generated during manufacturing of lithium ion batteries[J]. Journal of Power Sources, 2007, 167(2): 536-544.

[32] Swain B, Jeong J, Lee J C, et al. Development of process flow sheet for recovery of high pure cobalt from sulfate leach liquor of LIB industry waste: A mathematical model correlation to predict optimum operational conditions[J]. Separation and Purification Technology, 2008, 63(2): 360-369.

[33] Ferreira D A, Prados L M Z, Majuste D, et al. Hydrometallurgical separation of aluminium, cobalt, copper and lithium from spent Li-ion batteries[J]. Journal of Power Sources, 2009, 187(1): 238-246.

[34] Li J G, Zhao R S, He X M, et al. Preparation of $LiCoO_2$ cathode materials from spent lithium-ion batteries[J]. Ionics, 2009, 15(1): 111-113.

[35] Kang J, Senanayake G, Sohn J, et al. Recovery of cobalt sulfate from spent lithium ion batteries by reductive leaching and solvent extraction with Cyanex 272[J]. Hydrometallurgy, 2010, 100(3-4): 168-171.

[36] Chen L, Tang X C, Zhang Y, et al. Process for the recovery of cobalt oxalate from spent lithium-ion batteries[J]. Hydrometallurgy, 2011, 108(1-2): 80-86.

[37] Jha M K, Kumari A, Jha A K, et al. Recovery of lithium and cobalt from waste lithium ion batteries of mobile phone[J]. Waste Management, 2013, 33(9): 1890-1897.

[38] Shin S M, Kim N H, Sohn J S, et al. Development of a metal recovery process from Li-ion battery wastes[J]. Hydrometallurgy, 2005, 79(3-4): 172-181.

[39] Li H, Xing S Z, Liu Y, et al. Recovery of lithium, iron, and phosphorus from spent $LiFePO_4$ batteries using stoichiometric sulfuric acid leaching system[J]. ACS Sustainable Chemistry & Engineering, 2017, 5(9): 8017-8024.

[40] 韩小云, 徐金球. 沉淀法回收废旧磷酸铁锂电池中的铁和锂[J]. 广东化工, 2017, 44(04): 12-16.

[41] 马世闯. 锂离子电池锰酸锂正极材料的制备与废旧锰酸锂正极材料的回收利用[D]. 合肥工业大学硕士学位论文, 2009.

[42] Tang W P, Kanoh H, Yang X J, et al. Preparation of plate-form manganese oxide by selective lithium extraction from monoclinic Li_2MnO_3 under hydrothermal conditions[J]. Chemistry of Materials, 2000, 12(11): 3271-3279.

[43] Meshram P, Pandey B D, Mankhand T R. Hydrometallurgical processing of spent lithium ion batteries (LIBs) in the presence of a reducing agent with emphasis on kinetics of leaching[J]. Chemical Engineering Journal, 2015, 281: 418-427.

[44] Lv W G, Wang Z H, Cao H B, et al. A sustainable process for metal recycling from spent lithium-ion batteries using ammonium chloride[J]. Waste Management, 2018, 79: 545-553.

[45] 施丽华. 从废旧三元锂离子电池中回收有价金属的新工艺研究[J]. 有色金属(冶炼部分), 2018(10): 77-80, 90.

[46] Wang J B, Chen M J, Chen H Y, et al. Leaching study of spent Li-ion batteries[J]. Procedia

Environmental Sciences, 2012, 16: 443-450.

[47] Pagnanelli F, Moscardini E, Granata G, et al. Acid reducing leaching of cathodic powder from spent lithium ion batteries: Glucose oxidative pathways and particle area evolution[J]. Journal of Industrial and Engineering Chemistry, 2014, 20(5): 3201-3207.

[48] Gao G L, Luo X M, Lou X Y, et al. Efficient sulfuric acid-vitamin C leaching system: Towards enhanced extraction of cobalt from spent lithium-ion batteries[J]. Journal of Material Cycles and Waste Management, 2019, 21(4): 942-949.

[49] Chen X P, Guo C X, Ma H R, et al. Organic reductants based leaching: A sustainable process for the recovery of valuable metals from spent lithium ion batteries[J]. Waste Management, 2018, 75: 459-468.

[50] 徐筱群, 满瑞林, 张建, 等. 电解剥离-生物质酸浸回收废旧锂电池[J]. 中国有色金属学报, 2014, 24(10): 2576-2581.

[51] 贺凤, 满瑞林, 刘琦, 等. 燕麦秸秆酸浸回收废旧锂电池中 Co 的动力学[J]. 中国有色金属学报, 2015, 25(04): 1103-1108.

[52] Jiang F, Chen Y Q, Ju S H, et al. Ultrasound-assisted leaching of cobalt and lithium from spent lithium-ion batteries[J]. Ultrasonics Sonochemistry, 2018, 48: 88-95.

[53] Meshram P, Pandey B D, Mankhand T R. Recovery of valuable metals from cathodic active material of spent lithium ion batteries: Leaching and kinetic aspects[J]. Waste Management, 2015, 45: 306-313.

[54] Nan J M, Han D M, Yang M J, et al. Recovery of metal values from a mixture of spent lithium-ion batteries and nickel-metal hydride batteries[J]. Hydrometallurgy, 2006, 84(1-2): 75-80.

[55] Nayl A A, Elkhashab R A, Badawy S M, et al. Acid leaching of mixed spent Li-ion batteries[J]. Arabian Journal of Chemistry, 2017, 10: S3632-S3639.

[56] Meshram P, Abhilash, Pandey B D, et al. Comparision of different reductants in leaching of spent lithium ion batteries[J]. Jom, 2016, 68(10): 2613-2623.

[57] Wang R C, Lin Y C, Wu S H. A novel recovery process of metal values from the cathode active materials of the lithium-ion secondary batteries[J]. Hydrometallurgy, 2009, 99(3-4): 194-201.

[58] 周有池, 文小强, 刘雯雯, 等. 废旧磷酸铁锂正极粉回收制备电池级碳酸锂工艺研究[J]. 世界有色金属, 2018(23): 176-179.

[59] Natarajan S, Bajaj H C. Recovered materials from spent lithium-ion batteries (LIBs) as adsorbents for dye removal: Equilibrium, kinetics and mechanism[J]. Journal of Environmental Chemical Engineering, 2016, 4(4): 4631-4643.

[60] Huang Y F, Han G H, Liu J T, et al. A stepwise recovery of metals from hybrid cathodes of spent Li-ion batteries with leaching-flotation-precipitation process[J]. Journal of Power Sources, 2016, 325: 555-564.

[61] Guo Y, Li F, Zhu H C, et al. Leaching lithium from the anode electrode materials of spent lithium-ion batteries by hydrochloric acid (HCl)[J]. Waste Management, 2016, 51: 227-233.

[62] Lee C K, Rhee K I. Reductive leaching of cathodic active materials from lithium ion battery wastes[J]. Hydrometallurgy, 2003, 68(1-3): 5-10.

[63] 王百年, 王宇, 刘京, 等. 废旧磷酸铁锂电池中锂元素的回收技术[J]. 电源技术, 2019, 43(01): 57-59+116.

[64] Zhang Y N, Zhang Y Y, Zhang Y J, et al. Novel efficient regeneration of high-performance $Li_{1.2}Mn_{0.56}Ni_{0.16}Co_{0.08}O_2$ cathode materials from spent $LiMn_2O_4$ batteries[J]. Journal of Alloys

and Compounds, 2019, 783: 357-362.

[65] 曹玲, 刘雅丽, 康铎之, 等. 废旧锂电池中有价金属回收及三元正极材料的再制备[J]. 化工进展, 2019, 38(05): 2499-2505.

[66] Chen X P, Ma H R, Luo C B, et al. Recovery of valuable metals from waste cathode materials of spent lithium-ion batteries using mild phosphoric acid[J]. Journal of Hazardous Materials, 2017, 326: 77-86.

[67] Pinna E G, Ruiz M C, Ojeda M W, et al. Cathodes of spent Li-ion batteries: Dissolution with phosphoric acid and recovery of lithium and cobalt from leach liquors[J]. Hydrometallurgy, 2017, 167: 66-71.

[68] Meng Q, Zhang Y J, Dong P. Use of glucose as reductant to recover Co from spent lithium ions batteries[J]. Waste Management, 2017, 64: 214-218.

[69] Suarez D S, Pinna E G, Rosales G D, et al. Synthesis of Lithium Fluoride from Spent Lithium Ion Batteries[J]. Minerals, 2017, 7(5): 81(1-13).

[70] Joulié M, Laucournet R, Billy E. Hydrometallurgical process for the recovery of high value metals from spent lithium nickel cobalt aluminum oxide based lithium-ion batteries[J]. Journal of Power Sources, 2014, 247(3): 551-555.

[71] Zhang P W, Yokoyama T, Itabashi O, et al. Hydrometallurgical process for recovery of metal values from spent lithium-ion secondary batteries[J]. Hydrometallurgy, 1998, 47(2-3): 259-271.

[72] Takacova Z, Havlik T, Kukurugya F, et al. Cobalt and lithium recovery from active mass of spent Li-ion batteries: Theoretical and experimental approach[J]. Hydrometallurgy, 2016, 163: 9-17.

[73] 乔秀丽, 田军, 马松艳, 等. 采用酸浸法从废旧锂离子电池中回收金属钴[J]. 哈尔滨理工大学学报, 2011, 16(02): 106-109.

[74] Joulié M, Billy E, Laucournet R, et al. Current collectors as reducing agent to dissolve active materials of positive electrodes from Li-ion battery wastes[J]. Hydrometallurgy, 2017, 169: 426-432.

[75] 安洪力, 吴宁宁, 范茂松, 等. 锰酸锂动力锂离子二次电池中主要化学元素的回收研究[J]. 北京大学学报(自然科学版), 2006(S1): 83-86.

[76] Zheng X H, Gao W F, Zhang X H, et al. Spent lithium-ion battery recycling - reductive ammonia leaching of metals from cathode scrap by sodium sulphite[J]. Waste Management, 2017, 60: 680-688.

[77] Meng K, Cao Y, Zhang B, et al. Comparison of the ammoniacal leaching behavior of layered $LiNi_xCo_yMn_{1-x-y}O_2$ (x = 1/3, 0.5, 0.8) cathode materials[J]. ACS Sustainable Chemistry & Engineering, 2019, 7(8): 7750-7759.

[78] 崔宏祥, 王志远, 徐宁, 等. 一种废旧锂离子电池电解液的无害化处理工艺及装置: CN101397175[P]. 2009-04-01.

[79] 张艳敏, 林洁, 孙露敏. 有机化学[M]. 北京: 中国轻工业出版社, 2015.

[80] 胡久刚, 陈启元. 氨性溶液金属萃取与微观机理[M]. 长沙: 中南大学出版社, 2015.

[81] Zhao J M, Shen X Y, Deng F L, et al. Synergistic extraction and separation of valuable metals from waste cathodic material of lithium ion batteries using Cyanex272 and PC-88A[J]. Separation and Purification Technology, 2011, 78(3): 345-351.

[82] Li J H, Li X H, Hu Q Y, et al. Study of extraction and purification of Ni, Co and Mn from spent battery material[J]. Hydrometallurgy, 2009, 99(1-2): 7-12.

[83] Contestabile M, Panero S, Scrosati B. Laboratory-scale lithium-ion battery recycling process[J]. Journal of Power Sources, 2001, 92(1-2): 65-69.

[84] Li J H, Shi P X, Wang Z F, et al. A combined recovery process of metals in spent Lithium-ion batteries[J]. Chemosphere, 2009, 77(8): 1132-1136.

[85] Kang J G, Sohn J, Chang H, et al. Preparation of cobalt oxide from concentrated cathode material of spent lithium ion batteries by hydrometallurgical method[J]. Advanced Powder Technology, 2010, 21(2): 175-179.

[86] 吴越, 裴锋, 贾蕗路, 等. 从废旧磷酸铁锂电池中回收铝、铁和锂[J]. 电源技术, 2014, 38(04): 629-631.

[87] 李欢. 废旧 LiFePO₄ 锂离子电池中有价金属的回收技术研究[D]. 福州大学硕士学位论文, 2016.

[88] 林丽. 废弃磷酸铁锂回收利用方法研究[J]. 化工设计通讯, 2017, 43(02): 161-162.

[89] Guo X Y, Cao X, Huang G Y, et al. Recovery of Lithium from the effluent obtained in the process of spent lithium-ion batteries recycling[J]. Journal of Environmental Management, 2017, 198: 84-89.

[90] Zhao C L, Zhang Y L, Cao H B, et al. Lithium carbonate recovery from Lithium-containing solution by ultrasound assisted precipitation[J]. Ultrason Sonochem, 2019, 52: 484-492.

[91] Li L, Chen R J, Sun F, et al. Preparation of LiCoO₂ films from spent Lithium-ion batteries by a combined recycling process[J]. Hydrometallurgy, 2011, 108(3-4): 220-225.

[92] Peng F W, Mu D Y, Li R H, et al. Impurity removal with highly selective and efficient methods and the recycling of transition metals from spent Lithium-ion batteries[J]. RSC Advances, 2019, 9(38): 21922-21930.

[93] 杨显万, 邱定蕃. 湿法冶金[M]. 北京: 冶金工业出版社, 1998.

[94] Yuliusman, Wulandari P T, Amiliana R A, et al. Acquisition of Co metal from spent Lithium-ion battery using emulsion liquid membrane technology and emulsion stability test[C]. International Conference on Advanced Materials for Better Future 2017. Bristol: IOP Publishing Ltd, 2018, 333(1): 012036.

[95] Li L, Ge J, Wu F, et al. Recovery of cobalt and lithium from spent lithium ion batteries using organic citric acid as leachant[J]. Journal of hazardous materials, 2010, 176(1-3): 288-293.

[96] 刘展鹏, 郭扬, 贺文智, 等. 废锂电池负极活性材料中锂的浸提研究[J]. 环境科学与技术, 2015, 38(S2): 93-95, 99.

[97] Li L, Ge J, Chen R J, et al. Environmental friendly leaching reagent for Cobalt and lithium recovery from spent Lithium-ion batteries[J]. Waste Management, 2010, 30(12): 2615-2621.

[98] Li L, Dunn J B, Zhang X X, et al. Recovery of metals from spent Lithium-ion batteries with organic acids as leaching reagents and environmental assessment[J]. Journal of Power Sources, 2013, 233: 180-189.

[99] 张笑笑. 废旧锂离子电池正极材料回收与资源化技术的研究[D]. 北京理工大学硕士学位论文, 2011.

[100] Li L, Qu W J, Zhang X X, et al. Succinic acid-based leaching system: A sustainable process for recovery of valuable metals from spent Li-ion batteries[J]. Journal of Power Sources, 2015, 282: 544-551.

[101] Sayilgan E, Kukrer T, Yigit N O, et al. Acidic leaching and precipitation of zinc and manganese from spent battery powders using various reductants[J]. Journal of Hazardous Materials, 2010, 173(1-3): 137-143.

[102] Li L, Lu J, Ren Y, et al. Ascorbic-acid-assisted recovery of cobalt and lithium from spent Li-ion batteries[J]. Journal of Power Sources, 2012, 218: 21-27.

[103] Li L, Fan E S, Guan Y B, et al. Sustainable recovery of cathode materials from spent Lithium-ion batteries using lactic acid leaching system[J]. ACS Sustainable Chemistry & Engineering, 2017, 5(6): 5224-5233.

[104] Sun L, Qiu K Q. Organic oxalate as leachant and precipitant for the recovery of valuable metals from spent Lithium-ion batteries[J]. Waste Management, 2012, 32(8): 1575-1582.

[105] Li L, Lu J, Zhai L Y, et al. A facile recovery process for cathodes from spent lithium iron phosphate batteries by using oxalic acid[J]. CSEE Journal of Power and Energy Systems, 2018, 4(2): 219-225.

[106] Li L, Bian Y F, Zhang X X, et al. Economical recycling process for spent Lithium-ion batteries and macro-and micro-scale mechanistic study[J]. Journal of Power Sources, 2018, 377: 70-79.

[107] 卞轶凡. 废旧锂离子电池正极材料的绿色回收技术研究[D]. 北京理工大学硕士学位论文, 2017.

[108] Zhang X H, Cao H B, Xie Y B, et al. A closed-loop process for recycling $LiNi_{1/3}Co_{1/3}Mn_{1/3}O_2$ from the cathode scraps of lithium-ion batteries: Process optimization and kinetics analysis[J]. Separation and Purification Technology, 2015, 150: 186-195.

[109] Nayaka G P, Pai K V, Santhosh G, et al. Dissolution of cathode active material of spent Li-ion batteries using tartaric acid and ascorbic acid mixture to recover Co[J]. Hydrometallurgy, 2016, 161: 54-57.

[110] He L P, Sun S Y, Mu Y Y, et al. Recovery of Lithium, Nickel, Cobalt, and manganese from spent lithium-ion batteries using l -tartaric acid as a leachant[J]. ACS Sustainable Chemistry and Engineering, 2017, 5(1): 714-721.

[111] Nayaka G P, Pai K V, Santhosh G, et al. Recovery of Cobalt as Cobalt oxalate from spent lithium ion batteries by using glycine as leaching agent[J]. Journal of Environmental Chemical Engineering, 2016, 4(2): 2378-2383.

[112] Nayaka G P, Pai K V, Manjanna J, et al. Use of mild organic acid reagents to recover the Co and Li from spent Li-ion batteries[J]. Waste Management, 2016, 51: 234-238.

[113] Gao W F, Zhang X H, Zheng X H, et al. Lithium carbonate recovery from cathode scrap of spent lithium-ion battery: A closed-loop process[J]. Environmental Science and Technology, 2017, 51(3): 1662-1669.

[114] Fu Y P, He Y Q, Qu L L, et al. Enhancement in leaching process of lithium and cobalt from spent lithium-ion batteries using benzenesulfonic acid system[J]. Waste Management, 2019, 88: 191-199.

[115] Pant D, Dolker T. Green and facile method for the recovery of spent lithium nickel manganese cobalt oxide (NMC) based Lithium ion batteries[J]. Waste Management, 2017, 60: 689-695.

[116] Nayaka G P, Manjanna J, Pai K V, et al. Recovery of valuable metal ions from the spent lithium-ion battery using aqueous mixture of mild organic acids as alternative to mineral acids[J]. Hydrometallurgy, 2015, 151: 73-77.

[117] Nayaka G P, Zhang Y J, Dong P, et al. Effective and environmentally friendly recycling process designed for $LiCoO_2$ cathode powders of spent Li-ion batteries using mixture of mild organic acids[J]. Waste Management, 2018, 78: 51-57.

[118] Park Y, Lim H, Moon J H, et al. High-yield one-pot recovery and characterization of

nanostructured cobalt oxalate from spent Lithium-ion batteries and successive re-synthesis of LiCoO₂[J]. Metals, 2017, 7(8): 303(1-11).

[119]   Fu Y P, He Y Q, Chen H C, et al. Effective leaching and extraction of valuable metals from electrode material of spent Lithium-ion batteries using mixed organic acids leachant[J]. Journal of Industrial and Engineering Chemistry, 2019, 79: 154-162.

[120]   Billy E, Joulié M, Laucournet R, et al. Dissolution mechanisms of $LiNi_{1/3}Mn_{1/3}Co_{1/3}O_2$ positive electrode material from Lithium-ion batteries in acid solution[J]. ACS Applied Materials and Interfaces, 2018, 10(19): 16424-16435.

[121]   杨显万, 沈庆峰, 郭玉霞. 微生物湿法冶金[M]. 北京: 冶金工业出版社, 2003.

[122]   李宏煦. 微生物"啃"出绿色冶金业[J]. 硅谷, 2013(10): 12-13.

[123]   王汉中. 入世后的中国油菜产业[J]. 中国油料作物学报, 2002, 24(2): 82-86.

[124]   Schippers A. Microorganisms involved in bioleaching and nucleic acid-based molecular methods for their identification and quantification[M]//Donati E R, Sand W. Microbial Processing of Metal Sulfides, Berlin, Heidelerg: Springer, 2007: 3-33.

[125]   Schippers A, Hedrich S, Vasters J, et al. Biomining: metal recovery from ores with microor-ganisms[M]// Schippers A, Glombitza F, Sand W. Geobiotechnology I. Berlin, Heidelerg: Springer, 2013: 1-47.

[126]   Schippers A, Sand W. Bacterial leaching of metal sulfides proceeds by two indirect mechani-sms via thiosulfate or via polysulfides and sulfur[J]. Applied & Environmental Microbiology, 1999, 65(1): 319-321.

[127]   Tupikina O, Ngoma I, Minnaar S, et al. Some aspects of the effect of pH and acid stress in heap bioleaching[J]. Minerals Engineering, 2011, 24(11): 1209-1214.

[128]   Valdés J, Cárdenas J, Quatrini R, et al. Comparative genomics begins to unravel the ecophysiology of bioleaching[J]. Hydrometallurgy, 2010, 104(3-4): 471-476.

[129]   Valdés J, Pedroso I, Quatrini R, et al. Acidithiobacillus ferrooxidans metabolism: from genome sequence to industrial applications[J]. BMC genomics, 2008, 9(1): 597-620.

[130]   Valdés, Pedroso, Quatrini, et al. Comparative genome analysis of acidithiobacillus ferroo-xidans, A. thiooxidans and A. caldus: insights into their metabolism and ecophysiology[J]. Hydrometallurgy, 2008, 94(1-4): 180-184.

[131]   Colmer A R, Temple K L, Hinkle M E, et al. An iron-oxidizing bacterium from the acid drainage of some bituminous coal mines[J]. Journal of Bacteriology, 1950, 59(3): 317-328.

[132]   Temple K L, Colmer A R. The autotrophic oxidation of iron by a new bacterium: Thiobacillus ferrooxidans[J]. Journal of bacteriology, 1951, 62(5): 605-611.

[133]   Leathen W W, Braley Sr S, Mcintyre L D. The role of bacteria in the formation of acid from certain sulfuritic constituents associated with bituminous coal: II. ferrous iron oxidizing bacteria[J]. Applied microbiology, 1953, 1(2): 65-68.

[134]   Horeh N B, Mousavi S M, Shojaosadati S A. Bioleaching of valuable metals from spent Lithium-ion mobile phone batteries using Aspergillus niger[J]. Journal of Power Sources, 2016, 320: 257-266.

[135]   Biswal B K, Jadhav U U, Madhaiyan M, et al. Biological leaching and chemical precipitation methods for recovery of Co and Li from spent Lithium-ion batteries[J]. ACS Sustainable Chemistry & Engineering, 2018, 6(9): 12343-12352.

[136]   Mishra D, Kim D J, Ralph D E, et al. Bioleaching of metals from spent lithium ion secondary batteries using Acidithiobacillus ferrooxidans[J]. Waste Management, 2008, 28(2): 333-338.

[137] Xin Y Y, Guo X M, Chen S, et al. Bioleaching of valuable metals Li, Co, Ni and Mn from spent electric vehicle Li-ion batteries for the purpose of recovery[J]. Journal of Cleaner Production, 2016, 116: 249-258.

[138] 邓孝荣. 氧化亚铁硫杆菌浸出回收废旧锂离子电池中重金属钴及机理研究[D]. 南昌航空大学硕士学位论文, 2012.

[139] Li L, Zeng G S, Luo S L, et al. Influences of solution pH and redox potential on the bioleaching of $LiCoO_2$ from spent lithium-ion batteries[J]. Journal of the Korean Society for Applied Biological Chemistry, 2013, 56(2): 187-192.

[140] Bahaloo-Horeh N, Mousavi S M. Enhanced recovery of valuable metals from spent lithium-ion batteries through optimization of organic acids produced by Aspergillus niger[J]. Waste Management, 2017, 60: 666-679.

[141] 辛亚云. 废旧锂离子电池中有价金属离子的生物淋滤及其机理研究[D]. 北京理工大学硕士学位论文, 2016.

[142] 张颢竞, 程洁红, 朱铖, 等. 用酸浸—生物浸出工艺从废锂离子电池电极材料中回收金属钴铜镍[J]. 湿法冶金, 2019, 38(01): 26-31.

[143] Zeng G S, Deng X R, Luo S L, et al. A copper-catalyzed bioleaching process for enhancement of cobalt dissolution from spent lithium-ion batteries[J]. Journal of hazardous materials, 2012, 199: 164-169.

[144] Zeng G S, Luo S L, Deng X R, et al. Influence of Silver ions on bioleaching of cobalt from spent Lithium batteries[J]. Minerals Engineering, 2013, 49(Complete): 40-44.

[145] 王佳. 典型涉重危废生物沥浸特性和机理研究及专用膜生物反应器的研发[D]. 北京: 北京理工大学博士学位论文, 2018.

[146] Wang J, Tian B Y, Bao Y H, et al. Functional exploration of extracellular polymeric substances (EPS) in the bioleaching of obsolete electric vehicle $LiNi_xCo_yMn_{1-x-y}O_2$ Li-ion batteries[J]. Journal of hazardous materials, 2018, 354: 250-257.

[147] Xin B P, Zhang D, Zhang X, et al. Bioleaching mechanism of Co and Li from spent lithium-ion battery by the mixed culture of acidophilic sulfur-oxidizing and iron-oxidizing bacteria[J]. Bioresour Technol, 2009, 100(24): 6163-6169.

[148] 邓孝荣, 曾桂生, 罗胜联, 等. 氧化亚铁硫杆菌浸出废旧锂离子电池中钴酸锂的电化学行为[J]. 中南大学学报(自然科学版), 2012(7): 47-52.

[149] Niu Z R, Zou Y K, Xin B P, et al. Process controls for improving bioleaching performance of both Li and Co from spent lithium ion batteries at high pulp density and its thermodynamics and kinetics exploration[J]. Chemosphere, 2014, 109: 92-98.

06

其他动力电池回收技术

6.1 镍镉电池

自 1899 年，瑞典发明家 Waldmar Jungner 发明镍镉电池以来，由于其可快速充电、价格低廉、适用温度范围宽、高倍率放电等优点，被广泛用于便携式电子设备和车载电源等领域。随着新一代绿色电池的研发，镍镉电池因具有记忆效应和含有有毒成分等缺点，其应用逐渐被锂离子电池等取代。虽然镍镉电池应用市场逐渐萎缩，但在生产和使用过程中仍产生大量的废弃镍镉电池，对环境和生态有巨大的威胁。废弃镍镉电池中含有重金属元素镉，处理不当进入生态环境，会对生态系统中的动物、植物和微生物的健康造成巨大危害。例如，长期食用含镉的植物会诱发人的骨软化、肾结石和骨痛病等疾病，镉元素对哺乳动物还具有较强的致畸和致癌等危害[1]。废弃镍镉电池已被《国家危险废物名录》收录，而且废弃镍镉电池中含有经济价值较高的金属镍和铁等。因此，从生态环境保护、潜在经济效益和资源可持续性的角度来看，废弃镍镉电池无害化和资源化的回收利用具有极其重要的意义。

6.1.1 镍镉电池构造及工作原理

镍镉电池是一种碱性电池，其构造如图 6-1 所示，主要由正极、负极、电解液、隔膜和外壳等组成。镍镉电池的正极活性材料为 NiOOH（β）和石墨粉的混合物，负极活性材料为海绵状镉粉和氧化镉粉，电解液一般为 KOH 和 NaOH 溶液[2]。镍镉电池在充放电过程中发生的电化学反应如式（6-1）～式（6-3）所示。

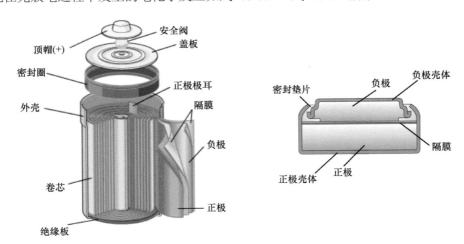

图 6-1 常见圆柱形[3]和纽扣形镍镉电池构造图

正极：$2Ni(OH)_2 + 2OH^- - 2e^- \longleftrightarrow 2NiOOH + 2H_2O$ (6-1)

负极：$Cd(OH)_2 + 2e^- \longleftrightarrow Cd + 2OH^-$ (6-2)

总反应：$2Ni(OH)_2 + Cd(OH)_2 \longleftrightarrow 2NiOOH + Cd$ (6-3)

6.1.2 镍镉电池预处理技术

废弃镍镉电池通常使用机械或焙烧等方法预处理，破碎筛分后得到正负极材料和集流体，为后续有价金属的回收利用提供便利，提高回收效率。

镍镉电池由于在废弃后仍存在部分残余电压，为避免拆解过程中因放电带来的潜在危险，所以在进行拆解处理或机械破碎前应先水浸放电。放电完成后进行分离，在实验室通常使用手工拆解的方式将废弃镍镉电池中正极、负极、隔膜和壳体拆分分离。工业化拆解过程中一般使用机械拆解法，将电池通过机械破碎后，利用材料密度、尺寸、磁性等方面的差异进行分选，最后通过筛分等方式得到废弃镍镉电池的正负极活性材料及铁和镍等其他有价金属。将得到的电极材料经焙烧后可转变为氧化物，焙烧处理后，镍以金属镍和氧化亚镍的赋存形式存在，镉的赋存形式为氧化镉。经过预处理后的正负极材料，一般通过湿法冶金、火法冶金和其他回收技术进行处理，最后得到有价元素的金属单质、合金或化合物。

6.1.3 镍镉电池回收再利用技术

1. 湿法冶金回收技术

废弃的镍镉电池中，电极材料、壳体及钢组件、塑料、电解液所占质量比分别为49%、40%、2%和9%，正负极活性材料中Ni、Cd、Co、Fe含量如表6-1所示[4]，正极材料中Ni的含量最高，负极材料中Cd、Ni的含量占优势。废弃镍镉电池的正极材料中主要的化学物质为Ni、$Ni(OH)_2$、$Cd(OH)_2$和$Co(OH)_2$等，负极材料中含有的主要化学物质为Ni和$Cd(OH)_2$[4]。预处理后得到的电极材料经过湿法浸出后，可以将不同赋存形式的有价金属元素富集于浸出液中，然后通过化学沉淀、溶剂萃取、化学置换和电沉积等方式将有价元素回收。

表 6-1 镍镉电池电极材料中的化学元素含量[4]

元素	Cd	Ni	Co	Fe
正极材料（%）	5.2	62.5	1.79	0.02
负极材料（%）	43.8	39.4	—	0.10

废弃镍镉电池电极材料在湿法冶金过程中,主要有酸浸出和碱浸出两种技术路线。酸浸出过程中,通常以盐酸、硫酸为浸出剂。但是盐酸在浸出过程中易造成环境污染,因此酸浸路线一般以硫酸为主。随着锂离子动力电池绿色有机酸浸出的报道,近来也有学者使用柠檬酸为浸出剂对废弃镍镉电池进行相关的回收处理[5]。

由于电极材料中含有不同的组分,因此在同一浸出环境中,表现出不一样的浸出行为。Nogueira 等[6,7]将电极材料进行了浸出研究,研究结果发现电极材料中的镍、镉及钴的氧化物在同种酸浓度下其浸出行为表现不一,镉和钴的氢氧化物在较低的酸浓度下几分钟就可以溶解,而金属相的镍需要较高的温度和酸强度才能被浸出。实验结果表明对于某些难溶固相来说,浸出环境和物质的赋存状态可以影响其浸出效率,当硫酸浓度为 2.5 mol/L 时,在 95℃的浸出环境中浸出 4 小时可以将电极材料中的金属相镍浸出。浸出条件经优化后,可以将废弃镍镉电池中的镍、钴和锰的浸出率进一步提升。

近来有学者报道,在较低温度下可以将废弃镍镉电池中的镍和镉浸出。Randhawa 等[8]使用稀硫酸(10 vol%),在反应温度为 55℃时,可以将电极材料中 96%的镍和 99.5%的镉浸出,浸出过程中动力学数据与缩核模型符合,镍和镉的浸出速率受表面化学反应控制。而在有机酸浸出的研究当中,Ribeiro 等[5]使用有机酸对废弃镍镉材料的浸出效率只有 85%,低于无机酸浸出的实验结果。因此,需要进一步研究有机酸浸出过程的反应机理及相关热力学、动力学模型,为后续有机酸高效浸出提供理论依据。

不同于酸浸出工艺,碱浸出工艺中的浸出剂可以循环利用。碱浸出技术路线通常采用氨水浸出,在氨水浸出过程中铁不参与反应,废电极材料中的镍镉在氨水环境中可以溶解发生络合反应,过滤后即可分离,且浸出剂可以通过加热回收循环利用。此方法简单高效,镍和镉的浸出率较高。且除氨水可作为浸出剂外,碳酸铵、碳酸铵–氨水、硝酸铵和氯化铵–氨水均可以用来浸出废弃镍镉电池中的镍和镉元素,而且与铵盐联用也可以使氨水的使用浓度下降,有利于降低高浓度氨水挥发带来的危险[9]。

通过化学沉淀法进行有价元素的回收和提纯已被广泛应用于浸出液的后续处理,在废弃动力电池回收中也是一种常见的化学手段。镉的沉淀析出一般以碳酸镉、氢氧化镉和硫化镉等形式,据此可以设计不同的化学沉淀反应。如利用碳酸镉实现镍和镉的分离,将废弃镍镉电池通过硫酸溶液浸出后,调节 pH 为 4.5~5.0,向溶液中加入过量碳酸氢铵,可将镉以碳酸镉的赋存形式选择性沉淀,过滤后加入氢氧化钠和碳酸钠使得镍以氢氧化镍的赋存形式回收,达到沉淀选择性分离的效果。同时也可以采用化学萃取的方式,对浸出液中的镍和镉进行分离回收。使用化学萃取可将镍镉溶液分离的同时,提高产物的纯度,Galán 等[10]研究了高浓度镍镉溶液中镍和镉的萃取分离，研究结果表明使用 D2EHPA 为萃取剂可将镍和镉分离，从而为废弃镍镉浸出液中镍和镉分离回收提供可行的技术路线。

也有学者采用电化学沉积的方法，将浸出液中的镍和镉分离。由于镍和镉在酸性溶液中的电位分别是−0.246 V 和−0.403 V[11]，因此可以通过电沉积的方法将浸出液中的镍镉分离，但镍和镉之间的电位差异并不是很大，所以在电沉积的过程中应选用较小的电流密度，防止镍和镉混杂。Freitas 等[12,13]研究了电沉积法回收废弃镍镉电池方面的工艺参数和电沉积规律，实验结果表明电沉积的电荷效率和沉积形态取决于电流密度，电沉积结晶过程始于晶核的生长，而核生长的速度和方向影响着沉积的形态。对于低电流密度而言，垂直于电极表面的晶核生长速率大于其他方向，在这种情况下，团聚体之间存在较大的大孔隙，高电流密度晶核生长则相反。通过电沉积的方法可以得到纯度较高的金属产物，但低电流密度使得其回收效率偏低，成本较高，且过程中产生的废水也易对环境造成危害。电沉积将镍镉分离后，浸出液中的硫酸镍可以通过化学沉淀和再结晶的方式回收，得到纯度较高的化工产品。

除此之外，通过化学置换的方式也可对浸出液中的镍和镉进行回收利用。Kaufmann[14]等使用了两步置换法分离浸出液中的镍和镉。在硫酸浸出液中，调节温度至 25～30℃，键入 40～100 g/L 的 NaCl 溶液后，加入铝粉将镉置换出来。然后，调节温度至 55～60℃，键入 120 g/L 的 NaCl 溶液后，加入铝粉将镍置换出来，但是此方法存在回收产品纯度较低的问题。

废弃镍镉电池在湿法冶金浸出后，可以使镍镉电池中有价金属元素浸出并回收，但湿法回收路线工艺流程较为烦琐，且在浸出过程中产生的副产物对环境也有着巨大的威胁，易引起环境的二次污染，应当在浸出过程中建立全流程污染控制和检测系统。而且浸出产物也应该向高值化的合成方向进行，以提高回收的经济效益。如通过固相烧结、电沉积等方法，将浸出液制成超细纳米 NiO[15]、功能摩擦材料[16]、电极材料[17]等附加值高的化工产品。

2. 火法冶金回收技术

废弃镍镉电池的火法冶金回收技术是利用电池的电极材料在不同温度下活性的差异进行分类回收的。在废弃镍镉电池中，镉的熔点和沸点远低于其他金属组分，这将导致镉优先于其他金属被熔解，将带来巨大的环境污染。因此，相对比传统的金属冶炼，废镍镉电池的火法冶金回收需增加冷凝回收镉的步骤，将镉去除后，后续可采用高温氧化或还原的反应将电极材料中的有价金属材料回收。

通常来说，火法冶金回收技术可以分为常压回收和真空回收两种。常压回收是指在大气环境中进行，所以必须安装废气处理装置。真空回收是在密闭的负压环境中进行，因此可以有效避免火法引发的环境污染。常压回收通常将预处理过的废弃镍镉电池在还原剂的条件下，进行高温还原，镉转化为镉蒸气经冷凝后回收，铁、镍、钴等金属则以合金的赋存形式回收。真空回收与常压类似，依据蒸气压的不同，可以先将金属镉分离，然后对其他组分进行分类回收。近来也有学者采用熔盐熔融法来回收废弃镍镉电池中的有价金属元素[18]，但产物的后续处理仍需要通过湿法进行进一步的提纯，而在熔盐焙烧过程中也会产生废气等副产物，因此熔盐焙烧的回收方法仍有待进一步的提升。

朱建新等[19-23]主要研究了废弃镍镉电池的真空裂解回收法，并对镍镉电池的真空蒸馏过程中的基本规律和机理进行了探索。研究结果表明，当温度和真空度一定的情况下，物质能否发生气化取决于物质的蒸气压。镉在较低的温度下就具有很高的蒸气压，而镍和铁在1000℃的环境中挥发性仍较低，因此真空蒸馏可以达到镍镉分离的目的。废弃镉镍电池的真空蒸馏条件是镉蒸馏温度应在300～900℃间选取，当蒸馏系统压力为3 Pa时，冷凝物中的镉元素的百分含量随着蒸馏温度的升高，其含量有逐渐下降的趋势[20]。在真空蒸馏的过程中，真空蒸馏系统的压强、温度和处理时间都可对镉的分离造成影响。因此在真空蒸馏回收领域，完善废弃镍镉电池随蒸馏参数变化而物相演变的规律，建立动态回收检测体系，对此技术的工业化应用有一定的帮助。

Huang等[24,25]对废旧镍镉电池的真空冶炼法做了进一步的研究，将废弃镍镉电池通过真空冶炼和磁选分离，在最优化的实验条件下，镉的回收率可达99.2%以上，镍、钴、铁的回收率分别可达96.1%、86.4%和99.2%。其回收流程如图6-2所示，该回收方法简便，但后续镍、钴、铁的进一步处理仍应该继续探究。

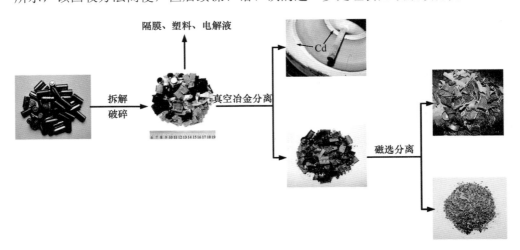

图6-2　废弃镍镉电池回收流程图[24,25]

废弃镍镉电池中由于含有高温易挥发的重金属镉，因此不能直接进行火法冶炼，除了刚开始粗犷的直接焚烧处理，现在的回收工艺越来越注重环境保护和节能降耗。基于废弃镍镉电池中不同组分同一温度下有不同蒸气压的特点，真空蒸馏回收的方法得到了人们的广泛关注。真空蒸馏法降低了环境污染，而且具有高效、流程短等优点，但其回收工艺还应该进一步优化，对较高熔点金属的回收也应该继续进行下一步研究。如何做到简洁、高效、全组分回收一直是人们追求的理想回收方式，所以应该考虑多种方法联用技术，以达到最佳的回收利用效果。

3. 生物冶金回收技术

除了报道较多的湿法和火法冶金的回收技术，废弃镍镉电池的生物冶金回收技术由于其绿色环保的优点，受到了学者广泛的关注。生物冶金回收法又称为生物淋滤，废弃动力电池生物冶金回收技术原理来源于矿物质中的生物冶金技术，生物冶金技术通常采用自然界中嗜酸的微生物，将微生物置于反应器中，对废弃电池电极材料进行处理，在浸出过程中，微生物的新陈代谢生命活动会产生有利于难溶物浸出的酸及蛋白酶。一般来说，生物冶金回收过程中可能发生氧化、还原、络合等反应，现在已经有学者将目光投至生物冶金回收领域，且对生产所用的微生物进行了优选或同步辐射处理，以用来得到更好的浸出效果。

生物淋滤技术最早应用于废弃镍镉电池的回收。阿根廷学者 Cerruti[26]最先运用氧化亚铁硫杆菌对废弃镍镉电池进行生物浸提，以单质硫为能源，利用氧化亚铁硫杆菌进行有价物质的浸出，该菌 H^+ 最大的产率为 80 mmol/（kg·d^{-1}），正极和负极材料的回收率可达 90.0%以上。在 0.2%的固液比浸出条件下，经过 14 天淋滤，Ni 和 Cd 分别获得了 87.5%和 84.6%的浸提率。朱庆荣等[27]考察了生物淋滤对废旧锌锰、镍镉、镍氢和锂离子动力电池中重金属的溶出效果，比较了化学浸提和生物淋滤对废旧电池中重金属的溶出效率。如图 6-3 所示，实验结果表明，生物淋滤对电池中金属 Ni、Cr、Zn、Mn、Li、Co 的平均浸出浓度超过 350 mg/L，而化学浸提对金属 Ni、Cr、Zn、Mn、Co 的溶出浓度均不超过 10 mg/L。生物淋滤技术对不同废旧电池的浸出效果表现出一定差异，但是与化学浸提相比较，生物淋滤技术仍旧显示出巨大优势和高效性。

还有学者对生物冶金浸出过程中的浸出规律和工艺参数进行了研究，Zhu 等[28]对地下水道污水进行培养，利用其产生的嗜酸性微生物菌种来浸提镍镉电池中的镍、镉，在 pH 为 1.8~2.1，污水停留时间 5 天，浸出时间 50 天，生化反应液加入铁粉的条件下，Ni 和 Cd 的浸出率达 87.6%和 86.4%。采用由酸化反应器和浸出反应器组成的两步连续浸出系统，以城市污泥制取的酸化培养物产物为浸出剂[29-32]，对废弃镍镉电池有价金属进行浸提。其整体反应步骤如图 6-4 所示，利用二阶段连续流批处理工艺来处理废旧镍镉电池，污泥连续进入酸化池，酸性产物经过沉淀处理后，上清液流入沥滤池，废弃电池中的重金属在沥滤池中沥滤溶出。

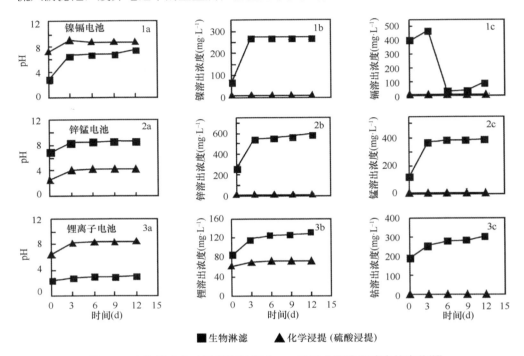

■ 生物淋滤   ▲ 化学浸提（硫酸浸提）

图 6-3   生物淋滤和硫酸浸提过程中 pH 及重金属溶出浓度的变化[27]

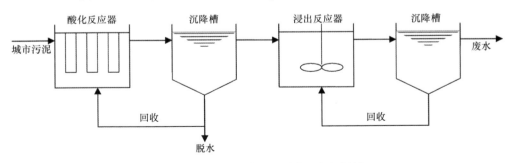

图 6-4   两阶段连续浸出系统示意图[29-32]

实验结果表明，采用 0.6 L/d 的酸性上清液处理废镍镉电池 35 天后，镍、镉和钴几乎被完全浸出。镍、镉和钴在酸性环境中的溶解能力不一样，当 pH 在 2.5 以下时，镍的溶解率最高，其中城市污泥中的微生物为氧化亚铁硫杆菌属的硫氧嘧啶菌株[29]。对废弃镍镉电池的浸出实验表明，长时间的水力停留时间不能增强镍、镉和钴的氧化物或氢氧化物的溶解，水力停留时间在 1～3 天最为合适。

表 6-2 中列出了近年来关于生物淋滤技术回收废弃镍镉电池的研究进展。从表 6-2 中可以看出，以生物淋滤技术回收废旧镍镉电池的研究中，工作菌株多为氧化亚铁硫杆菌。Velgosová 等[33,34]利用氧化亚铁硫杆菌浸提废旧镍镉电池中的 Cd 和 Ni，由于电极材料的组成不同，阴极中 Cd 和 Ni 的浸出率分别为 100% 和 45%，阳极中 Cd 和 Ni 的浸出率分别为 98% 和 5.4%。对工艺参数研究后，Velgosová 针对生物浸出产物对废弃镍镉电池的浸出机制进行了进一步研究。通过对不同介质中（硫酸和硫酸铁）废弃镍镉电池电极材料中镉的浸出研究表明，作为微生物主要的浸出物之一的三价铁离子，不仅作为强氧化剂发挥重要作用，而且由于其水解作用，在整个实验期间都能为镉的浸出提供较低的 pH。因此，镉的生物冶金浸出中，产生的三价铁离子可以有效促进镉的浸出。

表 6-2　生物淋滤技术回收废旧镍镉电池的研究进展

动力电池种类	微生物种类	生物浸出效率	发表时间
废旧镍镉电池	A. f.	Cd: 100%（阴极） Cd: 98%（阳极）	2013 年
	A. f.	Ni: 45%（阴极） Ni: 5.4%（阳极）	2014 年
	A. tubingensis KUC5037	Ni>90%、Cd>90%	2016 年
	A. niger KUC5254	Co>90%、Zn>90%	2016 年

废弃镍镉电池的生物浸出机制可能包括多个方面，一是微生物在新陈代谢中产生的酸可以间接侵蚀电极材料，二是上清液中一定数量的微生物可用通过酶的作用直接与电极材料反应，三是微生物反应产物为重金属的浸出提供有利的酸性环境。因此，微生物的浸出反应可能是一种增强难溶氧化金属的多方式协同反应。生物冶金技术具有环境友好、价格低廉、操作简便等优点，但浸出时间过长，浸出率相比于传统湿法浸出有待提高。如何提高菌株的高产酸率和耐金属率，成为下一个待解决的难题。现在已有科学家通过基因剪切技术和同步辐射技术对菌株的培育进行优化处理，生物冶金回收技术巨大的潜力仍值得学界期待。

6.2　金属氢化物/镍电池

金属氢化物/镍（MH/Ni）电池一般简称为镍氢电池。镍氢电池是继镍镉电池后的绿色高能二次电池之一，从 20 世纪 80 年代末商用化开始，由于其具有可大电流快速充放电、良好的耐过充放电能力和无记忆效应等优点受到了广泛的关注。目前，镍氢电池主要应用于便携式电子产品、电动工具、电动汽车、混合型电动汽车及航天和航空等方面[35]。镍氢电池在常规充放电使用状态下，由于电池电解液的损耗、镍电极的膨胀、活性物质剥落和电极中添加剂的氧化等原因造成容量下降；而在非常规充放电状态中，例如在高低温和大电流充放电时，也会使电池容量下降。当镍氢电池的电化学性能和使用寿命不满足产品的需求就会产生废弃的镍氢电池[35-39]。

镍氢电池的广泛应用，以及镍氢电池有限的使用寿命，将会导致产生大量的废弃镍氢电池。虽然废弃镍氢电池中不具有汞、镉、铅等有害金属元素，但废弃镍氢电池中依然含有大量镍、钴和稀土元素等有价金属。因此，回收利用废弃镍氢电池有利于金属资源的二次利用和生态环境的保护，对于资源型可持续发展社会具有重要的意义。

6.2.1 金属氢化物/镍电池构造及工作原理

如图 6-5 所示，镍氢电池主要由正极、负极、电解液、隔膜和外壳等组成。镍氢电池的正极主要由 $Ni(OH)_2$、添加剂、黏合剂和集流体（泡沫镍）等组分构成，负极主要由储氢合金材料、添加剂、黏合剂和集流体（泡沫镍或冲孔镀镍钢带）等组分构成，电解液一般采用含 30% LiOH 的 KOH 溶液。为了增加电池的电化学性能，电池中添加了导电剂等添加剂。镍氢电池在充放电过程中发生的电化学反应为式（6-4）～式（6-6）。

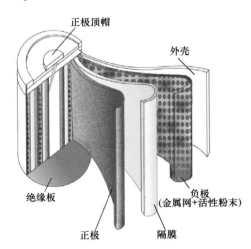

图 6-5　圆柱形镍氢电池构造图[40]

$$正极：Ni(OH)_2 + OH^- - e^- \longleftrightarrow NiOOH + H_2O \tag{6-4}$$

$$负极：M + H_2O + e^- \longleftrightarrow MH + OH^- \tag{6-5}$$

$$总反应：Ni(OH)_2 + M \longleftrightarrow 2NiOOH + MH \tag{6-6}$$

6.2.2 金属氢化物/镍电池预处理技术

废弃镍氢电池的预处理过程与镍镉电池预处理大致相同，先将废弃镍氢电池中的残余电量以放电的形式释放后，再通过人工或机械处理的方法将电池壳体破碎，进行分选和筛分，将隔膜和壳体与正负极活性材料分离后，隔膜和壳体进行分类回收。经济价值较高的正负极活性材料进入回收再利用步骤，通过湿法冶金、火法冶金和其他回收技术，将其中的有价金属元素分离、提纯作为新的工业原料进行再次利用。

6.2.3 金属氢化物/镍电池回收再利用技术

经过预处理后废弃镍氢电池的正极材料表面形貌如图 6-6 所示[41]，镍氢电池正极由高孔率泡沫镍或纤维镍导电骨架和 $Ni(OH)_2$ 粉末构成，$Ni(OH)_2$ 在充放电过程中会有多种晶型的相互转变，这也是镍氢电池失效的可能性原因之一。废弃镍氢电池中含有大量的有价金属，其正负极材料中所含有金属元素的含量成分如表 6-3 所示[41]，正极材料中的镍含量最高，可以达到 75.5%，负极材料中也含有品位较高的稀有元素。由于正负极材料中含有大量的有价金属元素，所以其回收利用受到了学者的广泛关注。

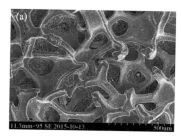

图 6-6　镍氢电池正极材料的 SEM 图
（a）镍网；（b）$Ni(OH)_2$ 粉末球[41]

表 6-3　镍氢电池电极材料中的化学元素含量

元素	Ce	Co	La	Mn	Nd	Ni	Pr	Y	Al	Fe	Zn	K
正极材料（%）	–	6.1	–	0.5	–	75.5	–	0.7	0.3	0.1	3.5	1.9
负极材料（%）	6.4	4.7	20.4	4.1	2.9	51.7	2.5	0.7	1.9	0.1	0.4	1.4

废弃镍氢电池的回收技术体系主要包括火法冶金和湿法冶金两大体系。采用火法冶金技术处理镍氢电池时，稀土元素在回收过程中会流失；湿法冶金回收技

术的使用虽然在回收率及产品纯度上达到了目标，但其回收过程较为复杂，需要多个步骤才能完成。此外，除常用的湿法冶金回收技术、火法冶金回收技术外，还包括生物冶金技术及湿法–火法复合联用回收技术等其他回收方法。

1. 湿法冶金回收技术

废弃镍氢电池的湿法冶金回收技术通常采用无机酸为浸出剂，将电极材料中的有价金属元素进行浸出后，对材料中的镍、钴稀土金属进行回收。目前，废弃镍氢电池回收的研究大多集中于浸出剂的选取及回收的工艺参数，也有学者对影响浸出效果的温度、酸浓度、浸出时间等因素进行了研究，并对浸出过程中工艺参数做了优化。通常使用的浸出剂一般有盐酸和硫酸，其浸出过程中使用的无机酸浓度及相关有价金属的回收率如表 6-4 所示。

表 6-4　废弃镍氢电池湿法冶金回收文献总结

电极材料	浸出剂	实验条件（酸浓度）	回收率	参考文献
正极/负极	HCl	3 moL/L	Ni、Co 回收率分别为 96%、100%	[42]
	H$_2$SO$_4$	2 moL/L	Ni、Co 回收率超过 96%	[43]
	H$_2$SO$_4$	3 moL/L	Ni、Co 的总回收率超过 98%	[44]
	HCl	12 moL/L	超过 93% 的 Co	[45]
	H$_2$SO$_4$	2 moL/L	Ni、Co 可达 91.6%、97.8%	[46]
	H$_2$SO$_4$	2 moL/L	90% 的 Ni、Co 和 98.1% 的 Nd	[47]
	H$_2$SO$_4$	—	Ni、Co 回收率超过 91%（电沉积）	[48]
	HCl	4 moL/L	Ni、Co 回收率分别为 94.32%、72.44%	[49]
正极	H$_2$SO$_4$	3 moL/L	Ni、Co 回收率分别为 99.1%、99.7%	[50]
	HCl	3 moL/L	Ni、Co 回收率分别为 99.9%、99.4%	[52]
	H$_2$SO$_4$	2 moL/L	Ni、Co 回收率分别为 99.3%、99.2%	[53]
	HNO$_3$	0.5 moL/L	—	[56]
负极	HCl	3 moL/L	分离 La（III）	[57]
	H$_2$SO$_4$	2 moL/L	稀土元素提取率超过 95%	[58]
	HCl	2.5 moL/L	稀土提取率达到 99.5%	[59]

在镍氢电池回收的过程中，按照回收的电池组分可分为正负极混合回收、正极材料回收和负极材料回收，这是由于废弃镍氢电池中稀土元素大部分富集于负极材料。从浸出剂回收过程中发现，通常采用硫酸作为浸出剂，这可能是由于盐酸在浸出过程中可能产生有害气体。而如果后续使用盐酸作为反萃剂分离提纯有价金属时，为了避免引入多种阴离子杂质，也可以采用盐酸做浸出剂。Zhang 等[42]用 HCl 对正极材料进行了浸出研究，对废弃镍氢电池采用多步浸出回收法，首先

将电池的电极材料用盐酸浸出后，用 D2EHPA 溶剂萃取镍、钴，然后将其中含有的稀土元素选择性浸出并分离，最后用草酸盐沉淀分离镍、钴。其回收流程图如图 6-7 所示，用 3 mol/L 的 HCl 将电极材料浸出后，25 vol%的 D2EHPA 将浸出液中的镍钴萃取，萃余液用 0.3 mol/L 的 HCl 除去少量钴后，添加草酸沉淀剂回收稀土元素，然后用 25 vol%的 TOA 将镍钴分离，并用沉淀剂$(NH_4)_2C_2O_4$ 将镍和钴分别以草酸盐形式回收，钴和镍的回收率分别可达 98%、96%。Zhang 等[43]还对废弃镍氢电池以 H_2SO_4 作为浸出剂进行了研究，与 HCl 浸出体系的流程类似，废镍氢电池在 pH 为 2.6 的浸出环境下，使用 2 mol/L 的 H_2SO_4 将电极材料浸出后，25 vol%的 D2EHPA 将浸出液中镍钴萃取，萃余液用 0.15 mol/L 的 H_2SO_4 除去少量钴和镍后，添加草酸沉淀剂回收稀土元素，然后在 pH 为 4.8 的浸出环境下用 Cyanex 272 将镍钴分离，并用沉淀剂 $H_2C_2O_4$ 将镍和钴分别以草酸盐形式回收，且镍和钴的回收率可达到 96%以上。

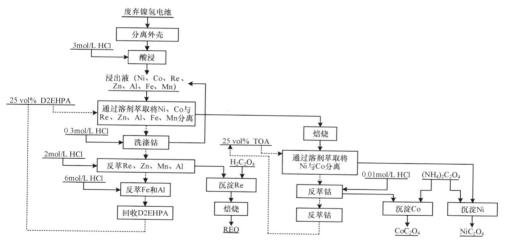

图 6-7　废弃镍氢电池回收利用流程图[42]

NaOH 也可以作为沉淀剂，将浸出液中的稀土元素分离。Li 等[44]将废弃镍氢电池中的正负极材料，用 3 mol/L 的 H_2SO_4 在 95℃下溶解浸出后，由于稀土元素的硫酸盐在温度较高的溶液中溶解度较低，所以可以在 95℃下分离出 94.8%的稀土元素，得到的稀土元素硫酸盐不溶物，添加 NaOH 后稀土元素转化为不溶的氢氧化物，经盐酸溶解后得到稀土元素的氯化物。将分离稀土元素后的滤液用 20%的 P_2O_4 萃取剂将铁、锌、锰（含 5.2%的稀土）与镍、钴分离。分离后的镍–钴有机相在 pH 为 4.5 时，加入 20%的 Cyanex 272 萃取剂将镍、钴分离。分离后的镍溶液加入碱溶液得到沉淀 $Ni(OH)_2$，钴用 H_2SO_4 脱附后浓缩，以硫酸盐的赋存形式回收。在整个回收过程中稀土、钴、镍的总回收率超过 98%，其回收流程图如图 6-8 所示。

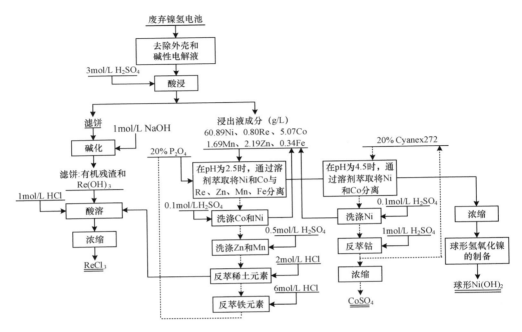

图 6-8　废弃镍氢电池的回收流程示意图[44]

　　Fernandes 等[45]采用 12 mol/L 浓盐酸将废弃镍氢电池电极材料浸出后，通过萃取剂分离萃取体系来回收镍（Ⅱ）、钴（Ⅱ）和镧系化合物。电极材料物质经浸出得到酸性溶液，在 25℃下采用纯 TBP 将铁（Ⅱ）和锌（Ⅱ）萃取后，用 Alamine 336 分两步萃取钴，钴的产率可以超过 93%，然后通过两步法分离镧系化合物，首先用 PC88A 萃取镧系化合物后，加入 6 mol/L 的 NaOH 溶液调节 pH 至 0～4，加入沉淀剂(NH₄)₂C₂O₄ 即可得到镍和镧的草酸盐沉淀。

　　有学者针对浸出过程中的动力学进行了详细研究。Meshram 等[46,47]研究了镍、钴等金属在硫酸溶液中的浸出动力学，重点研究不同处理阶段镍、钴等金属的浸出动力学。实验结果表明，浸出元素的动力学浸出模型，包括稀土元素在内的所有物质的溶解动力学数据最符合化学控制的收缩核模型，金属的浸出机理是浸出剂在颗粒表面进行化学反应。镍作为金属相存在，具有较强的抗浸出性，在较高的温度和酸强度等苛刻条件下才能在合理的时间内实现充分地溶解。

　　也有学者对浸出后的镍钴溶液采用电沉积方式，将镍和钴以合金形式回收利用[48,49]。Carla 等[48]利用废弃镍氢电池为原料合成镍钴合金，实验结果表明，以铝片为阴极材料，使用电沉积的方法，可从镍氢电池浸出液中以镍钴合金共沉积的方式回收钴和镍，从而避免了溶剂萃取法分离钴和镍的困难。在 50℃下 pH 为 4.3

时，镍钴的回收率可达 91% 以上。虽然可以得到镍钴的回收产物，但如何将回收产物的价值最大化，仍是需要解决的问题。

廖华等[50]研究了废弃镍氢电池正极材料在硫酸浸出体系中镍钴的回收，经正交实验得出了浸出的最佳条件，即用 3 moL/L 的 H_2SO_4、氧化剂与正极材料液固比为 0.38（mL/g）、在 80 ℃下浸出 60 min 后，Co 的浸出率为 99.7%，Ni 的浸出率为 99.1%。利用镍、钴两者电极电位的不同，基于此原理可以将镍和钴分离[51]。即控制体系 pH 为 3 时，向酸浸体系溶液中加入过硫酸铵，钴以 Co(OH)$_3$ 形式沉淀，用稀硫酸洗涤钴的不溶物，可得到硫酸钴，经浓缩再结晶后即可得到钴的回收物硫酸钴，镍与钴分离后将滤液中加入沉淀剂 Na_2CO_3，得到镍的回收物碳酸镍。

Rabah 等[52]使用硫酸和盐酸作为废镍氢电池正极材料的浸出剂。与盐酸相比，硫酸的浸出作用略弱。在 60℃ 条件下，用 3 mol/L 硫酸反应 3 小时，溶解度可达 93.5%。在反应酸溶液中加入双氧水，可以提高金属溶解度。将溶于酸液的废弃镍氢电池，通过化学沉淀法将 Fe、Al 和 Cu 等以沉淀形式分离后，用 NH_4OH 调节溶液体系 pH，将 pH 调节为 6～8 时，获得钴的沉淀物 $Co_2O_3 \cdot 3H_2O$，然后在 500℃ 下焙烧得到钴的氧化物后，在氢气高温还原下得到金属钴。滤液中的镍用沉淀剂二甲基乙二肟沉淀后，可以通过氢气高温还原为镍金属，也可以溶于酸溶液，重新结晶后得到镍盐。

采用氧化–硫酸浸出法可以增加镍的浸出效率，通过加入氧化剂可以加速泡沫镍的浸出[53]，在优化的实验条件下，用浓度为 2.0 mol/L 的硫酸、液固比为 6∶1、氧化剂 H_2O_2 添加量 0.38 mL/g、在 85℃ 下浸出时间 9.5 min，Co 的浸出率为 99.2%，Ni 的浸出率为 99.3%。

也有学者针对废弃镍氢电池电极材料在不同无机酸中的溶解行为进行了研究[54]，研究结果表明，正极骨架镍在非氧化条件，利用盐酸或硫酸浸出不能将正极材料溶解，而在相同条件下正极活性物质可以被完全溶解，在低氧环境中金属镍的溶解速率得到了抑制。正极材料在盐酸、硝酸和硫酸中表现出了不一样的浸出行为，正极材料在硝酸中先溶解氢氧根正极活性材料后，再溶解金属网。正极材料在盐酸的溶解行为不像硝酸那样稳定，与氢氧化物相溶解时存在一个快速溶解区域后，正极材料较慢的速度溶解，且金属网镍和正极活性材料溶解过程中没有明显的差异变化。硫酸用于正极材料溶解时，其化学行为与盐酸溶解相类似，当活性物质基本溶解时，镍金属的溶解开始占主导地位。

通过研究废弃镍氢电池中电极材料的 H_2SO_4–H_2O_2 浸出体系正交试验[55]，可以得到浸出过程中各参数对浸出的影响。分析结果表明影响镍的浸出率程度的影响因素顺序为：浸出温度＞H_2SO_4 用量＞H_2SO_4 浓度＞H_2O_2 用量＞搅拌速度＞浸出时间。因此可以通过调节关键影响元素，实现浸出技术的最佳工艺，既可以满足生产需求，又可以降低能量消耗。

废弃镍氢电池中的有价元素也可以进行再利用，合成具有高附加值的化工产品。比如，可利用废弃镍氢电池中回收得到的回收产物为原料，重新制备成具有催化功能的催化剂。Santos 等[56]利用 0.5 mol/L 的 HNO_3 将废弃镍氢电池的正极材料进行化学溶解后，把不溶性石墨和塑料过滤去除。将 5.0 mol/L NaOH 溶液缓慢加入滤液中，调节溶液 pH 达到 9.0，即可得到混合沉淀物，包括 β-$Ni(OH)_2$、$Co(OH)_2$ 和 $Zn(OH)_2$ 等。将正极材料溶于 0.5 mol/L 的 H_2SO_4 溶液中制成电解液，加入 NaOH 调节溶液 pH 至 1.5，最后采用 0.4 mol/L 的 H_3BO_3 作为缓冲剂和 0.3 mol/L 的氨基磺酸铵作为络合剂，通过电沉积方法回收废弃镍氢电池中的有价金属，其中沉积镍离子的量与硼酸和氨基磺酸铵的镀液的组成有关，镍离子与磺胺酸阴离子形成稳定的络合物，阻止了氢氧化镍的析出，通过电沉积的方法可以得到 Ni、Co、CoO、$Co(OH)_2$ 和 Mn_3O_4，而且电镀层的溶解与所加电势有关。

由于负极材料中稀土元素相对富集，所以其回收利用得到学者广泛关注。基于湿法浸出萃取剂萃取的研究思路，有的学者利用液相中成分不同的双水相系统选择性分离废弃镍氢电池电极材料浸出液中的稀土元素。De Oliveira 等[57]用 3.0 mol/L 的 HCl 溶液，固液比为 1 : 9，在 95℃下浸出 3 小时后，添加氢氧化钠溶液调节 pH 为 2.5，将稀土元素沉淀后，用 0.1 mol/L 的 H_2SO_4 溶液溶解稀土元素沉淀物得到稀土元素浸出液。在 PEO1500 + Li_2SO_4 + H_2O 组成的双水相系统中，pH 为 6.0 时，1,6-邻菲啰啉存在的条件下可以将 La（III）高效分离。

也有学者利用具有特殊功能的材料进行有价元素回收，在酸浸出体系中便可以达到选择性分离的实验结果。Gasser 等[58]研究了用合成吸附剂 MgFe–LDH–A 从酸性溶液中分离和回收稀土元素 La（III）和 Nd（III）。将电极材料用固液比为 1 : 10（g/mL）、硫酸浓度为 2 mol/L、在 25℃搅拌浸出 2 小时，用 NaOH 调节 pH 为 2.5，将电极材料中稀土元素沉淀为硫酸盐。然后用 2 mol/L 的 HCl 将稀土元素浸出，采用合成的吸附剂 MgFe–LDH–A 对同时含有 La（III）和 Nd（III）的浸出液进行吸附。采用固液比为 0.01（g/mL），在 25℃下吸附 2 小时，La（III）和 Nd（III）的吸附率分别为 98% 和 1%。在滤液中加入沉淀剂草酸，将 Nd（III）作为 Nd（III）草酸盐沉淀除去后，将其在 500℃下焙烧 3 小时，即可得到 Nd（III）的氧化物。

Xia 等[59]用萃取剂 N1923 从废镍氢电池酸浸液中萃取稀土，并对原料 pH、温度、搅拌速度等因素对稀土萃取的影响进行了研究。实验结果表明经过五段逆流萃取，稀土的提取率达到 99.98%。当采用 2.5 mol/L HCl 溶液，单步萃取稀土达到 99.5%。

针对不同浸出剂对废弃镍氢电池的浸出效果，Bertuol 等[60]研究了 H_2SO_4、HCl、HNO_3 和王水对废弃镍氢电池的浸出比较。研究结果发现，对于硫酸溶液，沉淀形成的最终 pH 接近 1；而对于其他酸浸体系，沉淀物只在 pH 约为 7 时形成。使用硫酸作为浸出剂时，回收稀土元素的效果最好，超过 98% 的稀土元素以硫酸盐的形式被浸出。当稀土元素被浸出后，用 5 mol/L 的 NaOH 调节 pH 至 1.2 时选择性沉淀。Fe^{3+} 在 pH 为 3.5 时以氢氧化物的形式析出，而 $Ni(OH)_2$ 形成时的 pH 约为 6，且无论使用哪种酸溶液，沉淀形成的 pH 都没有显著变化。当调节 pH 为 1.2 除去稀土元素、调节 pH 为 6 除去铁后，整个流程中共沉淀物中有 2% 的镍和 6% 的钴，通过此方法即可选择性的将稀土元素和镍、钴等分离，后续溶液中的镍、钴可通过电化学沉积方法对镍和钴等进行回收。

除了通过化学沉淀、化学萃取和电沉积等方法，Fila 等[61]采用含磺酸基、二膦基和羧基的 Diphonix 树脂对废弃镍氢电池电极材料中金属离子的吸附能力进行了研究，研究发现 Diphonix 树脂对浸出液中各离子吸附程度顺序为：La(III) > Fe(III) > Nd(III) > Ce(III) > Cu(II) > Zn(II) > Co(II) > Ni(II)。因为 Diphonix 树脂结构中存在三个官能团，金属离子与表面结合有多功能性和双重性，所以可以利用其各自官能团的性质将金属离子吸附并回收，这为溶液中回收有价金属提供了新的思路。

综上所述，镍氢电池的湿法冶金回收大多使正极材料浸出到酸溶液中，利用化学沉淀、萃取剂萃取等方法将有价金属提取，其回收利用可分为电池级原材料再生和重新合成附加值较高的产品，比如镍钴铁氧体[62]和镍锰锌铁氧体磁性纳米粒子[63]等，目前对废弃镍氢电池酸浸处理的浸出剂大多为无机酸，利用有机酸回收镍氢电池中有价金属可能是下一个研究的热门方向。

2. 火法冶金回收技术

对于镍氢电池来说，现在火法冶金回收技术大多利用高温热处理将正极材料直接形成金属或合金。Tobias 等[64]采用炉渣共熔法，利用电弧炉高温处理废弃镍氢电池，通过 $CaO–CaF_2$ 和 $CaO–SiO_2$ 体系与废弃镍氢电池共焙烧，实验结果表明 $CaO–CaF_2$ 比 $CaO–SiO_2$ 共焙烧体系展现出了更好的熔融性能，在 1600°C 高温焙烧下 $CaO–CaF_2$–废镍氢电池熔化，$CaO–SiO_2$–废镍氢电池共焙烧体系在 1700°C 达到了良好的熔化效果。经过高温热处理，镍和钴几乎完全为金属相，而稀土则以氧化物的形式转移到矿渣中，其回收的工艺路线如图 6-9 所示。

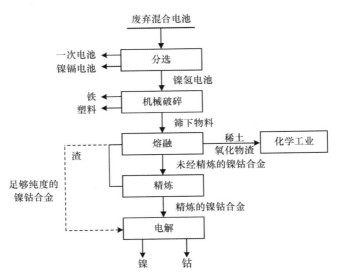

图 6-9　废弃镍氢电池的火法冶金回收利用工艺流程图[64]

　　也有学者通过高温焙烧处理废弃镍氢电池正极材料，因为材料在不同的焙烧气氛中存在不同的稳定区间，可利用该性质实现材料的选择性回收。Kuzuya 等[65]采用 CCl_4 气体作为氯化焙烧剂从废弃镍氢电池中回收有价金属。将混合的活性材料先通过磁选等方法得到镍的氢氧化物。剩下的物质 M_mNi_5 中含有 14.5%Ce、10.8%La、4.5%Nd、49.2%Ni、9.8%Co、4.7%Mn 和 1.7%Al。当在 400℃氯化焙烧时，M_mNi_5 分解为稀土氯化物和镍钴合金，将稀土氯化物用蒸馏水过滤，La、Ce 和 Nd 的浸出率分别达到 96.3%、77.4%、80.1%，通过氯化焙烧 85.7%的 Ni 和 87.1%的 Co 可以以镍钴合金的形式回收。当氯化焙烧温度达到 500℃时，M_mNi_5 被完全氯化，温度继续升高至 700℃及以上时，反应管的低温区也观察到一种绿色沉淀，过渡金属氯化物在反应管的低温区可以升华沉积。在氯化焙烧过程中，氯化物的稳定性为 $NiCl_2 < CoCl_2 < AlCl_3 < MnCl_2 < NdCl_3 < CeCl_3 < LaCl_3$，这也是首先形成稀土元素氯化物的理论依据。具体焙烧流程如图 6-10 所示。

　　废弃镍氢电池中含有较为可观的稀土元素，所以通常使用湿法冶金回收技术将其中经济价值和战略价值较高的稀土元素回收。基于火法和湿法回收技术的优缺点，有学者结合两者的优点，运用湿法−火法复合技术回收镍氢电池中的有价金属元素，这部分将在镍氢电池回收的其他回收技术中详细表述。废弃镍氢电池的火法冶金可以考虑通过真空冶炼等方式，将其中有价金属全组分回收，同时也应考虑火法冶金回收处理过程中带来的环境及能耗问题。

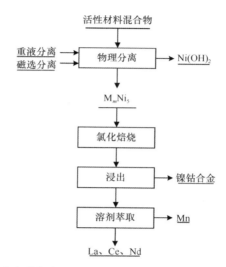

图 6-10　废弃镍氢电池氯化焙烧回收有价金属的工艺流程图[65]

3. 其他回收技术

　　废弃镍氢电池除了常规的湿法浸出和火法冶炼外，也有学者探索出了无损再生资源化利用的方法。北京理工大学李丽教授团队提出了超声波处理和纳米化处理的再生方法，避免回收处理带来污染的同时，可以简单有效地将废弃镍氢电池电极材料进行再生[66-69]。

　　超声波处理再生技术，即采用超声波震荡的方法，利用超声波产生特有的"空化效应"，使镍氢电池电极材料在非破坏状态下在一定程度上实现循环再生的技术[66,69]。通过控制超声波处理时长，可以控制电极材料的形貌，进而实现可控的电极材料再生。随着超声波处理时间的增加，废弃镍氢电池正极材料活性物质开始分散，从而改善电极材料活性，进而使容量增加；但处理时间过长，团聚的正极活性物质将影响电池的电化学性能。超声处理对负极材料也有显著的影响，随着超声波处理时间的增加，废弃负极材料合金粉表面变得光滑且富有金属光泽，超声波产生的"空化效应"使负极材料惰性稀土氧化物脱落，从而使负极材料露出活性较高的表面，从而改善电化学性能。但随着时间的延长，负极材料合金粉又会产生微粉化的现象，从而影响电池电化学性能。当采取优化的超声处理后，废弃镍氢电池电化学性能得到明显的改善，电池 0.5 C 和 1 C 的放电容量分别可以提高 13.30%、7.90%，可以有效地延长废弃镍氢电池的使用寿命。

　　纳米化处理再生技术，即将废弃镍氢电池电极材料，通过超声震荡或机械剥离的方法将活性物质回收，洗涤、干燥后通过机械球磨或化学处理，使电极材料纳米化，将纳米化后的电极材料补充添加剂，重新制成电极材料的一种材料再生技术。纳米化处理后的废弃电极材料经过简单的再合成，即可有效地提高材料的电化学性能[68]。超声波和纳米化处理技术流程简单、操作简便，可以较好地使废弃镍氢电池电极材料实现循环再生的效果，可有效降低废弃镍氢电池带来的污染，将有利于其关键材料的低成本化发展。

基于绿色生态的回收方法，生物冶金回收技术也被应用于废弃镍氢电池的回收。北京理工大学辛宝平教授团队[70]使用氧化硫硫杆菌和氧化亚铁硫杆菌对废弃镍氢电池中重金属进行生物淋滤处理研究，实验结果表明，质量分数为 1.0%的电极材料，在 30℃的浸出温度，淋滤处理 20 天后，镍和钴的浸出率分别为 95.7%和 72.4%。随着电极材料量的增加镍和钴的浸出率下降，且镍和钴在生物浸出的效果显示出一定差异，在相同浸出条件下，金属镍浸出率高于金属钴，这是由于细菌对重金属具有选择性和一定的耐受性[70]。在生物淋滤过程中，电极材料投加量是影响生物淋滤过程中重金属浸出条件优化的重要参数之一，生物淋滤过程中微生物对重金属浓度具有一定耐受性，当电极材料溶解所释放的离子 Ni^{2+}、Co^{2+}浓度超过一定限度时，会对细菌的生长产生抑制甚至毒害作用，使生物淋滤过程受到影响，电极材料投加量越多，金属 Ni 和 Co 的浸出率越低。目前，关于生物淋滤技术回收利用废弃镍氢电池的研究多是实验室规模的，虽然生物淋滤技术具有浸出效果明显、二次污染小、经济环保等优点，但是，这种技术的实验周期相对较长，菌种的来源各异且不易培养、易受污染，由于诸多限制，该技术仍处于实验研究和小试示范阶段，尚未应用于大规模生产。

除此之外，也有学者采用机械方式处理回收废弃镍氢电池。Tenório 等[71]将废弃镍氢电池拆解后利用锤式粉碎机粉碎，然后利用磁选将其他杂质分离，再经刀式粉碎机粉碎并磁选后得到镍基合金粉末。此回收方法简单易处理，但回收得到的镍基合金中含有其他杂质，且回收率相比于湿法冶金回收较低。Bertuol 等[72]也对废弃镍氢电池机械粉碎后磁选得到镍基合金进行了研究，强磁性材料可以得到有效的回收。研究结果证明，这种机械式的处理方法虽然简单快速，但得到的回收产物价格低廉，附加值较低，因此学者们将目光投至湿法–火法复合联用技术，对传统回收利用体系进行改进。

湿法–火法复合联用技术，通常通过硫化焙烧的方法，将难溶金属氧化物转化为易溶于水的硫酸盐，从而实现电极材料有价金属的回收。Meshram 等[73]将废弃镍氢电池中的电极材料利用两步浸出后选择性分离其中的有价金属，首先将浓度为 0.03 mol/L 的 H_2SO_4 和电极材料粉末以固液比为 3∶4（g/mL）混合后，在马弗炉中以 300℃焙烧 90 min 后，在 75℃的去离子水中浸出 60 min，将酸性焙烧中形成的可溶性硫酸盐浸出。研究结果发现在酸性焙烧过程中，镍、锌和稀土元素形成了可溶性硫酸盐，且 91.73% 的镍、94% 的锌和 91% 的稀土元素被浸出。将可溶性硫酸盐过滤后，滤渣中富含钴和锰氧化物，然后在第二浸出阶段，加入 1 mol/L 的 H_2SO_4 和 0.1 mol/L 的还原剂 $NaHSO_3$ 作为浸出液，在 95℃ 的溶液环境中浸出 60 min 后，镍、钴、锌、锰和稀土元素的总回收率分别为 98.2%、91.4%、98%、97.8% 和 96%。两步法整体流程见图 6-11 所示。采用酸化焙烧和浸出两段工艺，正极材料的浸出性能优于硫酸的直接浸出。但此方法流程较长、操作不便，且浸出率相比于湿法冶金回收并没有明显提升。

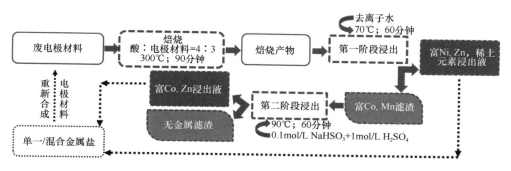

图 6-11　废弃镍氢电池两步浸出工艺流程图[73]

不同于焙烧后的硫酸浸出，有的学者直接将焙烧产物进行了水浸出，Korkmaz 等[74]将电极活性材料在 850℃ 环境中硫化焙烧 2 小时后，用固液比为 0.2（g/mL）的去离子水在 25℃ 浸出 1 小时，即可得到稀土元素的硫酸盐、镍和钴的氧化物，还有一些微量的铝、锌和铁氧化物。虽然采用了硫化焙烧的方式，提高了回收效率，但浸出液的后续处理仍然需要通过湿法冶金技术进行分离、提纯等处理，从而使处理流程增长，不利于流程的简洁化和高效化。如何在实现高效回收的同时，得到高值化的产物，是下一步待解决的问题。

镍基动力电池正极材料回收利用，除了传统的湿法回收和火法回收外，许多学者也研究了机械化学、湿法–火法复合联用、生物冶金、直接再生技术等新的回收利用体系。健全回收体系理论依据，发展新的回收利用技术，寻求高附加值产品的回收利用是未来的发展方向。多学科交叉、多方向配合、多手段联用则是下一代高效、简洁式回收技术的突破点。

6.3　铅酸电池

作为目前世界上广泛应用的动力电池之一的铅酸电池，由于其价格低廉、开路电压高、放电电压平稳等优点，广泛应用于电动车、便携式家用电器、电动汽车等交通工具，也常用作备用电源，还应用于太阳能发电等的储能工具。铅酸蓄电池使用一段时间后，极板活性物质会变性、软化、脱落，从而使电池电化学性能受到影响，形成报废的铅酸电池。废弃铅酸蓄电池主要成分是废铅膏、废板栅和 35% 左右的硫酸废液。铅是一种有毒物质且其回收具有可观的经济效益，从环境保护和资源循环利用的角度来看，回收废旧铅酸电池势在必行。铅的再生处理在西方发达国家已经相对成熟，且再生铅的产量已经远远超过铅精矿的冶炼。铅酸电池作为动力电池的主要的种类之一，其回收再利用工业工艺体系是废弃动力电池中相对成熟和完善的。

6.3.1 铅酸电池构造及工作原理

铅酸电池按照工作环境可分为移动式和固定式两类，普通的铅酸电池构造如图 6-12 所示，其主要由正极板、负极板、电解液和壳体等组成，正极板由 PbO_2 组成，负极板一般由海绵状纯 Pb 组成，电解液通常是硫酸的水溶液。铅酸电池在充放电过程中发生的电化学反应为式（6-7）～式（6-9）。

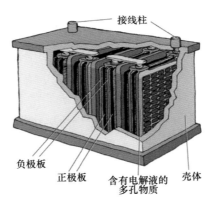

图 6-12 铅酸电池构造图[175]

$$正极：PbSO_4 + 2H_2O - 2e^- \longleftrightarrow PbO_2 + 3H^+ + HSO_4^- \tag{6-7}$$

$$负极：PbSO_4 + H^+ + 2e^- \longleftrightarrow Pb + HSO_4^- \tag{6-8}$$

$$总反应：PbSO_4 + 2H_2O \longleftrightarrow PbO_2 + Pb + 2H_2SO_4 \tag{6-9}$$

6.3.2 铅酸电池预处理技术

废弃铅酸电池体积相对于镍镉和镍氢动力电池较大，回收技术较为成熟，相较于其他的动力电池其预处理步骤有所不同。废弃铅酸电池的预处理通常采用机械处理法，通过锤式研磨机或其他机械设备，将电池壳体破碎后把电解液排出。之前工业化处理时直接将排出电解液的铅酸电池进行火法冶炼，虽然流程简便，但易造成环境污染。因此，现有的预处理都是将电解液排出后，进行再次破碎，从而将废弃铅酸电池中的塑料等部分分离，最后得到正负极废铅膏[76]。在废弃铅酸电池预处理过程中，应该注意预处理过程中带来的环境污染问题，废电解液可以污染地下水系统，而破碎过程中可能产生铅的粉尘对人体有极大的威胁，这是由于铅粉可以通过空气进入呼吸系统，从而引发铅中毒。

废弃铅酸电池的预处理可以增加回收的效率，降低回收中的污染，还可以将电池中塑料等组分分类回收，达到资源的最大化利用。将废弃铅酸电池预处理后，一般使用湿法–火法复合联用技术进行回收处理，通过湿法脱硫后火法冶金回收，但也有单独使用湿法冶金和火法冶金回收技术的相关研究和报告，为了比较与湿法和火法冶金回收技术的不同，本节将复合联用技术在第三部分讲述。此外，本节还对废弃铅酸电池的高附加值材料合成进行了梳理和展望。

6.3.3 铅酸电池回收再利用技术

在经预处理后的废弃铅酸电池中，正极废铅膏主要成分为 PbO_2 和 $PbSO_4$，负极铅膏的主要成分为 Pb、$PbSO_4$ 和部分被氧化的 PbO。$PbSO_4$ 是一种单斜或正交晶体，常温下很难溶于水，也不溶于乙醇，在酸性浸出体系中可以溶于浓硫酸，碱性浸出环境中可以溶于热碱，也可以溶解于乙酸铵、酒石酸铵的氨溶液[77]。PbO_2 为棕黑色粉末，是一种难溶于水的两性氧化物，在酸性环境下不与硝酸反应，而与盐酸和硫酸均能反应，在碱性溶液环境中可以被溶解。利用铅酸电池正极材料在不同酸碱介质中的性质，可以据此设计相关的回收工艺。

1. 湿法冶金回收技术

废铅酸电池的膏体中，PbO 和 PbO_2 是废铅酸蓄电池膏体的重要组成部分，质量占膏体质量的 50%以上，剩余 50%的主要成分是 $PbSO_4$。通过湿法冶金回收技术可将含铅的硫酸盐及氧化物转化为低价态的可溶物，最后采用电化学或物理的方法得到金属铅或铅的氧化物。在酸浸出过程中一般采用柠檬酸或乙酸为浸出剂、双氧水为还原剂、柠檬酸钠为脱硫剂将铅膏中的铅元素浸出。

采用柠檬酸为浸出剂，柠檬酸钠为脱硫剂，在浸出温度为 20℃条件下，以 PbO 和柠檬酸摩尔比为 1:1 的混合比例反应 15 min，可以将 PbO 中 99.8%的 Pb，以 $Pb(C_6H_6O_7)\cdot H_2O$ 的形式回收。在浸出温度为 20℃条件下，以 PbO_2 和柠檬酸摩尔比为 1:4 的混合比例，加入 1:2 摩尔比的双氧水反应 60 min，可以将 PbO_2 中

99%的 Pb，以 Pb($C_6H_6O_7$)·H_2O 的形式回收[78]。单独用含 $Na_3C_6H_5O_7$·$2H_2O$ 的溶液浸出 $PbSO_4$，既不能有效去除硫酸盐，也不能合成未污染的柠檬酸铅。同时使用 $C_6H_5Na_3O_7$·$2H_2O$ 和 $C_6H_8O_7$·H_2O 试剂，可以有效回收柠檬酸铅前驱体，同时去除 Na_2SO_4[79]，废铅酸电池与柠檬酸的反应过程发生的反应为式（6-10）～式（6-12）。

$$PbO + C_6H_8O_7 \cdot H_2O \longrightarrow Pb(C_6H_6O_7) \cdot H_2O + H_2O \tag{6-10}$$

$$PbO_2 + C_6H_8O_7 \cdot H_2O + H_2O_2 \longrightarrow Pb(C_6H_6O_7) \cdot H_2O + O_2 + 2H_2O \tag{6-11}$$

$$3PbSO_4 + 2[Na_3C_6H_5O_7 \cdot 2H_2O] \longrightarrow [3Pb_2(C_6H_5O_7)] \cdot 3H_2O +$$
$$3Na_2SO_4 + H_2O \tag{6-12}$$

在柠檬酸浸出体系中，铅膏中的主要成分硫酸铅（Ⅱ）、氧化铅（Ⅱ）和二氧化铅（Ⅳ）与浸出液中的柠檬酸盐离子发生反应，生成固态柠檬酸铅，生成的柠檬酸铅容易覆盖未反应的硫酸铅颗粒表面，形成核–壳结构，而柠檬酸铅壳结构会阻碍内部硫酸铅颗粒与柠檬酸盐离子及浸出液中的进一步反应。加入氨水以调节 pH，柠檬酸铅盐在 pH 为 2.1 时溶解度较低，在不添加氨的情况下，核壳结构的柠檬酸铅壳是稳定的，加入氨后当体系 pH 为 5～7 时，柠檬酸铅壳结构溶解，未反应的内部核心将与柠檬酸离子反应，并转化为柠檬酸铅，其反应机理如图 6-13 所示。但随着 pH 的增加，铅在滤液中的溶解度增大，导致铅的回收效率反而降低。在 pH 为 3.3 时生成的柠檬酸铅为 Pb($C_6H_6O_7$)·H_2O，pH 为 6.2 时生成的柠檬酸铅则为 $Pb_3(C_6H_5O_7)_2$·$3H_2O$。而且酸性越强，越有利于去除主要杂质，但在酸性较强的浸出体系中，脱硫反而效率降低，所以在整个回收过程中控制 pH 是湿法浸出铅的关键因素之一[80]。在不同 pH 浸出环境下，柠檬酸铅有两种结构 Pb($C_6H_6O_7$)·H_2O 和 $Pb_3(C_6H_5O_7)_2$·$3H_2O$，在反应初始 pH 为 5.2 时浸出效率较高，硫酸铅的脱硫率可达 99.6%；但初始 pH 为 3.5 时，反应 1 小时脱硫率仅为 12.1%。初始反应的 pH 不仅对柠檬酸铅的晶体结构有显著影响，而且对其浸出速度也有显著影响[81]。

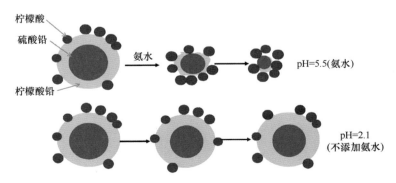

图 6-13　氨水溶解柠檬酸铅壳结构图[80]

除了 pH 对脱硫及柠檬酸铅浸出过程的影响，学者还探究了浸出时间、浸出温度和柠檬酸/柠檬酸钠对前驱体柠檬酸铅的影响。浸出时间超过 60 min，铅的浸出率没有变化，当浸出温度由 35℃ 提高到 95℃，柠檬酸钠浓度由 50 g/L 提高到 650 g/L，$PbSO_4$ 在柠檬酸/柠檬酸钠溶液中的浸出率显著提升，而柠檬酸/柠檬酸钠摩尔比的增加可以抑制这种浸出。柠檬酸钠可以与 $PbSO_4$ 反应，可以生成一种可溶性的柠檬酸铅离子络合物，所以可以通过增加柠檬酸钠的浓度，增加浸出效率，与柠檬酸钠的作用相反，柠檬酸的加入会导致滤液中铅含量的降低，抑制柠檬酸铅晶体的形成，所以可以通过控制体系温度或调节溶液 pH 来控制柠檬酸铅晶体的形成[82]。

废铅膏的浸出过程也可以采用乙酸为浸出剂，对废铅膏进行浸出，Zhu 等[83]利用柠檬酸–乙酸浸出体系将废铅酸电池的铅膏浸出，浸出后 $Pb_3(C_6H_5O_7)_2·3H_2O$ 是各浸出实验中唯一结晶的产物。以 10 g 铅膏为原料，加入 0.092 mol 的 CH_3COOH、0.026 mol 的 H_2O_2 和 0.048 mol $Na_3C_6H_5O_7·2H_2O$，以固液比为 1：5 的比例，在室温下浸出反应 120 min。废铅膏的转化率高达 99.8%，滤液中含铅 2.23%，柠檬酸铅回收率达 97.8% 以上。与柠檬酸水浸出相比，乙酸浸出不仅高效，而且乙酸价格较为低廉。除了将废铅膏中的铅转化为柠檬酸铅，也可以将废铅膏脱硫后加入乙酸和双氧水制成乙酸铅，然后将 NaOH 加入乙酸铅中反应，最后得到产物 PbO[84]。

脱硫过程中，大部分金属杂质以固体矿物的形式存在，并残留在脱硫铅膏中。在乙酸浸出过程中，由于乙酸和双氧水对浸出步骤的 pH 和氧化还原电位的影响较大，因此乙酸和双氧水的用量是去除杂质的两个关键参数。乙酸的浓度越大，越有利于铅的浸出，脱硫铅膏酸浸中 H_2O_2 的浓度越高，氧化还原电位越高，越有利于去除铁杂质。在最优的浸出条件下（CH_3COOH/Pb 为 2.0、H_2O_2/Pb 为 3.5、浸出温度 30℃、浸出时间 10 小时），废铅膏中铅的总回收率为 92.6%。在废铅膏的回收过程中，杂质会影响回收得到产物的纯度，也会影响回收过程中相变过程[85]。研究结果表明，回收的氧化铅中 Fe 含量大于 223 mg/kg 时，抑制了 $4PbO·PbSO_4$ 的生成和结晶，而且还会影响合成电池的电化学性能。因此回收利用同时也应考虑如何将产物的纯度提高，以达到较好的经济效益。在 pH 为 5～6 的水溶液中，将废铅膏与柠檬酸钠、乙酸和双氧水浸出反应后，形成柠檬酸铅前驱体，然后再结晶后从溶液中分离，通过再结晶柠檬酸铅中杂质含量明显下降[86]。

相比于酸浸出体系，利用铅膏中 PbO、PbO_2 和 $PbSO_4$ 在酸碱中的可溶性不同，也可以采用碱浸出回收废铅膏中的有价铅。Pan 等[87]以 NaOH 为脱硫剂，将废铅膏经催化转化为 $PbSO_4$，通过再结晶的方式，将铅以 PbO 的形式回收。将铅膏、铅粉和从废铅酸电池中获得的剩余 H_2SO_4 放入烧瓶中，然后在烧瓶中加入一定量的亚铁离子（Fe^{2+}）、乙二胺、氯化铵（NH_4Cl）作为催化剂，加速催化转化反应，转化完成以去离子水洗后，将滤渣在 80℃真空干燥，最后得到 PbSO₄。将所得的 PbSO₄ 和氢氧化钠溶液在加热情况下反应，当 PbSO₄ 完全溶解，将不溶性杂质过滤后，热滤液在搅拌下缓慢冷却析出 PbO，将得到的产物水洗干燥后即可得到纯度较高的 PbO，在重结晶的过程中发生的化学转化为反应式（6-13）～式（6-15）。

$$PbSO_4 + 2NaOH \longrightarrow PbO + Na_2SO_4 + H_2O \qquad (6-13)$$

$$PbO + NaOH \longrightarrow NaHPbO_2 \qquad (6-14)$$

$$NaHPbO_2 \longrightarrow PbO + NaHPbO_2 \qquad (6-15)$$

PbO 在氢氧化钠中溶解度随温度变化如图 6-14 所示，在电沉积过程中，通过对可能影响 Pb 沉积的因素进行分析，发现电解液中低的 NaOH 浓度（15%～35%）和中间温度（30～105℃）有利于形成致密结构[88]。因此调控电解液中的影响因素，有利于提高电沉积的效果，从而得到符合工业需求的电沉积产物。

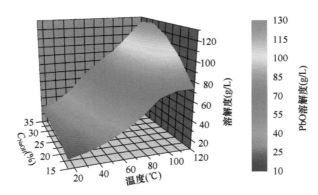

图 6-14　PbO 在氢氧化钠中溶解度随温度变化图[88]

也有学者直接将废铅膏进行电解，从而得到高纯度的金属铅。Dai 等[89]将废铅膏直接在 200 g/L 的(NH₄)₂SO₄ 溶液中电解，采用协同电化学还原和脱硫的方法，废铅膏可以转化为高纯金属铅。并对电解过程中的电解时间、工作温度、电流密度、电解液组成等因素进行了研究，在电解过程中，铅的沉积机理主要表现为溶解度沉积，其中 PbSO₄ 的还原电位随着工作温度的升高逐渐向正方向转变，较高的温度有利于 PbSO₄ 的直接还原，但温度越高，析氢过电位越低，阴极析氢反应发生的可能性越大，从而导致阴极电流效率和脱硫效率下降。在低电流密度下，电解完全回收废铅膏需要较长的时间，而较高的电流密度，则会剧烈地析出气体，从而会影响阳极的使用寿命。在最优化的电解条件下[电流密度 200 A/m²、电解温度 40℃、固液比 200（g/L）、电解液为(NH₄)₂SO₄]，电解产物的铅回收率可达 95.61%。虽然解决了空气污染的影响，但电解过程中巨大的能量消耗仍是待解决的问题。

利用湿法冶金技术除了可以回收废铅膏以外，也可以用于处理其他回收技术留下的副产物。高温冶炼过程中，不仅会生成污染性气体，而且焙烧过程形成的炉灰中存在可观的有价金属。Chen 等[90]将主要成分为 $PbSO_4$ 和 Pb_2OSO_4 的炉灰，用硝酸和氢氧化钠进行了浸出研究，研究发现在固液比为 60（g/L）时，在 2 mol 酸性溶液和碱性溶液中，铅的浸出率分别为 43% 和 67%，$PbSO_4$ 完全溶于氢氧化钠，Pb_2OSO_4 则溶于 HNO_3 中，最后将浸出液通过电化学处理的方式将金属铅回收。由此可见，利用多体系的回收技术路线，不但可以将其他回收路线中的副产物再次利用，而且还可以形成优势互补，达到物尽其用的回收效果。

由于电沉积耗能相对较大，因此现在工艺化流程回收废铅酸电池采用的是湿法脱硫火法再生的技术路线，但研究湿法回收废弃铅酸电池有利于废铅膏的价值最大化，可以通过多技术联用，实现短程、高效、无污染的铅酸电池回收技术。

2. 火法冶金回收技术

作为铅酸电池正极材料主要成分的 $PbSO_4$，在高温下不稳定，当温度升高至 800℃时，容易分解为 PbO、SO_2、和 O_2[77]。同样作为正极材料成分之一的 PbO_2，见光易分解为 Pb_3O_4 和 O_2，在升温过程中分解释放出 O_2，生成 Pb_2O_3，接着分解生成 Pb_3O_4，更高的温度下可转化为 PbO。因此，可以利用正极材料的物理化学性质，设计不同的回收工艺。

早期的火法冶金工艺，包括 QSL 一步炼铅法、Kivcet 炼铅法、Kaldo 炼铅法以及国内 SKS 炼铅法和 ISA-YMG 炼铅法。主要以高温还原的方式，将废铅膏中的铅回收，但这样处理不可避免会带来环境污染等诸多问题[77]。降低冶炼温度、降低能耗、减小硫排放等已经是新的回收废铅膏的火法冶金技术需要关注的重点。

将废弃铅酸中的废铅膏先进行碳热还原，添加过量的碳，确保氧化铅和硫酸铅可以完全还原为 Pb 或 PbS，然后加入硫粉进行硫化，并在高温下形成 PbS 蒸气[91]。PbS 蒸气在迁移过程中，通过剧烈的碰撞将动能转移到冷氮气和管壁面，在冷凝区过饱和时，开始均匀成核，PbS 蒸气开始凝结为固相。而在硫化过程中，加热温度的增加会增加过饱和程度，而较高的蒸气过饱和有助于形成更细的 PbS 颗粒，但温度的升高加快了分子运动，使 PbS 蒸气凝固前没有足够的时间完全凝聚并形成完整的立方颗粒；而相对较低的加热温度，在固定的冷凝温度下无法产生适当的过饱和度。冷凝温度过高或过低都影响 PbS 的结晶形状及大小，而冷凝硅板的距离、氮气压强及沉积衬底对 PbS 的形成都有非常大的影响。以废铅酸蓄电池铅膏为原料，在加热温度 950℃、冷凝温度 300℃、惰性气体压强为 100 Pa、冷凝距离为 60 cm 和收集衬底为硅板的优化条件下，可以制备得到高附加值 PbS 超细粉体，其制备机理图如图 6-15 所示。相关的化学反应如式（6-16）～式（6-21）所示。

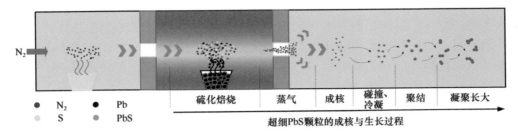

图 6-15　超细 PbS 制备机理图[91]

$$2PbO_2 \longrightarrow 2PbO + O_2 \tag{6-16}$$

$$PbO + C \longrightarrow Pb + CO \tag{6-17}$$

$$PbSO_4 + C \longrightarrow PbO + CO + SO_2 \tag{6-18}$$

$$PbO_2 + C \longrightarrow Pb + CO_2 \tag{6-19}$$

$$PbSO_4 + 4C \longrightarrow PbS + 4CO \tag{6-20}$$

$$Pb + S \longrightarrow PbS \tag{6-21}$$

也有学者采用真空氯化的方式将废铅酸电池中的铅膏进行回收，实现铅回收和固硫，同时不排放有害气体。Liu 等[92]在真空氯化阶段，将废铅膏与氯化试剂 $CaCl_2$、SiO_2 混合均匀，球磨后放入真空管炉中（温度为 550℃、真空装置的压力为 1 Pa、反应 10 min），氯化反应后废铅膏中铅的化合物均被转化为氯化铅，从石英壁上收集浓缩的氯化铅产品，硫则以硫酸钙的形式留在不溶的氯化残留物中，真空氯化中发生的化学转化为反应式（6-22）～式（6-24）。

$$PbO + CaCl_2 + SiO_2 \longrightarrow PbCl_2 \longrightarrow CaSiO_3 \tag{6-22}$$

$$PbSO_4 + CaCl_2 + SiO_2 \longrightarrow PbCl_2 + CaSiO_3 + SO_3 \tag{6-23}$$

$$PbSO_4 + CaCl_2 + SiO_2 \longrightarrow PbCl_2 + CaSiO_3 + SO_2 + 0.5O_2 \tag{6-24}$$

由于废铅膏中含有的 $PbSO_4$ 在高温下才能分解，所以一般对废铅膏要进行脱硫处理。而早期的废铅膏的火法冶金，在回收过程中耗能大，还有 SO_2 和烟尘污染等问题。因此大多数学者将研究目标投向湿法–火法复合联用技术的研究。

3. 其他回收技术

现在对废铅酸电池中铅膏的回收技术大多以湿法–火法复合联用为主，一般包括脱硫、结晶、焙烧三个主要流程，利用柠檬酸、乙酸等将废铅膏浸出后，加入还原剂和脱硫剂，最后得到前驱体柠檬酸钠等物质，经火法低温焙烧，通过控制焙烧中的参数设置，可以得到不同的焙烧产物。

华中科技大学杨家宽课题组以废弃铅酸电池中的 $PbSO_4$ 为原料，通过添加柠檬酸和柠檬酸三钠水溶液，再加入乙二醇（EG）作为改性剂，对纯度超过99%的硫酸铅进行脱硫，可以得到$[3Pb_2(C_6H_5O_7)]\cdot 3H_2O$，然后在350℃以上温度焙烧时，可以生成正方晶系的 α-PbO、斜方晶系的 β-PbO 和金属铅[93]。此方法避免了高温冶炼过程中的废气排放和金属的挥发，最后得到具有较高表面积的纳米氧化铅。还以柠檬酸和柠檬酸钠溶液为浸出剂[94]，合成了氧化铅的前驱体柠檬酸铅，合成的柠檬酸铅为片状晶体。以柠檬酸铅为原料，在氮气和空气中分解制备纳米结构氧化铅具有不同成分和形貌。柠檬酸盐在 N_2 气体中煅烧时，焙烧产物的物相主要为斜方晶系的 β-PbO、金属 Pb 和 C，柠檬酸铅在空气气氛中焙烧时，在焙烧温度370℃保温 20 min，得到的焙烧产物中主要的物相是 β-PbO，还有少量的 α-PbO 和金属铅。

除此之外，以废铅酸蓄电池铅膏为原料，脱硫处理的铅膏与柠檬酸反应生成柠檬酸铅后，将柠檬酸铅低温煅烧得到超细氧化铅[95]。当以 Na_2CO_3、$NaHCO_3$ 或$(NH_4)_2CO_3$ 为脱硫剂脱硫时，与 $PbSO_4$ 可能发生的反应为反应式（6-25）～式（6-29）。以 Na_2CO_3 为脱硫剂，为了避免钠化合物杂质的引入，碳酸钠脱硫法制备的 $NaPb_2(CO_3)_2OH$ 与 CO_2 反应生成 $PbCO_3$，其转化为反应式（6-30）。

$$PbSO_4 + 2NaHCO_3 \longrightarrow PbCO_3 + Na_2SO_4 + CO_2 + H_2O \qquad (6\text{-}25)$$

$$PbSO_4 + (NH_4)_2CO_3 \longrightarrow PbCO_3 + (NH_4)_2SO_4 \qquad (6\text{-}26)$$

$$PbSO_4 + Na_2CO_3 \longrightarrow PbCO_3 + Na_2SO_4 \qquad (6\text{-}27)$$

$$3PbSO_4 + 2Na_2CO_3 + 2H_2O \longrightarrow Pb_3(CO_3)_2(OH)_2 + 2Na_2SO_4 + H_2SO_4 \qquad (6\text{-}28)$$

$$2Pb_3(CO_3)_2(OH)_2 + 2Na_2CO_3 \longrightarrow 3NaPb_2(CO_3)_2OH + NaOH \qquad (6\text{-}29)$$

$$NaPb_2(CO_3)_2OH + CO_2 \longrightarrow 2PbCO_3 + NaHCO_3 \qquad (6\text{-}30)$$

脱硫膏的主要成分为 $Pb_3(CO_3)_2(OH)_2$、$PbCO_3$、PbO_2 和 PbO，将脱硫后的铅膏与柠檬酸在 pH 为3～4时发生反应得到柠檬酸铅，将柠檬酸铅进行热处理，在焙烧温度高于400℃时，柠檬酸铅可以全部分解。当在370℃焙烧 1 小时后，产物中的物相主要是 PbO 和 Pb。利用湿法与火法结合回收铅膏，不但降低了污染，而且还降低了焙烧的能耗。反应过程如式（6-31）～式（6-34）。

$$Pb_3(CO_3)_2(OH)_2 + 3C_6H_8O_7\cdot H_2O \longrightarrow 3Pb(C_6H_6O_7)\cdot H_2O + 2CO_2 + 4H_2O \quad (6\text{-}31)$$

$$PbCO_3 + C_6H_8O_7\cdot H_2O \longrightarrow Pb(C_6H_6O_7)\cdot H_2O + CO_2 + H_2O \qquad (6\text{-}32)$$

$$PbO_2 + C_6H_8O_7\cdot H_2O + H_2O_2 \longrightarrow Pb(C_6H_6O_7)\cdot H_2O + O_2 + 2H_2O \qquad (6\text{-}33)$$

$$PbO + C_6H_8O_7\cdot H_2O \longrightarrow Pb(C_6H_6O_7)\cdot H_2O + H_2O \qquad (6\text{-}34)$$

当以$(NH_4)_2CO_3$ 为脱硫剂时[96]，废铅膏 $PbSO_4$ 与$(NH_4)_2CO_3$ 反应生成碳酸铅，将碳酸铅和未反应的氧化铅组成的脱硫膏体，在硝酸和 H_2O_2 水溶液中浸出，铅膏体中铅的提取率可达 98.0%。然后加入 Na_2CO_3 可将浸出液中的 99.9% 以上的 Pb（Ⅱ）转化为碳酸铅沉淀。碳酸铅在相对较低的温度 350～450℃，通过热分解很容易转化为 PbO 或 Pb_3O_4，可以作为制备新的铅膏和其他铅制品的前驱体。

以 $Na_3C_6H_5O_7 \cdot 2H_2O$ 作为脱硫剂和有机配体，对废铅蓄电池铅膏进行浸出[97]，浸出过程中以无水乙酸为浸出剂，并以双氧水（30% w/v）为还原剂，最后得到柠檬酸铅，铅膏中发生的化学转化为反应式（6-35）～式（6-39）。将得到的柠檬酸铅在空气中焙烧，其分解为两个步骤，首先是柠檬酸铅的分解，伴随部分有机基团的氧化，温度升高至 350℃ 以上时，有机基团剧烈分解的同时，铅以 PbO 和 Pb 的赋存形式出现。如果焙烧过程中氧气充足，PbO 将是焙烧的最终产物，如果氧气不充足，Pb 是最终产物。与柠檬酸盐 $Pb(C_6H_6O_7) \cdot H_2O$ 相比，$Pb_3(C_6H_5O_7)_2 \cdot 3H_2O$ 由于晶体颗粒较大可以容易地过滤掉，但过大的颗粒使氧的传质效率降低，因此焙烧需要更高的温度才能得到只含有 PbO 和 Pb 的纯产物。

$$3PbO + 6CH_3COOH + Na_3C_6H_5O_7 \cdot 2H_2O \longrightarrow$$
$$Pb_3(C_6H_5O_7)_2 \cdot 3H_2O + 6CH_3COONa + 4H_2O \tag{6-35}$$
$$3PbO_2 + 6CH_3COOH + 3H_2O_2 + 2Na_3C_6H_5O_7 \cdot 2H_2O \longrightarrow$$
$$Pb_3(C_6H_5O_7)_2 \cdot 3H_2O + 6CH_3COONa + 3O_2 + 7H_2O \tag{6-36}$$
$$3PbSO_4 + 2Na_3C_6H_5O_7 \cdot 2H_2O \longrightarrow Pb_3(C_6H_5O_7)_2 \cdot 3H_2O + 3Na_2SO_4 \tag{6-37}$$
$$Pb_3(C_6H_5O_7)_2 \cdot 3H_2O + 9O_2 \longrightarrow 3PbO + 12CO_2 + 8H_2O \tag{6-38}$$
$$Pb_3(C_6H_5O_7)_2 \cdot 3H_2O + 7.5O_2 \longrightarrow 3Pb + 12CO_2 + 8H_2O \tag{6-39}$$

在火法焙烧过程中，焙烧气氛（O_2/N_2 混合物）中 O_2 的含量和温度对焙烧产物氧化铅性能有着直接的影响。不同焙烧环境下，焙烧产物中物相的结构演变机理如图 6-16 所示[98]。焙烧产物中多孔碳作为骨架，铅氧化物（PbO）包覆在骨架上。随着焙烧气氛中氧含量的增加，氧化铅中铅金属的质量百分比随之增大，而多孔碳骨架结构逐渐受到破坏。在焙烧温度为 370℃ 时，当 O_2 的比例上升到 70% 以上时，煅烧产物中不再存在 α-PbO 相，焙烧温度升高至 450℃ 以上时，产物中出现 Pb_3O_4 而且随着温度升高，其含量逐渐增大。

除了焙烧气氛的影响，焙烧温度也是影响再生氧化铅形貌的重要影响因素。随着焙烧温度从 350℃ 升高到 450℃，生成的氧化铅颗粒团聚，形貌由多孔棒状逐渐转变为多孔性较差但更加均匀的球形。经研究发现，在 375℃ 条件下制备的氧化铅具有良好的电化学性能和初始容量；而在 450℃ 下获得的氧化铅则具有相对较好的循环稳定性[99]。因此，可以通过控制焙烧温度对焙烧产物的形貌、性能等进行调控。

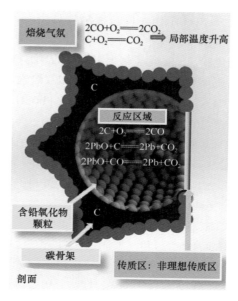

图 6-16   焙烧理论模型示意图[98].

也有学者在脱硫合成体系中加入有机化合物，以研究其对合成和焙烧过程的影响。蔡俊超等[100]在柠檬酸–柠檬酸钠湿法脱硫合成柠檬酸钠前驱体过程中，加入聚天冬氨酸并研究其对柠檬酸铅前驱体合成的影响，及后续焙烧所得铅氧化物的产物性能的影响。研究发现，加入聚天冬氨酸有利于柠檬酸铅前驱体的生成，得到的前驱体结晶度好，并不会影响后续焙烧产物的物相组成；加入聚天冬氨酸可以提高产物的孔隙率，随着添加比例的增加，则会使生成的氧化铅过细易团聚。也可以采用甲磺酸作为浸出剂，采用甲磺酸和双氧水浸出废铅酸电池铅膏，将固体铅和二氧化铅从电极材料中溶解，从而得到可溶性铅酸电池电解质甲烷磺酸铅[101]，甲磺酸浸出中发生的化学转化为式（6-40）～式（6-41）。

$$PbO_2 + H_2O_2 + 2CH_3SO_3H \longrightarrow Pb(CH_3SO_3)_2 + 2H_2O + O_2 \qquad (6-40)$$

$$Pb + H_2O_2 + 2CH_3SO_3H \longrightarrow Pb(CH_3SO_3)_2 + 2H_2O \qquad (6-41)$$

除了将脱硫产物进行火法焙烧，有的学者将焙烧产物进行了进一步的机械处理。将脱硫处理后的废铅膏，用高浓度的乙酸浸出得到乙酸铅，然后将氢氧化钠溶液快速加入所得乙酸铅溶液中，以 200 rpm 的搅拌速度预热至 95℃，搅拌 5 min 后从溶液中将得到的氧化铅过滤。将合成的氧化铅与硫酸（20 wt%）在 80℃水浴中反应生成中间产物 PbO/PbSO₄ 后，将中间产物在 650℃下烧结 6 小时得到四碱式硫酸铅产物，将得到的焙烧产物以 450 rpm 的速度球磨 3 小时得到球磨四碱式硫酸铅，而球磨四碱式硫酸铅粒径较小，可以在正活性材料形成过程中转化为更致密、更完整的骨架微观结构，比直接焙烧后得到的产物有更好的电化学性能[102]。

为了得到超细的氧化铅，Sun 等[103]使用脱硫剂$(NH_4)_2CO_3$ 将铅膏中的 $PbSO_4$ 转化为碳酸铅，然后将脱硫后的物料经乙酸溶液和双氧水将其浸出后，转化为乙酸铅，在乙酸铅溶液中加入冰醋酸，然后使前驱体 $Pb(CH_3COO)_2 \cdot 3H_2O$ 结晶后析出，然后将其在氮气或空气气氛中，焙烧至 320~400℃得到超细氧化铅。在乙酸浸出的过程中，随着 CH_3COOH/Pb 摩尔比的增加，脱硫后的铅膏中铅的浸出效率提高，且只要浸出时间足够，就可以得到较高的浸出率。前驱体 $Pb(CH_3COO)_2 \cdot 3H_2O$ 在焙烧温度达到 370℃以上时可以完全转化为 PbO 和 Pb，其在转化中发生的化学转化为式（6-42）~式（6-43）。

$$Pb(CH_3COO)_2 \longrightarrow PbO + CH_3COCH_3 + CO_2 \qquad (6\text{-}42)$$

$$Pb(CH_3COO)_2 \longrightarrow Pb + CH_3COOH + CO_2 + H_2 + C \qquad (6\text{-}43)$$

为了得到特定晶型的氧化铅，学者也对浸出和焙烧处理过程发生的演变机理进行了分析。采用$(NH_4)_2CO_3$ 为脱硫剂，在温度为 30℃中反应 2 小时后在 140℃甲醇溶剂中水热处理 24 小时,由于在除硫之前已经有碳酸铅的形成,PbO 与 $PbCO_3$ 反应生成 $PbO \cdot PbCO_3$，反应机理如式（6-44）~式（6-47）。将甲醇水热处理后的正极铅膏，在马弗炉中 450℃中焙烧 1 小时，然后将焙烧产物在乙醇中超声清洗后，可以得到 $\alpha\text{-}PbO$[104]。Gao 等[105]将废铅酸电池正极材料在甲醇溶剂中 140℃下水热处理 24 小时后，得到正极材料成分为 $PbSO_4 \cdot PbO_2$。将得到的 $PbSO_4 \cdot PbO_2$ 与脱硫剂 $(NH_4)_2CO_3$ 反应可以容易生成碳酸铅，经过煅烧最后生成 $\alpha\text{-}PbO$。

$$PbO + PbCO_3 \longrightarrow PbO \cdot PbCO_3 \qquad (6\text{-}44)$$

$$2PbCO_3 \cdot \longrightarrow PbO \cdot PbCO_3 + PbO + CO_2 \qquad (6\text{-}45)$$

$$2PbO \cdot PbCO_3 \longrightarrow PbO \cdot PbCO_3 + PbO + CO_2 \qquad (6\text{-}46)$$

$$2PbO \cdot PbCO_3 \longrightarrow 3PbO + CO_2 \qquad (6\text{-}47)$$

在废弃铅酸电池中除了硫酸铅、二氧化铅等主要成分外，废铅膏中含有少量杂质，对后续处理影响较大。Ma 等[106]先通过低温焙烧，将杂质转化为金属氧化物，然后将低温焙烧后的铅膏溶于稀释的 H_2SO_4 和 H_2O_2（5.0%），反应转化为可溶性硫酸盐，此时不溶的固体产物中物相主要是 $PbSO_4$、$BaSO_4$ 和 $CaSO_4$。将不溶性产物过滤后，用优化的浸出条件（浸出温度为 40℃、浸出时间 20 min、NH₄AC 浓度为 10.0 wt%）将 $PbSO_4$ 浸出，引入 CO_2 得到纯 $PbCO_3$。然后通过焙烧即可获得焙烧产物 PbO，$PbCO_3$ 在焙烧温度为 405℃下保温 2 小时后可以完全分解，乙酸铵浸出 $PbSO_4$ 生成 $PbCO_3$ 的反应为式（6-48）~式（6-49）。

$$PbSO_4 + 2CH_3COONH_4 \longrightarrow (CH_3COO)_2Pb + (NH_4)_2SO_4 \qquad (6\text{-}48)$$

$$(CH_3COO)_2Pb + CO_2 + H_2O \longrightarrow PbCO_3 + 2CH_3COOH \qquad (6\text{-}49)$$

除了常用于浸出的柠檬酸和乙酸，也有学者以草酸和草酸钠处理废铅酸蓄电池的废铅膏，以 $H_2C_2O_4 \cdot H_2O$ 为还原剂，将铅膏中 Pb（Ⅳ）还原为 Pb（Ⅱ）[107]。然后将其置入草酸钠饱和溶液中进行超声处理，在浸出过程中浸出剂的实际用量是化学计量学计算量的两倍，以便于将所有铅的化合物转化为草酸铅。将铅膏还原脱硫后，将草酸铅溶液置于 60℃恒温水浴中使晶体生长，真空过滤后干燥得到草酸铅。将得到的草酸铅在 500℃焙烧时可以得到 α-PbO，焙烧温度升高至 600℃时，得到的产物为 β-PbO。在转化过程中发生的化学反应机理为式（6-50）~式（6-53）。与前文所用柠檬酸相比，用草酸钠脱硫后的化合物，需要更高的焙烧温度。

$$4H_2C_2O_4 + 3PbO_2 \longrightarrow 3PbC_2O_4 + 4H_2O + 2CO_2 + O_2 \qquad (6\text{-}50)$$

$$H_2C_2O_4 + PbO \longrightarrow PbC_2O_4 + H_2O \qquad (6\text{-}51)$$

$$Na_2C_2O_4 + PbSO_4 \longrightarrow PbC_2O_4 + Na_2SO_4 \qquad (6\text{-}52)$$

$$2PbC_2O_4 + O_2 \longrightarrow 2PbO + 4CO_2 \qquad (6\text{-}53)$$

在废弃铅酸的回收利用中，除了将废弃铅酸电池中的铅进行回收，也有学者另辟蹊径对回收过程中形成的副产物进行了开发利用。He 等[108]以柠檬酸和柠檬酸钠处理硫酸铅，得到前驱体柠檬酸铅，然后将前驱体在氩气（50 mL/min）气氛中，500℃下中热解 1 小时，得到铅碳复合材料，然后在 40℃下与 1 mol/L 硝酸溶液反应 6 小时，溶解铅及其氧化物，从而得到分层多孔结构的碳，然后将其用于锂离子电池的负极材料，溶液中的铅可以通过电化学沉积等方法提取。以脱硫后的前驱体为原料焙烧，对焙烧产物多孔碳进行资源综合利用，实现了铅酸电池的全组分循环再利用，是一种新的回收思路。将副产物提出的同时将铅再溶也可以起到提纯的效果，但也应考虑如何在回收反应副产物和铅之间找到新的平衡点，可以回收铅的同时将副产物进行高值化的利用。

湿法浸出后，除了在常压下进行火法回收，也可以在非常压条件下进行真空还原焙烧。有学者将废铅膏中脱硫后，直接在真空下还原焙烧。Ma 等[109]使用碳酸钠为脱硫剂，将废铅膏中的硫酸铅转化为碳酸铅，而铅膏中金属铅和氧化铅基本保持不变，然后将铅膏在真空环境下与碳高温还原，最后可以得到金属铅。在脱硫过程中，硫的含量由 7.87% 下降到 0.26%，在 850℃下 20 Pa 的真空环境中可以得到粗铅，铅的回收率可达 98.13%。

还可以利用废铅酸电池中的废铅膏为原料，采用真空氯化和水热合成两步法，将其以三维硫化铅（PbS）枝晶的形式回收[110]。在真空氯化阶段，将废铅膏与氯化试剂 CaCl_2 混合均匀，球磨后放入真空管炉中（温度为 630℃、真空装置的压力为 1 Pa、反应 34 min），氯化反应后废铅膏中的铅、氧化铅、二氧化铅、硫酸铅等均被转化为氯化铅，从石英壁上收集浓缩的氯化铅产品，硫则以硫酸钙的形式留在不溶的氯化残留物中。将得到的 PbCl_2 与一定摩尔比的硫脲（CH_4N_2S）均匀分散在水中进行水热合成，将水热合成后的产物经稀盐酸和乙醇洗后，即可得到目标产物三维硫化铅。在氯化过程中，影响 $PbCl_2$ 回收率的因素顺序为加热温度＞Cl/Pb 摩尔比＞氯化时间。在水热合成过程中，以 Na_2S 为硫源反应速度较快，生成的 PbS 为团聚状态，以 CH_4N_2S 为硫源和水为溶剂的水热反应可以成功生成 PbS 树枝状晶体，水热合成的机理为反应式（6-54）～式（6-55）。三维硫化铅枝晶生长过程是动力学控制过程，其形成机理如图 6-17 所示，硫化铅的晶核相 6 个（100）方向生长，形成主晶臂，侧枝晶向另外两个 100 方向生长，垂直于主晶臂，因此形成了向三维空间延伸的骨架结构的树突状晶体。对于高附加值产物的研究有利于增加回收的经济效益，推动回收技术的发展和创新，因此高值化回收与废弃电池的处理如何找到一个好的接入点，这也是我们应该考虑的下一个问题。

$$CH_4N_2S + 2H_2O \longrightarrow 2NH_3 + H_2S + CO \qquad (6-54)$$

$$Pb^{2+} + S^{2+} \longrightarrow PbS \qquad (6-55)$$

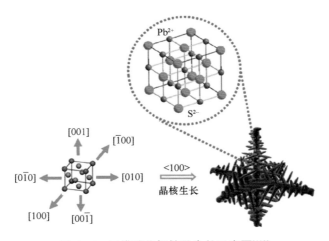

图 6-17 三维硫化铅枝晶生长示意图[110]

目前，回收利用废弃铅酸电池的技术中，湿法–火法复合联用技术受到了人们广泛的关注，但新的回收利用体系仍需进一步研究。如何在得到高附加值产品同时，减少工艺流程，简化操作步骤，降低环境污染，发展新的浸出及脱硫工艺是该领域研究的下一步方向。

6.4 本 章 小 结

镍氢电池和铅酸电池由于其独特的优点，目前依旧广泛应用于汽车、储能电源等方面，因此其回收利用研究还将受到学者的持续关注。镍镉电池、镍氢电池和铅酸电池在湿法冶金回收处理方面，路径大致相同，虽然湿法处理得到的产物纯度高，但其回收处理工艺流程较为复杂，且在回收过程中会产生对环境影响较大的废液和废渣，极易对环境造成威胁。回收得到的富集金属离子溶液，还需要进一步处理才能产生经济价值，比如化学沉淀、化学萃取及电沉积等回收再利用方法。火法冶金回收技术，由于废弃镍镉电池中含有极易挥发的镉元素，所以不能直接进行冶炼处理。而铅酸电池中的含硫组分，也必须在火法冶炼废铅酸膏之前进行脱硫处理。不同废弃电池由于其组分不同，其回收利用方法也有所区别。完善回收机制，处理各种废弃电池在回收中遇到的难点和问题显得尤为重要。为了符合国家可持续发展的重大需求，在动力电池回收利用方面应努力进行更为积极的探索。

不同于矿石资源，废弃镍镉电池、镍氢电池和铅酸电池由于其经济性和环境有害性及人类正常生活的依赖性，受到人们广泛的关注。不适当的处理废弃动力电池不但危害生态环境，还对人们健康的生活质量有极大的威胁，同时，如果采用恰当的方式回收废弃动力电池中的有价金属元素，还会带来良好的经济效益。二次资源的回收再利用技术要迎合国家发展需求，符合国家绿色生态的发展理念。从这几类废弃动力电池的技术处理路线来看，应回归到最初的研究思路，剖析废弃材料中有价组分和有害组分在不同环境介质中的物理化学性质，研究其在介质环境中的迁移路径，将资源的有害成分处理技术和有价组分回收技术结合，找到新的切入点。在研究新回收技术的同时，不能只关注回收技术的简洁性和经济效益，还应将回收过程中对生态环境的危害降到最低，从而实现绿色、环保、高效的资源回收。

目前，国内再生铅的工业回收利用还达不到发达国家的平均水平，镍氢电池等富含战略价值稀土元素的回收也不及日本的水平，如何在基础回收研究和发展国家工业化回收技术间实现共赢，仍然需要专家学者对目前回收再利用方面遇到的难题进行科学凝练，抓住核心的棘手问题，促使废旧电池回收再利用从基础研究成果走向应用。未来的废弃动力电池回收的技术路线应该向着绿色、环保、高值化的方向进行，实现资源的可循环利用，实现技术的闭环循环，实现资源的价值最大化，从而为国家可持续生态发展提供有力的理论支持和技术保障。

参 考 文 献

[1] 朱建新. 废镍镉电池真空辅助高温回收技术研究[D]. 清华大学博士毕业论文, 2003.
[2] 李乃军. 现代实用电化学[M]. 沈阳: 东北大学出版社, 2000.
[3] Britannica I E. Encyclopaedia Britannica[M]. Chicago, U.S.A: Encyclopaedia Britannica, Incorporated, 2007.
[4] Nogueira C A, Margarido F. Chemical and physical characterization of electrode materials of

spent sealed Ni-Cd batteries[J]. Waste Management, 2007, 27(11): 1570-1579.

[5] Ribeiro J S, Moreira T F M, Santana I L, et al. Sol-gel synthesis, characterization, and catalytic properties of Ni, Cd, Co, and Fe oxides recycled from spent Ni-Cd batteries using citric acid as a leaching agent[J]. Materials Chemistry and Physics, 2018, 205: 186-194.

[6] Nogueira C A, Margarido F. Leaching behaviour of electrode materials of spent nickel-cadmium batteries in sulphuric acid media[J]. Hydrometallurgy, 2004, 72(1-2): 111-118.

[7] Nogueira C A, Margarido F. Recycling of spent Ni-Cd batteries by physical-chemical processing[C]//Kongli F, Reddy R G. Advanced processing of Metals and Materials: Proceedings of Sohn International Syposium. San Diego, U.S.A: The Minerals, Metals & Materials Socitey, 2006, 5: 305-312.

[8] Randhawa N S, Gharami K, Kumar M. Leaching kinetics of spent nickel–cadmium battery in sulphuric acid[J]. Hydrometallurgy, 2016, 165: 191-198.

[9] 程俊华, 张健, 徐新民, 等. 废镍镉电池处置和金属回收关键技术研究进展[J]. 环境工程技术学报, 2012, 2(6): 540-544.

[10] Galán B, San Román F, Irabien A, et al. Viability of the separation of Cd from highly concentrated Ni-Cd mixtures by non-dispersive solvent extraction[J]. Chemical Engineering Journal, 1998, 70(3): 237-243.

[11] 黄魁. 废旧镍镉、镍氢电池中有价值金属的回收研究[D]. 上海交通大学博士毕业论文, 2011.

[12] Freitas M B J G, Rosalém S F. Electrochemical recovery of cadmium from spent Ni-Cd batteries[J]. Journal of Power Sources, 2005, 139(1-2): 366-370.

[13] Freitas M B J G, Penha T R, Sirtoli S. Chemical and electrochemical recycling of the negative electrodes from spent Ni-Cd batteries[J]. Journal of Power Sources, 2007, 163(2): 1114-1119.

[14] Kaufmann L, Hellwig K D, Tilp P. Sepn. of cadmium and nickel - by fractional cementation in soln. contg. sodium chloride, and using double treatment with aluminium shot: Germany, Patent 2913893[P]. 1980-10-16.

[15] Dalvand H, Reza Khayati G, Darezereshki E, et al. A facile fabrication of NiO nanoparticles from spent Ni-Cd batteries[J]. Materials Letters, 2014, 130: 54-56.

[16] Kuzharov A S, Lipkin M S, Kuzharov A A, et al. Green tribology: Disposal and recycling of waste Ni–Cd batteries to produce functional tribological materials[J]. Journal of Friction and Wear, 2015, 36(4): 306-313.

[17] Skowroński J M, Rozmanowski T, Osińska M. Reuse of nickel recovered from spent Ni-Cd batteries for the preparation of C/Ni and C/Ni/Pd layered electrodes for energy sources[J]. Process Safety and Environmental Protection, 2015, 93: 139-146.

[18] Hung Y Y, Yin L T, Wang J W, et al. Recycling of spent nickel–cadmium battery using a thermal separation process[J]. Environmental Progress and Sustainable Energy, 2018, 37(2): 645-654.

[19] Zhu J X, Yu B, Li J H, et al. Recovery of cadmium and nickel from scrap Ni-Cd batteries[J]. Acta Metallurgica Sinica (English Letters), 2001, 14(4): 303-312.

[20] Zhu J X, Li J H, Nie Y F. Experiment of recycling waste Ni-Cd battery with vacuum-aided system[J]. Dianyuan Jishu/Chinese Journal of Power Sources, 2002, 26(5): 373-375.

[21] Zhu J X, Li J H, Nie Y F. Vacuum thermal recycling of used Ni-Cd batteries[J]. Acta Physico - Chimica Sinica, 2002, 18(6): 536-539.

[22] Zhu J, Nie Y, Li J. Ni-Cd battery recycling technology using high-temperature vacuum

distillation[J]. Qinghua Daxue Xuebao/Journal of Tsinghua University, 2003, 43(6): 858-861.

[23] Zhu J X, Li J H, Nie Y F, et al. Recovery of cadmium by high-temperature vacuum evaporation from Ni-Cd batteries[J]. Transactions of Nonferrous Metals Society of China (English Edition), 2003, 13(2): 254-257.

[24] Huang K, Li J, Xu Z. A novel process for recovering valuable metals from waste nickel-cadmium batteries[J]. Environmental Science and Technology, 2009, 43(23): 8974-8978.

[25] Huang K, Li J, Xu Z. Enhancement of the recycling of waste Ni-Cd and Ni-MH batteries by mechanical treatment[J]. Waste Management, 2011, 31(6): 1292-1299.

[26] Cerruti C, Curutchet G, Donati E. Bio-dissolution of spent nickel-cadmium batteries using Thiobacillus ferrooxidans[J]. Journal of Biotechnology, 1998, 62(3): 209-219.

[27] 朱庆荣, 辛宝平, 李是坤, 等. 生物淋滤直接浸出废旧电池中有毒重金属的实验研究[J]. 环境化学(5): 87-91.

[28] Zhu N, Zhang L, Li C, et al. Recycling of spent nickel–cadmium batteries based on bioleaching process[J]. Waste Management, 2003, 23(8): 703-708.

[29] Zhao L, Wang L, Yang D, et al. Bioleaching of spent Ni-Cd batteries and phylogenetic analysis of an acidophilic strain in acidified sludge[J]. Frontiers of Environmental Science & Engineering in China, 2007, 1(4): 459-465.

[30] Zhao L, Zhu N W, Wang X H. Comparison of bio-dissolution of spent Ni-Cd batteries by sewage sludge using ferrous ions and elemental sulfur as substrate[J]. Chemosphere, 2008, 70(6): 974-981.

[31] Zhao L, Wang X H, Zhu N W. Simultaneous metals leaching and microbial production of sulphuric acid by sewage sludge: Effect of sludge solids concentration[J]. Environmental Engineering Science, 2008, 25(8): 1167-1174.

[32] Zhao L, Yang D, Zhu N W. Bioleaching of spent Ni-Cd batteries by continuous flow system: Effect of hydraulic retention time and process load[J]. Journal of Hazardous Materials, 2008, 160(2-3): 648-654.

[33] Velgosová O, Kaduková J, Marcinčáková R, et al. Influence of H_2SO_4 and ferric iron on Cd bioleaching from spent Ni-Cd batteries[J]. Waste Management, 2013, 33(2): 456-461.

[34] Velgosová O, Kaduková J, Marcinčáková R, et al. The Role of Main Leaching Agents Responsible for Ni Bioleaching from spent Ni-Cd Batteries[J]. Separation Science & Technology, 2014, 49(3): 438-444.

[35] 李丽, 吴锋, 陈实, 等. MH-Ni 电池的高低温性能及电极材料失效分析[J]. 功能材料, 2003, 34(3): 313-316.

[36] 李丽, 吴锋. MH/Ni 电池容量衰减的研究(1)[J]. 电池, 2002, 32(z1): 84-86.

[37] 李丽, 吴锋, 杨凯, 等. MH/Ni 电池电极材料在过充电条件下的失效分析[J]. 北京理工大学学报, 2004, 24(8): 739-742, 746.

[38] 李丽, 吴锋, 杨凯, 等. 过充电对 MH-Ni 电池电化学性能的影响[J]. 材料导报, 2004, 18(2): 101-102, 97.

[39] 李丽, 陈妍卉, 吴锋, 等. 镍氢动力电池回收与再生研究进展[J]. 功能材料, 2007, 38(12): 1928-1932.

[40] Lin S L, Huang K L, Wang I C, et al. Characterization of spent nickel-metal hydride batteries and a preliminary economic evaluation of the recovery processes[J]. Journal of The Air & Waste Management Association, 2016, 66(3): 296-306.

[41] Korkmaz K, Alemrajabi M, Rasmuson A C, et al. Sustainable hydrometallurgical recovery of valuable elements from spent nickel-metal hydride hev batteries[J]. Metals, 2018, 8(12): 1062(1-17).

[42] Zhang P, Yokoyama T, Itabashi O, et al. Hydrometallurgical process for recovery of metal values from spent nickel-metal hydride secondary batteries[J]. Hydrometallurgy, 1998(50): 61-57.

[43] Zhang P, Yokoyama, Itabashi, et al. Recovery of metal values from spent nickel-metal hydride rechargeable batteries[J]. Journal of Power Sources, 1999, 77(2): 116-122.

[44] Li L, Xu S, Ju Z, et al. Recovery of Ni, Co and rare earths from spent Ni–metal hy preparation of spherical Ni(OH)$_2$[J]. Hydrometallurgy, 2009, 100(1-2): 41-46.

[45] Fernandes A, Afonso J C, Dutra A J B. Separation of nickel(Ⅱ), cobalt(Ⅱ) and lanthanides from spent Ni-MH batteries by hydrochloric acid leaching, solvent extraction and precipitation[J]. Hydrometallurgy, 2013, 133(2): 37-43.

[46] Meshram P, Pandey B D, Mankhand T R. Leaching of base metals from spent Ni–metal hydride batteries with emphasis on kinetics and characterization[J]. Hydrometallurgy, 2015, 158: 172-179.

[47] Meshram P, Pandey B D, Mankhand T R. Process optimization and kinetics for leaching of rare earth metals from the spent Ni–metal hydride batteries[J]. Waste Management, 2016, 51: 196-203.

[48] Carla L, Daniela P. Ni-MH spent batteries: A raw material to produce Ni-Co alloys[J]. Waste Management, 2002, 22(8): 871-874.

[49] Diaz-Lopez J C, Angarita J, Vargas-Angarita C Y, et al. Electrolytic recovery of nickel and cobalt as multi-elemental coatings: An option for the recycling of spent Ni-MH batteries. Journal of Physics: Conference Series, 2018, 1119(1): 012003.

[50] 廖华, 吴芳, 罗爱平. 废旧镍氢电池正极材料中镍和钴的回收[J]. 五邑大学学报(自然科学版), 2003, 17(1): 52-56.

[51] 张志梅, 张建, 张巨生. 废弃 MH/Ni 电池正极的回收[J]. 电池, 2002, 32(4): 249-250.

[52] Rabah M A, Farghaly F E, Abd-El Motaleb M A. Recovery of nickel, cobalt and some salts from spent Ni-MH batteries[J]. Waste Management, 2008, 28(7): 1159-1167.

[53] 夏李斌, 罗俊, 田磊. 废旧镍氢电池正极浸出试验研究[J]. 江西有色金属, 2009, 23(03): 32-33.

[54] Kristian L, Christian E, Arvid D J. Dissolution and characterization of HEV NiMH batteries[J]. Waste Management, 2013, 33(3): 689-698.

[55] 王立丽. 废旧镍氢电池中镍的回收及其循环利用研究[D]. 昆明理工大学硕士毕业论文, 2017.

[56] Santos V E O, Celante V G, Lelis M F F, et al. Chemical and electrochemical recycling of the nickel, cobalt, zinc and manganese from the positives electrodes of spent Ni–MH batteries from mobile phones[J]. Journal of Power Sources, 2012, 218: 435-444.

[57] De Oliveira W C M, Rodrigues G D, Mageste A B, et al. Green selective recovery of lanthanum from Ni-MH battery leachate using aqueous two-phase systems[J]. Chemical Engineering Journal, 2017, 322: 346-352.

[58] Gasser M S, Aly M I. Separation and recovery of rare earth elements from spent nickel-metal-hydride batteries using synthetic adsorbent[J]. International Journal of Mineral Processing, 2013, 121(7): 31-38.

[59] Xia Y, Xiao L, Tian J, et al. Recovery of rare earths from acid leach solutions of spent nickel-metal hydride batteries using solvent extraction[J]. Journal of Rare Earths, 2015, 33(12): 1348-1354.

[60] Bertuol D A, Bernardes A M, Tenório J a S. Spent NiMH batteries—The role of selective precipitation in the recovery of valuable metals[J]. Journal of Power Sources, 2009, 193(2): 914-923.

[61] Fila D, Hubicki Z, Kołodyńska D. Recovery of metals from waste nickel-metal hydride batteries using multifunctional Diphonix resin[J]. Adsorption, 2019(4): 1-16.

[62] 张文. 以废旧镍氢电池正极为原料制备镍钴铁氧体的研究[D]. 河南师范大学硕士毕业论文, 2015.

[63] Xi G, Xi Y, Xu H, et al. Study of the preparation of NI-Mn-Zn ferrite using spent NI-MH and alkaline Zn-Mn batteries[J]. Journal of Magnetism & Magnetic Materials, 2016, 398: 196-199.

[64] Tobias M, Friedrich B. Development of a recycling process for nickel-metal hydride batteries[J]. Journal of Power Sources, 2006, 158(2): 1498-1509.

[65] Kuzuya T, Hirai S, Sokolov V V. Recovery of valuable metals from a spent nickel–metal hydride battery: Selective chlorination roasting of an anodic active material with CCl4 gas[J]. Separation and Purification Technology, 2013, 118: 823-827.

[66] 李丽, 吴锋, 陈人杰, 等. MH-Ni 电池的电化学性能再生研究[J]. 功能材料, 2006, 37(4): 587-590.

[67] 李丽, 吴锋, 陈实, 等. 金属氢化物-镍电池的回收与循环再利用[J]. 现代化工, 2003, 23(7): 47-50.

[68] 李丽, 吴锋, 陈实, 等. 一种用于废旧电池关键材料回收再生的方法: CN101030663[P]. 2007-09-05.

[69] 吴锋, 李丽, 陈实, 等. 一种用于电池非破坏性再生的新方法: CN1547283[P]. 2004-11-17.

[70] 孙艳, 吴锋, 辛宝平, 等. 硫杆菌浸出废旧 MH/Ni 电池中重金属研究[J]. 生态环境, 2007, 16(6): 1674-1678.

[71] Tenório J A S, Espinosa D C R. Recovery of Ni-based alloys from spent NiMH batteries[J]. Journal of Power Sources, 2002, 108(1): 70-73.

[72] Bertuol D A, Bernardes A M, Tenório J a S. Spent NiMH batteries: Characterization and metal recovery through mechanical processing[J]. Journal of Power Sources, 2006, 160(2): 1465-1470.

[73] Meshram P, Somani H, Pandey B D, et al. Two stage leaching process for selective metal extraction from spent nickel metal hydride batteries[J]. Journal of Cleaner Production, 2017, 157: 322-332.

[74] Korkmaz K, Alemrajabi M, Rasmuson A, et al. Recoveries of valuable metals from spent nickel metal hydride vehicle batteries via sulfation, selective roasting, and water leaching[J]. Journal of Sustainable Metallurgy, 2018, 4(3): 313-325.

[75] Peng W. Accurate circuit model for predicting the performance of lead-acid AGM batteries[D]. University of Nevada, M. A. degree theses, 2011.

[76] 赵由才, 孙英杰. 危险废物处理技术[M]. 北京: 化学工业出版社, 2006.

[77] 张轩. 废铅酸电池中回收高纯度金属铅和 α-PbO 新工艺及其电化学性能研究[D]. 北京化工大学博士毕业论文, 2017.

[78] Sonmez M S, Kumar R V. Leaching of waste battery paste components. Part 1: Lead citrate

synthesis from PbO and PbO₂[J]. Hydrometallurgy, 2009, 95(1-2): 53-60.

[79] Sonmez M S, Kumar R V. Leaching of waste battery paste components. Part 2: Leaching and desulphurisation of PbSO₄ by citric acid and sodium citrate solution[J]. Hydrometallurgy, 2009, 95(1-2): 82-86.

[80] Zhang W, Yang J K, Hu Y C, et al. Effect of pH on desulphurization of spent lead paste via hydrometallurgical process[J]. Hydrometallurgy, 2016, 164: 83-89.

[81] Zhang W, Yang J K, Zhu X F, et al. Structural study of a lead(II)organic complex - A key precursor in a green recovery route for spent lead-acid battery paste[J]. Journal of Chemical Technology and Biotechnology, 2016, 91(3): 672-679.

[82] He D S, Yang C, Wu Y Y, et al. PbSO₄ leaching in citric acid/sodium citrate solution and subsequent yielding lead citrate via controlled crystallization[J]. Minerals, 2017, 7(6): 93(1-10).

[83] Zhu X, He X, Yang J, et al. Leaching of spent lead acid battery paste components by sodium citrate and acetic acid[J]. Journal of Hazardous Materials, 2013, 250-251: 387-396.

[84] Yu W H, Yang J K, Li M Y, et al. A facile lead acetate conversion process for synthesis of high-purity alpha-lead oxide derived from spent lead-acid batteries[J]. Journal of Chemical Technology and Biotechnology, 2019, 94(1): 88-97.

[85] Yu W H, Yang J K, Liang S, et al. Role of iron impurity in hydrometallurgical recovery process of spent lead-acid battery: Phase transformation of positive material made from recovered leady oxide[J]. Journal of the Electrochemical Society, 2019, 166(10): A1715-A1724.

[86] Zhu X F, Zhang W, Zhang L Y, et al. A green recycling process of the spent lead paste from discarded lead-acid battery by a hydrometallurgical process[J]. Waste Management & Research, 2019, 37(5): 508-515.

[87] Pan J Q, Zhang X, Sun Y Z, et al. Preparation of high purity lead oxide from spent lead acid batteries via desulfurization and recrystallization in sodium hydroxide[J]. Industrial & Engineering Chemistry Research, 2016, 55(7): 2059-2068.

[88] Pan J, Sun Y, Li W, et al. A green lead hydrometallurgical process based on a hydrogen-lead oxide fuel cell[J]. Nature Communications, 2013, 4(1): 1-6.

[89] Dai F S, Huang H, Chen B M, et al. Recovery of high purity lead from spent lead paste via direct electrolysis and process evaluation[J]. Separation and Purification Technology, 2019, 224: 237-246.

[90] Chen C S, Shih Y J, Huang Y H. Recovery of lead from smelting fly ash of waste lead-acid battery by leaching and electrowinning[J]. Waste Management, 2016, 52: 212-220.

[91] Xia H, Zhan L, Xie B. Preparing ultrafine PbS powders from the scrap lead-acid battery by sulfurization and inert gas condensation[J]. Journal of Power Sources, 2017, 341: 435-442.

[92] Liu K, Yang J K, Liang S, et al. An emission-Free vacuum chlorinating process for simultaneous sulfur fixation and lead recovery from spent lead-acid batteries[J]. Environmental Science & Technology, 2018, 52(4): 2235-2241.

[93] Yang J K, Zhu X F, Kumar R V. Ethylene glycol-mediated synthesis of PbO nanocrystal from PbSO₄: A major component of lead paste in spent lead acid battery[J]. Materials Chemistry and Physics, 2011, 131(1-2): 336-342.

[94] Li L, Zhu X, Yang D, et al. Preparation and characterization of nano-structured lead oxide from spent lead acid battery paste[J]. Journal of Hazardous Materials, 2012, 203-204: 274-282.

[95] Zhu X, Li L, Sun X, et al. Preparation of basic lead oxide from spent lead acid battery paste via chemical conversion[J]. Hydrometallurgy, 2012, 117-118: 24-31.

[96] Zhu X, Yang J, Gao L, et al. Preparation of lead carbonate from spent lead paste via chemical conversion[J]. Hydrometallurgy, 2013, 134-135: 47-53.

[97] Li L, Hu Y, Zhu X, et al. Lead citrate precursor route to synthesize nanostructural lead oxide from spent lead acid battery paste[J]. Materials Research Bulletin, 2013, 48(4): 1700-1708.

[98] Hu Y, Yang J, Zhang W, et al. A novel leady oxide combined with porous carbon skeleton synthesized from lead citrate precursor recovered from spent lead-acid battery paste[J]. Journal of Power Sources, 2016, 304: 128-135.

[99] Yang D, Liu J, Wang Q, et al. A novel ultrafine leady oxide prepared from spent lead pastes for application as cathode of lead acid battery[J]. Journal of Power Sources, 2014, 257: 27-36.

[100] 蔡俊超, 张玉凤, 刘学, 等. 聚天冬氨酸用于废铅酸电池湿法回收铅工艺[J]. 电池, 2015, 45(01): 51-53.

[101] Orapeleng K, Wills R G A, Cruden A. Developing electrolyte for a soluble lead redox flow battery by reprocessing spent lead acid battery electrodes[J]. Batteries-Basel, 2017, 3(2): 15(1-13).

[102] Li M Y, Yang J K, Yu W H, et al. A facile approach for synthesizing tetrabasic lead sulfate derived from recycled lead-acid battery paste and its electrochemical performance[J]. Journal of the Electrochemical Society, 2017, 164(12): A2321-A2327.

[103] Sun X, Yang J, Zhang W, et al. Lead acetate trihydrate precursor route to synthesize novel ultrafine lead oxide from spent lead acid battery pastes[J]. Journal of Power Sources, 2014, 269: 565-576.

[104] Gao P R, Lv W X, Zhang R, et al. Methanothermal treatment of carbonated mixtures of $PbSO_4$ and PbO_2 to synthesize alpha-PbO for lead acid batteries[J]. Journal of Power Sources, 2014, 248: 363-369.

[105] Gao P R, Liu Y, Lv W X, et al. Methanothermal reduction of mixtures of $PbSO_4$ and PbO_2 to synthesize ultrafine alpha-PbO powders for lead acid batteries[J]. Journal of Power Sources, 2014, 265: 192-200.

[106] Ma C, Shu Y H, Chen H Y. Preparation of high-purity lead oxide from spent lead paste by low temperature burning and hydrometallurgical processing with ammonium acetate solution[J]. Rsc Advances, 2016, 6(25): 21148-21155.

[107] Ma C, Shu Y, Chen H. Recycling lead from spent lead pastes using oxalate and sodium oxalate and preparation of novel lead oxide for lead-acid batteries[J]. RSC Advances, 2015, 5(115): 94895-94902.

[108] He X, Peng X Y, Zhu Y X, et al. Producing hierarchical porous carbon monoliths from hydrometallurgical recycling of spent lead acid battery for application in lithium ion batteries[J]. Green Chemistry, 2015, 17(9): 4637-4646.

[109] Ma Y J, Qiu K Q. Recovery of lead from lead paste in spent lead acid battery by hydrometallurgical desulfurization and vacuum thermal reduction[J]. Waste Management, 2015, 40: 151-156.

[110] Liu K, Liang S, Wang J, et al. Synthesis of the PbS dendritic nanostructure recovered from a spent lead-acid battery via an integrated vacuum chlorinating and hydrothermal process[J]. ACS Sustainable Chemistry and Engineering, 2018, 6(12): 17333-17339.

07

动力电池回收与资源化实例分析

当前中国新能源汽车产业正在从政策驱动向市场主导转变，动力电池产业的市场化竞争日趋激烈，产业整合正在向深层次推进，相关企业都将面临一次更为严峻的考验和挑战。退役动力电池的迅速增加，使我国成为最早面临大规模动力电池"报废潮"的国家。同时动力电池还面临许多需要突破的技术瓶颈，如锂电池的安全性和续驶里程如何能进一步提高？智能制造与产品质量、成本之间的关系应该如何梳理？近几年一些动力电池企业频频爆雷或宣告破产，新能源汽车补贴退坡带来的影响也将持续蔓延。资金链断裂、总体产能过剩、优质产能不足等问题接踵而来。在火法冶金回收、湿法冶金回收、生物冶金回收技术的基础上，动力电池回收体系及商业化推广仍需不断完善。除进一步发展实验室研究外，各国也相继进行了工业应用的开发研究，并以不同的回收规模进行了工业化应用。为了迎接动力电池退役报废热潮，国内外企业展开多方合作，对退役动力电池进行梯次利用与回收再生，在提高处理规模和效率方面进行了深入的研究。

目前市场上广泛应用的动力电池类型，包括锂离子动力电池、镍基动力电池及铅酸动力电池，针对不同的动力电池类型，国内外企业从经济和环保的角度采用了不同的回收技术路线，主要包括火法冶金回收技术和湿法冶金回收技术。锂离子电池的回收主要对镍、钴、锂等有价金属进行资源的循环利用，镍基动力电池则对其中含量较高的稀土元素及镍等有价金属进行回收再利用，铅酸动力电池主要将其中价值较高的铅进行资源化再生利用，对其中富含经济效益的其他有价金属及塑料外壳也进行了相应的分类回收。

不同于现有的回收模式，即将退役电池回收后进行快速分类及回收再利用，国内外企业积极开拓新的回收思路，开展企业之间的相互合作，如电池拆解回收企业大多与电池制造商或车企进行合作，对电池进行分类编码、全生命周期溯源管理及回收再利用。从回收技术角度而言，由于现有的回收企业大都是传统的冶金厂及电池制造商转型而来，所以回收的有价金属大部分以合金或电池材料的形式被再利用。

7.1　锂离子电池回收与资源化实例

自 1991 年索尼公司成功推出锂离子电池以来，在过去近三十年中，锂离子电池蓬勃发展并逐渐成为手机、计算机、电动汽车等电子电气设备的主要动力源[1,2]。

根据正极材料的不同，已经实现商业化的主要有四种不同体系的锂离子电池：$LiNi_xCo_yMn_zO_2$（NCM）和 $LiNi_xCo_yAl_zO_2$（NCA）三元体系、$LiCoO_2$ 体系、$LiFePO_4$ 体系和 $LiMn_2O_4$ 体系。据中国电池工业协会的数据显示，2018 年中国正极材料的总出货量为 27.5 万吨，其中三元材料出货量为 13.7 万吨，占比 49.8%；钴酸锂材料出货量为 5.4 万吨，占比 19.6%；磷酸铁锂材料出货量为 5.8 万吨，占比 21.1%；

锰酸锂材料出货量为 2.6 万吨，占比 9.5%。由于新能源乘用车市场的驱动，三元材料在锂离子电池正极材料市场的占比逐年增加，2018 年同比增幅达到 58.9%[3]。根据第一电动研究院的分析报告，如图 7-1 所示，2018 年中国动力电池装机量达到 57.3 GW·h，其中三元材料锂离子电池占比为 54.11%[4]。伴随着新能源电动车市场的刺激，锂离子电池上游产业将迎来新一轮的爆发。

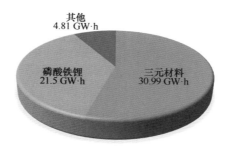

图 7-1   2018 年动力电池市场份额的分布图

目前针对废旧锂离子动力电池的工业化拆解回收主要集中在回收那些经济价值较高的锂离子动力电池，如钴酸锂体系电池和 NCM 三元体系锂离子电池。随着国内锂离子动力电池产能的持续上升和其使用寿命的限制，势必将产生大量废旧锂离子动力电池。在此背景下，国家相关政策、行业标准等也频频出台，为废旧锂离子动力电池回收提供政策支持，废旧锂离子动力电池回收利用成了回收市场的下一个关注焦点。

7.1.1 国内回收实例

国内主要的锂离子动力电池回收公司如表 7-1 所示，其中前 5 家企业符合《新能源汽车废旧动力蓄电池综合利用行业规范条件》，表中的企业采用的回收技术路线主要以湿法冶金为主，通过酸浸、萃取分离和纯化等步骤获得电池级化工原料等高附加值产品。该湿法冶金工艺虽然相对复杂，流程较多，但可以得到高纯度和高附加值的产品，具有更高的经济效益，且可以实现锂离子动力电池的闭环回收和利用。

1. 浙江华友钴业股份有限公司及其各子公司

衢州华友钴新材料有限公司成立于 2011 年 5 月，2014 年建成投产，是浙江华友钴业股份有限公司（以下简称华友钴业）的子公司。为建立动力蓄电池全生命周期价值链，华友钴业设置了动力电池循环板块，以衢州华友钴新材料有限公司为再生利用载体、浙江华友循环科技有限公司（以下简称华友循环）为回收综合利用平台，致力于面向全球废旧动力蓄电池回收体系的规划布局。

表 7-1　国内主要电池回收公司的工艺及产物

编号	公司名称	回收工艺	产物	回收规模
1	衢州华友钴新材料有限公司	湿法	电池材料	2017 年处理废旧钴酸锂电池 8000 吨
2	江西赣州市豪鹏科技有限公司	湿法	硫酸钴、硫酸镍等	年处理量 1 万吨
3	湖北荆门市格林美新材料有限公司	湿法 湿法–火法	电池材料、硫酸镍、镍粉、钴粉等	建立 10 万吨年处理量的生产线
4	湖南邦普循环科技有限公司	湿法	三元前驱体	2017 年处理量 2 万吨 2019 年处理量超过 3 万吨
5	广东光华科技股份有限公司	机械拆解–湿法–火法	电极材料	年处理量 1.2 万吨
6	哈尔滨巴特瑞资源再生科技有限公司	密闭机械拆解–湿法	电池级原材料	—
7	广东芳源环保股份有限公司	湿法	三元材料	未来实现年处理 5 万吨废旧动力电池
8	江西赣锋循环科技有限公司	火法–湿法	氯化锂、镍钴锰混合硫酸盐净化液	2018 年处理量 1.3 万吨
9	北京赛德美资源再利用研究院有限公司	修复再生	磷酸铁锂	2019 年处理量 1.2 万吨
10	天奇自动化工程股份有限公司	湿法	氧化钴、硫酸钴等	具备年处理量 2 万吨能力
11	山东威能环保电源科技股份有限公司	梯次利用 拆解–（外包处理）	电芯、铜质导线等	建成后年回收废旧动力锂离子电池 6 GW·h
12	深圳市泰力废旧电池回收技术有限公司	机械拆解	电极材料	年处理量 3000 吨

注：–表示未找到相关资料，资料收集于网上报道及相关项目报告书。

华友循环是华友钴业的全资子公司，成立于 2017 年，公司拥有完善的回收体系、精准的溯源系统和废旧锂离子动力电池单体物理无害化处理专利及废旧锂离子动力电池回收钴、镍和锰的核心专利。2017 年，华友钴业设立了衢州华友资源再生科技有限公司，根据华友钴业 2017 年年报显示，衢州华友资源再生科技有限公司可处理废旧钴酸锂电池 8500 吨/年，三元电池废料 5.6 万吨/年。华友钴业通过入股天津巴莫、合作 LG 化学、收购韩国锂电池循环利用公司等方式，不断加速回收产业链布局，2018 年入选工信部首批符合《新能源汽车废旧动力蓄电池综合利用行业规范条件》企业名单[5]。华友循环在国内主力打造华南、华北、西南 3 个区域的回收网点，规划建立 2 万吨/年～3 万吨/年的无害化拆解处理线。

　　华友循环采用机械化拆解废旧锂离子动力电池，拆解过程密闭并进行废气收集，对过程中产生的污染物均进行有效的处理。拆解后得到的电极材料依靠华友钴业在钴行业的技术实力，设置完善的钴镍锂提取酸浸生产系统，把后道工序污染物控制在较低水平。

2. 江西赣州市豪鹏科技有限公司

　　赣州市豪鹏科技有限公司（以下简称赣州豪鹏）成立于 2010 年，公司主营业务为废旧新能源汽车动力电池回收及梯次利用和废旧电池无害化及资源循环利用，是国内最早从事废旧二次电池回收及加工利用的企业之一，并参与制定了四项国家回收标准。公司拥有江西省首条动力电池拆解示范线和废旧电池电子产品回收示范线。目前具备 1 万吨的废旧电池年处理能力，年产硫酸钴 500 吨、硫酸镍 2500 吨，目前计划建立年处理量 5 万吨的锂离子动力电池回收利用项目。2018 年入选工信部首批符合《新能源汽车废旧动力蓄电池综合利用行业规范条件》企业名单[5]。赣州豪鹏先后与北汽新能源、力信能源等正式达成动力电池回收处理战略合作，拥有江西省首个废旧电池回收工程示范中心。

　　在技术方面，赣州豪鹏采用高温焙烧、物理分选和湿法冶金联合工艺，回收废旧锂离子动力电池中的有价金属元素。该公司采用环保工艺技术，如预处理焙烧炉采用天然气为原料，极大地减少了 SO_2、NO_x 等有毒污染物的产生；采用组合式回转窑进行电池焙烧处理，使电池中的电解液、隔膜纸等材料得到充分燃烧，并通过尾气处理装置，减少有害气体的产生；建有专门废水处理站，对生产废水进行处理，达到了相关排放标准要求等。主要金属元素镍回收率达 98.5%以上、金属元素钴回收率达 98.75%以上，铜、铝回收率达 98%以上。此外，还通过化学治理和生物处理相结合的方法使得处理后的部分工序废水可直接返回生产使用，实现部分工序生产用水闭路循环。

3. 湖北荆门市格林美新材料有限公司

　　格林美股份有限公司（以下简称格林美）于 2001 年在深圳注册成立，是全国领先的废旧电池电子回收利用及报废汽车循环利用企业，湖北荆门市格林美新材料有限公司（以下简称荆门格林美）是其从事废旧锂离子动力电池再生利用的核心主体，荆门格林美建有 10 万吨/年的电池回收处理生产线，主要回收处理废旧消费锂电池、电池企业的生产废料、废弃钴、镍资源及电子废弃物等，可循环再造电池材料 2 万吨/年，硫酸镍 4 万吨/年，电解铜 8000 吨/年[6]。格林美在全国 20 多个城市安装了 2 万多个废旧电池回收箱，使我国废旧消费电池回收利用率达到 10%，2018 年入选工信部首批符合《新能源汽车废旧动力蓄电池综合利用行业规范条件》企业名单[5]。格林美先后与 60 多家车企、 电池企业签订了车用动力电池回收处理协议，建成武汉、无锡和荆门三大动力电池拆解示范中心，建成武汉圆柱电池包自动生产线及 200 组/天的梯次利用动力电池生产线，与比亚迪公司合资设立的储能电站（湖北）有限公司先后在荆门、武汉、江西等地安装 4 个光伏电站。

目前，荆门格林美再生利用生产线车间包括预处理车间、浸出车间、萃取车间、电池材料车间、合成车间、热解车间、稀贵车间、废水车间、废渣处理车间等，使用的生产工艺流程图如图 7-2 所示[7]，主要采用湿法冶金技术对废旧锂离子动力电池进行回收。回收得到的废旧锂离子动力电池经放电、拆解、破碎及分选等预处理步骤后，使用硫酸进行酸浸出，滤液进入下一步骤，滤渣等待后续处理或无害化填埋。滤液中加入碱液调节溶液 pH 以去除滤液中的 Fe 和 Al 等杂质离子，除杂后的滤液进行多级萃取，分别得到 Mn、Cu、Zn 的硫酸盐，将萃取得到的硫酸盐直接运输至电池制造厂，或者通过电沉积的方法得到金属 Cu 和 Zn。萃取后富含 Ni 和 Co 的水相利用化学沉淀将其分离，将得到分离沉淀碳酸盐通过盐酸浸，可以得到 Ni 和 Co 的氯化物，也可以通过还原焙烧的方法得到超细镍粉和钴粉。

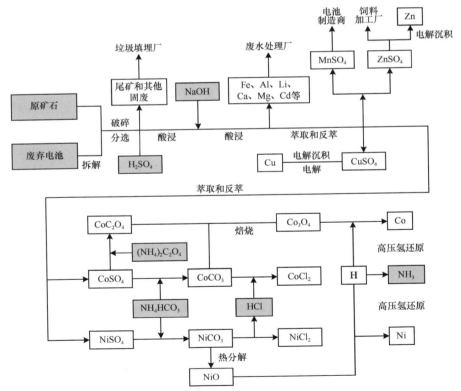

图 7-2   荆门格林美废旧电池回收工艺流程图[7]

回收得到的废旧锂离子动力电池也可以通过湿法循环再利用的方式处理。湿法循环再利用流程包括预处理、破碎浸出、沉淀除杂及萃取分离、沉锂等步骤，一系列步骤处理后分别得到高纯的镍钴锰硫酸盐溶液及粗碳酸锂，镍钴锰硫酸盐溶液再按照一定比例，通过共沉淀方法可以生产电池前驱体材料。在废旧锂离子动力电池回收过程中，电池单体破碎分选出的隔膜、破碎过程收集的电解液以及前面电池包拆解生产线收集的冷却液均送入裂解炉中进行无害化裂解处理；电池单体破碎分选出的铁和铝作为相应原料外售；电池单体破碎分选出的铜碎片，进入环保炉进行精炼，经铸造、电解等工序循环再造得到铜产品。

另外，格林美对废旧动力电池循环利用过程中产生的废渣废泥（包括浸出渣、除杂渣等）与煤矸石、页岩等混合破碎并陈化，送挤出机挤出成型，成型后的泥条经过切坯机切割成所需的砖坯规格后干燥，并送至焙烧隧道窑进行烧结，制成环保砖。

4. 湖南邦普循环科技有限公司

广东邦普循环科技有限公司（以下简称广东邦普）成立于 2005 年，在电池循环利用方面主要业务为消费类电池和动力电池的回收处理及梯度储能利用，2016 年被宁德时代新能源科技股份有限公司收购，广东邦普与宁德时代结合自身行业优势互补，实现共同可持续发展。湖南邦普循环科技有限公司（以下简称湖南邦普）成立于 2008 年，是广东邦普的全资子公司，是目前国内最大的废旧锂电池资源化回收处理和高端电池材料生产的国家级高新技术企业。2017 年，湖南邦普回收消费类电池、动力电池共 20000 余吨，回收处理规模和资源循环产能已跃居亚洲首位，且三元前驱体产能达到 14000 吨，其他镍钴产品为 500 吨；2018 年入选工信部首批符合《新能源汽车废旧动力蓄电池综合利用行业规范条件》企业名单[5]；湖南邦普废旧电池循环项目五期项目投产后，废旧电池处理能力将达 12 万吨/年。在全国共建立 100 多个废旧电池回收中心，完善废旧电池回收渠道，并与多家国内外车企达成了战略合作，协助其回收处理新能源汽车及动力电池。

湖南邦普是广东邦普的湿法冶金基地，其回收路线主要包括：预处理工序、酸浸工序、除杂工序和陈化工序。在预处理工序阶段，将回收的废旧锂离子动力电池经放电、半自动拆解后，将除正极片和负极片以外材料分离，正极片与负极片分别转入热解干燥和粉碎分选工段，在 1400℃热解温度下将黏合剂等有机物分解，得到电池正极材料。在酸浸工序中，采用硫酸和双氧水为浸出液，在温度为 40℃进行浸出。有价金属浸出后，加入铁粉置换出料液中的铜；向除铜后的料液中加入氯酸钠、氢氧化钠溶液和碳酸钠，控制反应 pH，除去滤液中的铁和铝杂质；通过粗萃和精粹将滤液中杂质含量进一步降低，然后在陈化步骤加入适量的硫酸锰进行配料,以调节料液中的镍、钴、锰离子比例,然后再加入氢氧化钠溶液,调节 pH,反应得到三元材料的前驱体(镍、钴、锰氢氧化物)。回收过程中产生的废水经废水处理站处理,产生的废气经收集后进行尾气处理。

5. 广东光华科技股份有限公司

广东光华科技股份有限公司(以下简称光华科技)始创于 1980 年,从 2017 年开始进入锂离子动力电池生产领域,同年在汕头建成了一条 150 吨/月的电池回收示范线,目前该示范线动力电池回收产能已经拓展至 1000 吨/月。光华科技于 2017 年成立珠海中力新能源材料有限公司,2018 年成立珠海中力新能源科技有限公司,主要开展锂离子动力电池梯次利用、回收、拆解及再制造等业务。2018 年入选工信部首批符合《新能源汽车废旧动力蓄电池综合利用行业规范条件》企业名单[5]。2018 年光华科技与多家车企分别签署了合作协议,将在退役动力电池梯次利用和废旧电池回收处理体系等业务上开展合作,共同建立废旧动力电池回收网络。光华科技已建成年处理 1 万吨报废旧动力电池的再生利用线,2019 年下半年珠海一期产线建成后增加 4 万吨/年电池回收能力 (对应 1 万吨/年的正极材料产能),未来珠海基地共三期产线总规划,预计处理量为 20 万吨/年。

珠海中力新能源科技有限公司侧重于废旧锂离子动力电池的梯次利用及拆解业务,将回收的废旧锂离子动力电池经盐水放电、脱水切盖、低温干燥、破碎、磁选、筛分、多级破碎、二次筛分和浮选后得到正极和负极混料黑粉,并将黑粉进行进一步处理,通过湿法冶金的方式,将黑粉中有价金属回收,并以此为原料重新合成电池材料,实现资源的循环利用。电池拆解过程中产生的废气由氢氧化钙吸碱液喷淋处理,放电拆解过程中产生的废水经压滤、中和反应、蒸气机械压缩、水解酸化、接触氧化等一系列处理。

6. 哈尔滨巴特瑞资源再生科技有限公司

哈尔滨巴特瑞资源再生科技有限公司是一家致力于动力电池资源循环利用及拆解再生利用,集技术研发及运营一体的电池回收服务商,并参与了车用动力电池余能检测和拆解规范国际标准的制定。公司在 2015 年注册成立,并在 2015 年建成国内第一条锂离子动力电池拆解的中试线,现已投入使用。同年该公司与中聚集团合资成立动力电池回收企业临沂华凯再生资源科技有限公司,主要从事动力电池梯次利用和原材料再生利用。

临沂华凯再生资源科技有限公司废旧动力电池回收利用可以分为三步工序:物理拆解工序、材料提纯工序和废水废气处理工序。物理拆解工序:拆解过程在密闭环境中进行,将整只电池破碎后,产物经多级分选将塑料外壳、不锈钢螺栓、隔膜、铜箔、铝箔、正极材料和负极材料逐一分离。材料提纯工序：分选后的正极材料经湿法浸出后，进行提纯得到电池级的化工原料。废水废气处理工序：锂电池的整个拆解过程在密封空间里进行，因而无有害气体外泄。拆解过程中产生的有害气体，通过废气处理工艺处理后达标排放，拆解过程和浸出过程中产生的废水通过废水处理工艺进行处理，进行循环利用。

7. 广东芳源环保股份有限公司

广东芳源环保股份有限公司（以下简称芳源环保）成立于 2002 年，主营业务是镍、钴、铜等有色金属工业废物的回收利用，生产镍、钴、铜等高品质化工原料、镍氢电池正极材料和锂电正极材料。2018 年与威立雅中国控股有限公司和深圳市贝特瑞新能源材料股份有限公司就锂离子动力电池回收拆解和生产签订合作协议，制定每年 3 万吨三元材料产能及 5 万吨废旧动力电池回收利用处理的目标。

芳源环保将废旧锂离子动力电池经预处理、机械拆解破碎后，将得到的正极材料用硫酸浸出，浸出的同时加入氧化剂，从而抑制混合物中锰的浸出；将浸出液过滤得到二氧化锰锰渣及含镍、钴和其他杂质离子的滤液；将滤液中加入萃取剂将其中的杂质离子去除，萃余液为富含镍和钴的溶液；将得到的锰渣中加入还原剂后，用硫酸进行浸出，由于锰渣中可能含有镍和钴，所以浸出后得到镍、钴、锰的硫酸盐；然后加入萃取剂将混合溶液中的镍、钴进行萃取，得到含镍、钴的萃取液及硫酸锰的萃余液；通过硫酸反萃，最后得到富含镍、钴的溶液和硫酸锰溶液。然后依据市场需求，以此为原料生产不同的三元材料[8]。

8. 江西赣锋循环科技有限公司

江西赣锋循环科技有限公司（以下简称赣锋循环）成立于 2016 年，是江西赣锋锂业股份有限公司（以下简称赣锋锂业）的全资子公司，主要从事锂离子动力电池金属废料的回收加工与销售。2016 年在新余高新区建设 3.4 万吨锂离子动力电池综合回收项目，2018 年全年处理废旧磷酸铁锂电池、极片及粉末等超过 1 万吨，处理废旧三元动力电池、极片及粉末 3000 吨。赣锋循环回收废旧动力电池采用湿法与火法联用技术，从废料中提取有价金属元素。

赣锋循环将回收得到的废旧磷酸铁锂电池经预处理、盐酸浸出、高温处理和除杂等步骤进行回收。预处理时，先将电池放电，用半自动拆解机拆除电池外壳并取出电芯后，分离隔膜，将得到的极片干燥后粉碎，粉碎分选后的石墨粉外销。磷酸铁锂正极材料用高温热处理，去除粉料中含有的黏结剂等成分，并将材料中的铁离子氧化，然后加入盐酸酸浸。加入沉淀剂氯化镁将溶液中 PO_4^{3-} 去除后加入碱液将镁离子沉淀，最后得到氯化锂净化液，然后将其输送至赣锋锂业生产电池级碳酸锂。

而废旧三元动力电池的回收与磷酸铁锂不同，废旧三元动力电池需要经过预处理、热处理、酸浸、除杂、萃取等步骤。预处理步骤与磷酸铁锂电池类似，将废旧电池放电后破碎分选，将隔膜及外壳分离，将极片热裂解后粉碎分选，将石墨等材料外销；将正极材料粉末进行热处理去除有机物质；然后，以硫酸和双氧水为浸出液，将正极材料粉末中高价态的金属离子还原后浸出；将浸出后的浸出液中加入铁粉和硫化钠深度除铜，过滤后加入次氯酸钠氧化溶液中的铁离子后加入碱液，去除滤液中的铁和铝离子，加入氟化钠去除钙和镁等杂质离子；将杂质去除后进入最后萃取步骤，萃取可分为皂化、萃取、洗涤、反萃等步骤，将除杂后的滤液与皂化后的有机萃取剂（P507 与稀释剂煤油和液碱进行皂化）逆流萃取，当水相中的镍、钴、锰负载到有机相后进行洗涤，最后用硫酸反萃，反萃后的水相澄清、除油器除油后得到含镍、钴、锰的净化液。最后，将其输送至赣锋锂业生产电池级三元正极材料。

9. 北京赛德美资源再利用研究院有限公司

北京赛德美资源再利用研究院有限公司（以下简称赛德美）成立于 2016 年，是北京地区一家以资源回收再利用技术开发和产业化为核心业务的公司，采用湖南省正源储能材料与器件研究所的专利技术为基础，对报废电动汽车动力电池进行综合回收利用。赛德美与中南大学建立 500 平方米中试生产线，并在天津滨海高新区筹建万吨级产业化动力电池综合利用回收基地，2018 年废旧动力电池处理量达到 1000 吨。预计三元锂电池和磷酸铁锂电池的拆解生产线建成以后，将形成 12000 吨/年的电池回收能力。

赛德美使用废旧动力电池单体自动化拆解线，实现了原材料自动分类收集，拆解过程不产生二次污染。此外，赛德美利用其领先的材料修复技术，将废旧正、负极材料修复再生，在修复的同时与精细化拆解相结合，使报废的磷酸铁锂电池回收时具有了良好的经济性[9]。

10. 天奇自动化工程股份有限公司

天奇自动化工程股份有限公司（以下简称天奇股份）积极布局动力电池回收产业，于 2017 年出资收购深圳乾泰能源再生技术有限公司（以下简称深圳乾泰）和江西天奇金泰阁钴业有限公司（以下简称金泰阁），完成了动力电池绿色产业链的闭环循环生态系统。成立于 2015 年的深圳乾泰主要负责前端的新能源车的报废车拆解到动力电池的梯次利用、物理粉碎，成立于 2009 年的金泰阁则将破碎后的动力电池中的有价金属进行循环利用。于 2018 年收购的赣州锂致实业有限公司，将回收得到的锂化合物进一步深加工，制成电池级的碳酸锂和氢氧化锂，从而完善动力电池回收布局。目前金泰阁具备年处理二次电池废料 2 万吨的能力，回收得到的产品主要包括：电子级氧化钴、工业级氧化钴、氢氧化亚钴、硫酸钴、电积铜等系列产品。

天奇股份回收板块的金泰阁采用湿法冶金技术路线，将废旧锂离子动力电池经放电、机械拆解、热解干燥、机械破碎和气流分选等一系列预处理步骤后，以废旧锂离子动力电池拆解物正极片为原料，采用"电池破碎+硫酸浸出+铜萃取+净化除铝铁+P204 萃取除杂+P507 萃取分离镍钴+蒸发结晶+合成沉淀、过滤洗涤"生产工艺，将废旧正极材料中的有价金属回收利用。回收过程中产生废水、废气及固体废物均采取了有效的防治和综合利用措施，含酸废气经水喷淋–碱喷淋吸收后达标排放，废水经离子交换树脂和活性炭处理后，经过滤排放，固体废物则用来制成环保砖继续利用。

11. 山东威能环保电源科技股份有限公司

山东威能环保电源科技股份有限公司成立于 2006 年，主要从事磷酸铁锂电池研发生产。2015 年，公司投资打造"废旧锂离子动力电池回收处理和综合利用"项目，建成后每年可回收动力电池 6 GW·h，回收金属 2.5 万吨以上[6]。

公司针对动力电池的回收利用的主要工艺包括：废旧电池回收、分类筛选、梯次利用，以及资源化处理（外包）。其中，公司将市场上的废旧锂离子动力电池进行统一回收，操作工人使用螺丝刀、扳手等工具对电动汽车电池包进行拆解，将电动汽车电池包拆解为电芯、电池箱、铜质导线及螺丝。然后根据废旧电池种类及容量分类存储于电池回收车间的电池暂存区，并进行分类筛选，将其中剩余容量超过额定储能 40%以上的电池进行梯次利用，40%以下作为废旧电池进行资源化处理，并对 70%～80%的废电池进行容量修复。梯次利用后的废旧锂离子动力电池组及退役的容量低于 40%的废旧电池进行资源化处理。该公司主要负责梯次利用环节，废旧电池资源化处理环节外包给具备资质的企业。

12. 深圳市泰力废旧电池回收技术有限公司

深圳市泰力废旧电池回收技术有限公司（以下简称泰力公司）始创于 2007 年，专业从事废旧动力电池如锂离子电池、镍氢电池、镍镉电池及一次性干电池等回收与技术研发的再生能源高新科技企业。公司目前致力于扩大回收处理规模和提高资源循环产能。泰力公司拥有深圳和江西上饶两大研发中心和生产基地。公司在深圳龙岗区拥有 1 万多平方米的办公区和废旧电池中转区，在江西上饶拥有五万平方米的大型厂区，年处理废旧电池的能力在 3000 吨以上，再生原料回收率 98.88%。

　　泰力公司以低碳环保、能源循环利用为主导，采用先进的工艺提炼废弃电池中有用的材料，然后深加工成原材料，如铜、铝、铁、锌、镍、镉、钴、锰等金属。泰力公司在废旧锂离子动力电池综合利用技术方面具有较强的市场竞争力，拥有行业内完善的电池拆解线——全密闭式干电池拆解线、全自动锂离子动力电池拆解线、半自动动力电池拆解线，有能力解决废旧锂离子动力电池的再生难题，实现废旧锂离子动力电池到电池材料的循环。

　　除了以上回收公司，国内多家企业也积极部署回收废旧锂离子动力电池的相关业务。成立于 1993 年的桑德集团有限公司，在新能源锂电池领域布局涵盖正极材料、动力电池、储能电池、动力电池梯次利用、废电池再生等业务，其子公司桑顿新能源科技有限公司和湖南鸿捷新材料有限公司，在锂离子动力电池正极材料制造和废旧动力电池的综合回收利用上协同互补，形成了回收到再制造的闭环循环利用系统。2017 年，桑德集团在湖南宁乡投资 10 亿元，建设废旧电池资源化项目，项目目标为年处理废旧电池和生产废料 10 万吨，年生产三元前驱体 3 万吨[6]，集团同时布局成立南方和北方回收基地，基地建成后废旧电池年总处理量可达 20 万吨。

　　不仅民企将目光积极投至回收领域，央企也展开了积极布局。成飞集团控股的专业从事锂离子动力电池、电池管理系统研发及生产的企业中航锂电科技有限公司，于 2014 年投资建成了国内首套磷酸铁锂电池再生利用生产线，其电池拆解系统基本实现了半自动化作业，铜铝金属回收率高达 98%，正极材料回收率超过 90%[6]。央企中国节能环保集团公司子公司浙江新时代中能循环科技公司，在锂离子动力电池回收业务上也奋起直追，目前已建成年产 1800 吨钴、镍、锂等金属化合物湿法回收生产线，回收产品主要为钴盐、镍盐、锂盐等，回收得到的有价金属盐将重新用于锂离子动力电池生产。2018 年，年利用 10 万吨退役锂离子动力电池及钴镍资源循环项目获批准，现在正在实施建设，已于 2019 年 12 月完成一期建设，具备年产 2600 吨钴盐、5600 吨镍盐、1000 吨锂盐、2000 吨铜的生产规模。

　　目前，国内关于废旧动力电池申请立项的项目越来越多，回收项目规模均在万吨以上，废旧电池的处理方法大多为半自动化机械预处理和湿法冶金回收，但也有湿法-火法复合联用技术的报道，但火法的运用仅在预处理和后续的固相合成上，火法冶金回收废旧锂离子动力电池还未见相关报道。未来用何种方法绿色高效地回收废旧锂离子动力电池中的有价金属，仍是目前回收企业积极探索的问题。

7.1.2 国外回收实例

　　与国内回收企业相比，国外回收企业较早进入废旧动力电池回收领域，并在回收技术方面取得了相应的进展。国外最早的回收企业同样是由传统冶炼企业发展而来。随着人们环保意识增强、废旧动力电池的经济效益及法律法规的限制和约束，越来越多企业开始多方合作，对废旧动力电池中的有价金属进行回收再利用，并获得了较大的经济效益。

对于锂离子动力电池的工业化回收来说，国外开展回收利用工作的国家主要有美国、德国、英国、日本、法国、比利时、芬兰、瑞士和西班牙等国家。国外主要的回收企业及其回收工艺如表 7-2 所示。包括 Accurec Recycling GmbH、AEA Technology（AEAT）、Akkuser OY、Batrec Industrie AG、Fortum、GRS Batterien、IME、Mitsubishi、OnTo Technology、Pilagest、Recupyl、Retriev Technologies、SNAM、Sumitomo、Umicore （按字母排序）等公司在内，均在工业化的回收利用上进行了研究和相关专利的申请。它们大多由专业的金属冶炼回收企业或材料企业转型而来，并在商业化回收上取得了一定的成果[10]，其中规模较大的回收企业主要包括比利时的 Umicore、美国的 Retriev Technologies 和日本的 Sumitomo。

表 7-2　国外主要电池回收公司的工艺及产物

公司名称	回收工艺	国家	产物	回收规模
Accurec Recycling GmbH	火法–湿法	德国	钴合金、Li_2CO_3	年处理量 1500～2000 吨
AEAT	湿法–电沉积	英国	CoO	—
Akkuser OY	机械破碎–火法	芬兰	合金	—
Batrec Industrie AG	湿法、火法	瑞士	化合物、合金	—
Fortum	湿法	芬兰	电池级锂、钴化合物	—
GRS Batterien	火法	德国	合金	至 2019 年 9 月，收集超过 150 万吨废电池
IME	火法、湿法	德国	合金，Ni、Co 氢氧化物	—
Mitsubishi	火法	日本	$LiCoO_2$	—
OnTo Technology	超临界修复	美国	恢复充放电性能电池	—
Recupyl	Valibat（湿法）	法国	$Co(OH)_3$、Li_2CO_3	年处理量 8000 吨
Retriev Technologies	冷冻–湿法	美国	Li_2CO_3	累积回收锂离子电池超过 1.1 万吨
SNAM	火法	法国	合金	电池回收率超 80%
Sumitomo	火法	日本	合金	—
Umicore	火法–湿法	比利时	镍钴合金、锂化合物	年处理量 7000 吨

注：–表示未找到相关资料，资料收集于网上报道及相关项目报告书。

1. Accurec Recycling GmbH

Accurec Recycling GmbH 是位于德国慕尼黑的一家电池回收企业，年处理量约为 1500～2000 吨废旧锂离子动力电池，其目标是高效率地回收电池中的有价金属，尽可能降低废旧电池回收过程中的污染排放，并与 UVR-FIA GMBH 公司共同自主开发了一套结合预处理、火法和湿法的电池回收处理工艺。

如图 7-3 所示，该工艺首先对废旧锂离子动力电池进行自动化机械拆解预处理，并利用真空火法冶金技术回收有价金属，最后将炉渣中的锂元素经酸浸出后回收。预处理过程即将电子部分、塑料部分、连接线束和金属外壳分离出去，剩余的电芯和模组进入真空热裂解回收步骤，电池中的电解质等有机溶剂经高温热解冷凝后被收集。去除掉电解液之后剩余的电池组分，首先经过二次机械处理进行粉碎研磨，之后通过物理分选，将铁基合金、铝箔、铜箔等金属材料分离。剩余的活性电极材料与团矿一起还原焙烧，最后得到金属钴锰合金和含锂炉渣，含锂炉渣经过硫酸浸提，碳酸钠进行沉淀回收，生成的碳酸锂纯度高于 99%[11]。

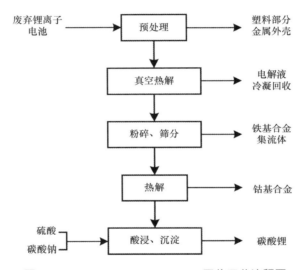

图 7-3　Accurec Recycling GmbH 回收工艺流程图

2. AEA Technology

英国的 AEA Technology（AEAT）公司是一家总部位于英国的技术服务和工程软件公司。该公司原属于原子能管理局（Atomic Energy Authority），后从其分拆出来，并专注于三个战略部门，即电池、工程软件和核科学。它除了在锂离子动力电池制造领域拥有相关的专利，在锂离子动力电池回收方面也取得了一定的进展。2003 年 10 月，AEAT 在苏格兰北部的 Sutherland 启动了一个价值 200 万英镑的研发设施。该回收设施可以处理所有类型的锂离子动力电池以及锂离子聚合物电池，在锂离子动力电池回收技术方面，采用一系列分离技术系统地拆卸电池，并最大限度地从电池中回收钴和其他金属以进行转售。

如图 7-4 所示，AEAT 回收处理 $LiCoO_2$ 电池的工艺流程主要包括以下几个步骤：首先是将废旧锂离子动力电池进行预处理，将其置于 N_2 中拆解后，将电池外壳分离，剩余材料经机械切割破碎，使得正极片、负极片等材料切割至 1cm² 左右；然后利用不同溶剂浸出回收不同组分的有机物质，用乙腈作为有机溶剂，在 50℃ 下提取电解液，用 N-甲基吡咯烷酮（NMP）为溶剂提取黏合剂（PVDF），其中有机溶剂可以循环利用；过滤后，经分选回收残渣中的 Cu、Al 和塑料；最后将含有正极活性物质 $LiCoO_2$ 和碳的粉末，置于 LiOH 溶液中通过电沉积方法回收溶液中的 Co，产物为 CoO[11,12]。

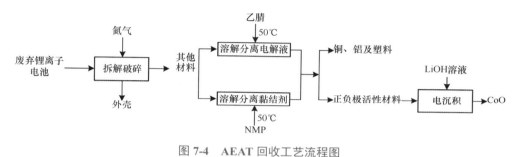

图 7-4　AEAT 回收工艺流程图

3. Akkuser OY

芬兰的 Akkuser OY 公司回收范围包括锂离子动力电池、镍基动力电池和蓄电池，使用自主研发的 Dry-Technology 回收工艺，可将镍基动力电池和锂离子动力电池回收率提高至 90%，且在回收过程中可以降低能耗，实现更安全的回收流程。Akkuser OY 针对不同类型的动力电池和其他化学电源开发了不同的回收技术。

在回收过程中，Akkuser OY 首先会对回收的电池按照类型进行分类，分类后依据不同类型的电池进行相应的处理。将废旧锂离子动力电池经过两级破碎处理，然后通过磁力和机械分离，得到金属的混合物，最后将其作为原料输送到金属精炼厂，精炼后得到金属或合金产品。Akkuser OY 开发的这一回收工艺可以高效快捷地回收废旧锂离子动力电池，破碎过程中产生的粉尘和气体同时被收集处理，从而最大限度地减少对环境的影响，并最大限度地回收有价值的金属。但整个回收流程仍存在一定的操作风险，当大规模的锂离子动力电池堆积处理时，自动化机械处理可能会产生火灾或爆炸等安全隐患。

4. Batrec Industrie AG

瑞士的 Batrec Industrie AG 采用多种方法联合的形式对废旧锂离子动力电池进行回收。废旧锂离子动力电池中除了含有 Co、Ni、Li、Cu 和 Al 等金属外，还含有电解液，不仅对环境有很大危害，同时使得处理过程容易发生爆炸。Batrec Industrie AG 研发了一种特殊的处理工艺，可以安全无害地处理废旧锂离子动力电池。首先，将废旧锂离子动力电池在二氧化碳气氛保护下送入破碎机进行破碎，破碎过程中产生的气体和二氧化碳一起进入气体洗涤器中被处理，以减少过程中的污染气体排放，破碎过程产生的锂经过中和反应，以防止发生爆炸。其次，将破碎后的锂离子动力电池在酸性溶液中浸出，将不溶组分过滤，并通过选择性沉淀的方法对浸出液中的有价金属进行回收[111]。在二氧化碳气氛下进行预处理，不但可以降低废旧锂离子动力电池可能发生燃烧和爆炸的风险，而且可以降低回收过程中污染性物质的排放。其回收流程如图 7-5 所示。

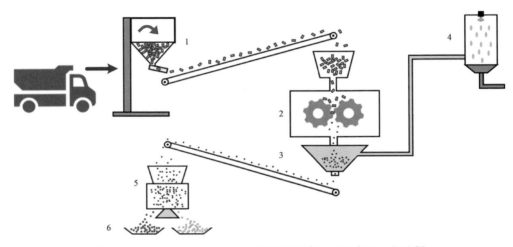

图 7-5　Batrec Industrie AG 回收废旧锂离子动力电池工艺流程

1：填料；2：粉粹；3：中和；4：气体处理；5：加工；6：产品

此外，Batrec Industrie AG 还采用了日本住友金属公司的操作工艺对废旧锂离子动力电池进行了回收，即将废旧锂离子动力电池进行两段高温处理，先在 700℃ 下将电池中的有机物质高温裂解，除去隔膜与黏结剂等，然后在 1500℃ 下高温熔炼，得到有价金属的合金。

5. Fortum

芬兰 Fortum 公司的宗旨是尽可能将废物转化为新的原料，并保证其重复循环使用。公司除了回收锂离子动力电池外，还从事金属、塑料等回收业务。Fortum 采用 Crisolteq 研发的湿法冶金工艺，据报道通过该工艺可以回收 80% 以上的电池材料[13]。废旧锂离子动力电池首先通过机械处理分离塑料、铝集流体和铜集流体，然后将电池材料中的正极活性物质中的有价金属回收。采用湿法浸出的工艺将锂离子动力电池中的钴、镍和锂等回收后，售回给电池制造商，用于制造新的锂离子动力电池。

6. GRS Batterien

德国 GRS Batterien 公司与电池生产企业签署合作协议后，负责生产商所生产电池的回收及处理。其电池生产商每年销售近 15 亿个电池。目前，德国各地约有 17 万个废旧电池和蓄电池的收集点，而 GRS Batterien 负责这些收集点的废旧电池处理。到 2007 年，GRS Batterien 已经收集了 14000 吨废旧电池，至 2019 年 9 月，废旧电池的收集量已经超过 150 万吨。GRS Batterien 利用电磁传感器和 X 射线，首先将收集到的电池和蓄电池进行识别和分类，然后将分类后的电池按照不同的技术回收处理。对于废旧锂离子动力电池，采用高温还原法将原材料直接还原为金属及其合金产物，缺点是耗能过大，而且其中的锂元素无法得到有效的回收。

7. IME

德国的 IME 公司主要回收各种类型的电池。针对锂离子动力电池回收，采用火法和湿法相结合的方式进行处理，并且探索了多种热处理模式，已经实现了工业化大规模的回收利用。其回收工艺流程见图 7-6。

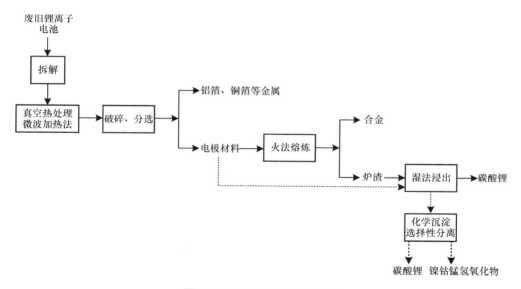

图 7-6 IME 回收工艺流程图

如图 7-6 所示，IME 公司采用多步回收法对废旧锂离子动力电池进行回收。首先对收集而来的废旧锂离子动力电池进行拆解，去除外壳等易拆解的部分。然后对电池进行真空热处理，将有机物质等去除，也可以采用微波加热的方式，使材料从内部开始加热，加热速度更快、效率更高。通过破碎、研磨和分选等工艺分离电极材料与集流体等（风选及磁选）。将电极材料进行火法熔炼，加入造渣剂即可得到钴的合金，而 Li、Al 和 Fe 等以氧化物形式存在于炉渣中。炉渣中的锂可以通过湿法浸出，并通过沉淀法以碳酸锂的形式回收，或者直接将电极材料湿法浸出，通过化学沉淀等方法将 Ni、Co 等有价金属回收，最后再将锂以碳酸锂形式回收。相比之下，湿法回收有较高的选择性，但回收过程中需要大量化学试剂，并且产生废水等污染物质。火法工艺的优点在于效率高，但耗能过大也成为了其主要问题[14]。

8. Mitsubishi

日本 Mitsubishi 公司起初在锂离子动力电池制造方面进行了大量的投资。但由于锂离子动力电池产量的增加，日本相关法律法规的出台，以及废旧锂离子动力电池中大量有价金属回收的高经济效益，Mitsubishi 对电池的回收进行了研发，并开展了工业化应用。针对锂离子动力电池回收将大幅度增加的需求，2018 年 Mitsubishi 与日本磁力选矿株式会社在原有的稀有金属湿法精炼技术上，共同开发新能源汽车用锂离子动力电池等所含钴、镍等材料的回收利用技术[15]。

Mitsubishi 公司在预处理过程中，采用液氮将废旧锂离子动力电池冷冻后拆解，以降低拆解过程中可能出现的危险。拆解后将电池进行破碎和分选，得到铜箔及正极活性材料，将活性材料进行高温焙烧得到钴酸锂，燃烧中生成的气体由氢氧化钙吸收以降低环境污染[10]。

9. OnTo Technology

美国 OnTo Technology 公司致力于目前和下一代的锂离子动力电池回收。2003 年公司成立发展锂电池回收技术，与其他回收企业采用的湿法和火法处理方式不同，OnTo Technology 将废旧电池的电解液重新置换后修复使用。

OnTo Technology 采用二氧化碳超临界流体恢复锂离子动力电池的电化学性能，将放电后的锂离子动力电池清洗后，放入高压萃取容器中，通过改变容器内的压力和温度将二氧化碳转化为超临界流体，液态的二氧化碳将废旧锂离子动力电池中的电解液提取到高压容器中，携带出的电解液可在二氧化碳气化后析出回收。废旧锂离子动力电池中的电解液提取完后，将新的电解质加入废旧锂离子动力电池中，从而使其恢复充放电的能力；而内部结构被破坏和完全失去充放电性能的废旧锂离子动力电池，在无水无氧环境中经过粉碎，并依据电导、密度等物理化学特性将材料分离回收[16]。

10. Recupyl

法国 Recupyl 公司采用湿法冶金工艺，对各类废旧电池回收进行了研究和工业化应用，专注于电池的创新性回收。2013 锂电高峰论坛上，Recupyl 总裁声称公司废旧锂离子动力电池的处理规模已经达到 1000 kg/h。2017 年的中德（欧）企业交流会上，Recupyl 与我国揭阳市力奇智能科技有限公司签署了有关锂离子动力电池回收项目。

Recupyl 公司采用的回收工艺又称之为 Valibat 回收工艺，将废旧锂离子动力电池在惰性气氛保护下拆解，以降低拆解过程中出现的危险，比如说充放电过程中形成的金属锂引起的燃烧和爆炸。然后将拆解后的废旧锂离子动力电池经过破碎、分选、磁选分离得到塑料、钢铁和铜，用氢氧化锂溶液浸出剩余电极材料的部分金属离子，将不溶的金属氧化物用硫酸浸出，加入沉淀剂碳酸钠将铜和其他金属离子沉淀回收，过滤后滤液中加入次氯酸钠（NaClO）得到 $Co(OH)_3$ 沉淀和硫酸锂溶液，将惰性气体二氧化碳通入含锂的溶液中得到碳酸锂沉淀。在整个回收流程中，锂和其他有价金属均得到了充分的回收利用，但回收流程相对比较复杂，回收得到的产物需要进一步提纯，才能满足电池制造的原材料要求。

11. Retriev Technologies

美国 Retriev Technologies 公司，起源于 1984 年成立的 Toxco 公司，主要从事各种类型的电池回收。公司早在 1993 年就开始了商业化的电池回收，而在锂离子动力电池回收的领域该公司已有 20 多年的历史，锂离子电池累计回收量超过 1.1 万吨。Retriev Technologies 还对特斯拉的 Roadster 电动汽车的动力电池组进行了回收，动力电池组材料的回收率可达 60%。

Retriev Technologies 主要利用机械和湿法冶金工艺回收锂离子动力电池中的有价金属。Retriev Technologies 首先将废旧锂离子动力电池置于−200℃的液氮中拆解，并采用低温球磨技术，防止锂离子电池在拆解过程中可能出现的危险。将低温预处理后的电极材料置于碱性溶液中，将材料中的酸性物质中和，锂盐溶解在碱性溶液中，最后通过沉淀的方式将锂以碳酸锂的形式沉淀出来。不溶于碱性溶液的组分包括隔膜、塑料，以及正负极活性材料等。隔膜和其他塑料组分漂浮在顶部，可以直接被回收或进行循环利用，而有价金属可以通过湿法处理溶解浸出，碳基材料则以滤渣形式留作后续处理[11]。该工艺流程的优势是处理范围广、锂的回收率较高，但其整体的回收利用率较低，而且除了锂之外，其他金属需要进行进一步的处理才能获得附加值较高的产品。

12. SNAM

法国电池回收公司 SNAM 是 Floridienne 集团的全资子公司，是欧洲锂离子动力电池回收的主要参与者，其回收技术是基于 1981 年公司所从事的传统冶金行业技术。在回收业务开展上，SNAM 与标致雪铁龙公司联合签署了合作协议，以确保标致雪铁龙公司的报废电动和混合动力汽车电池在其欧洲的网点和生产基地能够得到有效回收，而且对电池回收率可达电池重量的 80%，超过了欧盟规定的 50% 的最低回收目标[17]。SNAM 于 2011 年与丰田公司签署了协议，回收混动车型中镍氢（NiMH）电池。

SNAM 的处理流程是将废旧锂离子动力电池经过预处理破碎后，通过热解处理将其隔膜、有机溶剂、黏结剂等有机物质挥发去掉，通过蒸馏将不同的金属分离，最后通过精炼获得所期望的金属合金，包括铁镍合金和铁钴合金等。而且 SNAM 还有计划地建设湿法回收处理中心，以优化回收产物的性能。

13. Sumitomo

日本 Sumitomo 集团旗下的 Sumitomo Metal Mining 是全球最大的高镍三元锂电池材料生产企业，同时也是日本领先的有色金属资源和冶炼企业。基于原来有色金属的冶炼工艺技术，Sumitomo Metal Mining 在锂离子电池回收领域成绩斐然。2017 年，Sumitomo Metal Mining 宣布成为日本第一家成功从锂离子动力电池回收镍和铜的企业。

Sumitomo 在锂离子动力电池回收过程中，将废旧锂离子电池在 1000℃下煅烧，废旧电池中的隔膜、黏结剂和有机溶剂燃烧后挥发掉，金属残渣可由磁选法分离，剩余的部分主要为正极和负极活性材料。然后利用湿法冶金技术将其中的有价金属回收，回收得到的有价金属被用来合成新的电池材料或合金，而铜和铁等金属可以作为回收的副产物进行利用[11]。采用高温冶金精炼工艺，可将锂离子动力电池中的大部分杂质与正极和负极活性材料分离，可以简化工艺。但后续的湿法冶金浸出和副产品的精炼化又使操作流程复杂化，且回收得到的产物还需要进一步的处理。

14. Umicore

Umicore 总部位于比利时，是一个全球性的材料制造和回收再利用的科技集团。该企业回收锂离子动力电池的主要方法为高温冶炼法，实现了锂离子动力电池的回收利用及再制造。Umicore 拥有多家电池拆解工厂，并且与丰田、宝马、奥迪等公司签署了合作协议，对其生产的动力电池进行回收利用。据签署的协议，Umicore 将对丰田旗下的普锐斯和普锐斯插电式混动车两款车型的动力电池进行回收。此外，宝马与 Umicore 及 Northvolt 将共同创建汽车电池回收企业，Umicore 将负责动力电池正极活性材料与负极材料的开发和回收。Umicore 也与奥迪将对动力电池闭环回收法进行相应的合作和研究。目前，Umicore 废旧电池的年处理规模在 7000 吨左右，预计到 2025 年将建立更大规模的工业回收设施[18]。

Umicore 公司通过独特的高温冶金处理技术和湿法冶金工艺，能够以可持续的方式回收所有类型和所有尺寸的锂离子电池和镍氢电池。该公司利用 UHT 高温冶金法将不经过拆解的锂离子动力电池直接高温还原，电池的外壳、铝集流体、负极材料石墨、黏结剂及隔膜塑料等材料为高温还原过程提供能量和还原剂，将镍和钴以合金的形式回收。而且在回收流程中使用气体净化系统，确保锂离子动力电池中所有有机化合物完全分解，不会产生有害的二噁英或挥发性有机化合物，氟也以粉尘的形式在高温处理过程中被安全回收。高温还原得到的金属合金，在硫酸为浸出剂的环境下，经酸浸和萃取剂萃取，最后得到 $NiSO_4$ 和 $CoCl_2$[11]。高温还原处理后得到的炉渣，可以用于建筑业或将含锂炉渣进一步回收，到达整个锂离子电池的闭环回收利用，其回收流程如图 7-7 所示。

图 7-7　Umicore 回收工艺流程图

在整个回收步骤中，不需要将电池进行拆解破碎，提高了操作流程的简便性，降低了回收过程的风险，但其高温还原和加压湿法浸出工艺对设备要求较高，应对未来复杂的各种类型正极材料的锂离子动力电池混合回收，需要进行设备和操作流程的优化及改进。

除了以上锂离子动力电池的回收企业，越来越多的传统冶金企业开始关注废旧锂离子动力电池回收。澳大利亚首家回收锂电池的公司 Envirostream 于 2018 年正式建立；在墨尔本北部 NewGisborne 的回收工厂，2018 年已经回收了 290 吨的废旧锂离子动力电池，而且还与锂离子电池制造商 LG 化学结成伙伴关系，共同开发新的锂离子动力电池回收技术，以避免资源的浪费；2000 年成立于西班牙的 Pilagest 公司，采用机械分离和湿法浸出的工艺对废旧锂离子动力电池进行回收。

随着各个国家政策的大力支持，动力汽车开始了大规模的生产和应用，有些欧美国家已经将燃油汽车禁售纳入了日程，因此越来越多企业将目光投至动力电池的回收再利用领域。一些电池制造商和动力汽车生产商也纷纷将动力电池回收纳入了计划之内，一些传统的冶金技术公司也积极开展相关的回收业务，锂离子动力电池即将迎来新一轮的回收热潮。

7.2 镍基电池回收与资源化实例

镍基动力电池回收技术研究起步较早，从回收利用方法上主要有火法冶金回收、湿法冶金回收、生物冶金回收及机械回收等技术，工业化应用较多的是火法与湿法回收技术，锂离子动力电池回收企业大多都参与了镍基动力电池的回收。从国内外回收实例来分析，以日本为首的发达国家，在镍基动力电池回收布局较大，且具有规模化、体系化的工业回收水平。

7.2.1 国内回收实例

目前在国内，镍基动力电池回收在实验室规模回收研究已经取得了较大的进展，但在工业规模化回收利用上仍未形成较大规模。据相关学者研究，动力汽车产生的报废镍氢电池于 2018 年起逐渐形成报废潮，并于 2021 年达到报废的一个高峰，到 2024 年会产生大量的报废镍氢电池包，如果将报废镍氢电池中的有价金属进行有效的资源再生，产生的经济效益可以接近 1 亿元[19]。目前国内从事镍氢电池回收企业主要有格林美、东方钽业及力元新材等企业，但均未形成较大规模的回收及再利用。

国内电池制造及回收公司针对镍氢电池回收制定了相关的国家标准，由广东邦普循环科技有限公司、浙江华友钴业股份有限公司、江门市长优实业有限公司、格林美股份有限公司、兰州金川科技园有限公司、深圳市豪鹏科技有限公司（豪鹏国际集团子公司）、中海油天津化工研究设计院起草的 GB/T 33062-2016《镍氢电池材料废弃物回收利用的处理方法》详细介绍了回收的相关标准及技术路线，如图 7-8 的技术路线所示，将废弃镍氢电池先进行破碎处理后，经热处理去除隔膜、黏结剂等，然后采用机械法分离回收铜、泡沫镍，接着将分离后的剩余物料先进行酸溶，最后对浸出的溶液进行镍、稀土元素的回收，用萃取剂将有价金属元素回收，回收稀土复盐后的溶液经萃取、反萃回收得到镍盐纯化液，得到的镍盐纯化液用于生产化工镍盐、合成电池生产原料等。

由于镍镉电池对环境影响较大，因此其产量较低，已经逐步淘汰，对于镍镉动力电池的回收应积极开发混合电池材料的回收技术，以实现经济效益和回收成本的双赢。镍基动力电池中富含大量有价和战略价值的稀土元素，因此废弃镍基动力电池回收从经济效益和国家安全的角度出发，显得势在必行。针对我国目前回收镍氢电池小而少的局面，首先，应该从废弃镍基动力电池的源头入手，生产厂家应积极开展溯源、回收及再利用的研究，为后续的循环利用奠定基础。其次，作为消费者应该实践好废弃物的分类，将具有特殊价值的废弃物进行分类处理，为废弃电池的有效收集提供便利。最后，作为回收的加工厂应该积极和制造企业合作，为废弃电池的循环及再利用扣上最后一环。工业化的镍基动力电池回收应尽早开展工业布局，以迎合国家和社会的战略需求。

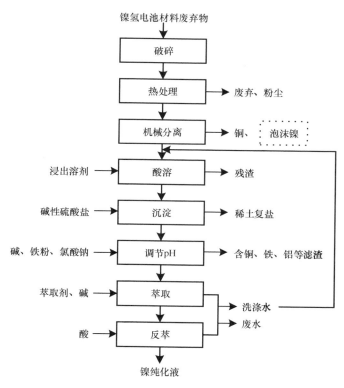

图 7-8 镍氢电池湿法回收工艺流程图

7.2.2 国外回收实例

日本的住友金属、三德金属等几家公司利用火法冶金技术对废旧镍氢电池进行了回收，其回收的主要目标产物是铁镍合金，其回收工艺主要包括机械破碎、分选、火法焙烧等几个步骤，最后获得含镍为 50%～55%、含铁为 30%～35%的铁镍合金[20]。其回收流程图如图 7-9 所示。回收企业 Umicore 也参与了镍氢电池的回收，Umicore 利用其超高温回收技术与拥有稀土冶炼技术的罗地亚集团在 2011 年展开合作。镍氢电池进行回收处理，首先将镍氢电池的镍和铁及稀土元素从镍氢电池中分离，然后利用罗地亚集团技术将稀土元素回收，利用其在各自领域的技术展开合作，将镍氢电池回收闭环化价值最大化。火法回收镍氢电池的优点在于处理过程简单、物料回收处理量大，但这种粗犷的回收工艺无法回收一些贵重金属，例如稀土元素，而且其生产过程耗能大，易造成空气污染，所以现在火法处理废镍氢电池采用真空热处理方法，或将整个回收过程纳入一个闭环内，从而降低污染，提高废镍氢电池利用率。

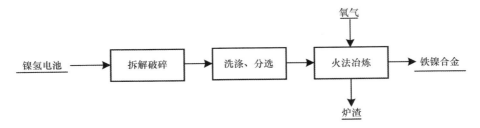

图 7-9　日本镍氢电池火法回收工艺流程图

在湿法回收工艺上，日本的本田公司通过对废旧镍氢电池资源化回收，以提取其中的稀土元素。将电动车中的废旧镍氢电池经过机械破碎后用酸溶解，然后对溶解的溶液电沉积来获得金属化的稀土元素。通过这种生产回收工艺，镍氢电池的回收率超过了 80%，提取的稀土元素纯度也超过了 99%，可直接用于制造新的镍氢电池。日本的重化学工业也于 2013 年将此方法投入商用，并进行了商业化应用[21]。由于稀土资源的缺乏、战略作用及使用量的攀升，稀土元素典型含量在镍氢电池中可达 7%，其中包括氧化铈、镧和钕等，所以相当多的回收企业将镍氢电池回收纳入了回收领域。

不同于锂离子动力电池，镍氢电池体量小但其富含稀土元素，虽然在实验室回收技术上的研究都比较成熟，但在工业化应用上，仍需要进行进一步的研究。目前工业化回收镍氢电池大多以多种回收方法联用为主，而且电池的生产厂商与回收企业合作，在镍氢电池整个生命周期内实现闭环利用，回收技术也从之前较为粗犷的回收工艺，转变为处理流程更细致的回收工艺。但是，如何实现回收过程的价值最大化仍是目前回收企业待解决的问题。

7.3　铅酸电池回收与资源化实例

铅酸动力电池相比于锂离子动力电池和镍氢动力电池，应用时间较早，从制造到回收技术更成熟。铅酸动力电池广泛应用于储能等其他产品的动力电源，在动力电池市场规模仍占有一席之地。相比其他动力电池，铅酸电池对环境的威胁更大。2016 年 8 月 1 日颁布的《国家危险废物名录》将废旧铅酸动力蓄电池认定为危险废物[22]。2017 年《危险废物经营许可证管理办法（修订草案）》审议通过，明确废铅酸蓄电池的经营活动需取证经营。

目前，全球有超过 200 家企业从事废铅酸动力电池再利用的工业化研究，回收再利用铅的产量占全球铅产量的一半以上。美国、德国、意大利、日本、英国、法国等国家再生铅的产量早已超过了原生铅的产量，而我国在废旧铅酸电池回收及再生铅的产量上远远低于欧美发达国家的平均水平。对于废旧铅酸动力电池而言，其回收方法相对成熟，已经在工业化实践上超过了锂离子动力电池和镍氢动力电池。随着新一代铅酸电池的开发利用，其污染性可以降至很低，也可称之为绿色电源，其从制造到回收、再利用已经形成了完整的闭环。从资源循环利用及回收处理上，目前已经成为动力电池回收中商业化最成功的实例。传统工业上回收废旧铅酸动力电池的方法主要有火法冶金回收、湿法冶金回收及其联用技术。

7.3.1 国内回收实例

随着铅酸电池产量和其在电动汽车中使用数量的增加，废弃的铅酸电池日益增多。据不完全统计，中国年铅酸蓄电池的理论报废量超过 600 万吨，年增长率约为 15%[23]。2000 年左右，中国每年废弃约 5000 万件或 30 多万吨铅酸蓄电池[24]。2016 年废旧铅酸蓄电池总量约为 350 万吨[25]，是 2000 年的 11.7 倍，2016 年废旧铅酸电池的年增长率超过了 30%[26]。然而由于国内回收体系和政策不够完善，采用适当方法回收的废铅酸电池数量不到 40%，即超过 60%的废旧铅酸电池被非法回收和拆除。铅酸蓄电池是组合结构，通常经机械破碎分离出铅膏、有机物料以及板栅等，而铅膏成分复杂，金属含量大，回收价值高，因此铅膏回收是废旧铅酸蓄电池回收的关键部分。国内铅膏回收技术主要包括传统干法（火法）、湿法以及新型原子经济法[27]等。

近年来，受政策和市场的影响，中国再生铅企业进入深度产业结构调整阶段，产业集中度明显提高。截至 2017 年，中国废旧铅酸蓄电池处理能力达 720 万吨，实际再生铅产量已超过 200 万吨。湖北省、江苏省和安徽省已成为主要的生产地区。中国的再生铅企业大致可分为三类[28]：第一类，江苏新春兴再生资源有限责任公司、安徽华鑫铅业集团有限公司、安徽华博铅业集团等传统企业在再生铅技术设备和环境保护方面具有明显优势。第二类，骆驼集团、天能动力国际有限公司、超威动力控股有限公司等铅酸电池制造商希望扩大产业链，成功建立自己的再生铅企业。这些企业在规模、技术设备和环境保护方面都有明显的优势，它们已成为再生铅行业的主要力量，并对废旧铅酸蓄电池回收系统的建设产生了积极影响。第三类，河南豫光金铅集团有限公司等原生铅或其他有色金属冶炼企业也是国内铅蓄电池回收和再生铅产业的重要组成部分。

江苏新春兴再生资源有限责任公司是一家具有 40 年历史、专业处理废铅酸蓄电池的企业，目前具备年处理废铅酸电池 100 万吨，年产再生铅 60 万吨的生产能力。主要冶炼工艺为：破碎–分选–精炼–脱硫–密封回转窑富氧燃烧[29]。首先将回收的废旧铅酸电池进行机械破碎分选，得到其中的含铅物质，将其含铅物质进行脱硫处理后放进合金熔炼炉中进行熔炼配制铅合金，熔炼完成后即可得到粗铅，再通过精炼工艺去除杂质，得到精铅和合金铅，最后将其浇铸得到铅锭。该公司采用的无氧放铅工艺，最大限度保证放铅过程不产生氧化铅；采用碱性精炼与氧化精炼相结合的方法，可使回收铅纯度大于 99.99%。

河南豫光金铅股份有限公司（简称豫光金铅）已建成三条废旧铅酸蓄电池预处理生产线，可以实现年回收处理废旧铅酸蓄电池 54 万吨，年产再生铅 20 万吨。豫光金铅先后经历了烧结锅、烧结机、富氧底吹氧化–鼓风炉还原、液态高铅渣直接还原炼铅四次工艺变革，设计了一步氧气底吹冶炼工艺，用于铅回收处理废旧铅酸电池，其中废旧铅酸电池与初级铅结合生产纯铅，据报道，铅的回收率可提高到 97%，硫化合物的利用率超过 98%。此外，该公司还开发了另一个直接处理废旧铅酸电池的工艺，其中废旧铅酸电池直接添加到集成的 CX®电池回收系统中，用于碰撞、分类和熔化，因此，获得并收集含铅产物用于进一步铸造，据报道，废旧铅酸电池的利用率超过 98%，铅回收率高达 99.5%。此外，还提出了双底吹熔炼铅膏的思路[30]，改善了火法炼铅过程中的脱硫效果，显著提高了铅酸电池的处理能力。

作为浙江南都电源动力股份有限公司的全资子公司，安徽华铂再生资源科技有限公司以废旧蓄电池的回收、加工为主导产业，主要采用意大利安吉泰克 CX 预处理自动分选工艺，其特色有富氧侧吹熔池熔炼–液态高铅渣直接还原铅技术、冶炼尾气制取精制硫酸+离子液尾气脱硫系统、大极板立模浇铸电解生产线，低温熔铸生产系统、塑料改性生产线、超滤+反渗透+MVR 水处理系统等，工艺装备水平达到了国际领先水平。公司拥有先进的废旧蓄电池自动拆解线，可有效分选出破碎子系统处理后的各种质量、性质不同的物料，用工少、自动化程度高，废水、废气、废渣可实现零排放，对环境无污染。公司正在形成年处理 100 多万吨废旧铅酸电池的生产能力，已成为全国生产规模最大、装备最强的再生铅加工企业之一。

河北松赫再生资源股份有限公司与超威集团签署合作协议，正在建设具有年处理 60 万吨废蓄电池及含铅废物的综合利用项目，并研发出卧转式短窑技术，具有投资小、产出率高、节能环保等诸多优点。炉温很容易达到 1100～1300℃，非常适合国产废铅酸蓄电池的熔炼，从而确保不使废铅酸蓄电池极板中的锑流失，锑得到有效回收和综合利用，形成铅锑合金系列产品。

河南金利金铅集团[31]拥有国际先进水平的氧气底吹炉氧化–液态铅渣侧吹炉直接还原–电解铅生产线两条，年处理 44 万吨废旧蓄电池生产线，拥有自主知识产权的液态铅渣侧吹炉直接还原技术已经被鉴定为国际领先水平，自主研发的纯氧侧吹熔池熔炼炉处理铅阳极泥、铜浮渣、再生铅、含锑杂料生产粗锑技术等四项科技成果已正式整体达到国际领先水平。

奥德中庆环保科技有限公司进行了一项年处理27万吨废铅蓄电池和3万吨含铅废物全组分清洁利用项目，该项目由国家生态环境部专属机构设计，采用国内产量最高、质量最好的全自动破碎分选拆解设备，采用世界最先进的富氧侧吹熔池熔炼工艺技术，并采用蓄热燃烧式精炼炉，具有低碳排放和高节能率的特点。

另外，山西金利维科再生资源有限公司、骆驼集团[32]、超威集团、江西齐劲材料有限公司、贵州岑祥资源科技有限责任公司等国内铅酸电池回收企业也具有年处理 20 万吨以上铅酸蓄电池的能力。其中，超威集团和北京化工大学于 2013 年联合开发的原子经济法回收氧化铅工艺[33]，将废旧的铅酸蓄电池中活性物质经过除杂之后，直接转化成氧化铅，大幅度降低了铅酸蓄电池生产过程中的原料成本，并避免了现有冶炼电解铅过程中需要耗费的巨大能耗，极大地减少了冶炼污染环节铅的排放，实现了铅回收节能减排的目的，达到了世界领先水平。

与废旧铅酸电池火法回收过程不同，湿法冶金技术可以在温和条件下进行。湿法冶金技术中的铅膏冶炼过程转化为液相，采用化学方法处理铅膏，以克服火法冶金技术的缺点，如高能量消耗，高铅挥发性和大量的污染，具有高纯金属产率高、产量高和低排放等优点[34]。由于中国的环保要求越来越严格，湿法冶金技术越来越受到重视[35-37]。湿法冶金技术已经经历了两个发展阶段，即从铅膏上回收金属铅和从铅膏中回收氧化铅。前者一直是火法冶金技术的核心，也是国内外学者的主要研究方向[38]。从铅膏中回收氧化铅是中国铅回收领域的一个新的研究方向。该方法基于铅酸电池企业对氧化铅的需求，通过化学反应直接将铅膏转化为氧化铅。目前，天能动力国际有限公司、云南祥云飞龙再生科技股份有限公司和贵州岑祥资源科技有限责任公司在中国实现了产业化[39]。其中，天能动力国际有限公司引进了世界最先进的意大利创新技术，即在全自动机械破碎、水力分选工艺技术设备基础上创新全湿法技术，结合自主研发的纯氧助燃、精炼保锑、废烟气处理等废铅酸电池封闭式环保化回收处理技术，废旧铅蓄电池年处理量可达 40 万吨，回收率高达 99%，废弃物接近"零排放"。

7.3.2 国外回收实例

国外回收企业于 20 世纪 80 年代左右研发出了多种火法熔炼再生铅的技术。例如，德国鲁奇公司的 QSL 炼铅法以混合的富铅精矿与废铅膏为原料，采用富氧底吹熔炉进行熔炼，从而利用废铅膏中的含硫组分提高了富铅精矿的经济效益；新技术还有意大利维斯麦港冶金公司研发的 Kivcet 法、Ausmelt 公司和 ISA 公司研发的顶吹熔池炼铅工艺、芬兰澳托昆普公司研发的 Kaldo 法等火法回收工艺[40,41]。早期高温火法处理废铅酸电池虽然操作流程简单、生产环节较少，但其耗能较大，但仍是主要的回收方式之一。

在废旧铅酸电池的湿法回收工艺上，主要的回收工艺有固相电解法、直接浸出–电解沉积法及脱硫转化–还原浸出–电解沉积法，如 RSR 工艺[42]、USBM 工艺[43]、Placid 工艺[44]、Plint 工艺[45]和 CX-EWS 工艺[46]等，大多采用湿法浸出后，添加脱硫剂脱硫，最后通过电沉积方法将铅回收。湿法冶金回收技术主要应用于原铅的生产，虽然回收得到的产物纯度高，但处理流程较长，而且需要添加多种化学试剂，增加了操作复杂性。

美国 East Pann 公司是一家研究废弃电池规模化回收、综合利用的电池公司[47]。East Penn 投资 8000 万美元建立了年处理 8 万吨废旧电池的回收体系，每天处理将近 20 个 40 英尺（1 英尺 ＝0.3048 米）集装箱的废旧电池，最后得到合金铅锭、塑料粒子和纯净的硫酸溶液等产物，并可以用于电池的再制造。该公司回收产业得到了政府的大力支持，使得企业的废弃电池的来源可以得到保证。East Penn 公司回收的技术路线如图 7-10 所示，将废铅酸电池破碎拆解后，通过浮选法将破碎后的物料分为三个部分，进而进行分类回收，铅粉最后可以得到精炼铅，收集的塑料组分可以重新制成电池外壳，最后得到的酸液则可用于浸出液，对有价物质进行浸取。通过浮选–分类回收，可以将废弃铅酸电池全组分回收，以提高回收的经济价值。

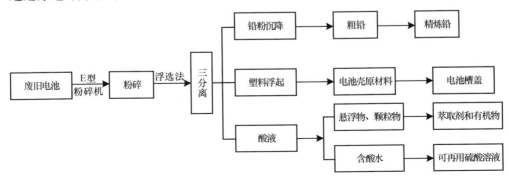

图 7-10 **East Penn** 公司回收工艺流程图[47]

　　经典的工业化回收路线首先将废旧铅酸电池机械破碎分离，将电池分为废酸液、铅膏、板栅和塑料等部分，然后采用不同的回收技术将不同的部分进行处理。废酸液经过废水处理后循环利用，铅膏可以脱硫后，用火法或干湿联用的方法将铅回收，板栅经过低温熔炼变为合金或粗铅，塑料清洗后外售。回收所用设备大多使用回转窑，最后铅的回收率可达 95% 以上，而低铅废渣国外大多将其深度填埋[48]。在再生铅的回收利用方面，发达国家再生铅的产量最高可达铅产量的 90% 以上，而我国所占比例尚不及发达国家的平均水平，因此加大回收力度、完善政策法规、鼓励积极开展规模化的回收，是我国目前亟待解决的问题。

　　依据国家的生态发展的战略目标，做好二次资源的有效利用是解决废弃动力电池回收问题和环境问题的有效途径。从国家层面上，积极的政策法规的制定有助于激发企业回收的积极性；加大对公众回收的引导，积极提倡垃圾绿色分类，可以为废弃电池的回收提供有力帮助；对回收再利用标杆企业进行相应的表彰和宣传，有助于加大企业的回收积极性；此外，还应对企业在办理涉及回收企业的相关手续时提供便利，加强企业开展相关布局的主观能动性。从企业角度来分析，应该学习国外回收的先进经验，并与相关研究机构积极开展产学研合作，构建回收再利用的完善体系，并积极响应国家的号召，服务于国家的重大需求，积极投身于资源二次利用的相关工业化进程，为实现可持续生态发展的理想目标开展相关工作。从个人的角度而言，除了响应国家号召和配合企业进行相关的回收工作，人们还应该建立良好的生活习惯，积极拥护相关政策和法律法规，为二次资源的收集及生态环境的构建尽自己的绵薄之力。

参 考 文 献

[1] Chagnes A, Pospiech B. A brief review on hydrometallurgical technologies for recycling spent lithium-ion batteries[J]. Journal of Chemical Technology and Biotechnology, 2013, 88(7): 1191-1199.

[2] Chen X P, Chen Y B, Zhou T, et al. Hydrometallurgical recovery of metal values from sulfuric acid leaching liquor of spent lithium-ion batteries[J]. Waste Management, 2015, 38: 349-356.

[3] 中国报告网. 2019 年我国锂电池正极材料行业产量，市场竞争及细分品类分析[EB/OL]. [2019-06-11]. http://market.chinabaogao.com/nengyuan/0611425KH019.html.

[4] 第一电动网. 动力电池: 12 月装机量 13.513 GW·h，行业集中度增加[EB/OL]. [2019-02-10]. https://www.d1ev.com/news/shuju/86652.

[5] 钜大锂电. 工信部发布第一批名单 共有 5 家回收企业入围[EB/OL]. [2018-08-22]. http://www.juda.cn/news/27603.html.

[6] 罗爱平，吴芳. 一种从镍、钴、锰混合物中分步浸出镍、钴的方法: CN109868373A[P]. 2019-02-02.

[7] 北极星储能网. 邦普、格林美已走在前列！解读动力电池回收利用发展现状及趋势[EB/OL].

[2018-01-12]. http://chuneng.bjx.com.cn/news/20180112/873651.shtml.

[8] Song X, Hu S, Chen D, et al. Estimation of waste battery generation and analysis of the waste battery recycling system in China[J]. Journal of Industrial Ecology, 2017, 21(1): 57-69.

[9] 高工锂电网. 赛德美赵小勇：物理拆解+材料修复赋能动力电池高效回收[EB/OL]. [2019-07-06]. http://www.gg-lb.com/art-38039.html.

[10] 余海军, 谢英豪, 张铜柱. 车用动力电池回收技术进展[J]. 中国有色金属学报, 2014, 24(02): 448-460.

[11] Meshram P, Pandey B D, Mankhand T R. Extraction of lithium from primary and secondary sources by pre-treatment, leaching and separation: A comprehensive review[J]. Hydrometallurgy, 2014, 150: 192-208.

[12] Lain M J. Recycling of lithium ion cells and batteries[J]. Journal of Power Sources, 2001, 97-98: 736-738.

[13] Renewable Energy Magazine. Fortum boosts battery recycling to over 80 percent[EB/OL]. [2019-03-27].https://www.renewableenergymagazine.com/electric_hybrid_vehicles/fortum-boosts-battery-recycling-to-over-80-20190327

[14] Friedrich B, Träger T, Peters L. Lithium ion battery recycling and recent IME activities[C]// Proceedings of the Advanced Automotive Battery Conference, Mainz, Germany. 30, 2017.

[15] 三菱综合材料管理(上海)有限公司与日本磁力选矿共同开发钴、镍等回收利用技术—从新能源汽车用锂电池中回收稀有金属[EB/OL]. [2018-10-17]. http://www.mmc.sh.cn/news/20181017/.

[16] E S S. System and method for removing an electrolyte from an energy storage and/or conversion device using a supercritical fluid: US, 7858216[P]. 2007-03-29.

[17] 法国标志雪铁龙公司与 SNAM 电池回收公司合作回收报废汽车电池[EB/OL]. [2015-12-18]. http://www.chinacace.org/news/view?id=6749.

[18] 优美科：废旧电池回收能力约 7000 吨 拟加大回收设施投资[EB/OL]. [2018-08-04]. http://www.itdcw.com/m/view.php?aid=94506.

[19] 王昶, 魏美芹, 姚海琳, 等. 我国 HEV 废旧镍氢电池包中稀贵金属资源化利用环境效益分析[J]. 生态学报, 2016, 36(22): 7346-7353.

[20] 李丽, 陈妍卉, 吴锋, 等. 镍氢动力电池回收与再生研究进展[J]. 功能材料, 2007, 38(12): 1928-1932.

[21] 许礼刚. 国外稀土资源回收循环利用模式对我国的启示[J]. 矿山机械, 2015, (10): 10-13.

[22] 高宇. 我国再生铅领域现状与发展趋势研究[J]. 世界有色金属, 2019, (10): 168-169.

[23] 李新战. 新形势下废铅酸蓄电池回收的"豫光模式"[J]. 中国有色金属, 2016, (8): 35-39.

[24] 马永刚. 中国废铅蓄电池回收和再生铅生产[J]. 电源技术, 2000, 24(3): 165-168.

[25] 铅蓄电池报废量上升 再生行业进入深度调整期[EB/OL]. [2017-12-01]. http://www.hbzhan.com/news/Detail/122089.html.

[26] 中国汽车报. 废铅酸蓄电池正规回收量不足 30%[J]. 中国铅锌, 2017, (5): 40-42.

[27] 潘斌. 开启铅酸蓄电池的节能环保新时代——五院士首肯"原子经济法铅回收技术"达到世界领先水平[J]. 世界有色金属, 2014, (05): 22-27.

[28] 何艺, 靳晓勤, 金晶, 等. 废铅蓄电池收集利用污染防治主要问题分析和对策[J]. 环境保护科学, 2017, 43(03): 75-79.

[29] 王子哲, 裴启涛. 废铅酸蓄电池回收利用技术应用进展[J]. 资源再生, 2008, (5): 56-57.

[30] 李利丽, 赵振波, 陈选元. 双底吹熔炼铅膏生产再生铅的工业实践[J]. 资源再生, 2019, 198(1): 58-60.

[31] 产锂在线栏目. 以科技创新为动力 发展循环经济之路——河南金利金铅集团有限公司[J]. 环境保护, 2017, 45(19): 84-85.

[32] 企业动态栏目. 中国恩菲与骆驼集团签订废旧铅酸蓄电池项目总承包合同[J]. 有色冶金节能, 2017(6): 70-71.

[33] 潘军青, 边亚茹. 铅酸蓄电池回收铅技术的发展现状[J]. 北京化工大学学报(自然科学版), 2014, 41(03): 1-14.

[34] Bernardes A M, Espinosa D C R, Tenorio J a S. Recycling of batteries: A review of current processes and technologies[J]. Journal of Power Sources, 2004, 130(1-2): 291-298.

[35] 陆克源. 固相电解法——一种再生铅的新技术[J]. 有色金属再生与利用, 2005, (12): 16-17.

[36] 潘军青, 孙艳芝, 王远, 等. 酸式湿法电解回收废铅酸蓄电池铅的方法: CN101291008[P]. 2008-06-03.

[37] Volpe M, Oliveri D, Ferrara G, et al. Metallic lead recovery from lead-acid battery paste by urea acetate dissolution and cementation on iron[J]. Hydrometallurgy, 2009, 96(1-2): 123-131.

[38] Divya K C, Qstergaard J. Battery energy storage technology for power systems—An overview[J]. Electric Power Systems Research, 2008, 79(4): 511-520.

[39] 陈曦, 陈刚, 张正洁. 我国废铅酸蓄电池湿法冶炼污染控制最佳可行技术研究[J]. 科技创新导报, 2012(16): 13-14.

[40] 刘巍. 废旧铅酸电池电极活性物质的资源化[D]. 东南大学博士毕业论文, 2017.

[41] 张轩. 废铅酸电池中回收高纯度金属铅和 α-PbO 新工艺及其电化学性能研究[D]. 北京化工大学博士毕业论文, 2017.

[42] Prengaman R D. Recovering lead from batteries[J]. The Journal of the Minerals, Metals & Materials Society, 1995, 47(1): 31-33.

[43] Cole E R, Lee A Y, Paulson D L. Update on recovering lead from scrap batteries[J]. The Journal of the Minerals, Metals & Materials Society 1985, 37(2): 79-83.

[44] Díaz G, Andrews D. Placid—A clean process for recycling lead from batteries[J]. Journal of the Minerals, Metals & Materials Society, 1996, 48(1): 29-31.

[45] Andrews D, Raychaudhuri A, Frias C. Environmentally sound technologies for recycling secondary lead[J]. Journal of Power Sources, 2000, 88(1): 124-129.

[46] Weijma J, De H K, Bosma W, et al. Biological conversion of anglesite ($PbSO_4$) and lead waste from spent car batteries to galena (PbS)[J]. Biotechnology Progress, 2002, 18(4): 770-775.

[47] 包有富, 胡信国, 童一波. 废旧铅酸电池的回收和再利用[J]. 电池工业, 2002, (2): 46-47.

[48] 张忠民. 发达国家废旧铅酸蓄电池回收业现状[J]. 世界有色金属, 2008, (11): 80-81.

08

动力电池全生命周期评价

随着环保意识的提升，人们逐渐意识到关注产品生产和使用过程中对环境造成的直接或潜在影响的重要性。为更好地量化和理解某一产品从生产到废弃的整个生命周期中对环境产生的影响，评估潜在的环境危害和解决措施，生命周期评价（life cycle assessment，LCA）应运而生。

生命周期评价可追溯至 1969 年可口可乐公司对不同饮料容器的资源消耗和环境排放所做的特征分析，历经几十年的发展，许多海外国家具备了较为成熟的生命周期评价方法和数据依据。生命周期评价又被称为"从摇篮到坟墓"的评估，它旨在评估与产品的所有生命阶段相关的潜在环境影响，包括从原材料采购到材料生产、制造、使用、维修和保养、回收、最终处置全部过程中产生的环境污染和能源消耗，从而更加客观全面地评价产品对环境产生的影响，寻找减少环境污染和改善物质能源消耗的途径。

如今，全球能源需求的不断增长、化石能源的消耗以及环境污染等问题日渐突出。二次电池作为一种绿色可再生能源和清洁高效的储能手段受到越来越多的关注，包括铅酸、镍氢、镍镉和锂离子电池在内的二次电池正在经历前所未有的快速发展。本章将主要介绍 LCA 法及 LCA 在常见二次电池的回收中的应用。

8.1　生命周期评价（LCA）

生命周期评价[1]（LCA）可追溯至 1969 年可口可乐公司对不同饮料容器的资源消耗和环境排放所做的特征分析。20 世纪 70 年代，石油危机引起人们对能源和资源节约问题的关注，一些研究者提出类似清单分析的"生态衡算"，以生态实验、物料平衡等为基础，对产品生命周期环境中的所有输入、输出进行核算。80 年代中期至 90 年代初，LCA 研究进展迅速。发达国家开始推行环境报告制度，要求对产品形成统一的环境影响评价方法和数据格式；一些环境影响评价技术，例如对温室效应和资源消耗等环境影响定量评价方法也不断发展。

最初的 LCA 仅是一种特定的能源、环境诊断和评价工具，自 20 世纪 90 年代后，在国际环境毒理学与环境化学学会（SETAC）及欧洲生命周期评价开发促进会的推动下，LCA 在全球得到了较广泛的应用。随后国际标准化组织（ISO）制定了有关 LCA 的相关标准：ISO14040 和 ISO14044，对其做出了明确的规定要求。

8.1.1　生命周期评价概述

生命周期评价是一种评价产品、工艺过程或活动过程的整个生命周期系统有关的环境负荷的工具，包括原材料的采集、加工、生产、运输、销售、使用、回收、养护、循环利用和最终处理等过程。根据 ISO14044 与 ISO14040 的定义，生命周期评价（LCA）是对一个产品系统的生命周期中输入、输出及其潜在环境影响的汇编和评价，主要强调了产品生命周期中对环境潜在影响的评价，也是近些年来 LCA 研究中使用最为广泛的定义。

LCA 突出强调产品的"生命周期"，有时也称为"生命周期分析"、"生命周期方法"、"摇篮到坟墓分析"等。产品的生命周期有 4 个阶段：生产（包括原料的利用）、销售/运输、使用和后处理，在每个阶段，产品以不同的方式和程度影响着环境。与传统的环境影响评价方式不同，LCA 主要有以下特点：①评价面向产品系统。产品系统包括原材料采掘、原材料生产、产品制造、产品使用和后处理；在对每一个过程产生的相关环境负荷进行分析的同时，可以从对应环节找到影响环境的来源和解决措施，从而综合考量排放物的回收与资源利用。②是一种系统的、定量的评价方法。产品系统中，所有系统内外的物质、能量流都必须量化表达，对生产所需资源（如水、电）不仅要得到其消耗量，更需要针对该地区的资源物质能量流（如水资源的丰富量、电力的发电方式）进行分析，得到对应的固液气废弃物的排放量，根据权重进行综合后再与其他项目清单分析结果汇总，得到整个产品的清单分析结果。③生命周期评价是非常重视环境影响的评价方法。在完成生命周期清单分析的基础上，LCA 注重研究系统在自然资源、非生命生态系统、人类健康和生态毒性等的环境影响，从独立的、分散的清单数据中找出具有明确针对性的环境影响的关联，包括短期人类健康影响、长期人类健康影响、水体富营养化、固体废弃物填埋、全球变暖和臭氧层破坏等，每种影响都是基于清单分析数据以一定的计算模型进行的综合性评价，通过这些指标得到明确的环境影响与产品系统中物质能量流的关联度，从而找到减少环境污染、节约资源的关键。

LCA 作为一种环境影响评价方法，也存在局限性。其只针对生态环境、能源利用和人体健康等方面进行评价，对经济成本、企业生产质量及社会文化等方面涉及较少，且 LCA 往往是针对某一地域某一阶段的具体情况进行评估，不适用于其他发展程度或各方面生产条件存在差异的区域。从方法上来说，尽管国际标准化组织对 LCA 评价过程进行了规定，但实际操作中，由于一些难以量化的参数、权重因子的确定以及现场检测试验的精度影响，LCA 很难完全避免主观因素的影响。从数据来源的角度出发，尽管国际上建立了 LCA 数据库，但这些数据不一定直接适用于具体情况的分析，且数据来源与时效性等问题依旧突出。

8.1.2 生命周期评价总体框架

1993 年国际环境毒理学与环境化学学会（SETAC）提出了 LCA 方法论框架，将其基本结构归纳为四个有机部分：定义目标与确定范围，清单分析，影响评价，改善评价。ISO 14040 对 SETAC 框架进行了重要改进，去掉了改善评价阶段，增加了生命周期解释环节。最终的框架基本结构为：目标与范围确定、清单分析、影响评价、结果解释，并对前三个互相联系的步骤进行解释。而这种双向解释需要不断调整。另外，ISO 14040 框架更加细化了 LCA 的步骤，更利于开展生命周期评价研究与成果应用。

8.1.3 目标与范围确定

目标与范围的确定是生命周期评价的第一步。根据项目研究的目的、意图和决策者所需信息，确定评价目的的定义，并依据评价目的界定研究范围，包括整个评价系统的定义与边界的确定、有关数据要求和限制条件等。在进行目的和范围确定重点时，主要考虑以下方面：目的、范围、系统边界和功能单元。

不同的需求，评价目的各不相同。例如在设计阶段，主要是对不同方案进行比较；而在已完成设计的情况下，则是在不同操作条件下寻找对环境影响和破坏最小的方式。

范围的确定在 LCA 评价过程中占有主要地位。LCA 在评价过程中往往局限于某一地区、某一时段，从而提高 LCA 相关数据的精确性，降低数据处理的难度。若是范围过大，则影响因素过多、数据分析繁杂，加之 LCA 无法完全避免的主观影响等因素，会使得评价结果偏差较大而失去意义。常见的产品生命周期范围主要包括五个阶段：原材料获取、产品生产阶段、产品包装运输、产品使用和消耗及产品回收处理。

系统边界的确定要根据产品的生产工艺而定。针对生产工艺各个部分收集所需研究数据，数据要求具代表性、准确性，从而保证物质能量流分析的准确性。数据收集时先要确定详细目录流程，确认各单元过程之间的相互关系；详细表述每一个单元过程，列出与之相关的数据类型；再针对每种数据类型，进行数据收集技术和计算技术的表述。

功能单元在实际进行 LCA 相关影响量化时格外重要。功能单元通常是生产单位材料的质量（如每千克或每吨产品）或单位产品的使用年限等，选好功能单元是进行量化评估与对比的基础。

8.1.4 清单分析与影响因子

清单分析是 LCA 基本数据的一种表达，是进行生命周期影响评价的基础。清单分析是对产品、工艺或活动在其整个生命周期阶段的资源、能源消耗和环境排放（包括废气、废水、固体废物及其他环境释放物）进行数据量化分析，为诊断工艺流程物流、能流和废物流提供详细的数据支持。清单分析开始于原材料的获取，中间过程包括制造/加工、分配/运输、利用/再利用，结束于产品的最终处置。通常系统输入的是原材料和能源，输出的是产品和向空气、水体及土壤等排放的废弃物（如废气、废水、废渣、噪声等）。根据 LCA 的目的和范围需要，依据上述数据质量要求做出解释。进行清单分析是一个反复的过程，取得一批数据并对系统进一步认识后，可能会发现存在局限性，出现新的数据要求。此时要对数据的收集程序进行适当修改，从而适应研究目的与范围。

清单分析的基本内容主要包括：①产品系统。产品系统是由提供一定功能的产品流联系起来的单元过程的集合，对产品系统的表述包括单元过程、通过系统边界的基本流和产品流及系统内部的中间商品流。②单元过程。单元过程是组成产品系统的基本单元，各单元过程之间通过中间产品流联系。例如，地表水属于单元过程的基本流输入；向地表水体的排放属于单元过程的基本流输出；原材料、装配组件等属于中间产品流。每个单元过程都遵守物质和能量守恒定律。③数据类型。通过测量、计算等方式收集到的数据，例如向空气中的排放量（如氮氧化物、一氧化碳等）、对长期人类健康影响等，要在清单分析时确定数据类型，确认其属于测算数据、模拟数据或非测算数据中哪一类，以便于进一步分析，实现单元过程输入与输出的量化。④建立产品系统模型。研究某产品系统中所有单元过程之间的关系难度较大，因此要根据研究的目的和范围确认建立模型中的要素，应对所用的模型予以表述，并对支持这些选择的假定加以识别。

清单分析基本过程主要包括：数据收集的准备→数据的收集→数据的确认→数据与单元过程的关联→数据与功能单位的关联→数据的合并→系统边界的修改→根据修改后的边界再次收集数据。这是一个不断反复的过程，直到完成清单。在数据收集的过程中，有可能遇到数据缺失的情况，可以适当使用代替法（如逻辑替代、平均值替代或推理替代）或权重法补偿缺失的数据，但要预见到数据补偿方法对数据收集结果可能产生的影响。

清单分析是影响评价阶段的基础。在获得初始的数据之后需进行敏感性分析，从而根据数据的重要性决定数据的取舍，确定系统边界是否合适，必要时加以修改。常见的敏感性分析法包括：一条路敏感性分析、图表分析、比率分析。敏感性分析过程中，要舍去不重要的阶段和过程及其对应的输入、输出，将未纳入的重要过程纳入至清单中，得到最终的生命周期清单（LCI）。

清单分析的方法论已有大量的研究和讨论，美国环保署（EPA）制定了详细的有关操作指南。相对于其他组成来说，清单分析是目前 LCA 组成部分中发展最完善的一部分。

8.1.5 电池回收全过程生命周期评价技术

影响分析评价是在完成目标界定及清单分析后开展的又一工作，目的是根据清单分析后所提供的物料、能源消耗数据及各种排放数据对产品所造成的环境影响进行评估，即实质上是对清单分析结果进行定性或定量排序的一个过程。

目前国际上采用的评价方法，基本上可以分为两大类："环境问题法"和"目标距离法"。前者着眼于环境影响因子和影响机理，对各种环境干扰因素采用当量因子转换，从而进行数据标准化和对比分析，如瑞典 EPS 方法、瑞士和荷兰的生态稀缺性方法（生态因子）及丹麦的 EDIP 方法等；后者则着眼于影响后果，用某种环境效应的当前水平与目标水平（标准或容量）之间的距离来表征某种环境效应的严重性，如瑞士的临界体积方法。

1. 生命周期评价的总体框架

ISO、SETAC 和 EPA 倾向于把影响评价定义为"三步走"模型，即分类、特征化和量化。分类是将 LCI 中的输入和输出数据分类划归至不同的环境影响类型的过程。进行分类的首要工作是确定在本次研究关注的环境影响类别后，将 LCI 中会造成该类环境影响的环境负荷或污染排放因子归入该类别影响之下。从分类的方式上，SETAC 建议分为生态健康（全球变暖、臭氧层破坏、酸雨、水体富营养化等）、人体健康（中枢神经系统效应、呼吸系统效应、致癌效应等）和资源消耗（地下水资源、化石资源等）。分类很大程度上取决于分析的项目是输入还是输出，某些项目可能具有多种影响（如化石能源燃烧的资源消耗和温室气体增加），分类时应注意按照各自的基准归入相应类别。

特征化的主要意义是选择一种衡量影响的方式。通过特定评估工具的应用，将不同的负荷或排放因子在各形态环境问题中的潜在影响加以分析，并量化成相同的形态或同单位的数值。研究特征化的计算模型有很多，许多工作集中于不同影响类型的当量系数的开发和使用。SETAC 将特征化的表现分成五个层次，特征化的表现会随着影响评估所达到的层次不同而不同。层次一：负荷评估。仅简单罗列清单分析的相关资料，也可能根据它们的潜在影响加以分类。特征化的表现方式会根据影响的有无、相对大小或"越少越好"这样的标准来衡量。层次二：当量评估。清单分析的资料是根据某一当量因子作为转换的基础来加总，如临界体积法、环境法规标准关系法、影响潜能法和环境优先策略法等均属此类。层次三：毒性、持续性和生物累积性评估。清单分析的数据应考虑特有的化学属性，例如急毒性、慢毒性和生物累积性等。层次四：一般暴露/效应评估。排放物的加总是针对某些特殊物质的排放所导致的暴露和效应作一般性的分析，有些时候会加入背景浓度的考虑。层次五：特定地址暴露/效应评估。排放物的加总是针对某些特殊物质的排放所导致的暴露和效应作特定位置的分析而考虑到特定位置的背景浓度。随着层次的提高，评估影响所需信息的质与量也都跟着增加。

量化是确定不同环境影响类型的相对贡献大小或权重，以期得到总的环境影响水平的过程。经过特征化之后，得到的是单项环境问题类别的影响加总值，评价则是将这些不同的各类别环境影响问题给予相对的权重，以得到整合性的影响指导，使决策者能够完整地捕捉及衡量所有方面的影响，不会因信息的偏颇、差异或缺乏比较而被蒙蔽。

影响评价目前仍处于发展阶段，尽管许多组织发表了有关影响评价过程的理论指南，包含特征化与量化的方法，但目前尚缺乏一种普遍接受的理论模型。

2. 生命周期影响评价计算模型

根据 EPA 的研究，对以下 12 种影响因子提出了具体的计算方法和模型。

（1）资源消耗。分为可再生资源消耗与不可再生资源消耗。可再生资源消耗的计算公式为

$$(\mathrm{IRrr}_i) = \left[\mathrm{AMTrr}_i \times (1 - \mathrm{RC}_i)\right] \qquad (8\text{-}1)$$

式中，(IRrr_i) 为每功能单位消耗的可再生资源的影响；AMTrr_i 为清单分析中每功能单位的可再生资源的输入量；RC_i 为资源回收或重复利用率。

不可再生资源的消耗，需要在可再生资源消耗的基础上增加资源稀缺系数。由于资源丰富程度不同，因此不能进行简单的汇总计算，稀缺系数能更好地反映资源消耗的情况。资源稀缺系数越大，资源越稀少，消耗的影响也就越大。资源稀缺系数一般用目标距离法表征，即资源的当前丰富水平与目标水平的比值。此时的（IRrr_i）为

$$(\mathrm{IRrr}_i) = \omega_i \left[\mathrm{AMTrr}_i \times (1 - \mathrm{RC}_i)\right] \qquad (8\text{-}2)$$

式中，(IRrr_i) 为每功能单位消耗的不可再生资源的影响；AMTrr_i 为清单分析中每功能单位的不可再生资源的输入量；RC_i 为资源回收或重复利用率；ω_i 为资源稀缺系数。

（2）能量使用。基于燃料能量输入、电力输入的总和。电力输入对环境的影

响要进一步结合分析地区的供电方式（如水力发电、火力发电）和占比进一步确认对环境的影响。

（3）填埋空间的消耗。填埋空间影响是计算固体或放射性废弃物进入土地中所占用的空间，而这部分空间也属于自然资源的一部分。通常通过清单分析的废弃物及其平均密度来计算，其公式为

$$(IRSWI)_i = AMTSW/D_i \tag{8-3}$$

式中，$(IRSWI)_i$ 为每功能单位的固体废弃物的填埋影响指标；AMTSW 为清单分析中每功能单位排放固体废弃物的数量；D_i 为废弃物的平均密度。

（4）温室效应的影响。大气中的温室气体会提高全球平均气温，引起气候变化。全球变暖影响潜能（GWP）指某种物质对全球变暖效应的贡献值，该影响评价采用相关性因子方法计算，由排放的相关气体与相关性因子相乘得来。GWP 相关性因子是根据该物质在大气中对温室效应产生影响的辐射强度与 CO_2 相比较而得到。相关公式为

$$(ISGW)_i = EFGWP \times AMTGG \tag{8-4}$$

式中，$(ISGW)_i$ 为每功能单位温室气体的全球变暖影响指标；EFGWP 为 i 物质的GWP 相关性系数；AMTGG 为每功能单位排放 i 物质的清单分析量。

（5）臭氧层破坏影响（ODP）。氟利昂（CFC）等化学物质会消耗臭氧层，增加紫外线强度。通过式（8-5）可计算各类化合物对臭氧层破坏的贡献值（以 CFC 为参照物），为

$$(ISOD)_i = (EFODP \times AmtODC)_i \tag{8-5}$$

式中，$(ISOD)_i$ 为每功能单位与 CFC 相关的物质 i 的臭氧破坏影响；EFODP 为物质 i 的 ODP 相关性系数；AmtODC 为每功能单位 i 物质排放到大气中的量。

（6）光化学污染影响。光化学烟雾是由于碳氢化物、氮氧化物与大气中的自由基发生反应产生的，如果集中发生会导致健康问题。光化学氧化反应潜能因子（POCP）是以乙烯为参照物得到的对光化学污染影响的贡献度。相关公式为

$$(ISPOCP)_i = (EFPOCP \times AmtPOC)_i \tag{8-6}$$

式中，$(ISPOCP)_i$ 为每功能单位的光化学影响；EFPOCP 为物质 i 的 POCP 相关性系数；AmtPOC 为每功能单位 i 物质排放到大气中的量。

（7）酸化影响。酸化影响是以 SO_2 为参照物，各类物质与之相比得到对应的酸化影响相关性系数。相关公式为

$$(ISAP)_i = (EFAP \times AmtAC)_i \tag{8-7}$$

式中，$(ISAP)_i$ 为每功能单位的酸化影响指标；EFAP 为物质 i 的酸化影响（AP）

相关性系数；AmtAC 为每功能单位 i 物质排放到大气中的量。

（8）气溶胶影响。气溶胶是指直径小于 10 μm 的颗粒物（即 PM_{10}），这种颗粒物会对呼吸系统造成损伤。一般是直接引用清单中的数据。相关公式为

$$ISPM = AmtPM \tag{8-8}$$

式中，ISPM 为每功能单位的气溶胶影响指标；AmtPM 为每功能单位排放到大气中 PM_{10} 的量。

（9）水体富营养化影响。水体富营养化（EP）往往是由于水体中人为排放的氮、磷元素过量引起的，水体富营养化影响相关性系数是假定氮、磷元素为主要影响因素基础上得到的。相关公式为

$$(ISEUTR)_i = (EFEP \times AmtEC)_i \tag{8-9}$$

式中，$(ISEUTR)_i$ 为每功能单位的水质富营养化影响指标；EFEP 为物质 i 的 EP 影响相关性系数；AmtEC 为每功能单位排放 i 物质的量。

（10）水质影响。水质影响的特征化是基于地表水被污染而导致溶解氧的消耗。水质影响有两种计算，分别为进入地表水的 COD（化学需氧量）和总悬浮物。相关公式为

$$(ISCOD)_i = (AmtCOD)_i \tag{8-10}$$

$$(ISTSS)_i = (AmtSS)_i \tag{8-11}$$

式中，$(ISCOD)_i$ 为每功能单位的地表水 COD 影响指标；$(AmtCOD)_i$ 为每功能单位 i 物质的 COD 排放量；$(ISTSS)_i$ 为每单功能单位的地表水总悬浮物影响指标；$(AmtSS)_i$ 为每功能单位 i 物质的总悬浮物排放量。

（11）潜在健康影响。LCA 中对人类健康影响方面主要计算长期性的影响，主要包括致癌性与非致癌性的影响。非致癌性的影响包括各类具有神经毒性、免疫毒性等长期暴露可能会对人体健康造成危害的物质。对于致癌影响，分为从口进入和从呼吸道进入。

从口进入：

$$(HV_{CAoral})_i = \frac{oralSF_i}{oralSF_{mean}} \tag{8-12}$$

从呼吸道进入：

$$(HVCAinhalation)_i = \frac{inhalationSF_i}{inhalationSF_{mean}} \tag{8-13}$$

式中，$(HV_{CAoral})_i$ 为化合物 i 的口入致癌影响；$oralSF_i$ 为化合物 i 的口入致癌斜率系数，mg/(kg·d)；$oralSF_{mean}$ 为所有口入致癌系数的几何平均数，0.71 mg/(kg·d)；$(HVCAinhalation)_i$ 为化合物 i 的呼吸致癌影响；$inhalationSF_i$ 为化合物 i 的呼吸

致癌斜率系数，mg/(kg·d)；inhalationSF$_{mean}$ 为所有呼吸致癌系数的几何平均数，0.71 mg/(kg·d)。

对于非致癌影响：

$$(HV_{NC})_i = \frac{1/NOAEL_i}{1/NOAEL_{mean}} \qquad (8\text{-}14)$$

式中，$(HV_{NC})_i$ 为化合物 i 的非致癌影响；$1/NOAEL_i$ 为化合物 i 的非致癌 NOAEL（非显性不利影响）系数；$1/NOAEL_{mean}$ 为所有化合物的非致癌 NOAEL 系数的几何平均数，11.88 mg/(kg·d)。

（12）生态毒性影响。生态毒性指排放的化合物对除人类以外的各种水生生物和陆生生物的影响，其中水生生物受各类污染物排放毒害较为明显，因此主要考虑水生毒性影响。以鱼类为参照，主要参考化合物的半致死计量与所有有害物半致死计量的几何平均数的比值。分为急性影响与慢性影响，结合得到水生毒性影响指标。

急性影响：

$$(HV_{FA})_i = \frac{1/(LC50)_i}{1/(LC50)_{mean}} \qquad (8\text{-}15)$$

式中，$(HV_{FA})_i$ 为化合物 i 对鱼类的急性毒性影响；$1/(LC50)_i$ 为化合物 i 对鱼类的半致死计量；$1/(LC50)_{mean}$ 为所有排放化合物对鱼类半致死计量的几何平均数，16.7 mg/L。

慢性影响：

$$(HV_{FC})_i = \frac{1/NOAEL_i}{1/NOAEL_{mean}} \qquad (8\text{-}16)$$

式中，$(HV_{FC})_i$ 为化合物 i 对鱼类的慢性毒性影响；$1/NOAEL_i$ 为化合物 i 的 NOAEL 水平；$1/NOAEL_{mean}$ 为所有排放化合物 NOAEL 水平的几何平均数，2.21 mg/L。

水生毒性影响指标：

$$(IS_{AQ})_i = \left[(HV_{FA} + HV_{FC})_i \times Amt_{TCoutput,water} \right] \qquad (8\text{-}17)$$

式中，$(IS_{AQ})_i$ 为每功能单位中化合物 i 的水生毒性影响；$Amt_{TCoutput,water}$ 为每功能单位排放的化合物 i 的清单分析数量。

3. 权重

综合环境影响指标在计算过程中需要各个影响指标的权重系数，在计算权重时多采用层次分析法（AHP）。层次分析法把复杂的环境问题分解为不同的组合因素，并按各因素之间的隶属关系和相互关联程度分组，形成不相交的层次，从而形成自上而下逐步支配的关系。

4. 生命周期解释

生命周期解释的目的是根据 LCA 前几个阶段的研究或清单分析的发现，以透明的方式来分析结果、形成结论、解释局限性、提出建议并报告生命周期解释的结果，提供易于理解的、完整的和一致的研究结果说明。根据 GB/T 24043—2002 的要求，生命周期解释主要包含三部分：识别、评估和报告。

对重大问题的识别，旨在根据所确定的目的范围及与评价要素的相互作用，对生命周期清单（LCI）或生命周期影响评价（LCIA）阶段得出的结果进行组织，以便确定重大问题。通常由两步组成：①信息的识别与组织；②问题确定，即在清单分析和影响评价阶段取得的结果满足了研究目的和范围的要求后，确定这些结果的重要性。

评估主要是对生命周期评价的整个步骤进行检查，通常包括三个方面的检查：①完整性检查。确保解释所需的所有信息和数据都已获得，若有部分信息缺失，则要考虑这些信息或数据对该目的和范围的必要性，适当地代替或调整目的与范围。②敏感性检查。目的是通过确定最终结果和结论是否受到数据、分配方法或类型参数结果计算等不确定性的影响，来评价其可靠性。③一致性检查。旨在确定假定、方法、模型和数据产品的生命期进程中或几种方案之间是否始终一致。

得出结论、提出建议是生命周期评价的最终步骤，旨在根据解释阶段的结果，提出符合研究目的和范围要求的初步结论及合理建议，是整个 LCA 评价过程中最终研究成果的体现，通常建议要面向应用层面。

5. 动力电池全生命周期评价研究现状

LCA 在二次电池领域的研究中，由于各地研究者数据来源、研究背景等不同，目标范围与系统边界的确定存在差异，如有的研究中主要参考某一地域二次电池回收的过程，有的研究则侧重于比较不同的回收方法。功能单元的定义取决于研究和使用阶段的目标，只有在功能单元一致的情况下，才能比较不同研究的结果。在电池或回收过程的具体分析中，常用的功能单位是每千克电池质量、每瓦容量和每千米车辆行驶里程。

对于 LCA 在电池回收领域的研究现状，主要存在以下亟待解决的问题。首先是电池回收作为电池整个生命周期的一部分的相对重要性，尤其是回收对电池生产的积极影响不可忽视；其次，对于不同的电池回收技术，其产生的不同环境影响的比较；最后则是电池回收过程中每道工序步骤的影响分析。

对于二次电池的 LCA 研究，许多研究主要集中于从电池的原材料生产、电池加工到使用这一范围，由于早期研究中关于回收过程中的数据相对较少，许多二次电池的 LCA 研究中没有包含电池回收这一环节。一般 LCA 的研究范围可概括为"从摇篮到坟墓（cradle to grave）"，而对于电池的全生命周期评价，初期的研究则往往仅分析"从摇篮到门（cradle to gate）"这一区间。尽管一部分二次电池的 LCA 研究中提到了电池使用结束后的后处理环节，但仅是简单的废弃物填埋或是焚烧处理，导致得出后处理环节的评估相对于二次电池整个生命周期而言，对能源消耗和环境影响的贡献较小的结论。但如果将二次电池的回收环节纳入到整个二次电池生命周期中，可以大大降低二次电池对环境的影响。

根据中国区域电动汽车产量 2025 年的预测，相关学者对电动汽车的能源消耗和温室气体排放进行 LCA 评估。整个过程分为三个阶段：①回收过程，包括车辆拆解、车辆回收、电池回收和轮胎回收；②材料回收；③车辆生产。如果使用湿法冶金工艺来回收三元锂电池，研究结果表明，通过回收利用，电动汽车生产的温室气体排放量可降低 34%。再例如回收工艺较为成熟的铅酸电池，由于铅的回收率较高，其全生命周期内的资源消耗相对较低。

电池回收作为一种废弃资源再利用的过程，通常认为是对环境有利的。但电池回收中的能源消耗、新的污染排放与不回收直接填埋相比，是否对环境保护更加有利，还需要进行 LCA 评估。目前，许多 LCA 软件工具和数据源已经商业化适用，例如，美国阿贡国家实验室（ANL）开发的 GREET（主要研究温室气体、受管制的排放和运输中的能源使用）软件可用于研究车辆和不同种类的二次电池在生产、使用和废弃过程中的能源消耗和污染物排放。如铅酸电池，尽管其主要材料铅回收率较高，但在回收这一环节中释放到环境中的铅占到了整个生命周期中的 95%。铅作为一种有毒重金属，释放到环境中对人体健康具有一定的危害性。因此全面评估电池回收环节，对其产生环境影响较大的操作工序进行管理是极为必要的。

不同的锂离子动力电池回收方法，产生的环境影响各不相同。美国环保署（EPA）为确定锂离子动力电池的整个生命周期过程对公共健康和环境的影响，用 LCA 进行了全面评估。在回收环节的影响评估中，EPA 对基于湿法冶金、火法冶金和物理直接回收过程的最佳情况进行了评估。尽管该研究中没有提到三种回收方法各自的优劣，但其证明了原材料提取和加工在大多数环境影响中占主导地位，而电池的回收利用降低了整个生命周期的环境影响，特别是在臭氧层破坏影响、人类癌症和非致癌影响方面。该研究通过 LCA 证明了电池回收可以有效地抵消电池生产过程中产生的环境影响，通过回收得到的产品还可以再用于电池生产，形成闭环材料流动。此外，有学者研究表明：以温室气体排放量（GHG）和硫氧化物排放量为主要环境影响指标的评估发现，在锂离子动力电池回收过程中，物理直接回收工艺能降低81%～98%的温室气体排放量和72%～100%的硫氧化物排放量；火法冶金的方法则几乎可以将硫氧化物的排放量降低为0。

对电池回收技术的评估取决于所有单元过程的累积影响。由于可用于LCA分析的数据有限，迄今为止只有少数研究涉及对锂离子动力电池回收过程的详细评估。

上述所列各类研究中，由于参考的电池成分组成、数据来源、目标范围与系统边界，以及所使用的假设等主观因素差异，得出的结论均各有不同。对于生命周期影响评价，目前大多采用的标准是温室气体排放和能源消耗，其余环境影响指标涉及较少。为进一步完善电池回收各方面的环境影响评价，需要收集锂离子动力电池回收技术的相关数据，规范相关行业标准，尽快建立相关产业的完整LCA数据库。

8.2 生命周期评价在电池回收领域的实际应用

8.2.1 锰酸锂电池回收工艺 LCA 分析

1. 目标与范围确定

混合动力汽车（HEV）、插电式混合动力汽车（PHEV）和纯电池电动汽车（BEV）的核心部件均为车载二次电池。为评估上述几类车辆相关的环境负担（即能源、材料的消耗和排放），需研究其回收过程产生的环境影响。在本节的LCA分析中，以正极材料为锰酸锂的锂离子动力电池（LIB）作为研究对象，使用美国阿贡实验室的电池性能与成本模型（BatPaC），对电池的总体组成进行详细的清单描述，并将其作为回收技术评价的依据[2]。

进行研究时，需考虑回收环节产品的流向，分为开环和闭环。对于开环回收，产品会流向市场用作各种用途；对于闭环回收，这些材料将直接重新整合到电池中。在本节的LCA分析中，我们选择闭环的情况。以能源消耗与温室气体排放量作为环境影响评价指标，在此基础上总结比较各类回收方法的优势与不足。

2. 电池组分清单

在建立电池组分清单时，首先要确定使用的电池模型，本节的LCA分析中使用BatPaC模型。BatPaC模型预估了2020年LIB的制造成本与技术，以便研究HEV，PHEV 和 BEV。该模型允许用户研究不同电池设计和材料特性对电池组成本的影响。该模型以现有技术为参考基础，设定2020年电池将达到该等技术水平，但不排除技术进一步发展，生产出能量密度更高的电池。

BatPaC 采用棱柱形袋状电池结构，电池外壳由三层聚合物/铝材料制成。铝箔和铜箔分别为正极和负极的集流体，负极的两面涂有石墨。正极材料可以是锰酸锂、三元材料、磷酸铁锂、钴酸锂等。聚合物黏合剂材料将活性材料颗粒黏结在集流体上，多孔隔膜将两个电极分开。隔膜和活性材料之间填充有电解液，电解液的组分选择 $LiPF_6$（六氟磷酸锂）溶解在碳酸酯类有机溶剂中（DEC、DMC）。在放电期间，锂离子从负极移动到正极，而电子通过集流体到达外电路，产生外电流。在 BatPaC 模型里，这些组成成分封装在一起形成一个模块，每块电池包含 6 个模块。

在 BatPaC 模型中，活性材料可以根据需求选择。在下述电池组分清单中，我们选择锰酸锂（$LiMn_2O_4$）作为正极活性物质材料。原因在于锰酸锂成本相对较低，是取代价格相对较高的钴基正极材料的优良选择之一[3]。除了选择活性材料外，在 BatPaC 中还可以设定电池电量，电池容量或车辆行驶里程，得出相应的电池能量和组件质量。根据 2015 年美国阿贡实验室的 Autonomie 模型针对中型车辆的数据，对表 8-1 中所示的电池进行建模，BatPaC 可对各项参数进行编辑。在本节的 LCA 分析中，我们选定 6×16 的电池模型，即每块电池中包含 6 个模块，每个模块中有 16 个（节）电池组成。

表 8-1　动力电池参数

参数	HEV	PHEV	BEV
功率/kW	30	150	160
能量/（kW·h）	2	9	28
质量/kg	19	89	210
单位功率/（W/kg）	1500	1715	762
能量密度/（kW·h/kg）	0.10	0.11	0.13
续航里程/km	N/A	48	160

针对表 8-1 所提到的电池参数，对电池各组分的质量进行计算。

1）金属

这部分主要计算电池中所用铝，铜和钢铁的质量。

除了作为正极集流体之外，铝在电池结构中许多地方都有应用，包括正极端子组件、电池容器、模块壁、电池护套、电池互连、模块导体和电池导体等。使用公式（8-18）计算每个电池的铝箔质量，再将结果乘以每块电池的电池数（96）。

$$M_{Al\_foil} = A_{Al\_foil} \times \delta_{Al\_foil} \times \rho_{Al} \tag{8-18}$$

式中，M_{Al_foil} 为铝箔的质量；A_{Al_foil} 为铝箔的面积；δ_{Al_foil} 为铝箔的厚度；ρ_{Al} 为铝的密度，2.7 g/cm³。

电池壳包括三层结构：30 μm 的聚对苯二甲酸乙二醇酯（PET）层，100 μm 的铝层和 20 μm 的聚丙烯（PP）层。电池尺寸随电池类型和设计而变化。使用公式（8-19）计算电池壳中铝层的质量，结果乘以每个电池的电池数（96）。模块壁中的铝质量直接由 BatPaC 模型输出。

$$M_{C\_Al} = \delta_{C\_Al} \times L_{cell} \times W_{cell} \times \rho_{Al} \tag{8-19}$$

式中，M_{C_Al} 为电池壳中铝的质量；δ_{C_Al} 为电池壳中铝的厚度；L_{cell} 为电池壳的长度；W_{cell} 为电池壳的宽度。

容纳模块的电池护套也由三层材料制成。通常外层为铝，厚度为 1～2 mm，此处在设计上取外层铝厚度为平均值 1.5 mm。当每块电池所含模块数量与体积变化时，厚度也会有所不同。内层为 10 mm 轻质、高效隔热的材料，在此处设计中我们取用玻璃纤维材料。BatPaC 模型自动导出总电池护套质量，用公式（8-20）计算电池护套中铝的质量。

$$M_{J\_Al} = \frac{M_J}{\tau} \delta_{J\_Al} \times \rho_{Al} \tag{8-20}$$

式中，M_{J_Al} 为电池护套中铝的质量；M_J 为电池护套的质量；τ 为电池护套的质量参数（g/cm³）；δ_{J_Al} 为电池护套中铝层的厚度。

电池护套质量参数 τ 用公式（8-21）计算。

$$\tau = \delta_{J\_ins} \times \rho_{ins} + \delta_{J\_Al} \times \rho_{Al} \tag{8-21}$$

式中，δ_{J_ins} 为电池护套中隔离层的厚度；ρ_{ins} 为隔离层的密度。

金属铜电池的主要成分，在电池结构和功能方面与铝的作用类似，铜在电池中作为负极的集流体。铜箔的质量用公式（8-22）计算，与铝箔计算方法类似，结果乘以每个电池的电池数（96）。

$$M_{Cu\_foil} = A_{Cu\_foil} \times \delta_{Cu\_foil} \times \rho_{Cu} \tag{8-22}$$

式中，M_{Cu_foil} 为铜箔的质量；A_{Cu_foil} 为铜箔的面积；δ_{Cu_foil} 为铜箔的厚度；ρ_{Cu} 为铜的密度，8.92 g/cm³。

加压钢板和金属带由钢铁制成，质量由 BatPaC 模型直接输出。

由于铝、铜、钢铁均属于工业生产技术较为成熟的原料，因此不单独计算其材料与能量流，从 GREET 中直接得到其相关生产锻造数据。

2）活性物质、黏结剂与电解质

电池的主要核心组分包括活性材料、黏结剂和电解质。正极的质量决定了电池容量和活性材料容量；负极为石墨，它也作为导体存在于正极中。BatPaC 模型也允许对负极材料进行替代，如尖晶石型钛酸锂等。黏结剂采用最为常见的聚偏二氟乙烯（PVDF）。电解质是 1.2 mol/L 六氟磷酸锂（LiPF$_6$）在碳酸亚乙酯（EC）和碳酸二甲酯（DMC）的溶液，BatPaC 模型计算每个电池的总电解质体积。根据以上参数，得出 LiPF$_6$ 的质量。设定 EC 和 DMC 质量比为 1：1，平均密度为 1.2 g/mL。

3）塑料

电池包含三种类型的塑料：PET、PP 和 PE。电池壳包括一层 30 μm 厚 PET 外层和一个 20 μm 厚的 PP 外层。该层中的 PET 和 PP 的质量用公式（8-23）计算。

$$M_{C\_pla} = \delta_{C\_pla} \times L_{cell} \times W_{cell} \times \rho_{pla} \tag{8-23}$$

式中，M_{C_pla} 为电池壳中塑料（PET 或 PP）的质量；δ_{C_pla} 为电池壳中塑料（PET 或 PP）的厚度；ρ_{pla} 为塑料的密度（PET 1.4 g/cm^3；PP 0.9 g/cm^3）。

PP 是隔膜的主要成分，隔膜的厚度为 20 μm，中间还包含一层薄的 PE 层。用公式（8-24）可计算隔膜的总质量，再用结果乘以每个电池组 96 个电池。由于 PP 是主要的隔膜材料，因此我们假设 PP 和 PE 分别占总隔膜质量的 80% 和 20%。

$$M_{Sep} = \delta_{Sep} \times A_{Sep} \times \rho_{Sep} \tag{8-24}$$

式中，M_{Sep} 为隔膜的质量；δ_{Sep} 为隔膜的厚度；A_{Sep} 为隔膜的面积；ρ_{Sep} 为隔膜的密度（按 PP 与 PE 质量比 8：2），0.46 g/cm^3。

与金属部分类似，塑料的相关数据取自 GREET。

4）温度控制与电子元件

在电池组分清单中主要关注两种电子元件。一是充电状态调节器组件，是每个电池模板必不可少的组件，它由电路板组成，通过绝缘电线连接到每个电池。二是电池控制系统，电池控制系统包括测量装置，可以控制电池组电流和电压，维持模块间电压平衡，电池热管理等参数。BMS 质量是以电池总质量的百分比计算的。

电池的温度是通过电池温度管理和隔离系统来控制的。电池的热管理系统（TMS）由 1：1 比例（质量）的乙二醇和水溶液组成的冷却液组成。TMS 中乙二醇的总质量为每电池 1260 克，TMS 质量本身暂时不纳入计算之内。电池护套包含 10 mm 厚的内隔离层，隔离层的总质量可以用公式（8-25）计算。

$$M_{J\_ins} = \frac{M_J}{\tau}\delta_{J\_ins} \times \rho_{ins} \tag{8-25}$$

式中，M_{J_ins} 为电池护套中隔离层的质量；M_J 为电池护套的质量；τ 为电池护套的质量参数（g/cm³）；δ_{J_ins} 为电池护套中隔离层的厚度。

5）电池组分清单概述

表 8-2 列出了 BatPaC 模型下的每种电池组件的质量，电池大约是电池总质量的 80%～90%。在大多数情况下，可以合理地假设电池组成在各种类型的车辆中是近乎一致的。

表 8-2　电池组分清单

组成成分	质量占比/%		
	HEV	PHEV	BEV
锰酸锂	27.0	28.0	33.0
石墨	12.0	12.0	15.0
黏结剂	2.1	2.1	2.5
铜	13.0	15.0	11.0
铝	24.0	23.0	19.0
六氟磷酸锂	1.5	1.7	1.8
EC	4.4	4.9	5.3
DMC	4.4	4.9	5.3
PP	2.0	2.2	1.7
PE	0.26	0.4	0.29
PET	2.2	1.7	1.2
钢铁	2.8	1.9	1.4
隔热层	0.43	0.33	0.34
乙二醇	2.3	1.3	1.0
电子元件	1.5	0.9	1.1

3. 不同回收方法的环境影响比较

在本节的 LCA 分析中，共探讨了四种回收方法：湿法冶金、火法冶金、间接物理法和直接物理法，针对回收电池中不同化学组分，根据各自的特点研究其材料和能量流。间接物理法是指回收得到的产品需要进一步处理才能继续应用在电池生产中，而直接物理法的输出产物则几乎可以直接重新作为电池正极活性材料使用。

由于现有锂离子动力电池的正极材料回收技术仍以处理钴基材料为主，没有系统研究用于处理锰酸锂（$LiMn_2O_4$）正极材料，因此本节对于锰酸锂电池的 LCA 分析中，探讨的四种工艺均是基于回收钴基正极材料的技术。其中，火法冶金工艺可以回收锂离子动力电池中的钴和镍，但不能回收锂；湿法冶金、间接物理和直接物理回收过程可以回收含锂材料，但是须经过进一步处理以再生得到可用的活性材料。

如目标与范围确定中所述，LCA 分析中选择闭环材料流，即锂离子动力电池回收得到的材料再度用于生产锂离子动力电池。初步分析表明，如果将回收得到的锂、铜和铝，用以生产锂离子动力电池，可以将其生产过程的能量消耗降低大约 40%～50%，能量消耗的减少主要是由于省去了许多金属铝生产的工序。

本节的 LCA 分析中主要依据 GREET 与 BatPaC 模型。鉴于市场上电池化学成分的变化以及回收技术的不成熟，电池回收的技术会有进一步的提升，因此本节所述的工艺开发了材料和能量流，以及得到许多不同电池回收技术对整体环境负担的影响，仅供作为参考。

1）湿法冶金

湿法冶金处理是一种用于回收电池正极与负极活性材料中所含金属的技术。现有湿法冶金回收技术主要针对钴和锂，而本节 LCA 分析中模型建立使用的是锰酸锂（$LiMn_2O_4$）作为活性材料，因此我们假设锂的回收率在不同的正极材料下均相同，进行进一步数据分析。电池的组成组分如上述电池组分清单分析中表 8-2 所示。

湿法冶金处理锂离子动力电池的第一步是先将锂离子动力电池拆解为单节电池，将电池放电后，通过物理方法将正极、负极和电池外壳分离开。放电过程中消耗的能量属于回收过程中消耗能量的一部分，使用公式（8-26）计算。

$$EI_{Li, R} = \frac{a_{cathode}EI_{discharge}}{f_{cell}f_{Am}f_{Am,Li}f_R} \tag{8-26}$$

式中，$EI_{Li, R}$ 为放电过程消耗的能量；$a_{cathode}$ 为电池活性材料的分配系数；$EI_{discharge}$ 为电池循环工作的能量密度；f_{cell} 为所有电池质量之和占单块蓄电池的质量分数；f_{Am} 为电池中活性材料所占的质量分数；$f_{Am,Li}$ 为电池活性材料中锂所占的质量分数；f_R 为锂的回收率。

本节分析中，电池活性材料的分配系数取 0.52，电池循环工作的能量密度取 0.034 mmBtu/t（1 mmBtu=1.054×10⁹J），所有节电池质量之和占单块蓄电池的质量分数取 67%，电池中活性材料所占质量分数取 38%，锂所占质量分数取 7%，锂的回收率取 95%。

电池包括壳体、正极活性材料与铝、铜、石墨、电解质和隔膜，正极与电池的质量比用 BatPaC 模型参数确定。

在放电之后，负极的铜箔和石墨与正极和壳体分离通过物理方法分离，将正极浸泡在 100 ℃的氮甲基吡咯烷酮（NMP）中，使正极材料与铝箔分离。此步骤的能量强度使用公式（8-27）计算。

$$EI_{Soak} = \frac{a_{Am}\Delta T}{m_{Am}f_{Am,Li}\eta}\sum C_{p,i}m_i \tag{8-27}$$

式中，EI_{Soak} 为 NMP 浸泡过程中消耗的能量；a_{Am} 为电池活性材料的分配系数；ΔT 为电池循环工作的能量密度；η 为天然气锅炉的加热效率；m_{Am} 为活性物质的质量；$C_{p,i}$ 为各项物质的比热容，包括 NMP、活性物质和铝；m_i 为各项物质的质量；

活性材料的分配系数取 0.87，取室温 25℃，温度的变化值为 75℃，天然气锅炉的加热效率取 80%，m_i 的值根据 NMP 与活性材料的质量比为 1:1，活性材料与铝箔的质量比 1:5，活性材料的热容量基于固体化合物热容数据。此外，因为从活性材料中过滤的残留 NMP 可以重复使用，NMP 的消耗为 0.05%左右，可忽略不计。

浸泡后，活性材料在行星式球磨机中进行破碎。由于破碎这一步没有直接的能耗参数，我们平均了 12 个工业生产中的破碎研磨步骤的能量消耗，并取其平均值 1.28 MJ/kg。单位质量锂回收在破碎步骤消耗的能量，要再除以活性材料中的锂分数（7%）和锂的回收效率（95%）。对于后续的第二步研磨的能量消耗，参照锂在 $LiCoO_2$ 中的化学计量比（0.07 kg Li/kg $LiCoO_2$）和锂的回收效率，从而将单位质量的锂回收消耗的能量转化为单位活性物质回收所消耗的能量。

后续处理步骤中，根据最终产出锂的质量占所有回收得到金属的质量分数 11%，对应计算锂在总能量消耗中所占的份额。

下一步为 700℃下煅烧除去负极的石墨和胶黏剂。煅烧步骤的能量消耗，参照了类似工业生产过程。通常，煅烧温度越高，消耗能量越大，参考平均生产耗能得到煅烧步骤消耗能量为 2.0 mmBtu/t。煅烧的过程还需要消耗电力，取电力消耗为 0.08 mmBtu/t。

在湿法冶金回收钴基正极材料锂离子动力电池时，常用过氧化氢将钴还原成二价钴增加其可溶性，锂变成可溶锂离子。然后加入有机酸作为配体，与金属离子形成螯合物，本分析中采用柠檬酸作为配体进行螯合作用。本节 LCA 分析中电池模型采用的正极材料为锰酸锂，并假设锰在浸出步骤中的反应与钴相似，浸出步骤的能量消耗同样参考其他工业生产过程中的浸出步骤，取平均值为 0.12 mmBtu/t。

除了工艺步骤消耗的能源外，在回收过程中需要消耗的原材料的生产与排放也要纳入整个回收过程的能源消耗评价之中。参与回收过程的原材料包括 NMP、过氧化氢和柠檬酸，NMP 可重复使用消耗量较低，因此主要计算过氧化氢和柠檬酸生产和排放所消耗的能源。

过氧化氢的消耗量由实验室数据测定而得，测试结果表示，浸出过程中每回收 1 g 锂需要消耗 2.5 g 过氧化氢。

过氧化氢由氢气制备而来，过氧化氢原料生产所需的固有能量纳入到本节 LCA 分析中。过氧化氢生产的材料和能量流数据由 GREET 所得，如表 8-3 所示。能量分析中蒸气是通过天然气燃烧产生的，能量提供并入到天然气之中，通过工艺条件确定蒸气焓为 189 kJ / kg，天然气在工业锅炉中燃烧效率取 80%。

表 8-3　由氢气制备过氧化氢消耗能量表

能源组成	能量/（mmBtu/t）
电	1.7
渣油	0.21
天然气	11.0
氢	6.8

为了评估柠檬酸生产消耗的能量值，采用 GREET 模型中玉米生产的能量消耗值，参照玉米发酵制备乙醇的过程，得出柠檬酸生产的能量消耗为 30 mmBtu/t。

回收过程消耗的柠檬酸量通过化学计量来计算。在最终浸出的溶液中，有两种金属离子可以从活性物质释放出来，而柠檬酸具有三个羧基基团，如果酸的三个羧酸基团中的每一个集团都可以与金属离子（锂或钴）形成螯合物，那么柠檬酸与活性物质的摩尔比为 2∶3。假设柠檬酸以 10% 摩尔过量进料，那么每回收 1 吨锂对应消耗的柠檬酸为 21.4 吨。假设 90% 的柠檬酸可被回收并重复使用，不考虑处理或处理废酸。

煅烧阶段 PVDF 和石墨的煅烧会产生 CO_2，产生 CO_2 排放量由式（8-28）计算。

$$E_{CO_2} = \frac{f_t R_t MW_{CO_2}}{MW_t R_{CO_2} f_{Am} f_{Am,Li} f_R} \tag{8-28}$$

式中，E_{CO_2} 为二氧化碳的释放量；MW_{CO_2} 为二氧化碳的摩尔质量；MW_t 为 PVDF 及石墨中碳的摩尔质量；R_{CO_2} 为 CO_2 中碳原子与 CO_2 的摩尔比（即 1）；R_t 为石墨或 PVDF 中的碳原子与其所属分子的摩尔比（石墨取 1，PVDF 取 2）；f_t 为石墨或 PVDF 在回收物质中所占的质量分数。计算时，该式需将石墨和 PVDF 按质量分数分项加权计算。

锂可以通过用碳酸钠沉淀分离来回收。随后的 Li_2CO_3 可以与 Mn_3O_4 一起焙烧，以产生可用于电池的 $LiMn_2O_4$，根据锂的能量消耗和铝与活性材料的质量比（0.2）计算每质量铝的能量消耗。回收的铝也可以在闭环材料流中再加工并重新利用在新电池的生产中。

表 8-4 列出湿法冶金回收单位质量的锂每个工艺步骤所消耗的能量，其中消耗能量最高的是煅烧阶段。

表 8-4　湿法冶金回收锂各工艺步骤消耗能量

工艺步骤	消耗能量/（mmBtu/吨回收锂）
放电	1.02
NMP 浸泡	2.91
破碎	1.74
煅烧	3.25
研磨	0.2
浸出	0.2

2）火法冶金

本节 LCA 分析中的火法冶金工艺参照比利时优美科公司开发的电池回收工艺：电池被拆卸至模块级别后，和炉渣形成剂共同进入高温竖炉进行煅烧。炉渣形成剂包括石灰石、沙子和炉渣。高温竖炉共分为三个加热区。第一个加热区为预热区，电池进入预热区后，为防止温度过高电池发生爆炸，控制在 300℃以下进行加热。在此温度下，电解液会逐渐蒸发，从而降低后续更高温度区域的爆炸危险。第二个加热区为塑料热解区，加热温度在 700℃左右，在此温度下电池中的塑料逐渐燃烧，保持较高的加热温度并降低材料熔炼的总能耗。最后一个加热区是熔炼与还原区，该区域使用电浆炬加热，温度可达 1200～1450℃，在该区域中剩余的金属材料中铜、铁、镍、钴等会形成合金，而锂则富集在炉渣之中。加入含钙的石灰石的主要目的是为了捕捉电解质中的卤素。但该过程会产生一定量的二噁英、呋喃等物质，需要对尾气进行净化处理。

对经过熔炼得到的合金，经两步浸出后可分别得到铁和铜，再进一步溶剂萃取得到氯化钴和氢氧化镍。氯化钴进一步氧化得到氧化钴，与碳酸锂焙烧之后就可以得到钴酸锂；氢氧化镍也可以通过其他加工步骤回收镍。在这一过程中，铝并没有被回收；夹带在炉渣中的锂元素，由于回收成本和能量消耗过高，往往也不会加以回收。

由于火法冶金工艺中不回收锂，因此在评价回收步骤的能量消耗时，不能使用回收每吨锂作为功能单元，此处的功能单元为回收每吨钴的能量消耗值。

熔炼步骤中钴的能量消耗用公式（8-29）计算可得。

$$EI_{smelt,Co} = \frac{Q_{smelt}}{f_{Co,batt}} \times m_{Co} \qquad (8\text{-}29)$$

式中，$EI_{smelt,Co}$ 为每回收 1 吨钴熔炼过程中的能量消耗；Q_{smelt} 为每单位质量电池在熔炼过程中的能量消耗，取 1.45 mmBtu/t；$f_{Co,batt}$ 为钴在电池中所占质量分数，取 0.14；m_{Co} 为钴在熔炼合金中所占的质量分数，取 0.29。

浸出步骤的能量消耗由公式（8-30）计算可得。

$$EI_{leach,Co} = \frac{EI_{leach}}{m_{Co}} \times (a_{L1} + a_{L2}) \qquad (8\text{-}30)$$

式中，$EI_{leach,Co}$ 为每回收 1 吨钴浸出过程中的能量消耗；EI_{leach} 为一般工业浸出步骤的能量消耗，取 0.12 mmBtu/t 合金；a_{L1} 为钴在第一步浸出时所占的质量分数，取 0.86；a_{L2} 为钴在第二步浸出时所占的质量分数，取 0.49。

溶剂萃取步骤消耗的能量可忽略不计，但溶剂萃取步骤需要消耗一定量的 HCl。根据化学计量式，回收得到一吨钴酸锂需消耗 0.74 吨的 HCl。同理，氯化钴氧化过程中所需的能量消耗可以忽略不计，但氧化过程需要使用一定量的氧化剂，在本节 LCA 分析中将氧化剂设定为过氧化氢，并按照化学计量计算所需氧化剂数量。最后的焙烧过程中，也需要对应化学计量的碳酸锂。表 8-5 总结了该火法冶金工艺的材料与能量消耗。其中，浸出和燃烧步骤的效率均取 80%，燃料均设为天然气。

表 8-5 火法冶金回收钴基正极材料锂离子动力电池材料与能量消耗

工序	每吨钴消耗能量/mmBtu	每吨钴酸锂消耗能量/mmBtu	材料消耗
熔炼	1.45	0.41	0.86 吨石灰石/吨钴
浸出	0.52	0.15	—
溶剂萃取	0	0	0.74 吨 HCl/吨 LiCoO$_2$
氧化	0	0	0.23 吨 H$_2$O$_2$/吨 LiCoO$_2$
焙烧	8.0	2.4	0.38 吨 Li$_2$CO$_3$/吨 LiCoO$_2$
总计	9.9	3.0	—

在评价温室气体排放影响上，把电池中所有的含碳材料（PT、PP、PE、石墨、PVDF、EC 和 DMC）均看作充分燃烧生产二氧化碳，通过公式（8-31）计算可得

$$E_{CO_2} = \frac{m_{battery}R_{CO_2}}{m_{Cobalt,out}} \times \sum m_i R_{C,i} \qquad (8\text{-}31)$$

式中，$m_{battery}$ 为进入熔炼过程的电池质量；$m_{Cobalt,out}$ 为熔炼得到的钴的质量；m_i 为

电池中其余含碳组分对应的质量（参考表 8-2）；$R_{C,i}$ 为碳元素在各自含碳组分中所占的质量分数。

通过该等式可计算出电池组分燃烧释放出的二氧化碳量为 1400 千克/吨钴。加上熔炼过程中石灰石分解产生的 34.2 万克/吨钴二氧化碳，共计 1742 千克/吨钴。

3）间接物理法

间接物理法回收技术主要包含以下步骤：首先，电池通过粉碎机和锤磨机分离成较小的结构单元；然后用振动台将混合塑料和金属分离开，包括金属氧化物和石墨在内的电池正负极的材料则进入滤槽中；经过滤槽过滤，压滤机将金属氧化物和石墨分离出来，锂仍保留在滤液中，经过蒸发富集后，加入碳酸钠沉淀得到碳酸锂，再经一步压滤机除去废水后得到碳酸锂产品。表 8-6 显示了间接物理法各步骤的物料清单，数据来源于提供以上工艺的企业。

表 8-6　间接物理法回收锂离子动力电池的材料流输入与输出

输入/输出物质		质量（吨/吨回收碳酸锂）
废旧电池	输入	33.2
碳酸钠		2.00
混合塑料	输出	1.33
铜		8.33
铝		7.00
金属氧化物与石墨		1.67

在计算各个步骤的能量消耗时，我们由企业给出的单位质量材料的能量消耗，转换为回收单位质量碳酸锂或单位质量铝的能量消耗。粉碎机和锤磨机的能量消耗用公式（8-32）可计算得到。本节 LCA 分析中的电池模型正极材料为锰酸锂，所以相应系数根据正极材料为锰酸锂确定。

$$EI_{Shred,Li_2CO_3} = \frac{EI_{Shred}}{f_{Li}} \times r_{Li} \qquad (8-32)$$

式中，EI_{Shred,Li_2CO_3} 为回收每吨碳酸锂过程中粉碎机与锤磨机消耗的能量；EI_{Shred} 为单位质量的材料粉碎与锤磨消耗的能量，取 0.54 mmBtu/t；f_{Li} 为锰酸锂中锂的质量分数，取 0.04；r_{Li} 为碳酸锂中锂的质量分数，取 0.18。

振动台将铝与塑料、铜、阳极和阴极材料以及钴分离，其能耗主要为材料回收设施中使用的带式输送机的能耗，约为 0.08 mmBtu/t，此处忽略了振动台本身消耗的能量。

在制备得到碳酸锂的过程中，过滤槽过滤的能量消耗可忽略不计，重点关注两次压滤机过滤的能量消耗。对于压滤机的能量消耗，参考其他工业生产过程中的压滤机能量消耗，取 0.3 mmBtu/t。进入第一次压滤机的物料包括锂在内的金属氧化物和石墨材料，因此 0.3 mmBtu/t 的能量消耗，需按照材料中所含锂的质量与碳酸锂中所含锂的质量进行转化，得出第一步压滤机处理的能量消耗为 $6.9×10^{-4}$ mmBtu/t 碳酸锂；第二步压滤机是将碳酸锂与废液分离，因此能量消耗即为 0.3 mmBtu/t 碳酸锂。

表 8-7 中显示了间接物理法每个步骤的机械能量消耗。回收得到的碳酸锂可经进一步加工用于生产锰酸锂或钴酸锂等锂离子电池正极材料。

表 8-7　间接物理法回收锂离子动力电池的各工序机械消耗的能量

耗能机械	消耗能量（mmBtu/吨碳酸锂）
粉碎机与锤磨机	2.6
振动台	0.08
压滤机	$6.9×10^{-4}$
二次压滤机（分离碳酸锂）	0.3
总计	2.98

4）直接物理法

现有的直接物理法回收的锂离子动力电池同样针对于钴基正极材料，在本节 LCA 分析中认为锰酸锂电池同样适用于该方法。

直接物理法的回收工艺主要包括：首先将电池放电并拆卸到单节电池水平；然后将外壳破裂的放入带有 CO_2 的萃取室中，通过调节萃取室内的温度与压力，使容器内的 CO_2 达到超临界水平，将电池中的电解质（EMC、DC 与 $LiPF_6$）分离，在此过程中还可加入烷基酯和路易斯碱（如氨气）辅助增强电解质的分离；最后从萃取室中除去超临界 CO_2，当温度和压力降低至正常水平时，CO_2 与电解质分离，即可得到分离出的电解质。

在无氧、无水的环境下，除去电解质的电池经过破碎和物理分选处理后，利用电子传导性、密度差或其他性质将电池中组分分离，对铝、铜、铁、负极的石墨以及塑料进行回收，加工处理后可继续用于电池生产，锰酸锂正极材料也可直接或处理后用于电池生产。该方法可以回收所有电池组件（包括铝），并且进一步加工后大多数可重复使用；但回收得到的正极材料容量和循环寿命往往会有一定程度的下降，且缺乏分离黏结剂（PVDF）的过程。

材料与能量流的数据确定由企业的生产数据提供。在直接物理法回收的第一步，所消耗的能量与材料取决于超临界 CO_2 对电解质中的有机成分（EC 与 DMC）的溶解度，而有机成分的溶解度与超临界 CO_2 的压力和温度有关。由于没有 EC 和 DMC 的溶解度直接数据，此处参照结构较为相似的环己酮溶解数据。在 136℃ 和 120 bar（1 bar=0.1MPa）压力的条件下，气相中的环己酮的摩尔分数为 0.0197，由公式（8-33）计算得到超临界 CO_2 的用量。

$$r_{SCCO_2} = \frac{1}{98.16/44y} \quad\quad （8-33）$$

式中，r_{SCCO_2} 为溶解每吨有机物质所需要的超临界 CO_2 的量；y 为气相中有机物质的摩尔分数，依上文所述为 0.0197。

根据式（8-33）的计算结果，每溶解 1 吨有机物质需要消耗超临界 CO_2 23 吨左右。

根据表 8-2 的电池组分清单，DMC 与 EC 在电池中的含量约占 9%，则消耗的超临界 CO_2 的量为 2.2 吨/吨回收电池。超临界 CO_2 的压缩和加热过程消耗的能量根据 GREET 数据库的得出，其电能消耗为 0.5 mmBtu/t 超临界 CO_2。尽管在循环超临界 CO_2 的过程中会有一定的损耗，鉴于 CO_2 的来源广泛，因此对其损耗消耗的能量忽略不计。根据以上数据，我们以单位质量锰酸锂为功能单位计算超临界 CO_2 萃取过程中需要消耗的能量。

$$EI_{extract,i} = \frac{R_{SCCO_2} \times EI_{compress} \times m_{EC,DMC}}{f_i} \times m_i \quad\quad （8-34）$$

式中，$EI_{extract,i}$ 为回收每吨锰酸锂在超临界 CO_2 萃取过程中消耗的能量；R_{SCCO_2} 为溶解有机物质所需要的超临界 CO_2 的量，取 23 吨/吨有机物质；$EI_{compress}$ 为超临界 CO_2 的量压缩过程消耗的能量，取 0.05 mmBtu/t；$m_{EC,DMC}$ 为单节电池中 EC 与 DMC 所占的质量分数，取 0.14；f_i 为含有电解质的电池中锰酸锂所占的质量分数，取 0.39；m_i 为不含电解质的电池中锰酸锂所占的质量分数，取 0.56。

破碎和物理分选步骤的能量消耗分别为 0.22 和 0.02 mmBtu/吨电池，通过乘以系数 m_i/f_i，这些数值均转化为回收单位质量锰酸锂所消耗的能量，电池的放电处理采用前述模型数据。表 8-8 总结了直接物理法各步骤的能量消耗。

表 8-8   直接物理法各步骤消耗的能量

工序	消耗能量（mmBtu/吨锰酸锂）
放电	0.12
超临界 CO_2 萃取	1.95
破碎	0.25
物理分选	0.02
总计	2.34

4. 评价总结

本节的 LCA 分析中主要针对各类锂离子动力电池回收方法各步骤的能量消耗进行了计算和总结。由于不同回收方法工序上的差异、回收主要产品的不同，以及环境影响的指标也均有不同，因此全面的横向对比较为困难。湿法冶金工艺中，主要的耗能源于 NMP 浸泡和煅烧工序，主要的材料消耗源于浸出过程中过氧化氢和有机酸的消耗；火法冶金工艺中主要的能源消耗源于氯化钴与碳酸锂焙烧得到钴酸锂的过程，主要的材料消耗源于溶剂萃取过程中消耗的 HCl、氧化过程中消耗的过氧化氢与焙烧过程中消耗的碳酸锂，主要的温室气体排放源于熔炼过程中电池内塑料、石墨和电解质等材料的燃烧，为了捕捉卤素而加入的石灰石在高温分解时释放的温室气体含量亦占有一定比例；间接物理法的主要能源消耗来源于破碎机与锤磨机的能量消耗；直接物理法的主要耗能来源于超临界 CO_2 的压缩过程。

以上结论可为今后的生产工作中节能减排和减少污染排放方面提供借鉴，例如用氧化锌替代石灰石作为火法冶金工艺中的捕捉剂，可以有效减少温室气体的产生、二噁英等有害气体的排放。

本节 LCA 评价中得出的相关结论仅局限于文中提及的各类回收方法的对应工序和操作步骤。随着电池回收工艺的不断发展、各地域工业水平的差异、主要环境影响评价指标的改变，不同的 LCA 案例很可能会得出与此不同的结论，本节相关结论仅作为参考。

8.2.2 三元锂电池回收工艺 LCA 分析

我国新能源产业发展迅速，随之而来的电池回收产业也迅速增长，但涉及三元材料的 LCA 研究相对较少。本节针对三元材料回收方法的比较主要包括传统湿法、传统火法与定向循环法。本节对三元材料进行 LCA 分析，采用荷兰的 Eco-indicator99 评价体系，材料与工艺能耗等数据采用 ebalance 软件提供的 CLCD Public 数据库，分析得到各种回收方法的能量消耗、气体排放等环境影响指标，进行分析比较[4]。

1. 目标与范围定义

对定向循环法、传统湿法回收、传统火法回收得到锂离子动力电池正极材料——镍钴锰酸锂（三元材料）的工艺步骤与原矿冶炼得到的三元正极材料相比较，进行生命周期评价，分析各方法对环境造成的影响，并横向对比各个回收方法，得出环境影响最小的回收方法。由于回收工艺最终得到的主要产物是三元材料，本节 LCA 分析中的功能单元均选取回收 1000 kg 三元材料所需要的材料与能量消耗，为材料和能量流清单的输入和输出提供参照基准。

2. 清单分析

清单分析主要包括电池回收所需原材料、消耗的能源、排放的废弃物和除

1000 kg 三元材料之外回收得到的其他物质。

1）定向循环

废旧动力电池定向循环回收工艺主要包括预处理、浸出、除杂、沉淀和烧结工序。首先，废旧锂离子动力电池在破碎机中破碎后，进入热解炉，通过热解除去电解液和黏结剂（PVDF），使得正负极材料与铜箔、铝箔集流体分离，经物理分选后（风选、磁选、振荡筛分等），将铝、铜、铁等金属和石墨负极材料、三元正极活性材料分离，分离得到的金属材料直接以金属的形式进行回收。分离出来的正极材料用酸性溶剂浸出（一般为硫酸）后，使用萃取剂除去其中的杂质，加入沉淀剂（氢氧化钠、碳酸钠等）将材料从溶液中分离出来，最后加入锂源（碳酸锂）烧结，得到回收的三元正极材料。

根据来源于企业的生产数据，定向循环的材料与能量流清单如表 8-9 所示。

表 8-9　定向循环法回收得到 1 吨三元正极材料对应的输入与输出清单[4]

类别	名称	输入或输出量
原材料	废旧动力电池	3330 kg
	硫酸（98%）	3660 kg
	盐酸（30%）	133.08 kg
	氢氧化钠（30%）	6230 kg
	碳酸钠	69.86 kg
	氨水（28%）	373.35 kg
	P507 萃取剂	6.66 kg
	煤油	16.27 kg
	过氧化氢	1220 kg
	工业用水	46.58 t
	碳酸锂	402.51 kg
能源	电能	7756.68 kW·h
	天然气	931.57 m³
	废水	33.27 t
	氨氮	199.62 g
排放	金属镍	13.308 g
	废气（CO_2）	224 kg
	残渣和灰烬	1.17 t
回收物质	塑料 PP	133.08 kg
	铜	332.70 kg
	铝	199.62 kg
	钢铁	598.86 kg

原材料中主要的消耗是硫酸和氢氧化钠。由于本节 LCA 分析中使用的中国生命周期核心数据库（CLCD）缺少 P507 萃取剂相应环境影响数据，且 P507 萃取剂整个生产过程中可以循环再使用，损耗较少，故在评价过程中忽略不计 P507 萃取剂的影响。能源消耗中，电能的消耗主要源于烧结工序（烧结工序在推板窑内进行，功率较大），其余工序的耗电总计为 190.05 kW·h，其中包括沉淀工序耗电 74.31 kW·h，相较于烧结工序的近 7600 kW·h 耗电，占比重较小。排放的废弃物主要包括含钴、锰、镍离子的废水、氨氮及二氧化碳温室气体，限于本小节分析使用的 Eco-indicator99 评价体系对环境影响评估方面未包含镍、钴、锰金属离子的影响，因此也在评价过程中忽略。

2）湿法回收

湿法回收与定向循环回收的主要区别在于传统湿法是将破碎后的三元正极材料锂离子动力电池用强碱处理除去电池中的铝，定向循环工艺则是通过热解的方式，将正极上的活性材料与铝箔分离开，通过物理分选等方式回收铝。湿法回收过程中，电池中的金属铝没有得到充分回收，且需要消耗更多的强碱。

在湿法回收的清单数据中，氢氧化钠的用量根据定向循环法中回收到的铝计算而得。由于回收过程不可能 100%回收某种材料，因此实际消耗的氢氧化钠可能略高于计算值。整个湿法回收过程中，只有沉淀工序需要消耗天然气，其天然气消耗量相对较小，取 465.79 m³。得出湿法回收清单（表 8-10）。

表 8-10　湿法回收得到 1 吨三元正极材料对应的输入与输出清单[4]

类别	名称	输入或输出量
原材料	废旧动力电池	3330 kg
	硫酸（98%）	3660 kg
	盐酸（30%）	133.08 kg
	氢氧化钠（30%）	7260 kg
	碳酸钠	69.86 kg
	氨水（28%）	373.35 kg
	P507 萃取剂	6.66 kg
	煤油	16.27 kg
	过氧化氢	1220 kg
	工业用水	46.58 t
	碳酸锂	402.51 kg
能源	电能	7756.68 kW·h
	天然气	465.79 m³

类别	名称	输入或输出量
排放	废水	33.27 t
	氨氮	199.62 g
	金属镍	13.308 g
	废气（CO_2）	224 kg
	残渣和灰烬	1.17 t
回收物质	塑料 PP	133.08 kg
	铜	332.70 kg
	钢铁	598.86 kg

3）火法回收

火法回收工艺的最大特点是需要加热的工序较多，熔炼、吹炼、磨浮、熔铸阳极和电解精炼步骤均需要消耗化石燃料燃烧供能，在这个过程中会产生大量温室气体。相对于上述两种回收方法，火法回收产生的温室气体含量明显增多。在本节 LCA 分析中，只取沉淀工序的燃料能源供给为天然气，其余步骤均设为原煤作为燃料提供能源。

根据 GB 21251—2014《镍冶炼企业单位产品能源消耗限额》，以新建镍企业为基础，单位产品能耗限额准入值为（镍精矿–电解镍）综合能耗不大于 3920 kg 标准煤/吨。火法回收中回收三元正极材料废旧电池得到的物质为含镍基合金，三元材料中镍、钴、锰的总质量分数占三元材料的 59.59%，假设钴、锰金属的能耗与镍相等，则传统火法回收生产三元材料的能耗为 2335.93 kg 标准煤。根据 GB21251—2014 中附录查得平均低位发热量为 20908 kJ/kg，原煤折合标准煤的比例为 0.7143 kg 标准煤/kg 原煤，则可得原煤的消耗量为 3270.23 kg。电能主要用于烧结和沉淀工序，根据定向循环法数据确定的计算可知耗电量为 7640.94 kW·h，烧结工序与湿法烧结工序相近，取相同的天然气消耗量为 465.79 m³。废水的主要来源是由沉淀工序产生，废水排放浓度按照 GB 25467—1—2010《铜、镍、钴工业污染物排放标准》执行，镍排放限值为 1.0 mg/L，氨氮排放限值为 8.0 mg/L。清单结果如表 8-11 所示。

表 8-11　火法回收得到 1 吨三元正极材料对应的输入与输出清单[4]

类别	名称	输入或输出量
原材料	废旧动力电池	3330 kg
	硫酸（98%）	3080 kg
	氢氧化钠（30%）	6230 kg
	碳酸钠	69.86 kg
	氨水（28%）	373.35 kg
	工业用水	46.58 t
	碳酸锂	402.51 kg

续表

类别	名称	输入或输出量
能源	电能	7640.94 kW·h
	天然气	465.79 m³
	原煤	3270.23 kg
排放	废水	33.27 t
	氨氮	266.16 g
	金属镍	33.27 g
	废气（CO_2）	224 kg
	残渣和灰烬	1.658 t

4）原矿冶炼

原矿冶炼制备三元材料的材料与能耗清单，从熔炼、磨浮、熔铸、电解精炼到酸溶解、沉淀、烧结的各步骤，能量与物质消耗数据均来自相关生产工厂的实际数据。清单如表8-12所示。

表8-12　原矿冶炼得到1吨三元正极材料对应的输入与输出清单[4]

类别	名称	输入或输出量
原材料	镍	202.69 kg
	钴	203.52 kg
	锰	189.74 kg
	硫酸（98%）	1128 kg
	氢氧化钠（30%）	6230 kg
	碳酸钠	69.86 kg
	氨水（28%）	373.35 kg
	工业用水	30.30 t
	碳酸锂	402.51 kg
能源	电能	7640.94 kW·h
	天然气	465.79 m³
	原煤	3837.77 kg
排放	废水	33.27 t
	氨氮	266.16 g
	金属镍	33.27 g
	废气（CO_2）	224 kg
	残渣和灰烬	0.234 t

3. 环境影响评价

环境影响的评价标准主要包括9种影响类型：生态毒性、致癌物质、温室效应、臭氧层破坏、酸化与富营养化、大气有机污染物、大气无机污染物、矿产资源耗竭和化石燃料耗竭。根据 Eco-indicator 99 体系的实施方法，将各种影响类型分别归属于三大方面的影响：人类健康损害、生态系统损害及资源消耗。据此得到三元正极材料的方法对应的清单数据，进行环境影响评估，其影响评估的特征化结果如表 8-13 所示。

表 8-13　四种不同方法制备三元材料的环境影响评价特征化结果[4]

影响类型	环境影响因素	定向循环	湿法回收	火法回收	原矿冶炼
人类健康损害	致癌物质	−0.51	−0.49	$2.15×10^{-5}$	$3.80×10^{-2}$
	大气有机污染物	$−1.71×10^{-4}$	$−2.10×10^{-5}$	$8.23×10^{-7}$	$3.66×10^{-4}$
	大气无机污染物	−2.69	−3.00	$9.47×10^{-3}$	16.90
	温室效应	−0.30	$−4.35×10^{-2}$	$7.97×10^{-4}$	0.513
	臭氧层破坏	$−1.68×10^{-2}$	−20.80	0.810	360.00
生态系统损害	生态毒性	$−4.23×10^{5}$	$−3.95×10^{5}$	$2.41×10^{3}$	$7.79×10^{5}$
	酸化与富营养化	$−7.63×10^{4}$	$−5.93×10^{3}$	$2.87×10^{2}$	$4.35×10^{5}$
资源消耗	矿产资源耗竭	$−5.96×10^{5}$	$−1.50×10^{5}$	22.10	$1.31×10^{5}$
	化石燃料耗竭	$−3.36×10^{6}$	$−2.95×10^{5}$	$1.88×10^{4}$	$7.07×10^{6}$

从表 8-13 中数据可以看出，由于使用废旧电池作为原料，且回收工艺中消耗能源相对较少，定向循环法与湿法回收的各环境影响评价特征化结果均为负值，表明两种方法均属于环境友好型的回收方法，可有效降低三元材料作正极材料的锂离子动力电池在全生命周期的环境影响。火法回收由于在回收工艺过程中使用大量的原煤燃烧提供能量，因此相较于前两种回收方法，火法回收会产生一定的环境影响。其中火法回收对于人类健康损害方面的影响相对较小，但原煤的燃烧使得其在生态系统损害（如燃烧过程中产生的含硫气体造成的酸雨危害）和资源消耗方面产生的影响较大，尤其是原煤燃烧导致化石燃料耗竭影响显著。而通过原矿冶炼的方式，由于其金属冶炼工序烦琐，能耗较大，产生的环境影响明显高于通过电池回收的方式得到三元正极材料，金属冶炼过程中排出的各类有害气体对人类健康和生态系统都会造成较大的损害，且原矿冶炼需要消耗各贵重金属的原矿石，冶炼过程中的各高温过程使得其能耗巨大，因此原矿冶炼对资源消耗方面的影响最为显著。

将 9 种环境影响类型分为三类后，根据 SimaPro7.1 中各类型影响的权重值，加权计算了各种方法的总体环境负荷（图 8-1）。定向循环、湿法回收、火法回收与原矿冶炼的环境指标分数分别为−11883、−1552、57、25896。由数据可知，环境影响友好度最高的是定向循环法，而原矿冶炼由于其大量的资源、能源消耗与废弃物排放，造成的环境危害程度最为严重。

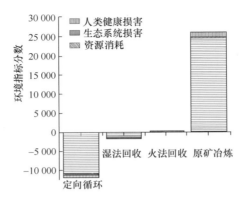

图 8-1　四种不同工艺制备得到三元材料的环境指标分数[4]

4. 结论总结

　　尽管定向循环工艺与湿法回收工艺均属于环境友好型的回收方式，但定向循环法的环境指标分数高出湿法回收近 8 倍，原因在于湿法工艺处理铝的方式有所不同，导致了相对定量循环法消耗了更多的材料，而且没有充分回收废旧电池中的铝。在无需较大地改动原有设备的前提下，建议采用定向循环工艺来替代湿法回收工艺。

　　原矿冶炼造成的环境影响比电池回收的方式制备三元正极材料要更为显著，其环境指标分数为火法回收的约 454 倍，主要源于原矿冶炼的过程中产生的矿石资源消耗和能源消耗。但由于电池回收的回收率仍未达到较高水平、回收过程制备得到的材料相对于原矿冶炼的材料性能较差等原因，原矿冶炼暂不能被完全取代。从企业清洁生产和电池行业可持续发展的角度出发，需加快电池回收领域的发展，完善电池回收工艺技术和相关标准，建立电池回收网络，从而提高电池的回收率及电池中回收所得材料的利用率；另一方面可减少原矿冶炼的制备过程，从而减少产生的环境影响。

8.2.3 磷酸铁锂电池回收工艺 LCA 分析

　　磷酸铁锂由于其独特的晶体结构，比钴酸锂、三元材料等正极活性材料更加稳定，在较高温度下仍可表现出较高的热力学稳定性，且在各种严苛的电池工作条件下具有较高的安全性能。尽管由于磷酸铁锂作为锂离子正极材料，容量较三元材料有所不足，但磷酸铁锂中铁元素在自然界分布广泛、来源充足、成本更低，因此仍是锂离子动力电池正极材料的选择方向之一[5]。

　　本节 LCA 分析中，主要评价对象为磷酸铁锂电池，建立相应的电池模型，汇总计算得出磷酸铁锂离子动力电池回收阶段能量与材料清单数据，通过对清单的数据分析、评价和对比得出相应的环境影响评价。

1. 确定研究目标与范围

1）电池模型的确立

本节 LCA 分析中采用的动力电池为国产某型号锂离子动力电池，正极材料为磷酸铁锂。电池的主要组分包括以下成分：正极活性物质为磷酸铁锂，负极活性物质为中间相炭微球石墨（MCMB），电解质由六氟磷酸锂与碳酸乙烯酯（EC）和二甲基碳酸酯（DMC）组成，隔膜由聚乙烯（PP）和聚丙烯（PE）组成，并假设 PP 与 PE 所占比例相同。回收的锂离子动力电池放电深度（DOD）为 80%，设定其充放电效率为 70%。在本模型中，设定锂离子动力电池中各组分的质量分布为：电池总质量的 18% 为模块和电池包壳体及其他附件，2% 为电池管理系统，80%为电池组的质量。假设锂离子动力电池回收的主要回收物质为铁、铝和碳酸锂，各回收物质的再利用率分别为：铁 90%、铝 70%、碳酸锂 80%。

2）系统边界与功能单位的确定

对于电动汽车，车辆的行驶距离是动力电池常见的功能单位，本节 LCA 分析中假设车辆的行驶距离为 100 000 km，以此作为评价的基本单元。评价边界包括环境影响因素、地理和时间边界及生命周期评价阶段。动力电池的生命周期阶段选取为回收利用阶段，地理边界为我国大陆境内，环境影响评价因子设为温室气体（GHGs）排放和回收利用阶段的总能耗，GHGs 的排放包括二氧化碳、甲烷、氮氧化物，其他温室气体不包含在数据统计范围之内。除上述温室气体排放之外，本节 LCA 分析还计算了整个回收阶段的挥发性有机化合物（VOCs）、一氧化碳、硫氧化物和颗粒物的排放，VOCs 和一氧化碳的排放按照碳元素所占比例按公式（8-35）换算为二氧化碳排放量，按公式（8-36）计入温室气体排放量中。

$$M_{CO_2} = M_{CO_2}^* + M_{VOC} \times \frac{ROC_{VOC}}{ROC_{CO_2}} + M_{CO} \times \frac{ROC_{CO}}{ROC_{CO_2}} \tag{8-35}$$

式中，M_{CO_2} 为二氧化碳的总排放量；$M_{CO_2}^*$ 为回收过程中直接排放二氧化碳的排放量；M_{VOC} 为回收过程中直接排放 VOCs 的排放量；ROC_{VOC} 为 VOCs 中碳元素所占的质量分数，取 0.85；ROC_{CO_2} 为二氧化碳中碳元素所占质量分数，取 0.227；M_{CO} 为回收过程中直接排放一氧化碳的排放量；ROC_{CO} 为一氧化碳中碳元素所占质量分数，取 0.43。

$$\text{GHGs} = M_{\text{CO}_2} \times \text{GWP}_{\text{CO}_2} + M_{\text{CH}_4} \times \text{GWP}_{\text{CH}_4} + M_{\text{N}_2\text{O}} \times \text{GWP}_{\text{N}_2\text{O}} \quad (8\text{-}36)$$

式中，GHGs 为温室气体总排放量；M_{CO_2} 为回收过程中二氧化碳的排放量；GWP_{CO_2} 为二氧化碳的当量温室效应影响因子，取 1；M_{CH_4} 为回收过程中甲烷的排放量；GWP_{CH_4} 为甲烷的当量温室效应影响因子，取 25；$M_{\text{N}_2\text{O}}$ 为回收过程中一氧化二氮的排放量；$\text{GWP}_{\text{N}_2\text{O}}$ 为一氧化二氮的当量温室效应影响因子，取 298。

一次能源消耗和二次能源生产链消耗共同组成回收环节的总能量消耗，环境排放包括锂离子动力电池生命周期所涉及的直接排放与间接排放之和。

3）环境影响评价因子的计算方法

回收动力电池带来的能源效应计算公式为

$$R_{\text{E}} = E_0 - E_R \quad (8\text{-}37)$$

式中，R_{E} 为单位质量动力电池回收节约的能源量；E_0 为单位质量动力电池使用原生材料生产所消耗的能量；E_R 为单位质量动力电池使用再生材料生产所消耗的能量。

回收动力电池带来的环境效应计算公式为

$$R_{\text{M}} = M_0 - M_R \quad (8\text{-}38)$$

式中，R_{M} 为单位质量动力电池回收污染物减排量；M_0 为单位质量动力电池在原生材料生产过程中的污染物排放量；M_R 为单位质量动力电池在再生材料生产过程中的污染物排放量。

根据以上公式，确定回收动力电池减少的能源消耗与污染物排放，得出其相应的节能与环境效应。

2. 锂离子动力电池 LCA 清单分析

本节 LCA 分析中，锂离子动力电池组分里金属及化合物的能耗和排放数据取自 GREET 数据库和美国环保署（EPA）的相关研究数据。锂离子动力电池的回收部分包括电池活性物质、壳体和电池管理系统相关组件。根据上述数据源中提供的数据，锂离子动力电池使用原生材料和再生材料的能耗和污染物排放因子清单经过统计、计算得出后，按功能单位换算出所有的能耗和排放清单，按照功能单位为汽车行驶里程数，换算的结果以 MJ/km 和 g/km 单位表示。计算所得结果分为三部分：锂离子动力电池生产所需能耗（表 8-14）、锂离子动力电池生产的 GHGs 排放（表 8-15）与锂离子动力电池生产的主要污染物排放（表 8-16）。

表 8-14　锂离子动力电池的生产能耗（0.1 MJ/km）[5]

回收部件	原生材料	再生材料
正极	0.30	0.22
壳体	1.34	0.49
电池管理系统	0.16	0.01

表 8-15　锂离子动力电池的 GHGs 排放（等效于 1g CO_2/km）[5]

回收部件	原生材料	再生材料
正极	3.32	3.14
壳体	12.80	4.30
电池管理系统	1.34	0.08

表 8-16　锂离子动力电池的生产的主要污染物排放（10^{-1} g/km）[5]

污染物	原生材料	再生材料
氮氧化物	0.48	0.18
PM_{10}	0.78	0.21
$PM_{2.5}$	0.34	0.12
硫氧化物	1.32	0.55

3. 锂离子动力电池 LCA 环境影响评价

依据上述清单中的数据，对锂离子动力电池 LCA 环境影响进行分析评价，评价内容由能耗评价和排放评价两部分组成，并对评价的结果进行解释。

1）能耗评价

通过对锂离子动力电池能耗的清单分析，可以看出使用原生材料生产锂离子动力电池的能耗与使用再生材料生产锂离子动力电池的能耗存在明显差异，具体差异如图 8-2 所示。

从图 8-2 数据可以得出，使用再生材料可以使锂离子动力电池生产阶段的能耗下降 61%，其节能效应可从各部分材料分别比较分析。对于正极材料来说，能耗下降程度为 37%。主要原因是采用磷酸铁锂作为正极活性物质的锂离子动力电池，其正极活性物质生产工艺较为简单，因此能耗相对较小，使用回收得到的正极材料，仅是省去了部分加工步骤，对整体的能耗减少影响相对有限。而对于三元材料在内的各类钴基正极材料而言，回收的能耗减少效应更为明显，如前一节讨论中所提到，三元材料中的镍、钴、锰金属相对成本较高，由原矿石冶炼而得的过程中耗能也相对较高，因此使用再生材料与三元正极材料相比能耗下降会更加显著。对于壳体材料，回收利用的节能效果明显，能耗下降可达到 63%。主要是因为壳体材料中含有大量的金属铝，金属铝的冶炼成型过程耗能相对较高，而使用回收金属铝可大大减少加工步骤，从而减少耗能。铝的回收再利用率可达 70%，因此回收壳体中的金属铝可有效降低电池生产过程中的能耗。电池管理系统（BMS）组件回收利用节能效果明显，可将能耗下降 94%，但对电池生产总能耗的影响不大，主要原因是电池管理系统组件在电池内所占质量分数较小，电池管理系统组件的加工过程也较为简易，因此在电池整体中所占生产耗能相对较小，回收得到的电池管理系统组件可不经任何加工处理直接继续利用，省去了加工的耗能，仅在回收的相应物理步骤消耗一定能量，因此回收的节能效率很高。

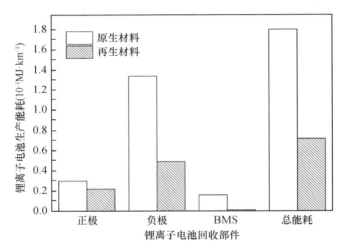

图 8-2 锂离子动力电池能耗对比[5]

总体来看，电池生产的过程中壳体生产的能量消耗最大，主要是由于壳体中的金属铝会消耗大量的能量。金属铝的回收再利用率较高，使用回收铝可以大幅度降低生产壳体的耗能，因此对于磷酸铁锂为正极活性的锂离子动力电池回收工艺改进方面，应注意提高壳体中铝的回收率，进一步提高其再利用率。

2）温室气体（GHGs）和污染物排放评价

温室气体（GHGs）、氮氧化物、硫氧化物、PM_{10} 与 $PM_{2.5}$ 是锂离子动力电池生产阶段的排放物的主要组成，与能耗评价相似，在温室气体与污染物排放评价中，使用再生材料也可以不同程度上减少以上物质的排放，从而减少相应的环境影响。

图 8-3 显示了锂离子动力电池生产过程中使用再生材料与原生材料的温室气

体（GHGs）排放对比，其总体分布与能耗评价较为相似。对于温室气体的总排放量，使用再生材料可以使锂离子动力电池生产阶段下降 56.9%。而在各部件的使用原生材料生产过程中排放的温室气体量，最高的仍为壳体部分，即大量的金属铝消耗是排放温室气体的主要构成部分，温室气体排放量位居其次的是正极材料，电池管理系统（BMS）组件由于其所占质量相对较小，占有的温室气体的排放量也最少。以上三类部件的温室气体排放量分别为正极 0.013 kg 等效二氧化碳/km、壳体 0.033 kg 等效二氧化碳/km，电池管理系统组件 0.0013 kg 等效二氧化碳/km。如果使用再生材料，正极材料的温室气体排放量可减少 5.4%，正如能耗分析中所提到的，由于磷酸铁锂制备工艺相对简单，回收正极材料相比于直接生产磷酸铁锂在减少温室气体排放上的效益较为有限，且回收正极材料的过程中，正极材料中的黏结剂（PVDF）往往不能再利用，而 PVDF 的处理又会产生一定的温室气体释放，因此就正极材料来说，使用回收材料与使用原生材料在温室气体影响上差异不大；而壳体部分使用回收金属铝，能大大降低温室气体的排放量，与使用原生材料相比可下降 66.4%；如上述能耗分析中所提到，电池管理系统组件在回收后可直接用于电池的生产过程，几乎不需要任何额外加工步骤，因此相比于使用原生材料可大大降低温室气体排放（94%），但由于电池管理系统组件自身占电池总质量很小（2%），所以对总体温室气体排放的影响不大。综合来看，回收材料对降低温室气体的排放的贡献仍主要是壳体回收的金属铝。

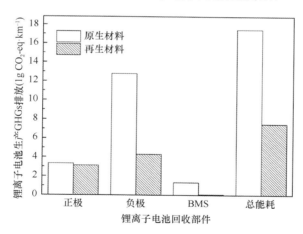

图 8-3　锂离子动力电池生产过程的温室气体（GHGs）排放对比[5]

使用再生材料可大大降低锂离子动力电池生产过程中的污染物排放。如图 8-4 所示，相比于使用原生材料生产锂离子动力电池，使用碳酸锂、铝和铁等回收材料可以使氮氧化物的排放量下降 62.5%，硫氧化物的排放量下降 58.3%，PM_{10} 的排放量下降 73%，PM~2.5~ 的排放量下降 61.8%，从各项指标来看，使用再生材料对降低污染物排放的环境影响效果显著。

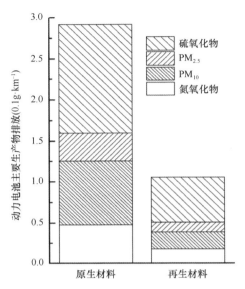

图 8-4 锂离子动力电池生产过程的污染物排放对比[5]

4. 结论与总结

本节的 LCA 分析中，以国产的磷酸铁锂动力电池为研究对象，参考 ISO14040 与 ISO14044 中的生命周期评价的步骤，选取锂离子动力电池车辆的行驶里程为基本功能单元，以生产过程中的能量消耗、温室气体排放（GHGs）与污染物排放作为环境影响评价因子。在建立锂离子动力电池回收模型，明确相应环境评价因子的计算公式之后，根据相关 GREET 数据库与美国环保署（EPA）相关数据，列出原生材料与回收得到再生材料的能量消耗与排放清单，根据清单的结果进一步分析其环境影响评价，得出对应结论。

在电池总体层面上，使用锂离子回收得到的再生材料可以有效地减少生产所需的能耗、温室气体和污染物的排放。具体数值为：使用再生材料能使锂离子动力电池生产过程能耗下降 61%，温室气体排放下降 56.9%，氮氧化物、硫氧化物、PM~10~ 与 PM~2.5~ 分别下降 62.5%、58.3%、73% 和 61.8%。

将锂离子动力电池中各部分的材料回收对环境的影响进一步细化，可以发现壳体材料的金属铝对于降低能耗和温室气体的排放贡献最大，加大生产过程中使用再生铝的比例能够有效地减少锂离子动力电池整个生命周期的能耗与温室气体排放，在保证达到原有使用要求的基础上，可适当地寻找合适的材料替代电池壳体中的金属铝，适当降低其应用比例；正极材料磷酸铁锂的回收能在一定程度上达到降低能耗的目的，但对降低温室气体排放量相对贡献较小，由于磷酸铁锂本身来源广泛、制备较为简单，且回收得到的正极材料在理化性质上可能会有一定程度的下降，影响使用过程中锂离子动力电池的性能，因此总体而言，正极材料回收产生环境效益较为有限；电池管理系统组件尽管在电池中所占质量比例很小，但是其回收的环境效益最为显著，可将能耗与温室气体排放下降94%，因此在回收过程中要注意电池管理系统部件的有效回收和再利用。

8.3 动力电池回收过程LCA评价案例分享与解析

现有的 LCA 分析大多集中于电池从生产到使用、废弃过程的全生命周期评价，涉及回收过程。在专门将回收过程单独进行 LCA 分析的相关资料较少的情况下，本节中所举出的锂离子动力电池回收 LCA 实例在完整性和全面性上难免有欠缺。尽管有些 LCA 分析案例中只将锂离子回收过程作为 LCA 分析中的一部分，但仍有可以借鉴之处。在本节中针对上述内容稍加补充和完善，以供借鉴。

Lea Unterreiner 等[6]以家庭用电蓄电池为研究对象，设定功能单元为电池供电量达 1 kW·h，对锂离子动力电池和铅酸电池包括回收过程在内的全生命周期进行了生命周期评价。根据相关文献中提供的各阶段数据，通过建立相应的电池模型，对其环境影响进行评价。结果表明，通过回收过程，铅酸电池的环境影响可下降50%，而锂离子动力电池的环境影响可下降 23%，这是由于两种电池回收技术的差异造成的。铅酸电池的回收技术成熟，电池中对各环境影响评价指标影响较为明显的重金属铅的回收率在 95%以上，有些铅酸电池回收企业的铅回收技术甚至可以达到 99%的回收率。相比之下，锂离子动力电池的回收技术尚处于发展阶段，不同企业之间的回收工艺存在差异，缺乏相应的标准化过程，不同锂离子动力电池的电池组成，诸如正极材料选用等不同，使得锂离子动力电池本身的性质也存在一定的差异，因此进行回收处理的环境效应较铅酸电池类比还存在一定的差距，这也从另一层面为电池回收工艺的发展和改进提供了指导。降低回收过程中的能耗、对回收的工艺技术进行标准化规范化的推广，是今后发展的方向。

Thomas P Hendrickson 等[7]使用生命周期评价方法对美国加利福尼亚州电动车动力电池的生产和回收进行了分析。其数据主要来源于 GREET 数据库，主要评价指标为能耗与温室气体排放。锂离子动力电池正极材料包括三元材料、磷酸铁锂、锰酸锂等。在其模型建立的过程中，除了电池生产回收相关数据外，还提到了有关回收运输网络相关的地理模型建立。该研究为了建立相应的对供应链模型，在 ArcGIS 软件环境中创建了一个电池网络数据集，该数据集用于计算运输距离和相应的成本。与运输相关的加利福尼亚州公路网、铁路网和其他所需数据的数据，如主要城市和火车站的位置等数据均来自于美国政府统计的相关数据。对 LCA 环境影响的评价分析中，该地理模型也通过加利福尼亚州各地区内受污染影响情况等，对地域环境影响进行了图像化的表征。这一 LCA 分析案例有助于我们更全面地分析电池回收过程带来的环境影响。目前，电池回收网络与回收模式在国内已经有了一定程度的研究，但主要偏向于商科领域的分析，对相关能耗等环境影响因素的评价涉及相对较少。上述各节提及的电池回收案例分析中，对其能耗与温室气体排放的分析主要集中在电池的工业回收环节，对电池回收的运输过程则均未提及。在锂离子动力电池的回收网络尚处于发展阶段的今天，由于数据的缺失难免会造成相应的空白。今后相关领域的研究中，可以参考上述案例，考虑电池回收网络与运输的相应环境影响，进一步完善电池回收过程的环境影响评价。

Anna Boyden[8]在统计了若干家锂离子动力电池回收企业的详细数据后，对锂离子动力电池回收企业按工艺方法（湿法、火法、火法与湿法结合、物理法）进行了分类，并对其环境影响与直接填埋过程进行了比较，选取的环境影响因子包括温室效应、人体健康危害与生态毒性。其中，电池的填埋处理并不是将电池的整体进行填埋，而是在除去一些电池中的组分后再进行填埋。环境影响评价分析的结果表明，相较于填埋处理，电池回收的工艺处理可有效减少锂离子动力电池对人类健康危害和生态毒性方面的影响。由于填埋的过程会将一些有毒有害的电池组分（如锂离子动力电池正极材料中的金属离子、电解液等）埋入地下，进入土壤和大气中，因此会产生较明显的人类健康危害和生态毒性影响。但是，与电池填埋相比，回收工艺会引起较为明显的温室效应，尽管有的企业通过物理方式分离电池中含有的塑料材料，但以火法回收等工艺为主的企业在处理过程中往往会将电池中的塑料材料和黏结剂进行燃烧处理，产生更严重的温室效应。尽管电池回收总体上属于环境友好型的工业过程，但也不可一概而论，在进行 LCA 分析时，要注意电池回收可能会产生新的环境影响，不可认为回收过程必然不会加剧环境影响。

参 考 文 献

[1] 邓南圣. 生命周期评价[M]. 北京: 化学工业出版社, 2003.

[2] Dunn J B , James C , Gaines L , et al. Material and energy flows in the production of cathode and anode materials for lithium ion batteries[J]. acta chemica scandinavica, 2015, 49(24):44-52.

[3] Masaki O, Masaki Y. LiMn₂O₄ as a large-capacity positive material for lithium-ion batteries[J]. Lithium-Ion Batteries, 2009, 1-9.

[4] 谢英豪, 余海军, 欧彦楠. 废旧动力电池回收的环境影响评价研究[J]. 无机盐工业, 2015, 47(4): 43.

[5] 陈坤, 李君, 曲大为, 等. 基于 LCA 评价模型的动力电池回收阶段环境性研究[J]. 材料导报, 2019, 33(S1): 53-56.

[6] Lea U, Verena J, Sören R. Recycling of battery technologies – ecological impact analysis using life cycle assessment (LCA)[J]. Energy Procedia, 2016, 99:229-234.

[7] Thomas P H, Olga K, Nihar S. Life-cycle implications and supply chain logistics of electric vehicle battery recycling in California[J]. Environmental Research Letter, 2015, 10(1):014011.

[8] Boyden A , Soo V K , Doolan M . The environmental impacts of recycling portable lithium-ion batteries[J]. Procedia CIRP, 2016, 48:188-193.